이기는 전략
贏在战略

한루이샹 지음 / 김락준 옮김

이기는 전략
A STRATEGY TO WIN
A Chinese Bank's Experience Overseas

赢
在战略

for
book

● **추천의 글**

이제는 중국 금융을 주목할 때

윤증현 (전)기획재정부 장관

10여 년 전, 제가 금융감독위원회에 있을 당시 중국 감독 당국 수장과 양자 회담을 가진 일화가 기억납니다. 당시 중국 측은 2004년 말 은행의 부실 채권 비율이 15.6%에 이르나 매년 3~4%p씩 감축시킬 계획이라고 밝히면서 한국의 부실 채권 정리 경험 전수를 희망한다고 언급했습니다. 이에 대해 저는 한국의 금융 구조조정 성과 및 부실 채권 정리 사례를 소개하면서 한국 측에서 적극적으로 협조하겠다고 제안한 바 있습니다. 또한 저는 은행 산업과 자본 산업이 균형 있게 성장할 수 있도록 하기 위해서는 중국도 자본 시장의 건전한 발전을 보다 적극적으로 추진할 필요성이 있다는 견해를 피력했던 시절이 있었습니다.

그러나 이러한 저의 조언은 불과 몇 년 만에 필요 없게 되었습니다. 중국은 주요 국유 상업 은행들을 주식제로 개혁했으며, 공적 자금 투입 및 부실 자산 매각을 통한 구조조정을 과감히 추진했습니다. 아울러 현대적 기업 지배 구조 채택, WTO 가입에 따른 금융업 대외 개방 확대 등 일관성 있는 정책 집행을 통해 부실 채권을 정리하였고, 이는 중국 5대 은행들이 글로벌 금융 위기를 기회로 삼아 글로벌 주요 은행으로 급부상하는 원동력이 되었습니다. 일례로 중국공상은행ICBC은 2008년부터 지금까지 줄곧 순이익 전 세계 1위 은행이며, 2014년 9월 기준 부실 채권 비율은 1.06%로 국내 어떤 시중 은행 부실 채권 비율보다 낮습니다. 또한 상해 FTZ, RQFII, 후강통 등 점진적인 자본 개방을 통해 자본 시장의 건전한 발전도 지속적으로 추진하고 있습니다.

이렇듯 중국에서 현재 일어나고 있는 변화는 우리의 상상 이상으로 빠르게 진행되고 있으며, 중국의 미래가 우리에게 축복이 될지 재앙이 될지는 우리가 중국을 어떻게 인식하고 변화를 모색하는가에 달려 있다고 봅니다. 다행히도 우리나라는 2014년 11월에 한·중 FTA를 타결했습니다. 거대한 중국 내수 시장의 잠재력은 상상을 초월한다는 점을 고려할 때, 한·중 FTA는 한국 경제에 매우 중요한 기회이자 도전이 될 것으로 사료됩니다.

한·중 FTA 타결에 따라 금융 산업은 한 단계 도약할 수 있는 중요한 계기가 될 것이며, 양국 금융 기관의 상호 진출도 더욱 활발해질 것으로 예상됩니다. 이러한 시점에서 중국 금융 산업의 대표 격이라 할 수 있는 공상은행의 해외 진출 성공 스토리가 한국에 소개된 것은 큰 의미가 있다고 생각합니다. 이 책에 소개된 중국 금융 산업 및 해외 진출 성공 사례 연구를 통해 한국과 중국이 윈윈win-win하는 계기가 되기를 진심으로 기원합니다.

2015년 2월

前 손흥대 財2&겨究도室

尹 小怡 銘

중국 대표 은행을 이해할 수 있는 책

권혁세 (전)금융감독원 원장

금융위원회와 금융감독원에 있을 때, 저는 글로벌 금융 감독 논의를 위해 세계 여러 국가를 방문하면서 중국만큼 하루가 다르게 변화하는 곳이 없다고 생각했습니다. 특히 국제회의 등에서 중국 고위 당국자들과 교류할 때마다 중국 금융 시장이 엄청난 속도로 성장하고 있음을 여실히 느낄 수 있었습니다. 한편 그때마다 우리의 중국 금융 시장에 대한 이해가 미국, 일본, 유럽 금융 시장 연구에 비해 다소 소홀하다는 문제의식을 갖게 되었습니다.

이러한 문제의식을 바탕으로 중국 금융 시장을 연구하기 위한 민관 합동 연구 모임 설립을 건의했으며, 실제로 정부, 금융사, 대기업, 연구 기관의 전문가들을 초빙하여 2010년에 출범할 수 있었습니다. 연구 모임을 통해 중국과 경쟁할 부분과 협력할 부분, 중국에 진출할 수 있는 분야가 무엇인지 등에 대해 금융 시장을 중심으로 토론하고 연구하는 장을 갖고 싶었습니다. 그러나 아쉽게도 중국 경제나 중국 금융 산업 등 거시적으로 다룬 자료는 많아도 중국 금융 기관에 대해 미시적으로 심도 있게 다룬 자료가 드물다는 것을 발견했습니다. 이러한 측면에서 중국의 대표적인 금융 기관이라고 할 수 있는 중국공상은행ICBC의 해외 시장 개척 전략과 위안화 국제화에 대해 이해할 수 있는 책이 국내에 소개된 것은 중국 금융 시장을 이해하는데 있어 그 의의가 매우 크다고 생각합니다.

이 책에서 소개된 바와 같이 2008년에 정식으로 설립한 공상은행 호주 지점은 글로벌 금융 위기의 광풍이 휘몰아치던 시기, 본점에 최대한 자금 부담을 주지 않기 위해 다양한 형태의 채권 발행을 통해 자체적으로 자금 조달에 나섰다고 합니다. 그리고 중국 기업뿐만 아니라 호주 기업에게도 적극적으로 영업 활동을 전개하여 호주 현지에서 인정받는 은행으로 거듭났습니다. 현지에서 프로젝트 파이낸스PF를 비롯한 민관 협력 사업PPP, 사회 기반 시설SOC 금융, 자원 금융, 농업 금융 등에도 적극적으로 참여했습니다. 교민이나 호주 진출 중국 기업에 한정짓지 않고 적극적으로 현지화 업무에 주력한 결과, 수익 창출뿐만 아니라 호주의 우수한 금융 기법을 배울 수 있는 계기가 되었다고 합니다.

특히 이 책에 소개되어 있는 위안화 국제화 사례는 원화의 국제화에도 많은 시사점을 준다고 생각합니다. 금융감독원에 있을 때, 저는 금융 안정을 유지하고 글로벌 경제에서 입지를 다지기 위해서는 원화의 국제화를 추진할 필요가 있는 만큼 중국의 위안화 국제화 과정을 주목할 필요가 있다고 주장한 바 있습니다. 공상은행 호주 지점은 차별화 전략 차원에서 위안화 무역 결제와 위안화 대출 상품을 적극적으로 도입했으며, 그 결과 수익 기반의 다변화를 달성할 수 있었습니다.

이 책을 통해 중국 금융 기관을 이해하는 기회가 되는 한편, 우리 금융 기관들의 해외 시장 개척을 통한 신성장 동력 발굴에 많은 참고가 되기를 기대하겠습니다.

2015년 2월

세계 1위, 공상은행의 국제화 추진 전략

유재훈 한국예탁결제원 사장

요즘 한국 금융 산업이 어렵다고 합니다. 저성장, 저금리 기조가 고착화되고, 정보통신 기술의 발달이 금융 영역을 잠식함에 따라 은행의 수익성 침체가 심화되고 있습니다.

사실 중국계 은행도 국내 시중 은행와 마찬가지로 알리바바를 비롯한 인터넷 금융의 등장, 금리 자유화 등 여러 가지 도전에 직면하고 있습니다. 그러나 중국계 은행은 이러한 문제를 극복하고 위험을 분산하기 위해 내부 개혁을 꾸준히 추진하고 있으며, 국제화 전략도 활발히 병행하고 있습니다. 한때 중국 금융을 국내 금융보다 한수 아래로 생각했던 경우도 있었습니다만, 상황은 이미 역전된 지 오래입니다. 세계 은행 순위만 보더라도 국내 금융 지주사가 60~80위권에서 여전히 맴돌 때, 중국 4대 은행은 세계 10위 이내로 모두 진입했습니다.

2014년 12월, 저는 한국예탁결제원과 중국공상은행ICBC 본점 간의 '원-위안화 시장 발전을 위한 포괄적인 업무 협약' 체결식에 참석하기 위해 공상은행 본점을 방문한 적이 있습니다. 공상은행의 2013년 말 총자산은 18.9조 위안(약 3,129조 원)이며, 2013년 순이익은 2,629억 위안(약 46조 원)에 달하여 중국 1위 은행뿐만 아니라 세계 1위 은행 타이틀을 가지고 있습니다. 그러나 공상은행은 중국 내에서 안주하지 않고 해외 진출 또한 활발히 전개하고 있다는 점을 주목해야 합니다. 아시아, 유럽,

중동, 북미 각 대륙에서 위안화 거점을 가지고 있으며, M&A 전략과 직접 진출 전략을 적절히 조합하여 40개국(지역)에 331개 영업점을 보유하고 있습니다. 이는 국내 11개 은행이 운영하고 있는 34개국(지역) 160개 해외 점포를 모두 합친 것(2014년 9월 기준)보다도 많은 숫자입니다.

이런 시점에서 한루이샹 중국공상은행 한국 대표께서 시드니에서 호주 대표를 역임하고 계실 당시 저술하신 책『이기는 전략』이 우리 금융계에 소개된 것은 매우 시의적절하다고 생각합니다. 2008년 8월에 시드니 지점을 설립했을 당시, 호주 현지인들은 물론 금융계 인사들도 공상은행ICBC을 소개하면 HSBC로 잘못 이해했다고 합니다. 그러나 본점에 의존하지 않기 위해 최대한 현지에서 직접 자금을 조달하고, 호주 현지에서 적극적으로 영업 활동을 전개한 결과, 지점 설립 5년 만에 자산 50억 불, 연간 수익 5,800만 불을 달성할 수 있었으며, 공상은행 시드니 지점의 존재감을 호주 금융계에 널리 알릴 수 있었습니다. 이는 현지 중국인 고객만으로 영업하는 일반적인 방식에서 탈피하여 해외 현지 시장에 기반을 둔 체계적인 현지화 전략이 있었기에 가능했다고 생각합니다.

책 본문에서도 언급된 것처럼 '족쇄를 차면서도 아름다운 춤을 추어야 하는 것'이 규제가 있는 금융 업계에 주어진 어려운 과제일 것입니다. 특히 은행이 해외에 진출하여 일정한 성과를 거둔다는 것은 국내에서 경쟁하는 것보다 훨씬 치열하고 힘든 노정이 될 것입니다. 그럼에도 불구하고 공상은행 시드니 지점이 호주에서 무에서 유를 창조할 수 있었던 전략과 사례는 우리와 성장 환경이 다른 영미권 및 일본계 은행의 국제화 전략과 달리 많은 시사점을 제시할 수 있을 것으로 기대됩니다.

2015년 2월

유 재 훈

일류 글로벌 은행이 되기 위한 첫걸음

먼저, 지난 5년 동안 시드니 지점에서 이룬 성과를 매우 자랑스럽게 생각한다는 말로 추천의 글을 시작하려고 한다.

1997년 7월, 중국공상은행은 처음으로 아름다운 자연환경과 평온한 사회 분위기, 그리고 경제가 발전한 오스트레일리아를 주목했고, 그로부터 얼마 지나지 않아 시드니에 지점을 설립했다. 지점 설립 후 여러 가지 이유로 인해 2년이 지나서 처음으로 현지 은행 영업 허가를 신청했지만, 허가증을 얻지 못했다.

시간은 빠르게 흘러 지난 십 수 년 동안 중국의 국력과 국제적인 위상, 금융 시스템 등은 천지개벽에 버금가는 변화가 생겼다. 중국은 단기간에 고도성장을 이루어 냈고, 단숨에 국제무대에서 새로운 스타가 되었다. 이 기간 동안에 중국 은행들도 계획 경제 시스템의 국유 은행에서 시장 경제에 순응하는 주식회사 체제 상업 은행으로의 화려한 탈바꿈을 성공적으로 해냈다.

중국공상은행은 전환기의 주요 참여자 중 한 주체로서 국가의 요청에 적극적으로 응답하고, 자체적인 발전 전략을 끊임없이 완성시켜 나감으로써 전 세계에서 시가 총액이 가장 크고, 돈을 가장 잘 버는 글로벌 은행이 되었다. 또한 404억4,400만 달러에 달하는 브랜드 가치를 가진 공상은행은 중국 금융 브랜드 1위 자리를 차지하며 3년 연속으로 '중국에서 가장 가치 있는 금융 브랜드'에 선정되었다. 2013년에는 미국의 경제 전문지 「포브스」가 선정 발표한 세계 2,000대 기업 순위에서 공상은행은 전년 대비 4단계 뛰어올라 1위를 차지했다. 이러한 결과는 「포브스」가 기업 순위 리스트를 발표한 이래 처음으로 중국 기업이 1위를 차지한 것이었다.

전 세계의 경제와 금융이 하나로 통합되어 가는 흐름에 따라서 중국 은행들은 해외 진출 전략을 실행에 옮기는 동시에 국제화에도 박차를 가했다. 이로써 해외로 진출한 중국계 은행은 '세계 일류의 글로벌 은행'이 되기 위한 첫걸음을 내디뎠다. 중국공상은행 역시 이러한 흐름에 발맞춰 국제화 전략을 실행하였고, 후발 주자였음에도 강렬한 기세와 빠른 속도로 해외에 지점망을 넓히면서 수익성을 높였다. 2000~2012년에 공상은행 해외 지점의 총자산은 36억 달러에서 1,627억 달러로 45배 증가했고, 충당금 적립 후 영업이익도 3,400만 달러에서 16억 달러로 47배 증가했다. 해외 지점의 자산과 이윤의 연평균 성장률은 평균 39%에 달해 유럽과 미국의 대형 은행을 뛰어넘는 것은 물론이고, 공상은행 그룹의 평균 실적을 뛰어넘어 비교적 높은 경영 효율과 성장 잠재력을 보였다.

국제화 전략의 가동으로 공상은행은 이미 풍성한 열매를 수확했다. 2008년은 공상은행에게 매우 중요한 해였다. 이 해에 공상은행은 해외 확장의 속도를 높여 남아프리카 스탠다드은행을 성공적으로 인수하였고, 시드니와 뉴욕, 중동 지역에도 새로운 지점을 설립함으로써 불모지였던 북미와 오세아니아에서 돌파구를 마련했다.

2008년 9월에 공상은행은 오스트레일리아에서 현지 은행 영업 허가를 받기 위해 달려온 8년간의 장거리 경주를 마쳤다. 시드니 지점은 공상은행이 남반구에 처음 설립한 지점으로서 북반구의 뉴욕 지점과 동시에 개업해 공상은행의 국제화 전략을 새로운 단계로 올려놓았다. 뉴욕, 런던, 홍콩 등 국제적으로 공인된 일류 금융 도시에 비해 시드니는 지리적 위치, 시장의 규모, 국제적인 명성 면에서 약간 뒤처진다. 하지만 미국 경제가 저성장과 고실업 상태에 처하고, 유럽이 채무 위기의 어려움을 겪고 있으며, 세계 경제가 위기에 빠졌을 때 아시아태평양 지역의 '파이낸셜 하버Financial Harbour'라 불리는 시드니는 특유의 빛을 발하며 전 세계 투자자의 시선을 처음으로 집중시켰다.

오스트레일리아는 선진 경제 시스템과 신흥 시장의 특징을 모두 갖추어 금융 위기가 전 세계를 휩쓸었을 때도 탄력적인 재정과 통화 정책, 활기찬 시장 경제 환경, 안정적이고 고효율적인 공공 정책 및 독립적인 금융 감독 시스템을 통해서 경제 성장의 흐름을 유지했다. 또한 2012년에는 GDP가 3.1% 성장했고, 정부 부채가 GDP의 20.7%를 차지했으며, 실업률과 인플레율은 각각 5.4%와 2.2%였다. 안정된 경제 상황으로 오스트레일리아는 줄곧 '트리플 에이AAA'라는 가장 높은 신용 등급을 유지했다.

그러나 오스트레일리아의 우수한 경제 환경은 곧바로 시드니 지점의 호실적으로 이어지지 않고, 단지 업무 발전에 이로운 플랫폼을 제공하는 것에 그쳤다. 지난 5년 동안 시드니 지점은 자체적인 노력으로 '공상은행'이라는 브랜드의 강점을 리스크 관리, 자금 조달, 마케팅, IT, 문화 등 각 방면의 역량으로 전환해 지속적으로 발전할 수 있는 동력의 원천을 형성했다. 또한 공상은행 그룹의 선진적인 글로벌 IT 플랫폼, 인터넷 뱅킹의 적극적인 개발, 결제 자금, 전문 분야의 대출, 글로벌 현금 관리, 투자 은행, 자산 관리, 위안화 결제와 무역 금융 등 글로벌 8대 전문 상품 라인을 통해서 끊임없이 서비스 라인을 확장했다. 또한 고객 수, 업무 규모, 경영 이익을 안정적으로 성장시키는 동시에 완벽한 리스크 관리 시스템을 구축하였고, 준법 경영과 리스크 관리를 최우선으로 하는 경영 원칙을 고수함으로써 오스트레일리아에서 안정적으로 성장할 수 있는 기틀을 다졌다. 2012년 말에 시드니 지점의 총자산은 50억 달러에 근접했고, 수익은 5,800만 달러를 돌파하여 해외 지점 종합 순위에서 2위를 기록했다. 다시 말해서 시드니 지점은 공상은행의 글로벌 전략 목표를 선도하는 근본이었고, 실제 행동을 통해서 전략을 현지 경영에 접목시켰다.

2012년에 공상은행 뉴욕 지점은 미국에서 개점을 준비하는 전 과정, 해외에서 은행을 개업하는 어려움과 경험을 모두 기록한 『미국에서 은행을 열다』라는 책을 출간하여 글로벌 전략 실행 20주년을 맞은 공상은행에 귀한 선물을 주었다. 올해 시드니 지점은 현지에서 경영한 종합적인 경험을 토대로 해외에 진출한 뒤에 중국계 은행이 어떻게 현지에 뿌리를 내리고 현지화 경영을 실천했는지에 관한 기록을 『이기는 전략』에 생동적으로 담았다. 더불어서 공상은행 시드니 지점의 지난 5년의 역사와 실적이 담긴 이 책은 시드니 지점과 공상은행 본점에 만족스러운 답안지가 될 것임은 물론, 공상은행이 해외에 뿌리를 내리고 깊이 있게 발전해 나가는 데 있어서 바람직한 교류의 플랫폼이 될 것이다.

공상은행 해외 지점이 출간한 두 권의 책 중에서 한 권은 준비에 초점을 맞추었고, 다른 한 권은 경영에 초점을 맞추었다. 또한 한 권은 북반구에서 왔고, 다른 한 권은 남반구에서 왔다. 하지만 두 권 모두 공상은행이 최근 몇 년 동안 글로벌 전략을 실행에 옮기는 과정에서 단계별로 겪었던 경험이 고스란히 반영되었다. 부디 두 권의 책을 통해서 자국을 벗어나 글로벌 경영을 실현하고 싶어 하는 상업 은행 종사자들이 공상은행의 소중한 체험을 함께 나눌 수 있기를 희망한다.

중국은 오스트레일리아의 최대 무역 파트너이고, 2012년의 양국 무역액은 이미 1,200억 달러를 넘어섰다. 비록 최근에 원자재 거래는 둔화되었지만, 천연 자원 특히 철광석과 석탄에 대한 중국의 수요는 중국과 오스트레일리아의 경제 무역 관계를 새로운 단계로 진입시켰다. 최근의 소식에 따르면, 오스트레일리아의 통화 정책 협의를 통해서 중국과 거래할 때 위안화로 직접 결제할 수 있게 되었다. 이로써 호주 달러는 달러와 엔화의 뒤를 이어 위안화와 직접 환전할 수 있는 화폐가 되었다.

이는 전 세계에서 가장 많은 위안화를 보유한 공상은행에게 매우 호재이다. 중국과 오스트레일리아의 관계가 나날이 가까워지고, 글로벌 화폐 시스템에서 위안화의 지위가 빠르게 상승하고 있기 때문에 오스트레일리아에서 활동하는 공상은행의 업무는 앞으로 더욱 발전할 것이다. 하지만 오세아니아 지역에 대한 관리를 한 단계 더 높이려면 공상은행도 오세아니아 지역 투자에 더욱 박차를 가하고, 뉴질랜드 지점 설립도 순조롭게 진행되어야 한다.

글로벌 전략이 성공하려면 은행의 종합적인 경쟁력이 강화되어야 하고, 자체 자원에서 돌파구를 찾아 순서에 맞게 진행할 필요가 있다. 글로벌 전략을 실현하는 것은 100미터 달리기처럼 순간적인 폭발력을 재는 것이 아니라 마라톤처럼 인내력을 재는 것이고, 틀린 방향으로 달리는 것은 더더욱 아니다. 앞으로 공상은행은 해외 업무의 심화 발전에 중점을 두고, 각각의 해외 지점은 현지에서 안정적인 경영 전략을 전개함으로써 진정한 의미에서 현지에 뿌리를 내려야 한다.

앞으로 중국계 은행이 '세계 일류의 현대적인 금융 기업'이라는 목표를 이루고, 중국 브랜드가 세계무대에서 활약하는데 힘을 보탤 수 있으리라 믿는다.

2013년 6월

중국공상은행장

적극적으로 끊임없이 혁신하라

지난 5년 동안, 나는 시드니 지점과 정이 푹 들었다. 공상은행에서 글로벌 금융 시장과 해외 지점의 관리를 맡은 부행장으로서 시드니 지점이 무에서 유를 창조하고, 약자에서 강자로 성장하는 과정을 지켜보았다. 2008년 9월 23일과 2012년 11월 12일에 시드니 지점과 시드니 지점이 관할하는 2급 지점인 멜버른 지점 설립에도 참여했고, 또 다른 2급 지점인 퍼스 지점을 설립하기 전에 퍼스로 가서 현지 조사도 했다. 시드니 지점이 설립될 때, 현지의 감독 기관은 나를 지점을 관리하는 '오스트레일리아 외부 수석 책임자(Senior Officer Outside Australia. SOOA)'로 임명해 시드니 지점의 전체적인 운영과 감독 관리를 책임지고, 적어도 1년에 한 번씩 시드니에 가서 '오스트레일리아 건전성감독청APRA'과 시드니 지점의 전체적인 경영 방침, 발전 계획, 리스크 관리 및 준법 감시 등의 중요 부문에 대해서 의견을 나눌 것을 요구했다. 이 기간에 시드니 지점은 오스트레일리아 금융 당국이 실시한 IT 기술, 신용 리스크, 운영 리스크 및 최근의 유동성 관리 등에 관한 전문 검사에서 좋은 성적을 얻었다.

오스트레일리아 금융 당국은 나와 의견을 교환할 때 수차례 시드니 지점의 리스크 관리 시스템 및 현지 시장의 경영 상황에 대해서 긍정적으로 평가했다. 오스트레일리아 금융 당국의 호평은 공상은행의 정확한 글로벌 전략의 도움을 받은 것 외에 시드니 지점 직원들의 강한 개척 정신, 진취성, 실행력과 뗄 수 없는 관계에 있다.

2001년에 나는 중국은행에서 중국공상은행으로 자리를 옮기고 글로벌 업무를 맡았다. 당시에 공상은행의 글로벌 업무 규모는 매우 작았는데, 국제 결제 금액이 1,600억 달러 수준에 불과하였고, 해외 지점도 몇 개 되지 않았다. 하지만 십수 년 동안 급성장을 거듭한 지금은 국제 결제 금액이 2조 달러 규모에 달하고, 이마저도 해마다 30% 이상의 증가 속도를 유지하고 있으며, 공상은행의 해외 지점망도 빠르게 늘어나 39개 국가와 지역에서 383개의 지점이 고효율의 경영을 통해서 양질의 서비스를 제공하고 있다.

또한 남아프리카 스탠다드은행 그룹의 지분을 20% 취득하여 아프리카 대륙으로까지 활동 영역을 확장했다. 해외 경영 네트워크를 확충하기 위해 1992년부터 코레스 뱅크 네트워크를 60개 국가의 208개 은행에서 138개 국가와 1,771개 은행으로 넓혔다. 이 기간에 공상은행은 향후 국제무대에서 활약할 인재들을 키우기 위해 많은 직원을 해외에 파견하여 교육시켰다. 이 기간에 공상은행의 세계화를 위해서 일하며 느낀 점 몇 가지를 간단하게 정리하면 '팀을 꾸려라. 공헌하라. 일하라. 지식을 배워라.'이다. 공상은행의 목표는 매우 명확했다. 공상은행을 세계 일류의 글로벌 은행으로 만들고, 전 세계에서 가장 큰 글로벌 위안화 은행이 되는 것이다.

'창조'는 은행의 생명력이다. 지점 관리 업무를 수행하는 동안 직원들에게 이렇게 요구했다.

"적극적으로 끊임없이 혁신하라. 흥분감, 성취감, 만족감을 느껴라."

스스로 은행에 공헌하고 있고, 사회에 의미 있는 일을 하고 있다고 생각될 때, 각자의 인생에도 의미가 생긴다. 시드니 지점은 이러한 요구를 잘 수행했다. 자산 확충 부문에서 시드니 지점은 공상은행 그룹 내부의 대지급 업무에 한정되지 않고 무역 금융, 신디케이션syndication 대출 및 구조화 상품을 대대적으로 개발했다. 이를 통해 인프라 건설, 재생 에너지원, 천연 자원, 농업 등 오스트레일리아 경제를 발전시키는 중견 산업에 대출 자금을 투입하면서 환경에 따라 대담하게 시장을 개척했다.

이와 같은 전통적인 상업 은행 업무 외에 시드니 지점은 재무 상담, 인수합병 등의 투자 상품을 적극적으로 개발해서 금융 서비스의 수준을 높였다. 자금 조달 부문에서 시드니 지점은 줄곧 다원화의 길을 걸었고, 각종 자금 조달 채널을 융통성 있게 이용해 국내외적으로 자금 조달 채널을 구축했다. 특히 2008년부터 2010년까지 중국의 외화 유동성이 단기적으로 부족할 때, 시드니 지점은 본점으로부터의 자금 조달 의존도를 낮추면서 자체적으로 자금 확충 능력을 키우는 혁신과 발전의 길을 걸었다. 나는 이 점을 매우 자랑스럽게 생각한다.

이 책 『이기는 전략』은 시드니 지점이 몇 년 동안 리스크 관리, 자산 확충, 혁신, IT 및 다원화 관리 등의 부문에서 성장을 거듭한 과정과 실제 경험을 자세히 기록하였고, 공상은행의 글로벌 전략이 해외 지점에서 어떻게 실현되었는지를 보여준다는 점에서 큰 의미가 있다. 전략은 이야기를 하는 것과 같다. 이야기의 줄거리를 말할 때 독자와 나누는 것은 이야기가 전부이고, 더욱 중요한 것은 이야기를 어떻게 현실로 바꿀 것인가이다.

2013년 6월

중국공상은행 부은행장

● 머리글

전략은 실행할 때 이루어진다

최근에 경제와 금융의 글로벌화 흐름 속에서 중국 정부가 해외 진출 전략을 수립하자 중국의 은행들은 이 전략을 적극적으로 실행하며 전면적으로 글로벌화의 속도를 높이고 있고, 해외로 진출한 중국계 기업을 보호하는 동시에 '세계 일류의 글로벌 은행'으로서의 첫걸음을 내디뎠다.

공상은행이 1984년에 인민은행으로부터 분리되고 지금까지 중국의 은행들은 30여 년의 역사를 이어오고 있다. 이 기간 동안에 중국의 은행들은 계획 경제 시스템 하의 국유 은행에서 시장 경제에 적합한 상업 은행으로 화려하게 변신해 주식회사 체제로 바꾸고, 전략 투자자를 유치하고, 주식 시장에 상장하는 3단계 과정을 성공적으로 완성했다. 하지만 서른 살의 나이는 몇 백 년의 역사를 가진 유럽과 미국의 은행들에 비하면 젊은 편에 속한다. 비록 중국의 은행들도 1997년의 아시아 금융 위기, 2008년의 글로벌 금융 위기 등을 지켜보며 금융 시장에서 어려움을 겪었지만, 아직 완전히 개방되지 않은 중국 시장의 보호를 받아 몇 차례의 금융 쓰나미에도 직접적인 충격을 받지 않았다. 그러나 해외로 진출한 이후의 중국계 은행은 광활한 금융 시장에서 몇 겹의 예상치 못한 어려움에 직면했다. 오늘날의 중국 은행들은 글로벌 금융 회사로 성장할 수 있는 역사적인 기회를 맞았지만, 해외 진출에 성공하려면 충분하고도 완벽한 준비가 필요하다.

공상은행은 중국계 은행 글로벌화의 선두 주자로서 글로벌 경영 전략을 안정적으로 추진하면서 국제 경쟁력을 키웠다. 글로벌 경영에 있어 규모와 효율, 이익 면에서 양적 질적으로 좋은 성과를 이끌어 냈고, 글로벌 서비스 역량을 지속적으로 높여 왔다. 2012년 말까지 공상은행은 전 세계 39개 국가와 지역에 400여 개의 해외 지점을 설립하였고, 남아프리카의 주요 은행인 남아프리카 스탠다드은행의 최대 주주가 되어 아프리카 지역 18개 국가의 금융 시장에 진출함으로써 강력한 글로벌 서비스 네트워크를 구축했다. 이와 함께 해외 경영 네트워크를 확충하기 위해서 공상은행은 코레스 뱅킹Correspondent Banking 네트워크를 전 세계 138개 국가와 지역으로 확대했고, 외국 자본의 대리은행Agent Bank은 1,771개에 달해 중국계 은행 중에서 선두 자리를 지키고 있다. 이 모든 것은 공상은행이 해외로 진출하는 기본적인 단계가 끝났으며, 이제는 그보다 더 어려운 현지화 작업이 시작되어야 한다는 것을 상징한다.

그렇다면, 어떻게 해야 현지 시장에 뿌리를 내리고 한층 더 높은 성장을 실현할 수 있을까?

나는 공상은행 시드니 지점장으로서 이 문제에 대해서 깊이 고민했다. 2007년 8월에 시드니 지점 설립 신청의 중임을 맡은 이후 장장 10개월에 걸쳐 고된 준비 작업을 했다. 나와 준비 팀의 모든 구성원들이 손수 자료를 준비, 검토하는 동시에 시스템 구축, 감독 기관과의 소통, 영업 허가를 받기 위한 검사를 받는 등의 준비 작업을 수행했다. 이 과정에서 준비한 자료를 반복해서 수정하였고, 시스템을 끊임없이 테스트했으며,

오스트레일리아 금융 당국 관계자들을 만나 질의응답을 했다. 또한 뜬 눈으로 밤을 지새우며 모두가 머리를 맞대어 토론했고, 준비한 자료들은 글자 하나 문장 하나를 손봐 가며 얼마나 많은 수정을 거듭했는지 모른다.

이와 같은 준비 과정을 거쳐 마침내 2008년 5월 19일에 오스트레일리아 건전성감독청(APRA, 일반적으로 '오스트레일리아 금융국'으로 지칭)으로부터 오랫동안 기다려 왔던 은행 영업 허가증을 받았다. 지금도 당시를 생각하면 심정이 복잡하다. 묵직한 허가서Letter of Approval를 손에 들었을 때 기쁘기도 했지만 한편으로는 더 중대한 문제가 떠올랐다.

'어떻게 하면 뿌리를 내리고 현지화 경영을 할 수 있을까?'

은행 영업 허가증을 받은 것은 한 단계를 순조롭게 마무리했다는 것 외에 이제는 새로운 글을 써야 하는 단계에 진입한 것을 상징했다. 시드니 지점은 공상은행이 남반구에 처음으로 설립한 해외 지점이다. 2013년은 시드니 지점이 경영을 시작한지 5년째 되는 해다. 지난 5년의 시간을 돌이켜보면 시드니 지점은 '공상은행'이라는 브랜드 파워를 자체적인 자금 조달, 리스크 관리, 시장 마케팅, 현지 문화 흡수, IT 시스템 구축 등 각 부문에서 종합적인 역량으로 전환하였고, 지점의 지속적으로 성장할 수 있는 동력의 원천을 형성했다.

현지화를 위한 '브랜드 변신' 과정에서 시드니 지점은 공상은행 그룹의 글로벌 전략에 맞추어 안정 속에서 발전을 추구했다. 즉 발전 속에서 변화를 추구했으며, 변화 속에서 새로운 것을 추구했고, 새로움 속에서 안정을 추구하는 고유한 가치 창조의 길을 걸었다. 5년이라는 짧은 시간 동안 공상은행은 퍼스, 멜버른 등의 주요 도시에 연이어 지점을 개설하여 오스트레일리아 금융 시장의 인정을 받았고, 현지 업무를 지속적으로 발전시켜 시장에서의 지위를 공고히 했으며, 실천 경영을 통해서 공상은행의 브랜드 가치를 높였다.

해외 지점이 현지 경영을 실천할 수 있느냐는 다음과 같은 두 부문의 평가로 판단할 수 있다.

첫째는 현지 감독 기관으로부터 인정을 받느냐이다. 법규 준수를 최우선으로 현지에 뿌리 내리는 것은 외국계 은행에게 가장 핵심적인 사항이고, 이것은 현지 감독 기관의 평가와 인정에 좌우된다. 감독 시스템은 법규 준수를 엄격하게 요구하고, 선진국일수록 이러한 요구는 더욱 가혹하다. 오스트레일리아는 세계 일류의 금융 도시는 아니지만 감독 시스템의 엄격함은 세계 일류라고 할 수 있다. 오스트레일리아는 '바젤 협정'을 철저하게 따르는 국가이고, 특히 금융 위기가 있은 후로 금융 감독 시스템은 '바젤협약'의 지침에 따라 한층 더 강화되었다.

시드니 지점 설립 준비 기간에 오스트레일리아 건전성감독청은 10여 차례의 면담을 진행했고, 영업 허가증 발급 직전에도 두 번에 걸쳐 하루 일정의 현장 검사를 실시했는데, 현지에서는 이것을 '회계 처리 추적 테스트Walk through Test'라고 부른다. 시드니 지점 설립 준비 팀은 3개년 업무 발전 계획과 각각의 리스크에 대한 관리제도 등 주요 사안 외에도 모든 상품의 시스템 프로세스를 검사 팀 앞에서 일일이 시연했다. 오스트레일리아 건전성감독청은 "영업 허가증을 발급하는 당일부터 영업을 시작하는 것이 우리의 기준이다."라는 한 마디 말로 영업 허가 기준을 정리했다.

오스트레일리아 건전성감독청은 대출처럼 허가를 내준 뒤에 전제 조건을 실행하는 것이 아니라, 모든 조건을 사전에 완성할 것을 요구했다. 시드니 지점은 개점 이후에 IT, 신용, 운영 및 유동성 리스크 등에 관한 네 번의 검사를 받은 결과 현지 동종 업계의 평균 수준보다 관리 상태가 좋은 것으로 나타나 APPRA로부터 현지에서 가장 우수한 중국계 은행 중 하나로 인정받았다.

둘째는 현지화 업무를 하느냐이다. 현지화 업무에 있어 두 가지 지표가 매우 중요하다. 하나는 현지 고객의 수이고, 다른 하나는 대출 업무량이다. 업무는 은행을 생존시키는 기둥이다. 따라서 현지화 경영은 업무의 지속적인 발전을 결정하는 중요한 원천이고, 이미 현지 시장에 녹아들었다는 것에 대한 평가이다. 처음 시드니에 갔을 때 'ICBC'라는 브랜드의 지명도는 매우 제한적이었다. 영업을 시작하는 날에 블룸버그 소속 어느 여기자가 시드니 지점을 향해서 한 말이 지금까지도 머릿속에 선명하게 남아 있다.

"Most local people would have never heard of this name before it was established here.(시드니 지점이 인정받기 전까지 대부분의 시드니 사람들은 'ICBC'라는 이름을 들어본 적이 없다.)"

중국계 은행의 진정한 첫걸음은 글로벌 은행 속에서 자신의 이름을 알리는 것이다. 개점 이후 5년 동안 공상은행은 고객을 발굴하고, 시장을 개척하고, 새로운 것을 창조하고, 브랜드를 구축하는데 노력을 기울여 마침내 만족할만한 성적을 얻었다. 2012년 말까지 시드니 지점을 이용하는 현지 기업의 고객 수는 150여 개인데, 그중의 절반은 중국계 기업이 아닌 현지 기업 고객이다. 양국의 관계 발전에 따른 대출 업무 부문에서 시드니 지점의 난 내表内 대출 잔고(미사용 약정액 미포함)는 이미 10억 호주 달러를 넘어섰고, 전체 대출 자산의 절반을 차지한다.

중국 속담에 '강산(정권)을 차지하기는 쉬워도 지키기는 어렵다.'라는 말이 있다. 시드니 지점은 새로 설립된 해외 지점이기 때문에 '차지하는' 단계에서 곧바로 '지키는' 단계로 넘어갈 수 없고, '강산을 짓는 것'이 가장 어려운 임무였다. 때문에 직원들은 무엇을 어떻게 지을지 수시로 생각했다. 중국의 인기 드라마 「적인걸少年神探狄仁杰」에서 주인공 '적인걸(측천무후 시대의 재상)'이 천재 수사관 '원방'에게 "원방, 자네는 이 사건을 어떻게 생각하는가?"라고 묻는다. 그러면 신통력이 뛰어나고 모르는 것이 없는 원방 덕분에 적인걸은 모든 문제를 순조롭게 해결했다. 새로 설립된 시드니 지점을 경영하는 일은 원방에게라도 묻고 싶을 정도로 어려운 문제였다.

해외 지점은 국가와 지역 환경과 시장의 특징이 모두 다르기 때문에 반드시 스스로 문제에 대한 답을 찾을 필요가 있다. 공상은행 그룹의 전략은 밝은 등대와 같아서 광활한 시장에서 시드니 지점에 정확한 방향을 제시하지만, 바다에서 항해할 때는 조타수와 선원에게 의지해야 한다. 다시 말해서 지역에 맞게 전략을 수립하고 자기만의 특색이 있는 길을 걸어야 한다.

그럼 왜 '전략'을 구상해야 하는지 알아보자.

본래 전략Strategy은 군사 방면의 개념이었다. 전략의 특징은 지모의 원칙을 발견하는 것이다. 서양에서 'strategy'는 그리스어 'strategos'에서 유래되었고, 고위 장교, 지방 행정장관을 의미한다. 훗날 이 단어는 작전 장교가 지휘하는 것을 가리키는 군사 용어로 바뀌었다. 중국에서 전략은 유구한 역사가 있는데, '전戰'은 전쟁을 가리키고 '략略'은 '모략'을 가리킨다. 중국 춘추시대 때 손무가 저술한 『손자병법』은 중국 최초로 종합적인 관점에서 전략을 기획한 걸작이다. 현대 사회에서 '전략'은 정치와 경제 영역으로까지 확대되었고, 기업 경영과 관련해서는 사업의 성패를 좌우하는 전략과 방안에서부터 대책까지 광범위한 의미를 갖게 되었다. 조직에게 전략은 매우 중요하다. 조직의 규모에 관계없이 위로는 국가에서 밑으로는 기업까지 전략의 정확성과 예측은 조직의 성패를 직접적으로 결정한다. 기업이 실패하는 원인은 다양하지만 성공에는 반드시 공통점이 있으니, 그것은 바로 전략에서 이기는 것이다.

시드니 지점은 공상은행의 여러 해외 지점들 중의 하나다. 경영 시간, 자금 조달 비용, 시장 환경 등 다양한 요소의 제한을 받아 자산 규모와 대출 총액 면에서 1, 2위를 다투는 지점은 아니지만 공상은행 그룹의 전략을 이해하고 실행하는 면에서 한 치의 부끄러움도 없이 자기만의 특색에 맞는 현지화 경영의 길을 걸었다고 자신 있게 말할 수 있다. 이것은 시드니 지점이 공상은행 그룹의 글로벌 전략과 지점 경영 관리의 현지화 전략, 지점의 각 업무 라인의 심화 발전 전략과 일치하는 방안을 철저하게 실행한 것과 무관하지 않다.

때문에 일찍이 이 책을 집필하고 싶은 생각이 들었을 때, 이 책을 통해서 공상은행 그룹이 해외에서의 현지화 경영을 어떻게 실현했는지에 대한 모범적인 예시를 제공하고, 설립 후 5년 동안 시드니 지점이 성장해 온 과정을 구석구석 기록하고 싶었다. 또한 공상은행 그룹 본점, 해외 지점의 동료들과 함께 시드니 지점이 오스트레일리아에서 겪은 실전 경험을 공유하고 의견을 나누는 장을 만들고 싶었다.

이 책은 '들어가는 글'을 포함해서 총 8부로 구성되었고, 시드니 지점이 각각의 업무 라인에서 어떻게 경영 관리를 실천하였는지를 토대로 '리스크 관리, 자금 조달 채널, 혁신 경영, IT 시스템, 자산 확충, 문화의 다원화'라는 6대 전략에 대해서 중점적으로 서술했다. 구체적인 내용은 다음과 같다.

'1부 들어가는 글'에서는 '전략이 미래에 대한 선택'임을 설명했다. 여기에는 '미래'는 무엇이고, 해외 지점이 현지화 전략을 수립할 때 마땅히 고려해야 하는 문제들은 무엇이고, 그러한 문제를 어떻게 해결해야 하는지에 관한 핵심 내용이 포함되었다.

2부와 3부는 '리스크 관리 전략'이다. 여기에서는 전체 내용의 도입부에 해당하는 리스크 관리 부문의 글로벌 전략 수립과 실행에 대해서 서술했다. 모든 일에는 법을 지키는 것이 우선이고, 이윤을 남기는 것은 그 다음이다. 법을 지키지 않아서 생기는 문제는 새로 설립한 해외 지점, 나아가 그룹 전체에 감당할 수 없는 손실을 안기고, 은행 평판에 직접적인 영향을 미치며, 통제하기 어려운 도미노 현상을 일으켜 모든 것을 잃게 된다. 2부와 3부는 오스트레일리아가 어떻게 법을 지키며 경영을 하고 감독 시스템을 구성했는지, 각종 리스크에 대한 전문 검사에 어떻게 대응했는지, 시장 환경이 끊임없이 변하는 상황에서 신용, 운영, 시장 및 유동성 등의 주요 리스크 관리를 어떻게 끊임없이 완성하고 강화했는지에 대해서 중점적으로 소개했다.

또한 해외에서 어떻게 리스크를 계량화하고 통제하며, 리스크 관리 수준과 자산 규모의 성장 속도를 똑같이 유지해 리스크 수용 전략과 발전 전략을 일치시키고, 리스크와 수익 관계의 균형을 어떻게 맞추었는지에 대해서도 중점적으로 소개했다. 이밖에 리스크를 전체적이고 안정적으로 관리하는 등의 문제에 대해서도 깊이 있게 토론했고, 실전 사례를 소개해 리스크 관리 전략의 테크닉을 생동감 있게 표현했다.

4부는 자금 조달 채널을 개척하는 전략이다. 2008년에 발생한 금융 위기의 여파로 유동성 리스크 관리가 중요해지자 해외 지점들의 자금 조달이 어려워지고, 비용 상승의 문제가 큰 어려움으로 작용했다. 여기에서는 시드니 지점이 자금 조달 채널을 개척하는 방안들, 예컨대 중국계 은행의 해외 지점이 양도성예금증서CD, 유로 통화 표시의 기업어음 ECP과 중기채MTN 등의 첫 발행, 유럽 중기채EMTN를 발행하기까지의 경험과 자금 조달 전략 이론 및 배경, 발행 과정과 의의 등을 소개하였다. 그리고 공상은행 그룹의 지원을 바탕으로 자생력을 키우면서 자금 조달 채널을 개척한 비결을 서술했다.

5부는 혁신적인 운영 전략이다. 궁하면 변하고, 변하면 통하게 마련이다. 해외 지점에게 이른바 '궁함'은 빈손으로 은행을 세우는 것, 완전히 낯선 환경에서 생존하고 발전하는 것이다. '변화'를 위해서는 매우 높은 수준의 민감성이 요구된다. 해외 지점은 공상은행 그룹의 전략을 실행해야 하고, 다변화하는 시장 환경에 대응해야 하며, 리스크를 관리하는 동시에 높은 이윤을 창조해야 한다. '변화'를 추진할 때 가장 중요한 요소는 '안정'이다. 해외 지점은 그룹의 자원을 충분히 이용하는 동시에 중국 감독 기관의 규정 변화에 즉각 대응하여 미들 오피스 업무와 인터뱅크 대출 상품을 발전시키고, 혁신적인 상품 개발을 통해서 공상은행 그룹의 고객에게 중국과 현지를 잇는 확장된 서비스를 제공하고, 해외에서의 수익성을 빠르게 높여야 한다.

또한 5부에서는 위안화 국제화 전략이 오스트레일리아에서 어떻게 실행되었는지에 대해서도 중점적으로 소개했다. 위안화를 기초로 하는 무역 금융, 파생 상품 등의 혁신적인 사례를 통해서 '지속적으로 발전하면서 중단 없이 창조하는 전략'에 대해서 깊이 있게 분석했다.

6부는 IT 시스템 전략이다. 과학기술은 첫 번째 생산력이다. 공상은행의 IT 역량은 중국 은행들 중에서 줄곧 선두 자리를 차지했는데, 시드니 지점은 공상은행 해외 지점들 중에서도 줄곧 상위권을 지켰다. 6부에서는 시드니 지점이 IT 시스템 전략을 실행에 옮긴 전 과정을 체계적으로 분석했으며, 공상은행 해외 업무의 핵심 처리 시스템인 FOVA를 어떻게 구축하고 업그레이드하며 완성했는지를 중점적으로 소개했다.

7부는 자산 확대 전략이다. 여기에서는 시드니 지점이 오스트레일리아 시장에서 어떻게 마케팅을 하고 자산을 구축했는지를 중점적으로 서술했고, 내부 마케팅 팀 조직에서 시작하여 각 단계의 상품 특색과 마케팅 전략의 변화를 비교했다.

7부의 앞부분에서는 시드니 지점 설립 초기에 우수한 인재를 영입하여 현지에서 자산을 키우는 돌파구를 찾고, 마케팅 팀이 실행에 옮긴 비법을 소개했다. 그리고 '업무 마케팅'과 '리스크 관리'라는 모순처럼 보이는 두 기능 사이에서 시드니 지점 리스크 관리부가 어떻게 포지셔닝을 정하고 현지 대출 시장의 문을 넘었는지를 중점적으로 소개하면서 해외 지점의 혁신적인 조직 관리의 실천과 운영 방법을 설명했다. 또한 오스트레일리아 PPP 대출 시장의 특징, 운영 모델 및 자산 확대 과정에서의 중요한 작용 등도 자세히 소개했다.

그리고 7부에서는 첫 번째 대출에 성공한 과정을 소개하면서 어떻게 시장에서 인정을 받고 브랜드를 홍보했는지, 어떻게 시장에서 정확한 포지션을 잡고 현지 고객들을 확보했는지, 어떤 방식으로 고객들과 쌍방향 관계를 구축하며 현지화를 실현했는지 등에 대해서 서술했다. 이밖에 현지의 구조화 상품 및 시장 마케팅 전략을 깊이 있게 분석하였고, ONE ICBC · NATIONAL TEAM 등의 경영 이념을 도입한 배경에 대해서 설명했다.

8부는 다원화 전략이다. 미국의 저명한 경영학자인 토마스 피터 Thomas Peter는 이렇게 말했다.

"위대한 조직이 오랫동안 생존하기 위한 가장 중요한 조건은 조직 형식이나 관리 기능이 아니라 우리가 '신념'이라고 부르는 정신력, 그리고 신념이 조직의 전체 구성원에게 주는 호소력이다."

문화는 조직의 생존을 결정하는 가장 중요한 요소이며, 문화의 다원화는 해외 지점에게 가장 중요한 요소로 작용한다. 개점 초기부터 나는 "Advance and Enhance, Care and Share.(우수해지고, 강해지고, 서로 아끼고 나누자.)"라는 말을 제창했다. 이것은 시드니 지점의 정신이고, 지속적으로 문화에서 돌파구를 찾아내 직원들의 응집력을 키움으로써 지점의 경쟁력을 키웠다. 따라서 8부에서는 문화의 다원화 전략을 시드니 지점의 정신과 연계해 분석하고 서술했다.

지난 5년 동안 시드니 지점은 현지 시장에서 공상은행 브랜드의 가치와 역량을 행동으로 보여주었고, 공상은행 브랜드가 오스트레일리아에서 글로벌 일류 은행으로 성장할 수 있는 튼튼한 기초를 다졌다. 시드니 지점은 '공상은행 브랜드'의 이념을 현지 경영과 관리의 면면에 녹아들도록 효과적으로 적용했다.

지속적인 발전은 진정한 글로벌 전략을 실현하고 '세계 일류의 글로벌 은행'을 건설하는 원천이다. 글로벌 경영의 핵심은 장기 발전 전략을 지속적으로 실행하면서 끊임없이 과거를 돌아보며 교훈을 얻고, 그것을 바탕으로 미래를 향해 나아가는 것이다. 앞에서 소개한 여섯 가지 전략을 결합하면 하나의 긴 '전략 줄기'가 되고, 각 전략의 성공은 일방적인 작용이 아니라 각각의 전략을 조직 전반에 걸쳐 정확하게 실현할 때 시너지를 낸다. 브랜드의 가치 실현은 모든 전략을 실행할 때 공동으로 추구하는 목표다.

마지막으로, 이 책이 글로벌 전략 대전에 나선 공상은행이 승리의 나팔을 불 수 있는 밑거름이 되기를 희망한다. 또한 이 책에서 제시한 전략의 조타수인 쟝졘칭姜建淸 회장, 그리고 나와 함께 5년 동안 시드니 글로벌 전략의 성공을 위해 고군분투한 시드니 지점의 동료와 친구들에게 감사의 마음을 전한다. 특히 아낌없이 지지해 준 해외 직원들과 대大를 위해서 소小를 희생한 공상은행 가족들에게도 감사의 마음을 전한다. 이들이 없었다면 공상은행은 해외에서 기적과도 같은 여행을 시작할 수 없었을 것이고, 공상은행이 추구하는 '세계 일류의 글로벌 은행'이라는 꿈을 이루지 못했을 것이다.

2013년 6월

시드니 조지 스트리트 220호에서

한루이샹

차례

1부

들어가는 글

导论

시장이 빠르게 개방되는 환경에서 중국계 은행이 글로벌 금융 경쟁에 전면적으로 뛰어들려면 핵심 경쟁력을 키워야 한다. 핵심 경쟁력을 키우는 것은 반드시 큰 관심을 가지고 진지하게 해결해야 하는 중요하고도 시급한 문제다. 중국 은행 업계의 경영 환경은 이미 중대한 변화가 일어나고 있다. 중국 상업 은행의 핵심 경쟁력을 최단시간 내에 키워서 세계 일류 상업 은행으로 성장시키는 것은 은행의 발전은 물론, 중국 경제의 발전과도 깊은 관계가 있다.

업종과 기업마다 핵심 경쟁력은 서로 다를 수밖에 없다. 하지만 어떤 형식으로 존재하는 조직이든 성공에 중요한 영향을 주는 것은 '뛰어난 전략'이다. 뛰어난 전략은 다음과 같은 두 가지 조건을 충족시켜야 한다.

첫째, 전체적인 국면을 이끄는 계획과 전략, 즉 전략적 목표가 있어야 한다.

둘째, 전략적 목표를 실현하기 위해서는 자원 분배와 환경이 서로 영향을 줄 수 있는 기본적인 방법, 즉 전략을 실행에 옮길 수 있는 구체적인 방법이 있어야 한다.

따라서 중국 은행 업계의 세계화를 실현하려면 전체적인 판세를 결정하는 책략이 필요하고, 수단과 방법과 책략을 결합시킴으로써 글로벌 은행으로서의 핵심 경쟁력을 키워야 한다.

1. 전략과 기업의 전략

미국의 저명한 경영학자이자 '경쟁 전략의 아버지'로 불리는 마이클 포터Michael E. Porter는 자신의 저서『무엇이 전략인가』에서 이렇게 말했다.

"뛰어난 실적을 올리는 것은 모든 기업의 첫 번째 목표다. '운영의 효율성Operational Effectiveness'과 '전략Strategy'은 그러한 목표를 실현하는 두 가지의 중요한 요소다."

운영의 효과성은 비슷한 운영 활동을 경쟁 상대보다 잘하는 것을 의미하고, 전략은 운영 활동이 경쟁 상대와 차별성이 있거나 운영 활동이 비슷해도 실행 방식 면에서 차별성이 있는 것을 의미한다.

마이클 포터 교수는 '전략'이라는 단어를 세 가지 측면에서 정의했다. 첫째, 전략은 독특하고 유리한 포지션을 정하는 다양한 운영 활동이다. 둘째, 전략은 경쟁 중에 취사선택을 하는 것인데, 실질적으로 어떤 일을 하지 않을 것인지를 선택하는 것이다. 셋째, 전략은 기업의 각종 운영 활동에 균형을 맞추는 것이다.

전략은 기업 경영의 성패에 중요한 영향을 미칠 뿐만 아니라, 경쟁력과 지속 가능한 발전의 중요한 원천이다.

기업의 경영 활동이 끊임없이 풍부해지고 기업 전략의 의미와 영향력이 발전하고 변화함에 따라 포괄하는 범위도 크게 달라졌다. 요즘은 기업 전략이나 경쟁 전략을 기업의 각종 전략에 대한 통칭으로 사용한다. 사람들이 '기업 전략'이라는 말로 기업의 각종 전략을 가리킬 때, 그 안에는 '경쟁 전략'도 포함된다. 그런데 기업 전략은 단순히 경쟁 전략에만 국한되는 것이 아니라 마케팅 전략, 브랜드 전략, 기술 전략, 인재 전략, 출구 전략, 협업 전략, 발전 전략 등도 있다. 기업의 모든 전략은 기업가의 시각, 가치, 내용, 형식을 가지고 있다. 따라서 기업이 각종 전략에 대한 연구를 강화하고, 모든 전략을 효과적으로 실시하면 운영 수준과 종합적인 경쟁력을 전반적으로 끌어올릴 수 있다.

2. 은행 경영의 세계화 전략

상업 은행은 영리를 목적으로 여러 금융 부채를 이용해서 자금을 모으고, 다양한 금융 자산을 경영 대상으로 삼고, 신용으로 기능을 창조하는 조직이다. 다른 업종의 기업들이 그렇듯이 상업 은행도 지속 가능한 발전을 하려면 반드시 뛰어난 전략과 그룹 차원의 강한 실행력이 뒷받침되어야 한다.

중국 금융업의 성장 과정을 돌이켜보면 단계마다 화려한 탈바꿈을 했고, 글로벌 금융 시스템에서 차지하는 위상이 하루가 다르게 높아지는 것에 걸맞게 영향력을 빠르게 확장시켰다. 신중국이 성립하고 처음 30년 동안, 중국의 금융은 세계 금융 시스템에서 '고아'나 마찬가지였다. 비록 인민은행이 '대통일'을 이루고, 중앙은행과 상업 은행의 기능을 하나로 합친 재정의 '출납구'가 되었지만 당시의 중국은 금융 전략은커녕 시장화의 의미에 걸맞은 '진정한 금융'도 없었다. 1978~2008년의 두 번째 30년 동안에는 위대한 개혁 개방을 거치며 중국의 금융업은 빠르게 발전했다. 하지만 현실의 세계 금융 바둑판에서 중국은 여전히 하나의 바둑알 신세에 불과했고, 자신들이 무엇을 하는지도 모른 채 바둑을 두는 꼴이었다.

30여 년 전의 중국은 역사의 검증을 거친 명확한 전략 계획이 없었지만, 그 다음 30년 동안에는 끊임없이 높아지는 경제적 지위에 따라서 전략을 결정했다. 금융 위기 이후에 글로벌 경제 환경은 과거의 30년과 달리 경제의 지속적인 발전을 추구하기 때문에, 폐쇄적인 상황에서 경제를 발전시키는 것이 불가능해졌다. 이제 경제의 세계화와 국제화는 중국을 발전시키는 필연적인 추세가 되었다.

중국의 4대 은행인 공상은행, 농업은행, 중국은행, 건설은행의 인터넷 홈페이지에 들어가면 그룹 전략에 관한 설명에서 다음과 같은 글을 쉽게 찾아볼 수 있다.

중국공상은행은 '6개년 전략 전환의 주요 성과'의 일곱 번째 성과에서 '종합화, 세계화 전략의 순조로운 추진으로 공상은행은 국경과 시장을 초월하여 지속적으로 발전할 수 있는 업무 환경을 만들었다.'라고 명시했다.

중국은행의 포지셔닝 전략은 '상업 은행으로서 다양한 서비스를 제공하고, 국내외 지점들을 일체화 발전시키는 대형 글로벌 은행 그룹이 되는 것'이다.

중국건설은행은 전략 목표에서 '중국건설은행은 고객에게 최상의 서비스를 제공하고, 주주에게 최대의 이익을 안겨 주며, 직원에게 최고의 발전 기회를 주는 세계 일류 은행으로 발전하기 위해서 최선을 다한다.'라고 밝혔다.

중국농업은행의 전략 목표는 '3농 문제(농촌, 농민, 농업)를 해결하고,

도시와 농촌을 연결하고, 해외에 진출하고, 다양한 서비스를 제공하는 일류 상업은행이 되는 것'이다.

이상에서 해외에 진출해 세계 일류 상업은행이 되는 것이 중국 은행 업계의 장기적인 전략 목표인 것을 알 수 있다.

중국 은행의 세계화 전략을 논하려면 먼저 세계화 전략이 탄생한 배경, 즉 중국의 '진출' 전략이 탄생하고 발전한 과정을 이해할 필요가 있다.

진출 전략

새로운 시대의 막이 올랐을 때 '진출走出去' 전략은 가장 핵심적인 방침 중의 하나가 되었다. 진출 전략을 간단히 설명하면 중국 정부가 해외 투자를 대대적으로 지원하는 전략이다. 진출 전략은 거액의 외환 비축, 개혁 개방 정책의 심화와 연장, 세계적인 기업을 키우려는 장밋빛 비전 등에 힘입어 탄생했다.

'진출' 전략은 1999년에 시작되었다. 중국 정부는 해외 투자를 목적으로 중국 기업의 해외 진출을 지원하며 세계 시장에 진출하려는 일련의 정책을 수립했다. '진출'의 요점은 중국의 해외 직접 투자를 늘리고, 상품을 다양화하고, 사업의 수준과 질을 높이고, 중국 시장의 파이낸싱 루트를 개선하고, 유럽과 미국 시장에서 중국 기업의 브랜드 가치를 올리는 것이다.

'진출' 전략을 실시한 후 중국 기업의 해외 투자는 크게 증가했다. 특히 사기업의 해외 투자가 크게 늘었다. 통계 자료에 따르면 중국의 해외 투자는 1991년에 30억 달러에서 2003년에 350억 달러로 늘었고, 2007년에 다시 920억 달러로 증가했다. 2007년 10월에 중국 공산당은 17대 보고에서 "대외 개방의 기본 국책을 유지하고, '도입'과 '진출'을 결합하여 개방 영역을 확대하고, 개방 구조를 개선하며, 개방의 질을 높인다. 또한 국내와 해외를 동시에 발전시켜 서로 원원하고, 안전하고 고효율적인 개방형 경제 체제를 만들고, 중국 경제를 세계화하는 조건에서 세계 경제의 협력과 경쟁에 참여해 새로운 우위를 형성한다."라고 명확하게 밝힘으로써 '진출'과 '도입'으로 대표되는 중국의 쌍방향 개방이 한층 더 발전된 시대로 진입할 것을 예고했다.

'진출'은 글로벌 경쟁에 직접 참여하고 외부의 자원을 얻는 측면에서 큰 의미가 있는 국가 차원의 전략이요, 새 시대 개방 정책의 핵심이다. '진출' 전략을 실시하면 국가적으로 우대 정책의 혜택을 받을 수 있고, 달러를 비축할 수 있으며, 부수적으로 위안화의 세계화도 꾀할 수 있다. 이러한 점에서 '진출' 전략은 다음과 같은 동기와 의미가 있다.

첫째, 나날이 시장 친화적이고, 개방적이고, 상호 의존적으로 변하는 글로벌 경제 시스템에서 중국은 반드시 거시적인 영향력과 장기적인 국가 발전 전략을 가지고 해외에 투자해 세계 경제 속에서 중국의 지위를 높이고, 세계의 자원이 분배될 때 유리한 환경을 만들며, 관련 국가나 지역과의 관계를 개선할 필요가 있다.

둘째, 중국은 '세계의 공장' 역할을 하고 있으며, 대외 무역 의존도가 70%를 넘는 상황에서 반드시 '해외 자본 유입'과 '해외 투자 확대'라는 두 수레바퀴를 굴려 더 넓은 세상에서 적극적으로 산업 구조를 조정하고, 자원 배치를 효율적으로 해야 한다. 이를 위해서는 제조업의 우세를 유지하는 동시에 산업 구조를 고부가가치로 향상시키고, 국제 사회에서 중국이 차지하는 지위를 높여야 한다.

셋째, 전 세계의 제조업을 위해서나 중국의 공업화와 현대화를 위해서는 대외 투자를 통해서 전 세계의 자본, 기술, 시장, 전략 자원을 어떻게 적극적으로 얻을 수 있을지를 고민해야 한다.

넷째, 외국계 기업이 대거 중국에 진입해 중국 시장을 향유하는 상황에서 중국 경제는 반드시 새로운 발전 공간을 창조해야 한다. 외국계 기업이 중국에 진입하는 동시에 경쟁력이 있는 중국 기업도 해외에 진출해 각자 자신의 장점을 발휘하며 발전하는 것은 이미 돌이킬 수 없는 추세가 되었다.

다섯째, 글로벌 기업도 실력으로 중국의 장점을 재창조하는 동시에 중국의 경쟁력 있는 기업도 글로벌 기업이 산업 구조를 조정하는 기회를 이용해서 다른 국가의 산업과 기업을 재편하고, 국제 협력과 경쟁에 적극적으로 뛰어들어 시장점유율을 높이는 것은 물론 기술 개발 능력을 향상시켜야 한다. 이 과정에서 중국은 지속적으로 기업을 키워서 경제 대국에 어울리는 글로벌 기업으로 키울 필요가 있다.

최근에 중국의 해외 직접 투자 상황을 분석한 결과 오스트레일리아는 이미 중국의 주요 해외 투자국이 되었다. KPMG 통계에 따르면 2012년 말까지 중국의 오스트레일리아 직접 투자액(ODI. Outbound Direct

Investment)은 500억 달러에 달한다. 2012년 기준으로 중국의 오스트레일리아 직접 투자액은 2011년에 비해 21% 증가했는데, 중국의 해외 직접 투자액 평균 증가폭보다 2배나 높은 수준이다.

2005년 이후부터 오스트레일리아는 중국의 해외 직접 투자가 가장 많은 지역이다. 업계 분포를 보면 중국의 주요 투자 영역은 광산 자원, 천연가스, 농업, 재생 에너지 등이다. 지금 중국은 오스트레일리아의 9대 직접 투자국이 되었고, 2013년에도 투자 증가 추세는 지속될 전망이다. 2012년 직접 투자액 대비 2013년 중국의 대 오스트레일리아 직접 투자액은 여전히 15% 이상의 증가세를 유지하고 있다.

오스트레일리아는 유럽과 미국 같은 전통적인 금융 산업의 중심에 비해 출발이 늦어서 시장의 규모나 발전 정도 등이 금융 강국들과는 다소 거리가 있다. 하지만 중국과 오스트레일리아 경제의 밀접성은 계속해서 높아지고 있으며, 오스트레일리아는 이미 중국이 추진하는 '진출' 전략의 중요한 목표 시장이 되었다.

은행의 글로벌 경영

은행의 국제화는 '진출' 전략의 중요한 포인트 중 하나다. 은행의 글로벌 경영 목적은 '진출' 기업에 알맞은 심층 금융 서비스를 제공하는 것은 물론이고, 더 중요한 것은 중국 은행 업계의 글로벌 경영을 실현하고 세계 일류의 글로벌 은행을 만드는 것이다. 글로벌 은행, 글로벌 기업, 본위 화폐의 세계화를 이루는 '삼위 일체'의 금융 시스템은 강국의 핵심 역량이고, 핵심 경쟁력을 가진 글로벌 은행 그룹을 키우는 것은 세계 강국을 향해 나아가는 중국이 반드시 거쳐야 하는 길이다.

은행의 국제화는 결코 새로운 개념이 아니다. 그 탄생에는 강한 이론적 기초가 자리했다. 2차 세계대전 이후에 학계는 서로 다른 입장에서 은행의 국제화 원인, 형성 조건, 진행 과정, 효과 등의 문제에 대해서 분석하고 설명했다. 이 같은 이론 분석의 틀을 이루는 기초는 국제 무역 이론, 자본 이동 이론, 대외 직접 투자 이론, 산업 조직 이론 등이다. 금융 서비스 매개체의 입장에서 생각할 때 국제 무역과 국제 투자는 은행을 세계적으로 키우기 위한 두 가지 전제 조건이고, 국제 무역과 국제 투자의 발전 결과는 자연스레 은행의 국제화를 일으키는 객관적인 요인이 되었다. 직접 투자의 입장에서 생각할 때 금융 서비스업(글로벌 은행 등의 금융 회사)의 대외 직접 투자는 일종의 글로벌 기업의 특수 형태다. 이밖에 간접 투자의 입장에서 생각할 때 자본의 국제화는 은행의 국제화가 이끌고, 국제적인 간접 투자는 대부분 은행을 통해서 실현된다.

은행의 국제화 발전 역사는 오래되었다. 일찍이 19세기에 선진국의 식민지 확장, 상품의 수출입, 금본위제의 실시로 자본의 자유로운 이동이 가능해지자 은행은 서서히 국경을 넘어 지사를 설립하여 외환, 수출 금융, 증권 투자, 국제 결제 업무 등에 종사하며 국제화의 서막을 열었다. 1960년대에 등장한 유로 시장은 미국의 시티뱅크Citibank, 뱅크오브아메리카Bank of America, 체이스 맨해튼 은행Chase Manhattan Bank을 선두로 하는 미국 은행, 그리고 해외에 지사를 설립하고 국제 업무를 하며 국내 금융 당국의 제재를 벗어난 유럽의 몇몇 대형 은행을 매료시켰다. 뒤이어 발전하기 시작한 역외 업무는 은행의 국제화를 대변하는 상징이 되었다.

1970년대 중반에 은행 업무의 국제화 파도가 세계 각지를 한층 더 세차게 강타해 미국의 많은 중소 은행, 유럽의 여러 은행, 일부 일본 은행과 국제연합 성격의 은행이 국제 여신 시장에서 활약하기 시작했다. 특히 석유 수출로 흑자를 보는 국가의 자본이 석유 소비로 적자를 보는 국가(대부분이 개발도상국)에 다시 흘러들어와 오일 달러의 재순환에 크게 이바지했다.

1980년대는 은행의 국제화에 큰 변화가 일어났다. 일본의 글로벌 은행이 두각을 보이며 이내 글로벌 시장에서 중요한 역할을 맡은 반면에 미국, 영국, 독일의 글로벌 은행은 해외 지사를 줄이는 추세를 보였다. 하지만 이것이 결코 은행업의 국제화 발걸음이 느려진 것을 의미하지 않는다. 오히려 국제 금융이 점차 회복되는 추세에 따라 더욱 다양한 영역으로 확장하게 되었다.

중국 은행 업계의 국제화를 살펴보면 시기별로 크게 3단계로 나뉜다.

첫 번째는 개방을 통해 세계 시장에서 통용되거나 주류 게임의 법칙을 받아들인 '업무 진출' 단계이고, 두 번째는 해외 시장에 진입하여 현지 사회에 녹아드는 '지점·현지 법인 진출' 단계이고, 세 번째는 업무를 확장하여 현지 시장을 개척하고, 현지화에 성공한 은행 또는 현지의 리딩 뱅크가 되기 위해서 노력하는 '영향력 진출' 단계이다.

최근에 중국계 상업 은행은 지속적으로 국제화 전략을 추진하여 좋은 성과를 얻었다. 통계 자료에 따르면 2012년 말에 중국 5대 은행의 해외 총자산은 5조 위안을 넘어섰고, 해외 총수익은 전년 동기 대비 약 13% 증가했다. 이 데이터는 중국계 은행이 이미 '업무 진출' 단계를 지나 '지점 진출' 단계도 막바지에 접어들었으며, 이제 남은 것은 가장 험난한 '영향력 진출' 단계, 즉 철저히 현지화 경영을 실현하는 단계만 남았다는 것을 보여준다.

전략을 실행하는 것은 마치 하나의 의사 결정과 같다. 하나의 가지는 하나의 전략이고, 모든 전략이 층층이 연결되어 하나로 이어진 것은 모든 전략의 탄생부터 실현까지의 전 과정이 기록된 것이다. 이 과정에서 모든 전략은 정해진 방향에 맞게 수립되고, 효과적으로 실행되어야 한다. 마찬가지로 은행의 국제화 전략은 국가 진출 전략의 중요한 가지이며, 국제화 전략의 추진을 위해 이 계획에 참여하는 모든 상업 은행은 명확한 추진 계획을 수립해서 모든 전략을 최종적으로 실현할 필요가 있다.

'현대 경영학의 아버지'라 불렸던 피터 드러커Peter F. Drucker는 이렇게 말했다.

"경영은 실천이다. 경영의 본질은 아는 것이 아니라 실행하는 것이다."

그렇다면, 은행의 국제화 전략을 실행에 옮길 때 상업 은행은 어떤 점에 주의해야 할까?

첫째 : 관념, 사고, 변화의 문제 _ 장기적으로 중국의 은행은 줄곧 고도의 계획 경제 체제 아래서 운영되어 낡은 경영 습관을 형성했다. 비록 나쁜 습관을 숨아내고 외국계 유치 등 시기별로 업무 구조의 변화를 겪으며 신선한 피를 수혈했지만, 전체적으로 중국의 상업 은행은 여전히 국가의 정책적 보호를 받으며 국내 경영에 치중하고 있다. 구체적으로 말해서 자산이 국내에 집중되어 있고, 이자 수익은 아직 완전히 개방되지 않은 대부분의 금리 시장을 기반으로 하며, 고객들도 주로 국내 시장으로 한정되어 있다.

이와 같은 금융 환경에서 중국 은행 업계의 '진출' 도전은 주로 상업 은행이 처음으로 국가의 정책적 보호에서 벗어나 '신입생'의 신분으로 국제 시장에 뛰어들어 노련한 글로벌 은행들과 경쟁하며 완전히 새로운 시장 환경에서 생존하고 발전하는 형태로 이루어지고 있다. 이때 필요한 것은 아이처럼 의존하려는 생각을 버리고 경영 관념과 사고를 철저하게 바꿔 은행의 핵심 경쟁력을 키우면서 지속적으로 발전할 수 있는 초석을 다지는 것이다.

둘째 : 전략적 포지셔닝 문제 _ 글로벌 목표 시장에서의 현지화야말로 가장 철저한 '진출'이요, 진정한 국제화다. 해외에 진출하는 중국계 은행은 글로벌 전략 목표를 명확하게 제시하고, 수십 년의 노력을 기울여 세계를 선도하는 '메이드 인 차이나' 제품, 서비스, 브랜드, 표준, 문화를 통해 글로벌 목표 시장에서 뿌리를 내리고 꽃을 피워야 한다. 이를 위해서 중국계 은행은 국가의 문을 나서면 평탄한 길만 있지 않고 각양각색의 리스크와 도전에 직면하게 될 것을 충분히 예상하고 가장 먼저 전략적 포지셔닝 문제부터 해결해야 한다.

구체적으로 말해서 먼저 명확하고 장기적인 글로벌 시장 전략을 세워야 한다. 세계적인 금융의 중심이나 국제 업무의 잠재력이 비교적 큰 국가와 지역을 중점적으로 고려할 수도 있고, 문화의 차이가 적은 주변 국가와 지역에서 시작해 서서히 전 세계로 뻗어 나갈 수도 있다. 다음으로는 리스크 식별과 제어 시스템을 완성하고 법률과 시장 수단을 충분히 이용해 국제 시장의 각종 리스크를 효과적으로 피하고, 해외 지점이 지속적으로 발전할 수 있는 길을 확보해야 한다. 마지막으로는 수익 구조를 조정하고, 경영 관리 능력을 향상시키는 것에 더욱 힘써야 한다.

셋째 : 경영 혁신의 문제 _ 중국의 경영 모델, 신념, 방법은 '진출'한 뒤에 큰 개혁을 거쳐야 한다. 중국식 경영 모델을 유지해서는 국제 금융 시장의 요구에 적응할 수 없다. '은행의 국제화' 본질은 은행이 국제적인 규칙에 따라 금융 시장에서 직간접적으로 글로벌 금융 서비스에 가입하는 것이다.

따라서 기존의 내부 운영 관리 모델을 대대적으로 개혁하고, 지사의 경영, 인력 자원, 리스크 통제, 상품 혁신, IT 기술 도입, 자금 운용, 문화 융합 등에 대해서 다시 한 번 생각하여 국제화 표준의 경영 시스템을 만드는 동시에 그것을 실행에 옮길 수 있는 능력을 확보해야 한다.

넷째 : 현지의 경영 환경을 모르는 문제 _ 낯선 경영 환경에서 가장 걱정되는 문제는 현지의 경영 환경을 모르는 것이다. 이 문제는 은행의 현지 경영 곳곳에서 드러난다. 예를 들어, 현지 국가의 감독 법체계에 익숙하지 않아서 벌금을 물거나 거래 정지를 당하거나 심하게는 파산하는 상황이 벌어지고, 현지 시장의 규칙을 이해하지 못하여 사업 폐쇄를 당해 자신들의 시장 평판이 실추되고, 고객과 상품에 대한 생소함으로 시장에서 명확한 포지셔닝을 못 잡아 수익성과 경쟁력이 떨어지는 것이다.

이런 문제들을 극복하려면 반드시 새로운 경영 환경을 인지하고, 시장을 연구하고, 각종 경로를 통해서 현지의 관련 법 규정과 감독 규정 등에 대한 이해를 강화하는 동시에 시장의 진입점을 찾아 그 지역에 맞는 새로운 대응책을 마련해야 한다.

3. 전략 수립의 5대 원칙

은행이 구체적인 국제화 전략을 수립하고 실행하기 위해서 고려해야 할 점이 많지만, 그중에서 가장 중요한 핵심은 다음과 같은 5대 원칙을 철저하게 지키는 것이다.

원칙 1 : 리스크 관리를 은행 경영의 1순위에 놓는다

은행은 탄생하는 순간부터 리스크를 책임져야 하고, 리스크 관리는 은행의 경영 실적에 영향을 줄뿐더러 은행의 생존과 발전을 결정한다. 또한 은행에서 발생하는 각종 문제는 어느 정도 리스크 통제와 관계가 있고, 리스크 관리는 은행 경영의 영원한 숙제다. 따라서 리스크 관리는 은행 경영의 핵심이므로 대량의 인력과 자금을 투입해서 개선하고 완성할 필요가 있다. 또한 리스크 관리는 은행의 문화이기도 해서 모든 직원이 리스크 통제를 업무의 기본 방침으로 삼고 철저하게 실행해야 한다.

'자본, 리스크, 수익'의 균형을 맞추는 것은 모든 상업 은행의 리스크 관리에서 가장 중요한 부분이다. 구체적으로 말해서 해외로 진출한 상업 은행은 리스크 관리 기능 면에서 다음과 같은 몇 가지 원칙을 주의해야 한다.

첫째 : 법 규정 준수를 우선으로 하는 원칙 _ 해외 지점은 본사와 리스크 수용 범위 및 전략적 지침을 통일하는 것 외에 현지 국가의 감독 관리

요구를 전면적으로 숙지하고, 경영 과정에서 한 치도 어김없이 실행해야 한다. 여기에서 감독 관리 규정은 은행과 직접 관련이 있는 감독 관리 규정, 현지 은행 감독 관리위원회의 규정과 같은 외국계 투자 관리, 자금 세탁 방지, 금리 정책, 세무, 법률 등 각종 합법적인 요구 사항과 관련된 규정을 가리킨다.

둘째 : 리스크 수용 범위를 명확히 하는 원칙 _ 은행의 전략을 수립할 때는 리스크 수용 범위를 명확히 할 필요가 있다. '제로 리스크' 경영은 불가능하고, 리스크의 수용 범위를 정하지 않는 경영은 더욱 위험하다. 어느 시장이든 은행의 고객이 다양해지면, 은행의 업무 기회도 복잡하고 다변해진다. 해외의 낯선 시장 환경에 막 진입했을 때 가장 중요한 것은 자신들이 무엇을 이해하고, 무엇을 잘하고, 무엇이 필요한지를 아는 것이다. 리스크 수용 범위를 정할 때 업종, 고객, 지역, 업무, 기한 등 서로 다른 시각에서 리스크 수용 범위를 정하고, 업무 발전 전략과 유기적으로 결합하면 업무를 전략적으로 발전시킬 수 있다.

셋째 : 리스크 관리 체계를 건전하게 만드는 원칙 _ 리스크 관리 체계는 하나의 시스템이다. 따라서 리스크 관리 체계는 새로 설립된 해외 지점이 시작부터 기초를 튼튼히 하고, 최적의 시스템을 만들고, 업무 프로세스를 규범화하여 업무를 지속적으로 발전시키는 장치다. 여기에서 체계는 내부적으로 통제해서 균형을 이루는 리스크 감독 기구, 공동으로 결정하는 위원회 시스템, 직무의 명확한 분업, 빈틈이 없는 매뉴얼 등을 포함하고, 업무 프로세스의 제도화와 시스템화를 통해서 신용, 시장, 운영, 유동성 등 각 부문의 리스크를 통제하는 목적을 달성할 수 있다.

넷째 : 리스크를 계량하는 원칙 _ 리스크 관리는 예술이요, 과학이다. 해외에서 리스크를 관리할 때 초기에는 직감과 경험을 믿고 관리하는 방법을 선택하기 쉽다. 그러나 이 방법은 십수 년 전에는 통했을지 모르지만 새로운 금융 시장의 선진화된 은행에서는 더 이상 쓰면 안 된다. 계량화는 상업 은행의 리스크 관리에서 빼놓을 수 없는 부분이 되었다. 처음으로 국내를 벗어나 해외에 나간 지점(해외 현지 법인 포함)이 리스크를 계량하는 것은 큰 도전이지만, 리스크 관리의 기초이므로 과학적인 방법으로 각종 리스크를 계량해서 관리해야 한다. 또한 등급, 프로젝트 평가, 대출 분류, 시나리오 분석, 스트레스 진단 등 기본적인 계량 방법을 체계적으로 이용해야 한다.

원칙 2 : 현지 맞춤형 업무를 최우선 지침으로 삼는다

새로운 시장에 진출해서 현지 맞춤형 지점을 설립할 때는 지점의 가치와 의미를 실현해야 한다. 중국계 은행이 해외에서 지점망을 확장하는 주요 목적은 결코 '깃발 꽂기'가 아니다. 현지 업무의 발전에 더 좋은 플랫폼과 기회를 제공하는 것이다. 따라서 이 원칙은 반드시 국제화 전략의 전 과정에 걸쳐 지켜져야 한다. 은행간 대지급, 신디케이트론(2개 이상의 은행이 은행단을 구성하여 공통의 조건으로 일정 금액을 대출해 주는 중장기 대출), 채권 투자 등과 같은 전통 방식은 신설 지점의 기본 수익 창출에 없어서는 안 되는 원천이다. 하지만 장기적으로 이들 업무는 수익의 핵심 근원이 아니라 보조적인 수단이 되어야 한다. 자산을 확충하려면 현지 업무 발전에 중점을 두고 다음의 몇 가지를 주의해야 한다.

첫째 : 고객 관계의 쌍방향화 _ 고객은 은행의 자금원인 동시에 해외 지점의 자금원이기도 하므로, 업무의 지속적인 발전을 위해서는 고객과 쌍방향의 관계를 형성해야 한다. 주요 특징 중에 하나는 고객은 은행에서 계좌를 개설한 뒤에 일상 자금의 50% 이상을 이 계좌를 통해서 거래한다. 또 다른 특징은 전통적인 예금과 대출 외에 고객의 일상적인 송금, 결제, 외환 거래 등 기타 파생 업무도 대부분이 은행을 통해서 진행된다. 고객이 은행의 장기적인 협력 파트너가 되면 은행과 기업의 관계는 진정으로 고정화되고 장기화된다.

둘째 : 업무 발전의 전면화 _ 여기에서 업무는 전통적인 의미에서 자산 계정의 예금뿐만 아니라 결제, 송금, 인터넷 뱅킹, 환율과 금리에 대한 헤지(현물 가격의 리스크를 피하기 위해 선물 거래를 하는 행위) 등 중간 업무와 파생 상품을 포함한 은행의 각종 업무를 가리킨다. 이처럼 다양한 업무를 통해 은행에 대한 고객의 종합적인 공헌도가 커지는 토대 위에서 쌍방향적인 관계가 더 공고해진다.

셋째, 인터넷 뱅킹의 보급화 _ 비록 중국계 은행은 해외에서 끊임없이 지점을 확장하고 있지만 일부 지역의 지점, 특히 소매 은행 업무 지점은 여전히 지점망에 머물러 있다. 해외에서 중국계 은행이 '고객 곁에 가까이 있는 은행'이 될 수 없는 것은 경쟁 분야에서 상대적으로 약하기 때문이다. 따라서 현대 금융 시장에서 상업 은행은 인터넷 뱅킹의 우위를 충분히 발휘하고, 인터넷 뱅킹의 보급과 운영을 통해서 지점망이 부족한 점을 보완해야 한다.

원칙 3 : 독립적인 자체 조혈 기능을 가진다

여기에서 '조혈造血 기능'은 자금 조달 능력을 가리킨다. 전통적인 신용 리스크보다 유동성 리스크에 시장의 초점이 더 맞추어진 지금의 상황에서 자체 조혈 기능은 더욱 부각되고 있다. 해외 지점은 본점을 든든한 배경으로 하고 있지만 대부분은 현지 통화나 달러를 취급하고, 전 세계적 유동성 위기 상황에서는 본점의 지원을 받지 못한다. 따라서 해외로 진출한 은행의 지점은 스스로 자금 조달 능력을 키우기 위해서 다음과 같은 두 가지 노력이 필요하다.

첫째 : 지속 가능한 자금 조달 전략 수립 _ 자금 조달 전략은 반드시 장기적이고 지속 가능해야 한다. 새로 설립된 해외 지점은 현재에 튼튼히 발을 딛고 있되 3년 앞을 내다보고 자금 조달 계획을 세워야 한다. 요컨대 자금 조달 루트를 개척하고, 자금 조달 수단을 설계하고, 자금 조달 비용을 통제하고, 자금 조달 채널을 확충한다. 자금 조달은 자산을 확충하는 원칙에 부합하되 적극적인 자금 조달을 계획하여 순식간에 변하는 시장 환경에 적응해야 한다.

둘째 : 철저한 유동성 관리 _ '많은 돈'은 단순히 먹고 사는 문제를 해결한다. 하지만 어떻게 하면 자금을 효과적으로 운용할 수 있을 것인가에 대한 고민은 상업 은행이 진정으로 '경영의 질'을 높이는 중요한 요소다. 유동성 관리는 이미 모든 해외 지점이 무시할 수 없는 중요한 업무가 되었다.

유동성 리스크 관리는 고유동성 자산의 비축, 유동성 커버리지 비율(LCR, Liquidity Coverage Ratio ; 유동성 위기가 발생해 고객들이 자금을 인출해도 30일 동안 자체적으로 견딜 수 있는 고유동성 자산의 보유 비율), 자산 부채의 만기 불일치 관리 등을 포함하는 동시에 스트레스 분석과 시나리오 분석을 통해서 앞으로 부딪히게 될 특수한 악조건과 현존하는 유동성 리스크 상황에 대해서 사전에 긴급 조치를 하는 것이다. 따라서 강력한 유동성 리스크 관리는 해외 지점의 업무 발전에 매우 중요하므로 반드시 중요하게 여겨야 한다.

원칙 4 : 은행 경영에서 창조와 혁신을 중시한다

창조는 은행 경영의 원동력이자 원천이다. '백년 상점'이 되려면 끊임없이 변화하는 외부 환경에 적응하고, 조직 구조, 업무 프로세스, 상품 조합, 과학 기술 및 전략 전환 등 각 부문에서 새로운 것을 창조하고 완성도를 높여 지속적으로 핵심 경쟁력을 높여야 한다. 창조와 혁신에는 다음과 같은 것이 있다.

첫째 : 조직을 새롭게 하는 요소 _ 해외 지점 조직의 구조 설계, 각 부서 업무의 세분화, 직위별 직무 분담 등은 창조적 요소를 내포하고 있다. 일반적인 은행 조직의 틀은 상호 제약과 균형의 원칙에 따라서 내부적으로 '3단계 방어선'을 구축한다. 리스크 관리를 담당하는 미들 오피스 외에 내부 규정을 지키고 감사하는 부서를 만들어 은행 내부의 각 계층에 대한 통제 기능을 강화한다. 경직된 전통 조직 구조라도 해외 지점 내부적으로 각 단계마다 전략이 모두 다르고, 상품 라인의 개발 니즈, 통제

방어의 강화 정도 차이에 따라서 조정과 설계를 해야 한다. 이를 통해 인원과 조직이 작아서 생길 수 있는 제한적인 토대에서도 우수한 역량을 충분히 모으고, 조직의 실행력을 강화하는 것은 물론, 조직의 업무 발전 전략을 효과적으로 실행할 수 있다.

둘째 : 상품을 새롭게 하는 요소 _ 상품과 서비스는 은행 경쟁력의 핵심 요소다. 해외 지점은 시장 환경, 니즈의 특징, 브랜드 인지도, 시스템 자원 등 여러 요인의 제한을 받기 때문에 자국에서 판매하는 상품을 그대로 가져와서 쓸 수 없다. 따라서 해외 실정에 적합한 금융 상품을 연구 개발해야 하는데, 현 단계에서 위안화의 국제 결제와 대출 상품의 창의적인 설계에 주목해야 한다. 중국계 은행은 위안화의 국제화를 추진하는 중요한 집행자로서 위안화의 시장 수용도를 높이고, 창의적인 위안화 금융 상품을 개발하는 등의 시대적 중임을 맡았다. 이것 또한 '진출' 전략의 중요한 구성 요소다.

셋째 : 과학기술을 새롭게 하는 요소 _ 은행 업무에 과학기술을 이용하는 것은 현대 상업 은행의 경영과 발전에 필요한 구성 요소다. 이를 위해서는 먼저 자국 은행의 핵심 시스템을 기반으로 현지 시스템을 개발 운용해서 은행을 체계적으로 관리해야 한다. 또한 아웃소싱이나 내부 데이터에 대한 비상 대비 체계, 보안 장치 등 일상적인 IT 시스템은 은행의 경영을 보호하는 안전장치다.

넷째 : 전략을 새롭게 하는 요소 _ 전략은 불변하는 것이 아니다. 특히 해외 지점이 낯선 환경에서 생존하려면 반드시 시장 상황의 변화에 따

라서 끊임없이 전략을 조정하고, 기존의 방식으로 변화에 대응하는 낡은 관념을 버려야 한다. 특히 업무 발전 전략에서 대출금을 투입하는 업종, 상품 및 지역을 선택할 때 시장의 변화 추세, 업종의 순환 주기, 자체적인 리스크 감수 능력을 분석해서 경영 전략에 맞게 조정하고, 리스크 수용 범위를 조정해야 업무의 지속적인 발전을 보장할 수 있다.

원칙 5 : 다양한 문화와 브랜드 구축을 중시한다

조직 문화는 조직의 발전을 보장하는 장치와 같은데, 해외 지점에서는 더더욱 그렇다. 문화는 은행의 경영과 관리를 통제하는 보이지 않는 손과 같으며, 다른 수단으로 대체할 수 없을 정도로 매우 크다. 따라서 국경을 초월해서 은행을 관리할 때 어떻게 하면 문화를 통해서 은행을 관리하고, 문화가 버팀목과 보장 장치로써 작용하게 하느냐는 관리자가 가장 관심을 가져야 하는 중대사이다. 해외로 '진출'한 은행이 직면하는 첫 번째 도전은 문화의 차이다. 여기에서 문화는 국가의 문화적 차이를 비롯해서 해당 국가의 감독과 관리 문화, 조직 문화, 마케팅 문화 등 문화와 관련된 모든 문제를 포함한다. 이와 더불어 문화에 걸맞은 브랜드를 창조하고, 진정으로 현지 문화에 녹아드는 순간이 은행 브랜드가 변신에 성공하는 순간이다.

따라서 국제화 전략을 수립할 때, 다양한 문화와 그에 맞는 브랜드 창조를 똑같이 중시하는 길을 걸어야 한다. 이를 위해서는 다음 세 가지 사항을 실천해야 한다.

첫째 : 다양한 문화를 융합하고 전파한다 _ 해외 지점이 강조해야 할 것은 문화의 대체가 아니라 문화의 융합이다. 다시 말해서 글로벌 문화 시스템을 만드는 것이다. 세계 각국의 문화에는 좋은 점과 나쁜 점이 있다. 해외 지점은 글로벌 문화의 전파자로서 자국 및 본점 그룹의 우수한 문화를 현지에 전파하는 동시에 현지 문화의 정수를 흡수해서 해외 지점에 적합한 다문화 시스템을 만들고, 최대한 현지에 녹아들 수 있도록 최선을 다해야 한다.

둘째 : 브랜드 현지화를 실현한다 _ 모든 은행 브랜드는 저마다의 가치가 있고, 그 가치는 모국에서 이미 충분히 알려졌다. 하지만 해외 현지의 브랜드로 변신하는 것은 매우 어렵다. 변신 과정에서 '이해, 인식, 인정'의 3단계가 리스크 관리, 자금원 개척, 시장 마케팅, 문화 융합, 상품 서비스 등 각종 업무 영역에 적용되어야 한다. 중국계 은행 브랜드가 해외 현지 시장에서 인정을 받는다면 그 가치는 2배로 뛰고, 은행의 진정한 국제화 전략도 실현된다.

셋째 : 사람이 근본인 기업 문화를 만든다 _ 중국계 은행은 국제화의 길을 걸을 때 국내에서 적용하던 발전 모델을 그대로 가져다 쓰면 안 되고, 기존의 경영 모델과 관리 방식을 혁신해서 더 완벽하게 만들 필요가 있다. 관리 시스템을 혁신하려면 '인본주의' 원칙을 고수하면서 고효율, 합법, 인성화의 관리 시스템을 만들어 업무 경영 능력, 리스크 관리 능력, 문화 융합 능력 등을 향상시켜야 한다.

사람이 근본인 기업 문화를 만들기 위해서는 본점이 글로벌화에 적합한 주재원을 해외 지점에 파견하여 본점의 선진 문화를 전파해야 한다. 그와 동시에 현지의 글로벌 인재를 적극적으로 영입해야 한다. 이렇게 함으로써 본점이 현지 지점을 효율적으로 통제하는 한편, 인성과 개성을 존중하는 문화를 구축하여 각각의 구성원들이 '1+1〉2'의 조직 효과를 발휘하도록 만들어야 한다.

2부
리스크 관리 전략 ①
风险管理战略

어렵게 얻은 통행증
来之不易的通行证

　　2008년은 결코 평범하지 않은 해였다. 전 세계를 놀라게 한 미국의 서브 프라임 모기지 위기가 그해 9월에 대규모로 폭발해 숱한 금융 회사들이 문을 닫는 후폭풍이 일었고, 월스트리트를 호령했던 몇몇 주요 투자 은행들도 하룻밤 사이에 빚이 산더미처럼 불어났으며, 심하게는 영업을 정지해야만 했다. 그중에 리먼 브라더스의 파산은 서브 프라임 모기지 금융 쓰나미를 상징하는 놀라운 사건이었다.

　　이와 같은 악조건에서 공상은행 시드니 지점은 예정대로 영업을 시작했다. 시간이 쏜살같이 지나가 2013년 새해를 맞이하면서 공상은행 시드니 지점은 경영 5년차에 접어들었다. 지난 5년간의 노력으로 공상은행은 낯선 땅에 나름의 발자국을 남기고 조그마한 지위를 얻었다. 시드니 지점의 성장 과정은 오스트레일리아 금융 기관과 힘을 합쳐 공동으로 금융 위기를 막아 내는 과정이었으며, 공상은행이 현지 시장에서 브랜드 변신을 꾀하기 위해 노력한 흔적을 기록한 한편의 일기라고 할 수 있다. 이 일기의 모든 페이지에는 시드니 지점이 발걸음을 내디디며 성장한 자세한 기록과 실전을 통해서 얻은 승리의 기쁨이 고스란히 기록되었다.

일기의 첫 페이지를 넘겨보니 당시의 혼란스러웠던 상황이 지금도 눈앞에 생생하게 펼쳐진다.

2007년 8월에 금융 위기가 처음 수면 위로 떠오른 뒤 1년도 안 되는 짧은 시간 동안 금융 위기는 도미노처럼 전 세계에 퍼져 리스크가 나날이 높아지다가 결국 수습할 수 없는 지경에 이르렀다. 매월, 아니 하루가 시작될 때마다 놀라운 대형 사건이 쓰나미처럼 밀려오면서 각 대륙과 주요 금융 대국을 무차별적으로 휩쓰는 것 같았다.

- 2008년 3월, 베어스턴스가 JP모건에 2억4천만 달러의 헐값에 팔려 서브 프라임 위기가 심화되는 월가를 처음으로 놀라게 했다.

- 2008년 7월, 미국의 연방준비제도이사회와 재무부는 양대 모기지 업체인 프레디맥과 패니메이를 구제하기 위해 미국 의회에 자금 지원을 요청했고, 의회에서는 3천 억 달러의 구제 금융 지원 의안을 비준했다. 또한 재무부는 두 회사의 대출액을 무제한으로 늘리는 한편, 필요할 때마다 주식을 매수했다.

- 2008년 9월 7일, 미국 정부는 두 모기지 업체가 정부 관리에 들어갔다고 발표했다.

- 2008년 9월 15일, 리먼 브라더스는 파산 보호 신청을 했고, 뱅크오브아메리카는 440억 달러에 메릴린치를 인수했다고 발표했다.

- 2008년 9월 17일, 미국 정부는 850억 달러를 출자하여 아메리칸 인터내셜 그룹 AIG을 구제 지원했다.

- 2008년 9월 21일, 미국 연방준비제도이사회는 골드만삭스와 모건스탠리의 은행 지주 회사 신청을 받아들였다. 이로써 월가의 투자 은행은 역사의 무대에서

사라졌다.

- 2008년 9월 25일, 미국 최대의 저축은행이었던 워싱턴 뮤츄얼은 미국연방예금 보험공사FDIC에 인수되면서 파산했다.

- 2008년 9월 30일, 미국의 3대 주가 지수가 폭락했다. 나스닥 지수가 역사상 가장 큰 폭으로 하락했는가 하면 다우 지수도 단일 최대 낙폭을 기록했다.

- 2008년 10월, 미국은 대공황 이후 최대 규모인 7천 억 달러의 금융 구제 계획이 통과되면서 1,250억 달러가 미국의 9대 은행에 투입되었다. 유럽 각국도 개인의 예금 담보율을 높였고, 아게아스의 벨기에, 룩셈부르크 법인은 파리은행에 매입되었으며, 아이슬란드는 '국가 파산' 위기를 맞았다. 또한 영국 정부는 영국의 4대 은행에 350억 파운드를 지원한다고 발표했고, 우크라이나와 헝가리는 국제통화기금IMF에서 긴급 대출을 받는 등 유럽 전역에 위기가 확산되었다. 전세계의 주요 중앙은행은 잇따라 두 차례에 걸쳐 금리를 낮췄고, 유럽 G7 국가의 재무장관들은 회의에서 모든 수단을 동원해 금융 위기에 대처할 것을 약속했다.

- 2008년 11월, 유럽연합 및 영국 중앙은행은 금리를 각각 0.5%, 1.5%씩 낮췄다. 경제를 살리기 위해서 중국은 4조 위안을, 유럽연합은 2천 억 유로를 풀었다. 11월 셋째 주에 씨티그룹의 주가가 60% 하락하자 미국 재무부와 연방준비제도 이사회, 미국연방예금보호공사는 시티은행의 부실 자산 3천60억 달러에 대한 담보를 제공하기로 결정했고, 미국 정부는 8천 억 달러를 들여 소비자신용(금융 기관이 최종 소비자인 가계 경제에 필요한 자금을 대출하는 것) 시장을 활성화 하겠다고 발표했다. G20 국가의 재무장관과 중앙은행 총재는 2008년 연석회의 에서 국제 사회의 일치된 협조와 금융 위기에 대한 공동 대응을 호소했다.

- 2008년 12월, 세계 각국 중앙은행이 다시 한 번 금리를 크게 인하했다. 미국 대선에서 당선된 오바마 대통령은 '경제 부흥' 계획을 마련하겠다고 발표했고, 미국의 실업률은 지난 24년 이래 최저치를 기록하여 금융 위기가 실물 경제에 얼

마나 큰 타격을 주었는지를 여실히 보여주었다.

2008년 9월 23일은 공상은행의 역사에 길이 남을 중요한 날이자 시드니 지점의 모든 직원들이 잊을 수 없는 날이다.

이날 공상은행 시드니 지점은 시드니 샹그리라 호텔에서 성대한 개업식을 열었다. 양카이楊凱 공상은행장이 개업을 축하하는 비단에 쌓여진 오스트레일리아의 검은색 천연 오팔*을 건네받으며 중국공상은행 시드니 지점의 개업을 선포할 때 사람들은 여전히 낯선 이름의 은행이 현지에서 탄생한 것을 축하하는 우레와 같은 박수갈채를 보내는 동시에 공상은행 시드니 지점이 암울한 금융 시장에 새로운 활력을 불어넣기를 기대했다. 이 순간이 공상은행에게는 매우 중요했다. 개업식은 공상은행이 오스트레일리아에서 지난 8년 동안 쉼 없이 달려온 '마라톤'을 성공적으로 끝낸 것은 물론이고, 공상은행의 해외 지점망이 오세아니아 지역으로 진출한 것을 상징했다.

시간을 거슬러 1999년으로 되돌아가보자. 그 당시 공상은행은 시드니에 지점을 설립하기로 결정했고, 2년 뒤에 처음으로 설립 허가 신청을 냈지만 거절당했다. 하지만 8년이라는 긴 시간을 돌고 돌아 2008년 9월 23일, 공상은행은 마침내 시드니에 'ICBC'라는 이름을 걸고 현지 은행의 일원이 되었고, 남십자성의 궤적을 따라서 남반구 금융 여행의 서막을 올렸다.

시드니 지점의 설립은 전략적으로 중요한 의미가 있다. 시드니 지

---

* 오팔은 오스트레일리아 특유의 기이한 보석이다. 오스트레일리아 4대 국보 중의 하나이고, 오스트레일리아 사람들에게 '행운의 별'이라 불리는 행운의 상징이다. 오팔을 개업의 마스코트로 삼은 것은 시드니 지점이 반석처럼 리스크를 관리하고 보배처럼 업무를 발전시키길 바라는 뜻이 담겨 있다.

[그림 2-1] 중국공상은행 시드니 지점 개업식

시드니 지점 개업식에 참석한 양카이 공상은행장(왼쪽에서 첫 번째)

점은 공상은행의 해외 진출 전략이 큰 걸음을 내디딘 것, 그리고 국제화 판도에서 '아시아' 전략이 '아시아태평양' 전략으로 업그레이드된 것을 상징한다. 또한 풍부한 자원을 바탕으로 사회, 경제적 발전 가능성과 무한한 비즈니스 기회를 지닌 남반구의 국가로 공상은행이 진출한 것을 상징한다.

공상은행 시드니 지점의 개업은 절대 다수의 현지 은행, 지명도가 높은 글로벌 은행 및 펀드 회사와 투자 회사의 눈길을 끌었다. 이들 은행과 금융 회사들은 전 세계에서 시가총액이 가장 크고, 이윤을 가장 많이 남기는 은행이 오스트레일리아 현지 시장에서 어떤 신호를 전달할지 보고 싶어 했다.

희망일까, 기회일까, 도전일까, 경쟁일까? 현지 은행들은 공상은행이 곧 개업한다는 소식을 듣고 이 같은 일련의 물음을 던지며 내심 중국계 은행이 현지 금융 시장 발전에 새로운 동력과 협력 기회와 자금을 제공하고, 현지에 투자하기를 바랐다. 하지만 한층 더 치열해진 경쟁으로 자신들의 수익이 줄어들고 파이가 크지 않은 시장이 더욱 치열해지게 될 것을 걱정하기도 했다. 하지만 지난 5년 동안 자신들의 궁금중에 대한 답을 얻은 이들은 동방에서 온 중국계 은행을 더욱더 이해하고 인정하게 되었다.

1. 자연 경관이 유난히 아름다웠던 오스트레일리아

푸른 하늘과 흰 구름, 볕이 찬란한 모래사장, 시드니 오페라 하우스, 하버 브리지, 코알라와 캥거루. 이 명사들은 사람들의 마음속에 있는 오스트레일리아에 대한 첫인상이고, 여기에서 금융이나 은행과 관계있는 요소를 찾아보기 어렵다. 뉴욕, 런던, 홍콩 등 전 세계적으로 유명한 일류 금융 도시들과 비교할 때 시드니는 아직까지 잘 알려지지 않았다.

그러나 미국의 서브 프라임 모기지 위기 이후에 오스트레일리아 은행업 및 금융 감독 관리는 사람들의 시선을 끌고, 금융업계에서는 화제의 중심이 되었다. 오스트레일리아 금융 시스템은 전 세계를 휩쓴 금융 위기 때 거대한 충격을 거의 받지 않았기 때문이다. 오스트레일리아는 금융 업종의 건전성이 뛰어나서 파산 리스크에 직면하거나 정부의 구제가 필요한 금융 회사가 없었다. 특히 상업 은행은 여전히 A등급의 높은 신용도를 유지하며 세계적으로 높은 신용도를 자랑하는 은행들 사이에서 중요한 역할을 하고 있다. 이밖에 오스트레일리아는 금융 위기의 영향을 어느 정도 받았지만 전 세계 33개 선진국 중에서 가장 먼저 경기 침체에서 벗어난 국가 중의 하나다.

2009년, 경제가 빠르게 회복하자 오스트레일리아준비은행은 금리 인상을 주도했다. 그해에 오스트레일리아는 선진국 중에서 가장 높은 경제 성장률을 기록한 국가 중의 하나였다. 다시 말해서 오스트레일리아만 유독 '경치'가 좋았다. 오스트레일리아 경제가 호황을 누린 것은 단순히 운이 좋아서가 아니라, 다방면의 요소가 결합된 결과였다. 또한 오스트레일리아준비은행, 연방 정부, 금융 감독 기관의 공도 적지 않았다. 더불어 오스트레일리아 현지 은행들의 뛰어난 리스크 관리 능력도 결정적인 역할을 했다.

힘을 실어 준 오스트레일리아준비은행

오스트레일리아준비은행(Reserve Bank of Australia, RBA)은 1960년에 설립된 오스트레일리아의 중앙은행이다. 준비은행의 주요 기능은 금융 시스템과 통화 정책의 건전성을 보호하고, 지불 시스템의 안전성과 효율을 높이며, 화폐 발행 및 오스트레일리아 정부가 제공하는 은행 서비스를 감독 관리하고, 정부의 준비 자산 등을 관리한다. 특수한 상황에서 준비은행은 한 가지 임무를 더한다. 만약에 어느 금융 회사가 대량 인출 사태로 심각한 지불 리스크에 처해 현지의 금융 시스템에 심각한 악영향을 줄 때 준비은행은 이 금융 회사에 유동성 자금을 지원한다. 비록 대량 인출 사태는 2008년 금융 위기 때 발생하지 않았지만, 이와 같은 특수한 기능은 현지 금융 시장에 대한 업계의 자신감을 효과적으로 높였다.

위기가 닥쳤을 때 준비은행은 주로 '공개 시장 조작Open Market Operation'을 통해서 현지 금융 시장에 충분한 유동성을 제공하고, 이자율 변동을 성공적으로 안정시켜 금융 질서를 보호한다. 준비은행의 공개시장 조작은 주로 환매조건부매매(Repurchase Agreement, REPO)를 통해서 진행된다. 이른바 환매조건부매매는 어느 금융 회사의 단기 유동성 문제를 해결하기 위해서 준비은행이 이 금융 회사의 요청에 걸맞은 증권을 매수하면 미래의 어느 날에 해당 금융 회사가 일정한 가격으로 준비은행이 매수한 증권을 다시 매수하는 방식을 가리킨다. 환매조건부매매 규정을 통해서 준비은행은 금융 시장의 수요와 공급의 균형을 효과적으로 조정할 수 있다.

여기에서 조정은 은행 등의 금융 회사가 중앙은행의 청산 계정에서 오버나이트 포지션을 취하고, 환매할 수 있는 채권의 종류를 확대하고, 중앙 및 주 정부가 발행한 채권 외에 현지 금융 회사가 발행한 채권 및 고품질의 저당대출담보부채권(Mortgage Backed Bond, MBB) 등에 가입해 환매조건부매매의 기한을 위기 발생 3개월 전(보통 1개월)에서 6개월 내지 1년 등으로 서서히 연장한다.

이와 동시에 준비은행은 '중앙은행 금리Cash Rate', 즉 사람들이 흔히 말하는 기준 금리를 통해서 통화 정책의 소식을 전달하고, 공개 시장 조작을 통해서 실질적인 금리를 목표로 하는 금리에 근접시켜 통화 정책의 목표를 실현한다. 또한 준비은행은 경제 활동에 대한 금리 조정을 통해서 인플레이션을 억제하는 목표를 달성한다. 모두가 아는 것처럼 금리는 하룻밤 사이에 자금의 수급 상황에 따라서 결정되고, 준비은행은 공개 시장 조작을 통해서 은행의 콜머니를 통제한다. 또한 준비은행의 결산 계정에 남은 은행의 잔액 조절을 통해서 전체적인 자금의 수급 관계에 영향을 주고, 중앙은행 금리의 변화는 예금 금리의 구조에 영향을 줌으로써 대출, 저축, 투자, 가계 소비, 자산 가격, 환율, 기대 인플레이션 등의 경로를 통해서 경제의 총수요에 영향을 주어 인플레이션 수준을 통제하는 목적을 달성시킨다.

2008년 8월부터 2009년 상반기까지 준비은행은 여섯 차례 연속으로 금리를 조절했는데, 7.25%라는 역사적인 고점에서 7개월 만에 3%의 저점으로 낮춘 것이 생생하게 기억난다. 그중 2008년 10월과 2009년 2월, 두 차례에 걸쳐 금리를 1% 정도로 대폭 낮춘 것은 의외였다. 일반적인 상황에서 준비은행은 매월 첫째 주 화요일 오후 2시 30분에 금리를 결정하는데, 이때 금리는 회의 시간에 따라서 결정된다. 이 비상시기에 사람들은 준비은행의 회의에 집중하고, 금리의 추세와 통화 정책 변화에 따른 정보를 분석했다. 당시에 준비은행은 동종 업계보다 더 경제 환경을 전면적으로 장악했고, 시장이 부정적인 소식으로 점철된 상황에서 사람들은 은행의 금리 결정에서 새로운 희망을 볼 수 있기를 기대했다.

결단력 있는 연방 정부

한 국가의 중앙 정부는 금융 시장과 직접적인 관계가 없는 것처럼 보이지만, 특수한 시기에는 매우 중요한 작용을 한다. 오스트레일리아 연방 정부Commonwealth Government가 2008년의 세계적인 금융 위기를 방어하고 완화하기 위해서 취한 조치는 지금까지도 시장에서 회자되고 있다.

오스트레일리아 연방 정부는 금융 위가 불생하자 국내외 은행업의 리파이낸싱(Refinancing, 재대출) 리스크를 모니터링하며 적시에 정부가 신용보증을 하는 정책을 써서 현지 금융 회사가 비교적 낮은 금융비용을 유지하도록 도왔다. 2008년 10월 12일, 그 당시 오스트레일리아 총리였던 케빈 러드Kevin Michael Rudd는 정부가 오스트레일리아에 있는 모든 금융 회사의 예금에 대해서 3년 동안 조건 없는 담보를 제공하겠다고 발표했고, 금융 회사가 신청하고 적절한 비용을 부담하면 해외에서 차입한 모든 기한부 채권에 대해서 5년 동안 조건 없는 담보를 제공하는 것에도 동의했다.

이밖에 연방 정부는 제때에 오스트레일리아 준비은행과 미국 연방 준비제도FED가 만든 200억 달러 규모의 임시적인 통화스와프를 통해서 효과적으로 현지 금융 시장에 유동성 자금을 지원했다. 이와 동시에 연방 정부도 연속해서 경제 활성화 정책을 내놓았다. 먼저 공공 인프라 시설에 대한 투자를 대규모로 늘리고, 저소득 가구에 보조금을 제공했으며, 생애 첫 주택 구매 가정이나 개인에 대한 현금 보조를 대폭 늘려 경기 위축 추세를 차단하는 한편으로 경제 성장을 촉진했다. 또한 부동산 가격 및 개인과 기업의 자산을 안정시키는 동시에 은행의 주택담보 대출 리스크도 낮췄다.

위기에 강한 오스트레일리아의 은행들

오스트레일리아의 은행들은 뛰어난 실력으로 큰 성과를 이루었을 뿐만 아니라, 낡은 것을 버리고 새로운 것을 받아들여 국제 금융 시장에서 크게 활약하고 있다. 「2012년 세계 경제 포럼 금융 발전 보고」에 따르면 오스트레일리아는 전 세계에서 다섯 번째로 큰 금융 시스템과 자본 시장을 가졌고, 금융 업종의 총자산은 3조 달러가 넘는다. 오스트레일리아 국내 경제에서 금융 업종은 가장 큰 비중을 차지한다. 국내총생산GDP의 약 10.2%를 차지하고, 실질적인 부가가치는 1,480억 호주 달러에 달해 이미 국민 경제의 중요한 역량이 되었고, 오스트레일리아 국내의 천연자원, 공공 인프라, 정부와 민간의 협력, 산업 및 관련 자본 시장 등을 지원하고 있다.

금융 위기 때도 오스트레일리아 현지 은행의 자산 상태는 여전히 안정적인 수준을 유지했다. 2009년 은행 업종의 부실 자산율은 1.5%에 불과해 같은 시기 미국 은행들의 평균 수준을 크게 밑돌았다. 이밖에 은행의 자기자본비율도 해마다 상승해서 2009년 말의 핵심 자기자본비율은 전년 대비 1.3% 오른 8.6%로 나타났고, 자기자본규제비율은 전년 대비 0.7% 오른 11.3%로 나타나 오스트레일리아의 합리적인 경제 성장에 든든한 방패가 되었다.

중국 은행 업종의 판도와 비슷하게 오스트레일리아에도 ANZ은행 (Australia and New Zealand Banking Corporation. ANZ), 커먼웰스은행 (Commonwealth Bank of Australia. CBA), 내셔널 오스트레일리아은행 (National Australia Bank. NAB), 웨스트팩은행(Westpac Banking Corporation. Westpac)의 4대 은행이 있다. 오스트레일리아의 4대 은행은 막강한 실력을 바탕으로 국내에서 활발히 영업 중인데, 총자산은 은행 전체 자산 총액의 93%를 차지하고, 모두 AA- 이상의 신용등급을 받고 있다. 세계 100대 은행 중에 모두가 부러워하는 높은 신용등급을 가진 은행은 18곳에 불과한데, 오스트레일리아의 은행이 그중에 5분의 1을 차지한 셈이다.

오스트레일리아의 4대 은행 외에 비교적 큰 규모의 현지 은행으로는 맥쿼리은행Macquarie Bank, 벤디고 앤드 애들레이드은행Bendigo Adelaide Bank, 퀸즐랜드은행Bank of Queensland이 있다. 이들 은행은 지역 은행이거나 전문성이 있는 은행이라서 소재지에 거주하는 고객이나 특정 업무 영역에 종사하는 고객에게 소매 은행 업무 서비스와 도매 은행 업무 서비스를 제공한다.

이밖에 오스트레일리아의 건전하고 성숙한 금융 시장, 적극적이고 창의적인 상품 개발 이념, 선진 자본과 리스크 관리 시스템, 업계 종사자들의 수준 높은 역량, 정치적 안정, 엄격한 감독 관리, 양질의 경제적 기반 등은 오스트레일리아에 대한 외국계 은행의 투자를 이끌어 내는 중요한 요인이 되었다.

통계에 따르면 「포브스」가 선정한 세계 25대 은행 중에서 JP모건, 뱅크오브아메리카, HSBC, 도이체방크, 크레딧 스위스 등 세계적인 지명도를 가진 20개 은행이 오스트레일리아에 진출했다. 오스트레일리아의 소매 은행 업무는 현지의 4대 은행이 거의 독점했다고 봐도 무방하다. 외국계 은행들은 이 시장을 개척하기 위해 노력하고 있지만, 주요 업무는 여전히 도매 은행 업무와 자본 시장에 대한 투자 영역에 머물러 있는 상태다.

중국계 은행이 한자리에 모이다

중국과 오스트레일리아는 각각 북반구와 남반구에 위치했지만, 천연자원과 경제적인 영역에서 상호 보완성이 강하다. 현재 중국은 오스트레일리아의 가장 큰 무역 파트너이자 가장 큰 수출 및 수입 시장이고,

[표 2-1] 2011~2012년 중국과 오스트레일리아의 무역 거래 현황

*단위 : 100만 달러

오스트레일리아와 중국의 상품 무역	금액	비율	순위	증가
대중국 수출	79,129	29.10%	첫 번째	18.50%
대중국 수입	44,707	18.10%	첫 번째	5.60%
종합 무역	1213,836	23.90%	첫 번째	13.50%

오스트레일리아의 주요 수출 상품	금액	오스트레일리아의 주요 수입 상품	금액
철광석	44,802	통신 설비	4,727
석탄	6,568	컴퓨터	4,638
황금	4,390	옷	4,356
원유	3,204	가구, 침대 매트리스, 쿠션	1,820

오스트레일리아와 중국의 서비스업 무역	금액	비율
대중국 수출	5,901	11.30%
대중국 수입	1,920	3.10%

오스트레일리아의 주요 수출 서비스	금액	오스트레일리아의 주요 수입 서비스	금액
교육 관련 여행	4,153	교육과 무관한 개인 여행	767.35
교육과 무관한 개인 여행	748	교통 운수	529.42

가장 큰 서비스 무역 수출 시장이다. 2012년 말까지 중국과 오스트레일리아의 상품 무역액은 1,200억 달러에 달하는데, 이는 오스트레일리아 상품 무역 총액의 23.9%에 달한다.

중국은 오스트레일리아에 아홉 번째로 직접 투자를 많이 하는 국가다. 2012년 말에 중국이 오스트레일리아에 직접 투자한 누적액은 이미 500억 달러를 넘었고, 중국 기업은 2012년 한 해에만 오스트레일리아에

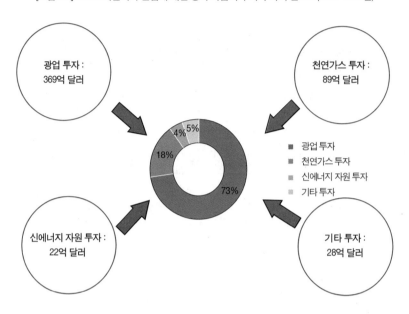

[그림 2-2] 오스트레일리아 산업에 대한 중국 기업의 누적 투자액 분포도(2006~2012년)

광업 투자 :
369억 달러

천연가스 투자 :
89억 달러

5%
4%
18%
73%

■ 광업 투자
■ 천연가스 투자
■ 신에너지 자원 투자
■ 기타 투자

신에너지 자원 투자 :
22억 달러

기타 투자 :
28억 달러

77억2천만 달러를 직접 투자(은행 대출 제외)했다. 투자 분포도를 볼 때 오스트레일리아에 대한 중국의 투자는 상대적으로 광물 자원과 에너지원 영역에 집중되었다. 이것은 최근 몇 년 동안 건축, 에너지원 등에 대한 수요가 중국에서 꾸준히 증가한 것과 관계가 있다.

중국과 오스트레일리아의 무역 거래가 지속적으로 증가하자 중국계 은행도 오스트레일리아에 속속 진출해 중국계 기업의 '진출'에 대출, 서비스, 자문 등의 서비스를 제공하는 동시에 기회가 닿으면 무역을 통해서 얻은 풍성한 수익을 나눴다. 오스트레일리아는 중국계 은행이 국제화를 추진하는 전략적 요충지다. 현재 중국공상은행, 중국은행, 중국건설은행, 중국교통은행 등 대형 중국계 은행은 이미 오스트레일리아에서 정식으로 영업을 시작했고, 중국농업은행도 지점 신설을 위한 준비 작업을 서두르고 있다. 이밖에 국가개발은행은 일찍이 오스트레일리아에서 소규모 사업팀을 통해서 현지 업무를 적극적으로 개척했고, 초상은행과 중신은행도 연이어 오스트레일리아에 진출해 영업을 전개하고 있다.

중국계 은행 중에서 가장 먼저 해외에 '진출'한 중국은행은 오스트레일리아에서 영업을 시작한지 이미 20년이 넘었다. 중국은행은 지점과 현지 법인(은행)을 동시에 설립한 유일한 중국계 은행으로서 소매·도매 은행 업무를 모두 취급한다. 기타 중국계 은행은 설립 기간의 제한을 받아 주로 도매 은행 업무를 취급하고, 현지 기업체에 금융 서비스를 제공한다. 다른 은행과 달리 중국은행은 신중국이 성립되기 전인 1942년에 이미 오스트레일리아에서 영업 허가증을 얻었고, 신중국이 세워진 뒤에 신중국은행은 기존의 영업 허가증을 이용해서 1985년에 재영업 신청을 하고, 옛 중국은행이 보유했던 영업 업무를 이어 받아 오스트레일리아에서 영업을 재개했다. 때문에 중국은행은 복잡하고 엄격한 현지 은행 영업 허가 절차를 밟지 않았다.

사실 중국계 은행이 오스트레일리아에서 급속도로 발전한 것은 최근 몇 년 사이의 일인데, 금융 위기 이후 오스트레일리아의 금융업은 아름다운 '관광 벨트'가 되었다. 금융 위기는 유럽과 미국 은행들의 오스트레일리아 업무를 크게 축소시켰고, 일부 은행들은 일시적으로 오스트레일리아 시장에서 철수해 모든 에너지를 모국 시장에 쏟았다. 유럽과 미국 은행들의 전략 조정은 중국계 은행에 기회로 작용했다. 중국공상은행 시드니 지점이 2008년 9월에 정식으로 설립된 뒤에 중국건설은행과 교통은행도 단 시간 내에 은행 영업 허가증을 얻고 2010년 11월 30일과 2011년 11월 28일에 영업을 시작했다. 이후 2년 동안 중국계 은행은

[표 2-2] 2011년 말 오스트레일리아에 진출한 중국계 은행 현황

• 단위 : 100만 달러

중국계 은행	개업 시점	지점 수	지점 성격	자산 규모
중국공상은행	2008. 9. 23	3개	지점	2,320
중국은행	1985. 4. 17	9개, 자회사	지점, 자회사	8,696
중국건설은행	2010. 11. 30	2개	지점	817
중국농업은행	설립 중	1개	대표부	0
교통은행	2011. 11. 28	1개	지점	270

• 주 : 데이터 출처는 APRA. 자산 데이터 통계는 각 은행의 오스트레일리아 내 자산 규모

오스트레일리아 내에 지점망을 확대하여 웨스턴오스트레일리아 주의 퍼스, 빅토리아 주의 멜버른, 퀸즐랜드 주의 브리즈번 등 주요 도시에서 중국계 은행을 접할 수 있게 되었다.

다시 말해서 공상은행 시드니 지점 설립은 다른 중국계 은행의 오스트레일리아 진출과 뒤이은 빠른 확장, 튼튼한 기초와 전형적인 본보기를 제공해 오스트레일리아 금융 당국의 신뢰와 인정을 얻었다. 공상은행은 오스트레일리아에서 자산 관리, 고객 관리, 직원 구조 및 문화 창출 등의 업무를 수행하며 오스트레일리아 금융 당국에 중국계 은행의 다양한 면모를 보여주기 위해 노력하고 있다. 이와 동시에 중국계 은행에 대한 생소함과 우려를 없앴고, 중국계 은행이 오스트레일리아에 진출해서 빠르게 확장할 수 있는 든든한 길잡이가 되었다.

2009년 11월, 오스트레일리아에서 분투 중인 중국계 은행들이 한자리에 모였다. 회의는 중국인민은행 남태평양 대표부가 주최했고, 중국인민은행 대표부가 위치한 ABN AMRO 빌딩에서 열렸다. 이 회의에는 중국인민은행장 및 공상은행, 중국은행, 건설은행, 농업은행, 교통은행, 유니

온페이 오스트레일리아 지사 책임자가 참석해 '발전과 상호 도움'이라는 의제를 놓고 의견을 나누었다. 많은 중국계 은행들이 오스트레일리아에서의 업무를 확장하는 상황에서 단결된 분위기를 조성함과 동시에 발전 전략을 통일하고, 효과적인 상호 지원 시스템을 만드는 것은 매우 중요하다. 중국계 은행들이 서로 악의적인 경쟁을 하지 않고, 서로 공통점을 찾아 협력한다면 오스트레일리아에서의 영업 확장을 통해 서로 '윈윈'할 수 있기 때문이다. 또한 오스트레일리아에서 성장을 도모하는 중국계 기업에 든든한 방패가 되어 줄 수 있다. 이 회의를 통해서 공감대를 형성한 중국계 은행들은 1년에 한 차례씩 만나 서로 의견을 교환하기로 했다.

2. 단순하지만 정교한 감독 관리 시스템

오스트레일리아 금융 감독 당국은 분리 관리 방식을 채택했다. 이 방식은 영국, 독일 등이 채택한 '단일' 감독 관리 시스템과 구조가 다르다. 단일한 금융 감독 관리 당국은 은행, 보험, 증권 등의 모든 금융을 감독하지만, 미국과 중국이 채택한 분리 감독 관리 구조는 금융업 각각의 특징에 따라서 감독 관리 기구를 따로 분리해서 설립한다. 오스트레일리아의 금융 감독 관리는 3대 독립 기관으로 구성되어 있다. 이 기관들의 주요 기능은 금융업에 관한 관리 제도의 집행과 감독을 통해서 금융 시스템의 안정과 건전성을 유지하고, 소비자 보호와 시스템의 안정을 촉진하는 것이다. 3대 기관은 다음과 같다.

오스트레일리아 건전성감독청(APRA - Australian Prudential Regulatory Authority. APRA)은 주로 오스트레일리아에 등록된 현지 은행과 외국계 은행의 오스트레일리아 지점, 주택금융조합, 신용조합, 생명보험 회사, 재보험 회사와 상조회를 포함한 일반 보험 회사, 퇴직금을 관리하는 금융 회사 등의 예금·보험 수취 라이선스(Authorised Deposit Institution. ADI)에 대한 관리 감독을 책임진다.

오스트레일리아 증권투자위원회(Australian Securities &Investments Commission. ASIC)는 기업, 시장, 금융 서비스, 시장 변화에 대한 관리 감독을 책임지고, 투자자를 보호한다.

오스트레일리아 준비은행(Reserve Bank of Australia. RBA)은 통화 정책 수립, 금융 시스템의 안정성과 지불 시스템에 대한 관리 감독을 책임진다.

비록 이 기관들은 현지 금융 회사와 금융 시장의 움직임을 지속적으로 감독하지만, 상업 은행이 운영 과정에서 가장 많이 접하는 곳은 오스트레일리아 건전성감독청과 오스트레일리아 증권투자위원회다. 은행의 영업 허가증과 금융 서비스 허가증도 두 관리 감독 기관에서 각각 발행한다. 사람들이 흔히 말하는 '쌍두마차' 관리 감독 구조에서 쌍두마차는 두 기관을 가리킨다.

이밖에 외국계 은행은 오스트레일리아 금융정보 분석센터(Australian Transaction Reports and Analysis Centre. AUSTRAC)로부터 자금 세탁 방지, 반 테러, 거액의 수상한 거래 등에 관해 감독을 받고, 오스트레일리아 국세청(Australian Tax Office. ATO)으로부터 경영 활동 관련 세무에 관한 관리를 받는다.

그럼 앞에서 설명한 주요 관리 감독 기관들의 기능에 대해서 구체적으로 알아보자.

오스트레일리아 건전성감독청

오스트레일리아 건전성감독청은 오스트레일리아의 금융 시스템에서 가장 중요한 감독 기관이다. 핵심 임무는 감독 기준을 만들고, 체계적인 감독 조치를 취하고, 어떤 상황에서도 관할 금융 회사들이 업무를 순조롭게 수행할 수 있도록 지원해서 금융 시스템 전체를 건전하고 효율적으로 운영한다. 또한 자체 개발한 감독 수단으로 리스크를 관리해서 리스크 평가의 엄격성과 지속성을 유지하고, 리스크 발생 초기에 경고 신호를 보내 제때 효과적으로 대응 조치를 통제한다. 이밖에 오스트레일리아 건전성감독청은 특수한 상황에서 금융 회사의 운영에 간여할 수 있는 다음과 같은 주요 권한을 갖는다.

- 권한을 부여하거나 허가할 수 있는 권리 : 일단 특정 금융 회사가 관련 법률을 준수하지 않거나 감독 기준을 위반할 경우, 해당 금융 회사에 부여된 권한을 철회할 수 있는 권리가 있다.
- 감독 기준을 제정하고 집행할 수 있는 권리.
- 정보를 수집하고, 감독을 받는 금융 회사에 대해서 실질 검사를 하고, 제 3자에게 감독을 받는 금융 회사에 대해서 감사를 요구할 수 있는 권리.
- 특정한 상황에서 예금주, 보험 증권을 보유한 자, 퇴직 기금을 받는 사람들의 이익을 보호하고, 금융 위기 상황일 때 모든 감독 기관에 대한 조사, 안내, 어슈밍 컨트롤(Assuming Control. 실질적으로 주식을 보유하지 않는 상황에서 법정대리인을 파견해 은행을 통제함)을 통해서 금융 시스템의 안정을 유지한다.

오스트레일리아 건전성감독청은 '은행법' 규정에 따라서 보험 예금 회사의 감독 구조를 수립했다. 이 감독 구조는 '바젤협약'의 은행 감독 원칙에 근거했고, 건전성 감독 조례(ADI Prudential Standards, APS) 제정을 통해서 실시된다. 이 감독 시스템은 자기자본비율, 신용 리스크, 시장 리스크, 증권화, 유동성, 신용의 질, 거액 지불, 관련 금융 회사 협회, 아웃소싱, 업무 연속성 관리, 신용카드 업무 리스크 관리, 감독 리포트의 감사와 분배 등을 구체적으로 규정한다.

오스트레일리아 증권투자위원회

오스트레일리아 증권투자위원회는 독립적인 입법 기관이고, '오스트레일리아 증권투자위원회 법안', '오스트레일리아 공사법' 및 기타 기업 대출, 금융 리포트, 인수 및 강제 수용, 외부 관리, 파산 등과 관계있는 회사 운영 법규에 따라서 은행을 포함한 모든 기업의 행위를 감독하고, 금융 영역의 소비자 권리와 시장의 신용을 보호한다. 오스트레일리아 증권투자위원회는 주로 오스트레일리아 금융 서비스업 법규 중에서 투자자 보호 제도의 제정과 집행을 책임진다. 이 제도는 감독 대상 금융 회사를 포함한 금융 서비스 제공자의 영업 허가 권한, 행위 규범, 정보 공시 및 금융 상품 정보 공시 등의 제도 조항을 포함한다.

이밖에 '공사법' 중에서 시장 조작, 내부자 거래, 사기 행위 등 시장의 부당 행위에 관한 조항을 실시하고, 모든 신용기관과 신용 서비스 회사의 영업 허가 권한을 포함한 국가 신용에 대한 감독을 책임진다. 오스트레일리아의 모든 국내 시장의 실시간 거래를 감독하는 것도 위원회의 중요한 기능이다.

기타 금융 감독 기관

오스트레일리아의 또 다른 감독 기관들은 비록 일상적인 감독에 참여하지 않지만, 현지 금융 시장의 안정과 금융 회사의 일상적인 운영에 광범위한 영향을 준다. 일부 기관을 소개하면 다음과 같다.

- 오스트레일리아 연방재정부Australian Government Treasury는 오스트레일리아 연방 정부 산하의 집행 기관이다. 주로 경제 정책의 수립을 책임진다. 핵심 기능 외에 연방재정부는 금융 시스템 안정 정책의 집행과 개혁, 기업의 이행 및 소비자를 보호하고, 국외 투자 부문의 공공 이익을 보호하는 영역에 전문적인 의견을 제공한다.

- 오스트레일리아 금융 정보 분석센터AUSTRAC는 사법 부장과 세관 부장이 직접 책임지는 독립적인 연방 정부 부처인 동시에 연방 검찰의 하급 기관 중의 하나다. 이 기관은 주로 두 가지 부문의 기능을 담당한다. 첫 번째 기능은 금융과 사행 업종의 감독자로서 자금 세탁 방지, 반 테러리즘 파이낸싱 및 반 금융 범죄를 책임지고, 두 번째 기능은 금융 정보의 중심으로서 돈세탁, 탈세, 기타 엄중한 범죄와 테러리즘 파이낸싱을 검사하고 억제해서 법 집행 부처, 반테러 부처, 세금 부처에 서비스와 지원을 제공한다.

- 오스트레일리아 경쟁소비자위원회(Australia Competition &Consumer Commission, ACCC)는 주로 오스트레일리아의 '경쟁과 소비자법'과 관계있는 정책의 수립을 책임진다. 이 법률은 경쟁 중에 가격 조작, 시장 세분화, 보이콧 등과 같은 반 경쟁 행위를 금지한다. 이 위원회의 소비자 보호 기능은 오스트레일리아 각 지역의 소비자 사무 기관이 발견한 각종 불공정한 거래법을 효과적으로 보충한다.

- 오스트레일리아 국세청(Australia Tax Office, ATO)은 중앙 정부 및 지방 정부의 세수 관리를 책임진다. 금융 기관이 주로 관계하는 세무 종류는 크게 영업 이익세와 이자에 대한 원천세 등의 두 가지가 있다.

오스트레일리아에서 은행 개업하기

외국계 은행이 오스트레일리아에서 업무를 시작하려면 일반적으로 두 가지 모델을 선택해야 한다. 첫 번째 모델은 먼저 대표부를 설립한 뒤에 은행 영업 허가를 신청하고, 대외 영업을 할 수 있는 지사(지점)를 설립하는 것이다. 오스트레일리아 건전성감독청은 이 모델을 통상적으로 인정하지만 신청 지사는 오직 도매 은행 업무만 취급할 수 있다.

두 번째 모델은 완전히 새로운 현지 법인, 즉 독립적으로 운영되는 은행을 설립하는 것이다. 이 모델은 난이도가 높지만 일단 성공하면 도매 은행 업무와 소매 은행 업무 등 전통적인 은행 업무를 수행할 수 있다. 두 모델 모두 오스트레일리아 건전성감독청에 영업 허가를 신청하는 동시에 오스트레일리아 증권투자위원회에 상응하는 금융 서비스 허가증을 신청해야 한다.

오스트레일리아에서 은행을 개설하려면 가장 먼저 오스트레일리아 건전성감독청로부터 권한을 부여 받아 '은행', '은행가', '은행업' 등의 관련 문구를 합법적으로 사용하며 은행 업무를 시작해야 한다. 어느 모델을 선택했느냐에 따라서 신청 시간 및 과정이 모두 다르다. 만약에 대표부 설립을 신청했으면 일반적으로 3~6개월 안에 허가를 받을 수 있다. 이에 비해 지점이나 현지 법인의 영업 허가증을 신청하면 통상 자료를 제출하고 12개월 안에 허가를 받을 수 있는데, 특수한 상황에선 시간이 더 걸릴 수도 있다.

금융 서비스 허가증에 대한 신청은 일반적으로 '전자 허가'로 불리는 전자 허가 신청 과정이다. 신청 과정에서 신청 은행(현지 지점 또는 법인)은 제공하는 금융 서비스, 상품 범위, 목표 고객을 확정해야 한다. 전자 허가 서비스 시스템은 신청인이 제공한 정보를 토대로 형성된다. 이때 자료는 오스트레일리아 증권투자위원회에 허가증에 요구되는 조건을 어떤 방식을 통해서 달성한 것인지를 증명하는데 쓰인다. 위원회는 완성된 신청을 받은 후 28일 이내에 허가증 발급 유무를 결정한다.

[표 2-3] 오스트레일리아에서 개업을 준비하는 외국계 은행의 유형별 신청 과정

유형	신청 과정	비고
대표부	오스트레일리아 건전성감독청의 동의를 얻는다.	대표부의 업무는 오스트레일리아 건전성감독청 규정 범위의 제한을 받는다.
	'은행'이라는 문구를 사용하는 것에 동의한다.	'은행법' 제66조 규정 : 오스트레일리아의 국내외에서 업무를 발전시키려면 반드시 오스트레일리아 건전성감독청의 동의를 얻은 뒤에 '은행', '은행가', '은행업' 등의 문구를 사용할 수 있다.
	최저 진입 기준	본국에서 신청 금융 회사의 실체는 반드시 은행이어야 한다. 신청 금융 회사는 실력이 막강하고 신용도가 높아야 하며, 금융 감독 관리 기준과 '바젤협약 II'의 규정에 부합해야 한다. 또한 본국의 감독 관리 위원회의 비준을 얻고 대표부를 설립해야 한다.
	업무 조건	대표부의 업무는 반드시 연락처로서의 기능에 머물러야 한다. 특히 대표부는 대출을 해주거나 파생 상품을 취급하면 안 되고, 교역에 종사하거나 증권 발행, 외환 매매 등을 하면 안 된다.
	외국계 기업으로 등록한다.	오스트레일리아 증권투자위원회에 신청한다.
	오스트레일리아 증권투자위원회에 오스트레일리아의 신용장을 신청한다.	만약에 오스트레일리아에서 '개인 신용 업무'를 하려면 오스트레일리아의 신용장을 신청하거나 신용 대표를 파견한다.

유형	신청 과정	비고
외국 예금 취급 금융 회사의 지사(지점)	오스트레일리아 건전성감독청의 동의를 얻는다.	신청하려면 반드시 오스트레일리아 건전성감독청의 관련 규정에 부합해야 한다.
	'은행'이라는 단어를 사용하는 것에 동의한다.	'은행법' 제66조 규정으로서 위와 같다.
	최저 진입 기준	• 속지 관할 요구 : 신청 지점은 본국에서 은행업 권한이 있어야 하고, 신용도가 좋아야 하며, 감독 관리 기준과 '비젤협약 II'의 규정에 부합해야 한다. 또한 본국의 감독 관리 위원회의 동의를 얻어 지점을 설립해야 한다. • 자금 : 오스트레일리아는 보완 자본을 요구하지 않지만, 신청 은행은 반드시 본국의 자기자본비율 기준을 충족시켜야 한다. • 소유권 : '오스트레일리아 금융업 법안'의 관련 제한 조건을 준수하고, 직간접적으로 주식을 15% 이상 보유해야 한다. 또한 국가적 이익 테스트를 통과하고, 반드시 연방 재정부의 비준을 얻어야 한다. • 감독 관리 기준 : 반드시 오스트레일리아 건전성감독청이 제시한 기업 관리, 증권화와 기금 관리, 유동성, 신용의 질, 거액 대출, 관련 금융 회사 협회, 아웃소싱, 업무의 연속성 관리, 리스크 관리, 회계·감사·정보·금융 감독 보고 등에 관한 감독 관리 기준을 준수해야 한다. 필요할 경우 오스트레일리아 건전성감독청은 별도의 특수 감독 관리 기준을 추가할 수 있다. • 사업 계획 : 신청 지점은 반드시 오스트레일리아 건전성감독청에 3~5년의 사업 계획안을 제출해야 한다. 오스트레일리아 건전성감독청이 제출된 사업 계획안을 진정성이 있고 내용이 충실하다고 판단하면 예금 취급 금융 회사의 권한을 부여할 수 있다.
	외국계 기업으로 등록한다.	오스트레일리아 증권투자위원회에 신청한다.
	오스트레일리아 증권투자위원회에 오스트레일리아의 금융 서비스 허가증을 신청한다.	신청 지점이 자문과 같은 금융 서비스와 증권, 파생상품, 외환과 같은 금융 상품의 제공을 희망할 때 신청한다.
	오스트레일리아 증권투자위원회에 오스트레일리아의 신용장을 신청한다.	오스트레일리아에서 '개인 신용 업무'를 수행하려면 오스트레일리아의 신용장을 신청하거나 신용 대표를 파견해야 한다.

3. 어렵게 얻은 은행 영업 허가증

공상은행이 오스트레일리아에서 은행 영업 신청부터 지점 설립까지 8년의 시간이 걸린 것을 시드니 지점 직원들은 농담 삼아 '8년 항전'에 비유한다. 이것은 2000년에 처음 신청서를 냈을 때부터 계산한 것이다. '항전'은 결국 승리로 끝났고, 오스트레일리아 건전성감독청이 발급하는 '은행 영업 허가증'과 오스트레일리아 증권투자위원회가 발급하는 '금융 서비스 허가증'을 성공적으로 얻는 '항전 성과'를 이루어냈다. 이 두 장의 허가증은 시드니 지점이 수행할 수 있는 금융 서비스 대상과 경영 범위를 규정한다.

은행 영업 허가증

2008년 5월 19일에 공상은행은 오스트레일리아 건전성감독청이 발급한 은행 영업 허가증을 받았다. 명칭에서 알 수 있는 것처럼 이 허가증은 공상은행이 오스트레일리아에서의 은행 업무 수행을 허락하는 증서다. 이 허가증은 지점의 실제 경영에 대해서 다음과 같은 구체적인 요구를 한다.

- 경영 과정에서 반드시 건전성 감독 조례 및 관련 지도 서류가 제시하는 관리 요구를 준수한다.
- 오스트레일리아 건전성감독청이 규정한 보고서 형식에 따라서 정기적으로 업

무 경영 데이터를 제출한다.

- 개인과 비법인 회사의 최초 예치 금액이 25만 호주 달러 미만일 경우 예금을 받지 않는다. 하지만 법적 실체, 외국 은행 및 외국 기관의 직원들일 경우 어떤 금액의 예금도 받는다.
- 오스트레일리아 건전성감독청이 영업 허가증을 발급한 뒤에 진행하는 정기 현장 검사를 받아들인다.

오스트레일리아 건전성감독청의 은행 영업 허가는 중앙회금투자공사 및 관계자가 공상은행 주식을 15% 이상 보유하는 것을 허락한다는 의미다. 이 말은 다소 이상하게 들릴 수도 있다. 중앙회금투자공사가 공상은행의 최대 주주인 것은 모두가 아는 사실인데, 왜 오스트레일리아 건전성감독청의 허가를 받아야 할까? 사실 이것은 1998년 판 '오스트레일리아 금융업 법안'의 제재 조건과 관계가 있는데, 외국 투자자가 직간접적으로 오스트레일리아 금융 회사의 지분을 15% 이상 획득하려면 국가적 이익 테스트를 통과하고 반드시 연방 재정부의 비준을 얻어야 한다. 이 법안은 앞에서 은행 설립 신청 과정에서도 등장한 적이 있다. 시드니 지점은 오스트레일리아에 등록된 금융 기관으로서 당연히 이 금융 법안의 영향을 받기 때문에 오스트레일리아 건전성감독청의 허가를 받았다. 사실 오스트레일리아 건전성감독청도 재정부로부터 권한을 부여받아 허가를 내주는 것이다.

금융 서비스 허가증

2008년 6월 27일에 시드니 지점은 오스트레일리아 증권투자위원회가 발급한 금융 서비스 허가증을 얻었다. 이 허가증은 시드니 지점이 제공할 수 있는 금융 서비스와 금융 상품의 유형을 다음의 몇 가지로 규정한다.

- 도매 고객에 대한 금융 자문 서비스 제공을 허가한다. 제공할 수 있는 금융 상품은 예금, 지불, 파생상품, 외환 매매 계약, 채권, 주식, 기타 증권 등이다.
- 도매 고객에 대한 금융 거래 서비스와 금융 대리 서비스 제공을 허가한다. 이 중에서 금융 거래 서비스는 예금, 지불, 파생상품, 외환 매매 계약 및 기타 증권 등의 상품 발행, 신청, 매수, 변경, 매도를 포함하고, 금융 대리 서비스는 예금, 지불, 파생상품, 외환 매매 계약, 채권, 주식, 기타 증권의 신청, 매수, 변경, 매도를 포함한다.

주의할 점은 오스트레일리아 증권투자위원회는 지점이 도매 고객에게 앞에서 설명한 금융 서비스 및 금융 상품을 제공하는 것만 허가한다. 그럼 도매 고객은 누구를 말하는 것일까? 증권투자위원회의 해석에 따르면 다음의 네 가지 테스트 중에서 어느 한 가지라도 해당하면 도매 고객이다.

(1) 가치 테스트 : 고객의 예금액은 50만 호주 달러보다 적으면 안 된다.

(2) 기업 규모 테스트 : 고객은 소형 기업이면 안 되고, 직원 수는 20명이 넘어야 한다.

(3) 개인 자산 테스트 : 고객의 순자산이 최소 250만 호주 달러 이상이거나 최근 2년 동안의 수입이 25만 호주 달러보다 적으면 안 된다.

(4) 전문 투자자 테스트 : 고객이 전문 투자자이다.

시드니 지점의 금융 서비스 허가증에는 대출 상품 취급이 포함되지 않는다. 오스트레일리아에서 대출은 신용 수단으로 여겨져 오스트레일리아의 금융 서비스 허가증 범위 안에 있는 금융 상품과 허가 규정에 속하지 않는다. 은행 영업 허가증이 있으면 이 서비스를 제공할 수 있다. 다시 말해서 오스트레일리아 건전성감독청이 발급한 은행 영업 허가증이 있으면 오스트레일리아 증권투자위원회에 특수한 신청을 다시 할 필요 없이 대출 업무를 수행할 수 있다.

2장

족쇄와 수갑을 차고 아름답게 춤춰라
帶着镣铐, 跳出优美的美的舞蹈

위의 제목에서 '족쇄와 수갑'은 게임의 법칙이다.

은행은 낯선 시장에서 영업을 시작할 때, 현지 각종 감독 기관의 복잡한 요구를 만족시키는 '족쇄와 수갑'을 차야 한다. 이들의 요구에 빠르고 정확하게 대응하지 않으면 벌금, 영업 정지, 파산이라는 가혹한 현실을 마주하게 되어 이윤 창출은 영원히 완성할 수 없는 아름다운 꿈으로 남는다. 하지만 한 가지 강조할 점이 있는데, 여기에서 '족쇄와 수갑'은 결코 나쁜 뜻이 아니다. 특히 선진국에 설립한 해외 은행들에게 족쇄와 수갑은 법을 지키기 위해서 비싼 비용을 치르는 것이지만, 현지 시장의 운영 기준, 관례, 준칙에 관한 '최선의 운영 방식(Best Practice. 목표 달성에 효과적이라고 입증된 지침)'을 실현하도록 해준다. 이 지침들은 선진 금융의 노하우를 배울 수 있는 중요한 부분이다.

1. 오스트레일리아 금융 시장의 족쇄와 수갑

앞에서 설명한 것처럼 오스트레일리아는 엄격한 은행 감독 시스템이 있다. 은행은 오스트레일리아 건전성감독청 외에 오스트레일리아 증권투자위원회, 금융정보 분석센터, 오스트레일리아 준비은행 등으로부터 금융 서비스 범위, 자금세탁 방지, 결제 및 이윤 조정 등 각 방면에 관한 감독과 관리를 받는다. 모든 감독 기관은 저마다 독립적이고 완전한 운영 시스템이 있고, 설립 신청 규정, 심사 자료, 상규 점검, 전문적인 항목의 점검 등에 대해서 엄격한 심사 절차를 요구한다. 특히 신흥국가의 해외 투자 은행은 투자국의 신용 등급, 은행업 역사, 시장 개방도 등과 같은 중요한 요인들의 영향을 받기 때문에 엄격히 감독하고, 빈번하게 내용 점검을 한다. 이렇게 하는 이유는 신흥국가에서 진출하는 은행들이 생소하기 때문인 것 같다. 오스트레일리아의 감독 관리 시스템은 이미 앞에서 자세하게 소개했으므로, 여기에서는 더 이상 설명하지 않겠다.

오스트레일리아에 진출하는 외국계 은행이 가장 많이 접하는 기관은 오스트레일리아 건전성감독청이다. 이곳의 독특한 특징에 대해서 알아보자.

감독 원칙Principle based

중국계 은행에게 오스트레일리아 건전성감독청은 중국 은행감독관리위원회 같은 곳이다. 이곳의 감독 구조는 건전성 감독 조례(Prudential

[표 2-4] 오스트레일리아 건전성감독청 감독 기준 일람표

서류 번호	서류 명칭
APS 001	정의
APS 110	자기자본비율
APS 111	자기자본비율 : 자본 산출
APS 112	자기자본비율 : 신용 리스크 기준법
APS 113	자기자본비율 : 신용 리스크 내부 등급법
APS 114	자기자본비율 : 운영 리스크 기준법
APS 115	자기자본비율 : 운영 리스크 고급 산출법
APS 116	자기자본비율 : 시장 리스크
APS 117	자기자본비율 : 은행 계좌 금리 리스크
APS 120	자산의 증권화
APS 121	자산 담보 채권
APS 210	유동성 관리
APS 210.1	유동성 관리 전략
APS 210.2	시나리오 분석
APS 210.3	최저 유동성 보유
APS 220	질적 신용
APS 221	거액 익스포저(Exposure)
APS 222	관계자
APS 231	업무 위탁
APS 232	업무의 지속적인 관리
APS 240	신용카드 리스크 관리
APS 310	회계 감사 및 관련 사항
APS 330	자기자본비율 : 건전성 정보 공시
CPS 510	회사 관리
CPS 520	관리인 자격
APS 610	결제 서비스 제공자의 건전성 감독 요구
APS 910	예금 보호 방안

Standards and Guidance, APS), 건전성 원칙(Prudential Practice Guides, PPG), 조치 시행 배경(Regulation Impact Statements, RIS) 및 시행 조례(Consultation Packages)의 네 부분으로 나뉜다. 다른 아시아태평양 지역 국가와 비교할 때, 오스트레일리아 건전성감독청은 세세한 감독 지침과 운영 세칙이 없고, 31개 항목의 중요 건전성 기준만 있다. 이 중에 '건전성 감독 조례 APS'는 19개 항, 일반적인 지침AGN 7개 항, 혼합 지침CPG 5개 항이다.

이들 항목은 자본 관리, 신용, 시장, 운영, 유동성 리스크 등에 관한 핵심 리스크 관리 규정 및 관련 요구를 모두 포함한다. 하지만 감독 항목이 적다고 해서 감독이 허술하거나 영업 허가증을 쉽게 받을 수 있는 것은 아니다. 오히려 각 항목의 감독 규정에 감독 원칙에 대한 설명만 있고 명확하고 자세한 지침이 없어 은행이 감독 규정을 지키기는 더 어렵다. 특히 현지 시장에 익숙하지 않은 외국계 은행에게 이들 규정은 이해하고 지키기가 가장 어려운 부분이다.

오스트레일리아 건전성감독청이 요구하는 것은 '사전에 리스크를 통제해서 은행을 완전하게 만들라'는 것이다. 은행은 건전성감독 조례를 따라서 3개년 경영 발전 계획, 리스크 관리 시스템, 리스크별 구체적인 관리 매뉴얼과 운영 세칙을 수립한 후 영업 허가증을 받기 전에 오스트레일리아 건전성감독청에 보내 심사를 받아야 한다. 또한 오스트레일리아 건전성감독청이 'NO!'라고 할 때마다 은행은 매뉴얼을 끊임없이 완벽하게 수정하고 세분화해야 하고, 최종적으로 심사에 통과하면 이 매뉴얼은 은행을 경영할 때 행동 지침서가 된다.

각종 압력 속에서 수립된 매뉴얼은 오스트레일리아 건전성감독청의 '높은 기준과 엄격한 요구'의 목적에 부합하는 동시에 은행이 오스트레일리아 건전성감독청에 대해 향후 어떻게 영업을 하겠다고 미리 제출한 '서면 약속'이나 마찬가지다.

'기준을 통일하고, 예외 없는 것'이 감독 원칙

오스트레일리아 건전성감독청의 규정은 자국의 은행이든 해외 은행이든, 큰 은행이든 작은 은행이든 모든 은행을 기본적으로 똑같이 대한다. 다른 국가들과 마찬가지로 오스트레일리아 건전성감독청도 은행의 수익성이 아니라 리스크 통제를 중시한다. 그래서 외국계 은행도 자국 은행처럼 완벽한 리스크 관리 구조를 만들고, 리스크를 종합적으로 관리하는 시스템을 확충하며, 내부적으로 흐름이 명확한 업무 과정, 규정에 맞는 운영 매뉴얼, IT 시스템 등의 장치가 있어야 한다.

감독 보고 양식을 예로 들어 보자. 오스트레일리아 건전성감독청은 정식 예금 기구(Authorised Deposit - taking Institution. ADI)에 적용하는 D2A(Direct to APRA) 보고 양식을 설계해서 ADI가 수시로 보내는 통상적인 보고서를 수집한다. 해외 은행의 지점은 영업을 시작하는 순간부터 자본 관리에 관한 보고서 외에 상규, 재무, 각종 리스크 등에 대한 총 32장의 감독 보고서를 제때에 보내야 한다.

또한 오스트레일리아 건전성감독청은 시장의 특징에 맞게 개성적인 상품 보고서를 설계했는데, 예를 들어 대출이면 상품에 따라서 주택 대출, 개인 소비 대출, 임대 대출, 상업 대출 중에 어느 것인지 기입하고, 지역까지 구분해 세분화된 통계 보고서를 작성해야 한다. 이런 점에서 생각할 때 오스트레일리아 건전성감독청의 관리 방식은 매우 꼼꼼하고 전면적이다. 오스트레일리아 건전성감독청은 '작아도 봐주지 않는' 원칙도 지킨다. 외국계 은행을 관리할 때 규모가 작고 지점망이 적다고 해서 소홀히 감독하지 않는다.

각 단계마다 끊임없이 반복되는 테스트

어떤 사람은 해외에서 은행 영업 허가증을 얻는 것이 대학 입시를 치르는 것 같다고 농담처럼 말한다. 테스트 전에 충분히 준비하고, 테스트 과정에서 제 실력을 발휘해서 영업 허가증을 받으면 만사가 형통할 것 같다. 하지만 오스트레일리아의 은행 감독 시스템에서 이런 생각은 완전히 통하지 않는다. 영업 허가증을 발급하기 전에 건전성감독청은 가혹한 평가 기준대로 모든 업무 과정, 기준, 규정에 대해서 서면화를 요구한다.

영업 허가증을 발급한 뒤에는 '서면 약속'을 이용해서 은행에 대한 각종 리스크를 점검한다. 영업 허가증을 발급하는 과정에서 공상은행은 10여 차례에 걸쳐 자료에 대해서 답변하고, 연속 이틀 동안 현장 점검을 받았는데, 이 중에 하루 반나절을 꼬박 시스템 운영 테스트 등을 했다.

영업 허가증을 받은 뒤에도 긴장을 놓을 수 없었다. 시드니 지점을 기다린 것은 5년 기한의 '영업 허가 발급 후 검사Post Authorisation Review' 단계여서 2010년에 IT 검사, 2011년에 신용 리스크 검사, 2012년에 운영 리스트와 유동성 관리 전문 검사 등을 받았다. 2013년에 공상은행 시드니 지점은 정기 검사Regular Review 단계에 접어들었다. 여기에서 강조하고 싶은 점은 오스트레일리아 건전성감독청이 영업 허가를 심사할 때 영업 허가증을 일찍 받기 위해서 과도한 약속을 하지 말라는 것이다. 건전성감독청은 나중에 전문 검사를 할 때 각종 약속 사항에 대해서 사후 평가를 하고 '차이 분석Gap Analysis'을 하는데, 이것은 장차 은행의 업무 발전 속도 및 건전성감독청의 허가 여부에 직접적으로 영향을 준다.

완벽한 감독 평가 시스템

모니터링 시스템을 가진 오스트레일리아 건전성감독청은 지속적으로 평가하는 방식을 통해서 ADI를 일관성 있게 감독한다. 감독의 세 가지 핵심 내용은 효과적인 감독 방법을 이용해서 피감독 은행의 약점을 발견하고 평가하는 것, 실사와 자문 방식을 통해서 피감독 은행을 지속적으로 관리하는 것, 건전성 감독 조례와 법규 등의 감독에 간여하고 강제로 실시하는 것을 포함한다.

평가 시스템 부문에서 오스트레일리아 건전성감독청은 2002년 10월부터 두 가지 기본적인 평가 시스템, 즉 '가능성 및 영향 등급 평가 시스템(Probability and Impact Rating System. PAIRS)과 감독 피드백 시스템(Supervisory Oversight and Response System. SOARS)'을 기본으로 하는 리스크 평가와 감독 관리 피드백 방식을 실시하고 있다. 이 두 가지 등급 평가 방식은 주로 리스크 평가를 토대로 은행 내부의 리스크 통제 시스템을 합리적으로 평가하는 것을 돕는다. 건전성감독청은 필요할 때 제때 효과적인 감독 조치를 취해 문제가 있는 은행을 통제하고 통보한다. 그럼 두 가지 핵심 등급 평가 방식에 대해서 종합적으로 알아보자.

PAIRS 방식 _ PAIRS 방식은 2개의 이념이 있다. 첫 번째는 '고유의 리스크, 관리 통제, 자본 지출' 세 부문에 대해서 종합적으로 평가하는 것이고, 두 번째는 첫 번째 이념의 토대 위에 피검사 은행이 경영을 중단할 가능성과 영향력에 대해서 각각 평가하는 것이다. 이 방식은 총 3단계로 나뉜다.

첫 번째 단계 : 리스크가 출현할 가능성에 대해서 심사한다. 이 단계에서 PAIRS 시스템은 주로 은행의 운영에 따른 각 방면의 핵심 리스크, 예컨대 이사회 및 경영층, 리스크 통제 전략 및 계획, 유동성 리스크, 운영 리스크, 신용 리스크, 시장 및 투자 리스크, 보험 리스크, 최종 리스크, 커버 자본覆盖资本, 이익잉여금 및 기타 가용 자본 등에 대해서 평가한다. 종합 분석을 통해서 전체적인 '순 리스크Overall Net Risk' 수준으로 최종 평가되면 이 은행은 자본에 커버되면 안 되고, 갑작스러운 손실이 생길 가능성이 있다. 구체적인 평가 등급은 낮은 등급에서 높은 등급 순으로 각각 '매우 낮음Very Low', '낮음Low', '조금 낮음Low Medium', '조금 높음Upper Medium', '높음High', '매우 높음Extreme High'의 6등급으로 나뉜다.

두 번째 단계 : 리스크를 발견했을 때 리스크의 영향을 얼마나 받는지 평가하는데, 구체적으로 '영향 평가Impact Rating'와 '영향 지수Impact Index'를 포함한다. 평가 등급은 낮은 등급에서 높은 등급 순으로 각각 '낮음Low', '보통Medium', '높음High', '매우 높음Extreme High'의 4등급으로 나뉜다.

세 번째 단계 : 첫 번째 단계와 두 번째 단계의 평가를 종합해서 감독 관심 지수(Supervisory Attention Index. SAI)를 계산한다. 이 지수는 주로 오스트레일리아 건전성감독청의 감독 작업에 협조할 때 쓰이는데, 각 은행과 영역의 우선순위에 따라서 건전성감독청의 계획에 협조해 감독

[그림 2-3] SAI 행렬

영향 평가	영향 지수	감독 관심 지수				
맥시멈	500	22	50	89	201	358
	250	16	35	63	142	253
매우 높음	125	11	25	45	101	179
높음	12.5	4	8	14	32	57
보통	1.25	1	3	4	10	18
낮음	0.25	1	1	2	5	8
가능성 평가		낮음	조금 낮음	조금 높음	높음	매우 높음
가능성 지수		1	5	16	81	256

자원을 종합하고 분배한다. [그림 2-3]에서 SAI의 지수 범위는 1에서 358 까지다. 4 이하는 낮은 수준의 관심 구역이고, 4~100은 중간 정도의 관심 구역이고, 100 이상은 고도의 관심 구역이다.

SOARS 방식 _ SOARS 방식은 PAIRS의 리스크 평가를 기초로 감독 행동 유형을 분석하는 도구다. 행동 급수에 따라서 SOARS 평가는 '정상 Normal', '관심Oversight', '개선 지시Mandated Improvement', '재조직 Restructure'의 4단계로 나뉜다. SOARS와 PAIRS의 대응 관계는 [그림 2-4] 와 같다.

저마다 다른 감독 위치에 있는 은행 감독 기관들 중에서 오스트레 일리아 건전성감독청은 '중점을 부각하고, 차별 대우'를 하는 원칙을 채 택했다. 감독 활동 정도는 평가 등급이 높아질수록 '약'에서 '강'으로 변 하기 때문에 검사 빈도, 내용, 범위가 모두 다르다. 상대적으로 보수적인 편인 오스트레일리아 건전성감독청은 평가를 가혹하게 해서 정상 등급 을 잘 안 준다. 특히 본점의 외부적인 평가 등급이 낮은 은행은 현지 지

[그림 2-4] 감독 기준

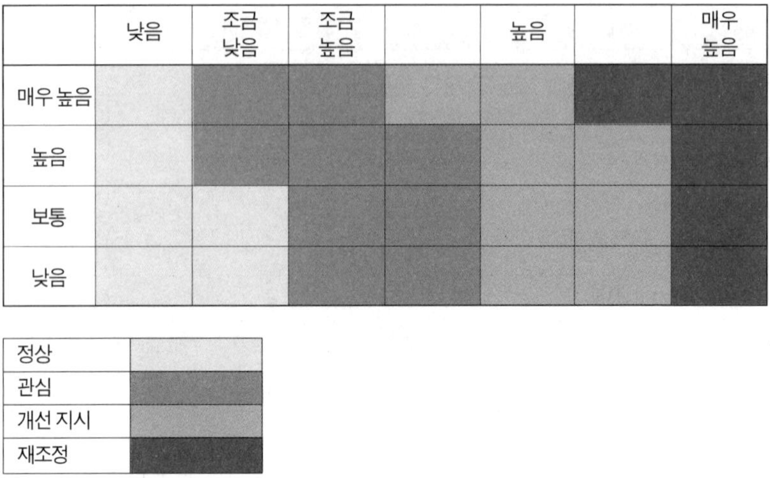

	낮음	조금 낮음	조금 높음		높음		매우 높음
매우 높음							
높음							
보통							
낮음							

정상	
관심	
개선 지시	
재조정	

점의 관리 상태가 'OK'라도 관심 등급을 준다. 최근에 오스트레일리아 건전성감독청이 평가 기준을 한층 더 높이고, 선호도를 좁혀서 대부분의 은행은 '관심Oversight' 등급을 받았다. 관심 등급일 때 건전성감독청은 주로 다음과 같은 감독 활동을 한다.

① 전문가급 평가단을 파견해 현장을 검사함으로써 해당 은행에 대한 감독의 강도와 빈도를 높인다.

② 해당 은행에 각종 데이터 보고에 대한 요구를 늘리고, 별도의 정보 및 자료를 요구한다.

③ 해당 은행과의 소통을 강화하고, 필요할 때 외부 심사 단체를 통해서 특정 사항의 리스크에 대해서 전문적인 회계 감사를 한다.

④ 해당 은행에게 수정한 업무 계획을 제공하도록 요구한 뒤에 개선 방안을 평가한다.

⑤ 해당 은행의 책임자에게 건전성감독청이 관심 있게 지켜보는 문

제를 직접 전달하고, 심할 경우에는 관련 해외 감독 부처에 통보한다.

검사를 마친 건전성감독청의 검사 보고서는 검사 결과에서 명확하게 지적된 해당 항목의 리스크 관리에 대한 SOARS 등급 평가, 발생 가능성과 영향 정도에 관한 PAIRS의 평가 결과에 기초한다.

감독 검사 과정의 표준화와 철저한 준수

오스트레일리아 건전성감독청의 감독 검사 과정은 매우 표준적이다. 검사 시간 안배, 자료 요구, 현장 점검, 피드백 의견의 4단계는 모두 획일적인 기준에 따라서 진행된다. 건전성감독청의 감독 검사 과정을 소개하기 전에 건전성감독청 내부의 조직 구조와 작업 과정을 간략하게 설명하겠다.

오스트레일리아 건전성감독청의 내부 부서는 매우 간단하게 총 세 부문으로 나뉜다. 첫 번째는 은행과 비은행 금융 회사의 감독을 책임지는 '다중 부서'이고, 두 번째는 현지 및 외국 자본의 주택 구입 건설 상조회, 신용 조합, 보험 회사, 연금 펀드 등을 감독하는 '특수 부서'이고, 세 번째는 관리 업무와 서비스를 담당하는 부서이다.

직접적으로 은행을 관할하는 곳은 내부적으로 6개의 소규모 팀이 있는 '다중 부서'이다. 오스트레일리아 건전성감독청은 모든 은행 조직에 대해서 소규모 감독 대응 팀 외에 직접적으로 연락할 수 있는 인원인 유사 은행업의 '관계 관리자Relationship Manager'를 배치해 은행 리스크나 내부 통제에 대한 일상적인 소통을 책임진다. 감독 업무 부문에서 오스트레일리아 건전성감독청의 내부 구조는 소규모 프로젝트 팀과 같아서 일상적인 관리에 직접적으로 대응하는 것은 물론이고, 리스크 전문 점검 때 1~2명의 전문가를 초빙해 점검에 참여시킨다.

한 가지 주목할 점은 오스트레일리아 건전성감독청은 중요한 일을 하는 곳인 만큼 자신들의 이름을 내건 번듯한 빌딩에서 일할 법도 하다. 하지만 흥미롭게도 오스트레일리아 건전성감독청의 본청은 조지 스트리트 400번지에 있는 '텔스트라Telstra'라는 통신 회사 빌딩의 5층을 임대해서 쓰고 있다. 인테리어가 으리으리하지도 않고, 빌딩 안에서 특별한 대우를 받지도 않는다. 빌딩 밖에서 건전성감독청과 관계있는 어떤 표시도 찾을 수 없고, 오직 빌딩 내부의 홀에 있는 여러 회사들의 이름표 중에서 '오스트레일리아 건전성감독청(Australia Prudential Regulatory Authority)'이라는 이름을 찾을 수 있다. 엄숙함과 조용함, 아마도 이것이 오스트레일리아 건전성감독청의 특징을 가장 잘 말해 주는 단어인 것 같다.

다시 본론으로 돌아와서 오스트레일리아 건전성감독청의 업무 과정은 4단계로 나뉜다.

첫 번째는 정식으로 통보하는 단계다. 오스트레일리아 건전성감독청의 직접 책임자Senior Manager는 자신의 명의로 은행의 지점장에게 정식 서한을 발송해서 점검 시간, 내용, 순서를 통보하고, 필요한 자료 범위, 자료 제출 시간, 현장 점검 시간, 점검 인원의 구성 등에 대해서 명확하게 알린다.

두 번째는 자료를 심사하는 단계다. 지점은 서한의 요구에 따라서 1개월 안에 모든 관련 자료를 부문별로 정리한 뒤에 목록을 첨부해서 오스트레일리아 건전성감독청에 제출한다. 그럼 오스트레일리아 건전성감독청은 1개월 심사를 해서 문제가 있으면 보충 자료나 설명을 요구한다.

세 번째는 현장을 점검하는 단계다. 이틀 동안 면담 형식으로 이루어진다. 첫 번째 날 오전은 은행의 고위층과 시장 환경, 기회, 도전, 업무 발전 계획, 리스크 관리 실행, 신상품 및 인원 조정 등 경영 전반에 관해서 소통한다. 오후부터 이튿날에는 온종일 심층적인 내용 점검에 들어가는데, 주로 은행의 관련 부서 책임자가 서한에 명시된 리스크 관리, 내부 통제, IT 등의 주제에 대해서 보고 및 질의응답을 한다. 또한 간단한 검사 마감 회의Closing Meeting를 해서 검사 의견에 대해서 대략적으로 교류하고 통보한다.

네 번째는 등급 평가 결과와 점검 중에 발견한 문제 등을 포함한 점검 결과를 정식으로 통보하는 단계다. 검사 중에 발견한 문제는 심각성 정도에 따라서 개선Requirements, 권고Recommendations, 건의Suggestions, 정보 요구Information Requests로 나뉜다. 가장 중요한 것은 은행은 서한을 받고 4주 안에 지적 받은 사항에 대해서 개선 조치(완성 시간표 포함) 및 관련 설명에 관한 보고서를 오스트레일리아 건전성감독청에 정식으로 제출해야 한다. 비록 점검 일수는 길지 않지만 점검 범위가 넓고, 제출한 자료에 대한 분석이 꼼꼼해서 은행이 미처 생각하지 못한 부분까지 점검이 진행된다.

이밖에 주목할 점은 오스트레일리아 건전성감독청의 점검 특징이다. 문제의 본질을 찾고, 은행의 향후 발전 전략과 리스크 선호도에 관심을 갖는 것은 물론, 은행 고위층 관리자들과의 면담과 교류를 중시한다. 공상은행을 점검할 때마다 오스트레일리아 건전성감독청은 최소 반나절 이상 시드니 지점장과 리스크 관리 담당자를 만나 지점의 성장 플랜, 리스크 선호 등에 대해서 의견을 주고받으며 이해하는 시간을 가졌다.

또한 지난 1년 동안의 업무 수행 상황을 되돌아보는 것을 통해서 감독자의 입장에서 주목해야 하는 리스크를 분석하고, 그때그때 상황에 맞는 의견이나 요구 사항을 제시했다.

2. 자신에게 맞는 '족쇄와 수갑'을 만들어라

오스트레일리아에 있는 외국계 은행의 전략은 글로벌 기업의 국제화 전략처럼 3단계로 나뉜다.

첫 번째는 현지에서 인지도를 쌓는 단계로서, 수익을 창출하는 것이 아니라 브랜드의 인지도를 높이는 것을 목표로 한다.

두 번째는 현지에 기반을 닦는 단계다. '먼저 규정을 지키고 나중에 업무를 수행한다'는 정신으로 감독 기관의 신뢰와 인정을 얻으면 시장을 개척하고 현지 고객들과 관계를 맺는 업무 환경을 만들 수 있다.

세 번째는 현지에 뿌리를 내리는 단계다. 이 단계에서는 만반의 준비를 끝낸 뒤에 은행 브랜드의 인지도를 바탕으로 각 부문의 업무를 다각적으로 확장하고, 경쟁력을 갖춰 지속적으로 발전시키고, 수익을 한 단계 끌어올린다.

선진국에서 리스크를 관리할 때 가장 먼저 실행해야 하는 전략은 '절차를 밟아 가며 자신 있게 일하고, 규정 준수를 첫 번째 원칙으로 여기는 것'이다. 현지 감독 기관과 대화할 때마다 감독 기관의 요구 사항을 정리해서 고칠 것이 있으면 고치고, 규정에 따라 은행을 관리하는지를 살펴면서 자신에게 맞는 '족쇄와 수갑'을 적극적으로 만들어야 한다. 족쇄와 수갑은 훗날 현지 시장에서 업무를 확장시킬 때 든든한 토대가 된다.

　족쇄와 수갑을 만드는 과정에서 많은 것을 느끼고 얻었다. 그중에 몇 가지 특색 있는 노하우를 소개하면 다음과 같다.

리스크 관리의 일체화

　감독 기관에게 리스크 관리는 영원한 숙제다. 이 점에는 어떤 리스크도 예외가 아니다. 오스트레일리아 감독 기관은 신용, 시장, 운영, 유동성 리스크 관리 면에서 모든 부서의 일거수일투족을 감독해서 리스크를 찾고, 투자 기준액을 통제하고, 보고서, 시스템, 시뮬레이션 등의 여러 형식을 통해서 은행 경영진에게 시시때때로 생기는 리스크를 알리고 대응책을 제시할 수 있는 독립적인 중간 관리팀이 있기를 희망한다.

　이러한 점에서 설립된 지 얼마 안 된 외국계 은행이 'Big 중간 관리팀'을 도입하는 것은 훌륭한 선택이다. 이른바 Big 중간 관리팀은 은행의 내부 조직 중에서 일선 직원들과 고위 경영진 사이에서 리스크를 관리하는 팀을 말한다. 신용, 시장, 운영 리스크 및 유동성 관리 등에 관한 문제는 모두 이 팀이 통합 관리해야 한다. 그렇게 되면 '완벽한 감독'이 가능해져 관련 부서가 처리하는 대출, 자금 거래, 자금 안배, 비용 통제, 운영 리스크 등의 업무를 일상적으로 통제할 수 있다.

　리스크 관리는 안개 속을 더듬고 나아가는 것과 비슷하다. 유형별로 대처 방법이 있지만 여전히 초기 대응에서 가장 중요한 것은 전문가의 경험이다. 은행의 전체 구조에서 리스크를 관리하는 부서는 '전략가' 역할을 담당한다. 전략가로서의 자격을 갖기 위해서는 예리한 통찰력, 리스크를 관리한 경험, 상황에 맞는 개성 있는 리스크 통제 방안을 설계할 수 있는 능력 등이 필요하다. 다시 말해서 리스크가 발생했을 때나 발생하기 전이나 제갈량처럼 경험에서 끊임없이 교훈을 얻고, 성장 과정에서 점진적으로 리스크 통제 시스템을 완벽하게 만들어야 한다.

리스크는 '바젤 협약'의 핵심 리스크 구분을 따르는데, 리스크 관리 부서는 적어도 대출 리스크, 시장 및 유동성 리스크, 운영 리스크 등을 관리하는 3개의 전문 그룹을 설치해야 한다. 이 중에 대출 리스크를 관리하는 그룹은 대출 정책 및 신용 리스크 관리를 책임지고, 대출 자산을 통제하고, 대출 거래 업무를 집중 심사하고, 신용 리스크 계량 모형을 연구 개발하는 것을 책임진다.

시장 및 유동성 리스크를 관리하는 그룹은 유동성 관리 제도 및 운영 규정을 수립하고, 유동성 리스크 분석 방법과 관리 프로그램 설계 업무를 책임진다. 또한 유동성 자산과 유동성 부채의 차이점 보고, 상황 분석 및 자금 조달 상품 도입 등을 포함한 유동성 관리 수단을 개발하고, 조기 경고 시스템 및 리스크 분산 등과 같은 일상적인 유동성 리스크 관리 계량 기준을 만들어서 은행의 유동성 리스크 동향을 관리한다. 여기에는 자금의 유입과 유출 현황, 고유동성 자산 비율(HQLA Ratio), 자금 거래 상대방의 신용 한도, 외환 포지션, 외환 거래 손익, 외환 거래 한도 등의 일상적인 통제가 포함된다. 이와 동시에 자금 원가(Fund Transfer Price, FTP) 계량 시스템을 만들고, 감독 규정의 변동에 대해서 시나리오 분석과 준비를 한다.

운영 리스크를 관리하는 팀은 운영 리스크 관리 제도를 제정하고, 리스크 발생 기록부와 통제에 대한 자체 평가 등을 통해서 내부적으로 존재하는 잠재적인 리스크와 리스크 완화 계획의 유효성, 잔여 리스크에 대해서 정기적으로 평가하고, 은행에 영향을 준 최근 몇 년 동안의 대형 리스크 사건을 찾아서 리스크를 통제하고 완화할 수 있는 효과적인 조치를 설계한다.

운영 리스크의 관리 범위는 비교적 광범위한데, 인위적인 요소나 시스템적 요소로 생긴 크고 작은 리스크를 식별하여 평가하는 동시에 통제, 관리한다. 은행 해외 지점이 설립 초기에 기반을 다지는 단계일 때는 소수 정예의 직원들을 뽑고, 본점의 전문가와 현지 전문가가 조화를 이룬 전문가 팀을 본점과 접목시키는 시스템을 통해서 현지 은행의 시장 관례를 배우고, 자기 몸에 딱 맞는 '족쇄와 수갑'을 만들어 향후 업무 발전의 기틀을 마련할 수 있다.

이러한 방법의 또 다른 장점은 고정적으로 책임지는 부서와 관리하는 부서가 정기적으로 커뮤니케이션을 하는 것이다. 그렇게 되면 감독 부서와 안정적으로 소통할 수 있는 통로가 만들어져 감독 부서와 통하는 유일한 창구를 통해서 관리 감독에 집중적으로 대응할 수 있다. 또한 각종 리스크를 조직적으로 관리할 수 있는 정보를 충분히 전달할 수 있으며, 감독 부서가 은행 내부, 특히 그룹 본점의 리스크 관리 동향을 최대한 빨리 이해하는 데 도움이 된다.

전체적인 틀에서 또 필요한 것은 '전문가 관리'다. 비록 리스크를 관리하는 것은 업무 전반을 관리하는 것이나 마찬가지지만 발생 빈도와 형태, 영향 면에서 리스크마다 큰 차이가 존재하고, 리스크에 맞는 계량 모형 운용이나 통제 방법, 일상적인 업무 과정 등에도 큰 차이가 존재한다. 중국 속담에 '규칙을 지키지 않으면 일을 이룰 수 없다.'라는 말이 있다. 전문가에 의한 관리가 새로 설립한 해외 지점에 기여하는 중요한 작용은 각종 리스크 관리에 대한 규정을 제시하는 것이다. 예컨대 제도의 틀, 업무 프로세스, 부서의 기능, 상규 보고, 모니터링 수단 등을 구축하는 것들이다.

중국계 은행의 해외 지점은 설립 후 초기 몇 년 동안은 이미 현지의 오래된 은행들과 달리 제도, 구조, 업무 프로세스 등이 완전히 정착되지 않아 규범화된 업무 운영에 자체 매뉴얼이 큰 작용을 하지 못하고, 오히려 직원들을 매뉴얼 프로그램에 따라서 임무를 처리하는 기계로 만들어 창의성과 적극성을 떨어뜨린다. 따라서 전문가 관리 모델의 중점은 '수입'에 있다. 현지 금융 시장의 가장 좋은 업무 스타일과 운영 관례를 도입하면 최대한 빨리 현지 시장에 통합될 수 있기 때문이다. 해외로 진출한 은행이 경영 초기에 선택할 수 있는 최선의 방법은 현지에서 대대로 전해지는 운영 관례를 배우는 것이다. 그렇게 하면 내부적으로 학습형 조직이 만들어지고, 지역에 맞지 않는 경영 방식에서 과감히 탈피하여 현지 은행의 운영과 발전에 도움이 되는 신선한 피와 추진력이 강한 긍정의 에너지가 생겨난다.

물론 관례를 무조건 따르는 제도적인 업무 프로세스를 취하면 안 되지만, 그렇다고 제도적인 업무 프로세스가 아예 없는 것도 바람직하지 않다. 오스트레일리아 사람들은 일을 규정대로 처리하는 방식에 적응해서 융통성 있게 탄력적으로 일하는 업무 프로세스에 따르는 것을 어려워한다. 따라서 종합적인 리스크 관리 체계Framework와 정책Policies, 절차Procedures, 운영 매뉴얼Operating Manuals이 반드시 필요하다. 이들 매뉴얼을 만들 때 본점의 요구를 고려하는 것은 물론이고, 리스크 관리에 대한 감독 당국의 각종 규정에 부합하도록 하는 것이 더 중요하다.

정리하면, 중국계 은행의 해외 지점은 [표 2-5]처럼 리스크 관리 체

[표 2-5] 중국계 은행의 해외 지점 운영 매뉴얼 일람표

번호	중문 명칭	영문 명칭
公司管理(회사 관리, Governance)		
1	风险管理框架(리스크 관리 체계)	Risk Management Framework
2	管理人员资格管理政策 (관리 인원 자격 관리 정책)	Fit and Proper Policy
3	公司治理政策(회사 관리 정책)	Governance Policy
发展计划(발전 계획, Business Plan)		
4	三年发展规划(3개년 발전 계획)	3 Years Business Plan
5	风险管理偏好(리스크 수용 정도)	Risk Appetite Statement
信用风险管理(신용 리스크 관리, Credit Risk Management)		
6	信用风险管理制度办法 (신용 리스크 관리 매뉴얼)	Credit Policy Manual
7	信用风险管理操作流程 (신용 리스크 관리 절차)	Credit Procedures
8	不良贷款清收管理政策 (부실 대출 청산 관리 정책)	Non-Performing Loan Recovery - Policy
资金管理(자금 관리, Treasury Management)		
9	资金管理制度办法(자금 관리 매뉴얼)	Treasury Policy Manual
10	流动性管理政策(유동성 관리 정책)	Liquidity Management Policy
11	资金和市场风险管理实操作流程 (자금·시장 리스크 관리 실제 작업 흐름)	Treasury and Market Risk Work - Flow Processes
12	流动性管理操作流程 (유동성 관리 절차)	Liquidity Management Procedures)
操作风险管理(운영 리스크 관리, Operational Risk Management)		
13	操作风险管理政策 (운영 리스크 관리 정책)	Operational Risk Management - Policy

14	操作风险管理操作流程 (운영 리스크 관리 절차)	Operational Risk Management - Procedures
业可持续发展/灾难恢复 (업무의 지속적인 발전/재난 복구, Business Continuity/Disaster Recovery)		
15	业务可持续发展管理政策 (업무의 지속적 발전을 위한 관리 정책)	BCM Policy
外包管理(업무 위탁, Outsourcing)		
16	外包政策(업무 위탁 정책)	Outsourcing Policy
17	外包操作流程(업무 위탁 절차)	Outsourcing Procedures
科技系统与安全保障(IT 시스템과 보안, IT Systems and Security)		
18	科技安全控制操作流程 (IT 보안 통제 절차)	IT Security Control Procedures
19	电脑及信息安全控制流程 (컴퓨터 및 정보 보안 통제 절차)	Computer & Information Security- control Procedures
20	分行信息科技框架 (지점의 정보 기술 체계)	Branch Information Technology- Framework
21	信息系统安全管理手册 (정보 시스템과 보안 관리 매뉴얼)	Security Guidelines for Information- Systems
22	信息档案管理手册 (정보와 문서 관리 매뉴얼)	Guidelines for Managing Infor- mation and Documents
合规与反洗钱/大额可疑交易 (준법과 자금 세탁 방지/거액의 의심 거래, Compliance and AML / CTF)		
23	合规政策及框架(준법 정책 및 체계)	Compliance Policy & Framework
24	反欺钱政策(사기 방지 정책)	Fraud Prevention Policy
25	反洗钱/反恐金融操作手册 (자금 세탁 방지/테러 자금 조달을 방지하는 금융 운영 매뉴얼)	AML / CTF Manual

審计与内部审计(회계 감사와 내부 감사, Audit & Internal Audit)		
26	監管報表審计安排 (감독 보고를 위한 회계 감사와 준비)	Audit and Related Arrangements for Prudential reporting
27	内审年度计划(내부 감사 계획)	Internal audit Program

* 해외에 설립한 은행(지점)의 내부 규정은 매우 많다. 표에 소개한 내용은 독자들이 참고할 수 있도록 핵심 매뉴얼을 고른 것이다.

계, 조직 구조 및 절차, 업무 발전 계획, 리스크 선호, IT, 인터넷 뱅킹 관리 및 신용, 시장, 운영, 유동성 등에 관한 리스크 관리 정책, 절차와 운영 매뉴얼 등의 내용이 포함된 10개의 핵심적인 제도를 갖출 필요가 있다.

지점의 현지 법인화

감독 부분에서 지점과 현지 법인의 가장 큰 차이점은 독립적으로 리스크를 감당할 수 있느냐이다. 현지 법인은 자체적인 자본금이 있고, 이 자본금을 기초로 업무를 운영할 때 독립적으로 리스크를 감당한다. 리스크를 감당하는 부분에서 현지 법인과 투자 측인 은행 본점은 상대적으로 독립적인데, 본점은 투입한 자본금으로 제한적인 손실 리스크를 감당한다. 이와 달리 지점은 본점 그룹의 일부분이지만 등록지가 다른 곳에서 상대적으로 운영되고, 일단 리스크가 발생하면 본점 그룹이 대신해서 리스크에 따른 손실을 책임진다.

현지 법인을 감독할 때 해당 지역의 감독 관리 기관은 현지 법인의 운영에 관심을 가지고 상대적으로 가혹한 요구를 하지만, 지점은 본점의 신용평가 등급, 주식의 지분 구조, 경영 역사, 시장에서의 평판 등에 관심을 갖는다. 하지만 오스트레일리아 건전성감독청은 외국계 은행의 현지 지점을 현지 법인과 동일한 수준으로 감독하는 것을 선호한다. 또한 본점의 경영 역사 및 리스크 관리 현황을 중시하는 것 외에 지점이 자신들의 힘으로 신용, 운영, 유동성 등의 각종 리스크를 관리하는지에 더 관심을 가진다. 때문에 오스트레일리아에서 영업을 준비하는 지점 중에 일괄적으로 본점에 의지하는 지점은 오스트레일리아 건전성감독청에서 허가를 받지 못한다.

따라서 조직 구조의 설계, 감독 관리에 대한 요구 조건 실행, 유동성 관리, '바젤협약' 실행 등의 방면에서 중국계 은행의 해외 지점은 현지 법인처럼 관리되어야 하고, 이렇게 해야 오스트레일리아 건전성감독청의 요구를 만족시킬 수 있다. 구체적으로 설명하면 다음의 몇 가지로 나뉜다.

첫째, [그림 2-5]에서 알 수 있는 것처럼 현지 법인화된 지점의 구조에서 가장 두드러지는 특징은 최고 결정 위원회와 리스크 관리 위원회 Risk Committee를 해외 지점의 최고 의사결정 위원회로 설정하여 해외 지점 이사회의 역할을 맡기고, 그 위원회의 의사결정이 현지 법인의 이념을 실현하는 것이다. 리스크 관리 위원회 밑에는 각각의 리스크를 자산 부채 관리 위원회(Asset and Liability Management Committee, ALCO) 및 기타 리스크와 관계있는 분회가 설치되었고, 각각의 리스크 관리 위원회는 주어진 권한에 따라서 각종 리스크에 대한 관리 기능을 행사한다. 가장 특별한 점은 해외 지점은 오스트레일리아 건전성감독청의 요구에 따라서 오스트레일리아 담당 총책임자(Senior Officer Outside Australia, SOOA)를 한 명씩 두고 지점의 일상적인 운영에 대한 그룹 차원의 감독을 책임져야 한

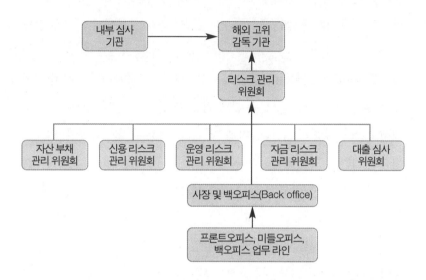

[그림 2-5] 조직 구조도

내부 심사 기관 → 해외 고위 감독 기관

리스크 관리 위원회

자산 부채 관리 위원회 | 신용 리스크 관리 위원회 | 운영 리스크 관리 위원회 | 자금 리스크 관리 위원회 | 대출 심사 위원회

사장 및 백오피스(Back office)

프론트오피스, 미들오피스, 백오피스 업무 라인

다. 이 역할이 맡은 기능은 현지 법인의 이사장 직책과 매우 비슷하다.

둘째, 삼중의 방어 라인 중에 어느 것 하나라도 빠지면 안 된다. 리스크 관리 위원회 밑에 설치된 지점의 관리층은 리스크 기능에 따라서 업무 라인, 리스크 라인, 내부 심사 라인의 '삼중의 방어 라인'을 설치한다. 이 중에 두 번째 방어 라인은 리스크 관리부와 내부 통제부로 구성되는데, 내부 통제부는 리스크 관리부를 포함한 모든 부서에 대해서 적법 검사를 할 수 있는 권한이 있고, 지점장에게 직접 보고가 올라간다. 내부 심사 라인은 지점의 모든 부서로부터 독립적인 세 번째 방어 라인으로서 지점에 대한 심사를 책임지고, 회계 감사 업무에서 발견한 문제점 및 건의 사항을 본점의 내부 심사국에 직접 보고한다.

셋째, 모든 사안에 감독의 핵심 기준을 관철시킨다. 앞에서 설명한 것처럼 감독 기준은 대부분 자본과 관계가 있지만, 은행의 해외 지점에 완전히 적용되지는 않는다. 하지만 리스크 관리 부문에서 지점은 반드시 독립적인 통제 기준을 만들어야 한다. 신용 리스크를 예로 들면 APS221 라지 익스포저(Large Exposure)의 원래 기준은 단일 거래 대상에 대한 은행 자본, 그룹 간 특수 관계 거래, 단일 업무 등의 제한을 기초로 해서 리스크 집중을 피한다. 비록 지점에는 자본 규제가 없지만, 리스크 집중 관리는 반드시 필요하다.

리스크를 집중 관리할 때는 기준을 자본에서 대출 자산 총액으로 전환하고, 합리적인 비율을 통해서 단일 고객, 동종 업계의 대출 자산 총액 (장부 내외의 자산 포함)의 최고 비율이 단일 고객의 리스크 익스포저는 대출 총자산의 10%, 1급 업종 익스포저는 20%, 2급 업종 익스포저는 10%를 넘지 않도록 설정해야 한다. 이렇게 함으로써 대출금을 투입해서 투자 방향이 과도하게 쏠리는 리스크를 피해야 한다. 감독 기준은 현지 법인의 경영 상태를 평가하는 기준일뿐더러 지점도 적극적으로 연구할 필요가 있는 것이라서 리스크 정책과 제도에 관리 감독의 원칙을 관철시켜야 한다.

넷째, 자산을 중시하는 동시에 부채도 중시한다. 은행의 리스크는 자산을 가진 쪽은 물론이고 부채를 진 쪽 때문에도 생긴다. 예컨대 부채와 관련 있는 유동성 리스크, 본점에 대한 자금 의존도, 자금 조달 채널의 분포, 통화 종류의 불일치, 만기 불일치 등으로도 발생하고, 해외 지점이 직면한 다양한 시장과 통화 환경 때문에 부채를 진 쪽에도 리스크가 발생하기 쉽다. 만약에 전적으로 본점에 의존하면 자금 조달액, 자금 조달 비용 등은 업무 수행에 큰 제약이 생긴다.

따라서 지점은 현지에서 자산을 키우는 동시에 유동성 관리에도 힘을 기울여야 한다. 요컨대 자체적인 자금 조달 채널을 개척하고, 거래하는 고객층을 넓히고, 리스크 집중을 피해서 다양한 경로와 수단으로 자금을 모으고, 만기를 일치시키고, 자금과 비용을 효과적으로 통제해야 한다.

또한 내부적으로 완벽한 유동성 관리 시스템을 만들고, 고유동성 자산 비율을 합리적으로 설정하고, 유동성 리스크 모니터링 모형을 개발해야 한다. 예를 들어 지점의 유동성 스트레스 테스트(Name Crisis Scenario Analysis), 유동성 만기불일치 시나리오 분석(Ongoing Concern Analysis) 등과 같은 일련의 효과적인 방법으로 유동성 관리 능력을 강화하는 것이다. 그렇게 함으로써 유동성 위기가 발생했을 때(어느 지역에서든), 지점과 본점 전체에 문제가 생기는 현상을 막을 수 있다.

다섯째, '바젤협약'의 조정에 대한 예측성 평가와 대책이 있어야 한다. 오스트레일리아는 처음으로 '바젤협정'을 실행한 국가들 중의 하나이자 이 협정의 충성스러운 추종자이다. 따라서 오스트레일리아에 진출하는 외국계 은행은 반드시 바젤협정을 충분히 이해하고 적극적으로 지켜야 한다. 최근의 '바젤협정 III'이 예전의 두 차례 감독 개혁과 크게 다른 점은 자기 자본에 대한 감독에서 벗어나 유동성, 보충 자금까지 확대하여 은행의 자산 부채 구조를 전면적으로 바꾼 것이다.

오스트레일리아 건전성감독청에는 은행의 시장 리스크, 유동성 관리에 대한 일련의 감독 규정이 있다. APS116, APS117은 각각 거래 구좌의 시장 리스크와 은행 구좌의 금리 리스크에 대해서 규정했고, 유동성 리스크 관리 부문에서 APS210은 정식 예금 취급 금융기관(ADI)의 유동성을 관리할 때 고유동성 자산 비율(High Quality Liquidity Asset Ratio, HQLA)이 9%보다 낮으면 안 되는 감독 요구가 있다. '바젤협약 III'에 따라서 2012년에 새롭게 내놓은 APS210 권고안(Discussion Paper)은 '유동성 커버리지 비율(LCR)'과 '순 안정자금 조달비율(NSFR)'의 두 가지 지표를 요구하고, 실행 일정 및 구체적인 규정까지 명확히 했다.

따라서 오스트레일리아에 진출하는 해외 지점은 초기 단계에서부터 업무 규모, 상품 종류 등의 요소를 고려하고, 두 지표에 대한 요구를 최대한 적극적으로 간소화해서 준수 비용을 낮춰야 한다. 공상은행 시드니 지점을 예로 들면, 설립 초기에 지점은 오스트레일리아 건전성감독청에 일시적으로 거래 구좌를 보유하지 않았다고 설명하고, 다음과 같은 내용을 약속했다.

첫째, 지점의 금융 업무는 자체적인 유동성 필요를 만족시키고, 자산 부채 업무에서 생긴 시장 리스크를 헤지Hedge 처리하고, 고객에게 리스크 관리 서비스를 제공하는 것에 그친다. 둘째, 지점은 일상 업무에 따른 외국환 포지션을 소량만 유지한다. 셋째, 거래를 목적으로 하는 금리 리스크 포지션을 취하지 않고, 자산과 부채의 금리 만기불일치에 따른 금리 리스크 익스포저만 소량 유지한다. 넷째, 거래를 목적으로 하는 채권 투자를 하지 않고, 오스트레일리아 건전성감독청의 유동성 비율에 대한 요구를 만족시키고, 고유동성 자산의 요구에 부합하는 채권에 대해서만 적정한 수준에서 투자한다. 다섯째, 거래를 목적으로 하는 증권과 상품 거래를 하지 않는다. 여섯째, 지점은 거래를 목적으로 하는 구조적인 외국환 포지션을 유지하지 않는다.

이러한 방법은 지점의 시장 리스크 관리에 대한 오스트레일리아 건전성감독청의 감독 요구를 낮추는 것에 도움이 되고, 본점의 요구와 지점의 업무를 발전시키는 데 부합하며, 시장 리스크 관리에 관한 APS의 제한을 받지 않아 불필요한 준수 비용을 줄일 수 있다.

또한 유동성 관리 규정 측면에서 오스트레일리아 지점은 현지 법인 수준의 감독 요구를 능가한다. 먼저 본점은 오스트레일리아 건전성감독청의 요구에 따라서 조건 없이 자금을 지원하는 서약서를 제출하고, 지점에 유동성 위기가 생겼을 때 조건 없이 확정 금액을 지원해서 지점을 도와야 한다. 다음으로 지점은 자체적인 유동성 관리 시스템을 만들어야 한다. 다시 말해서 고유동성 자산 비율과 시나리오 분석의 두 가지 방식을 통해서 독립적으로 유동성을 모니터링하고 관리해야 한다. 이러한 기본적인 리스크 통제 체계가 있고, 단계적으로 조치를 취하면 엄격한 감독 시스템 속에서도 충분히 생존하고 발전할 수 있다.

관리의 차이를 융합해서 동질화한다

해외로 진출한 지점은 현지 국가의 감독 '기준(토양)'에 잘 적응하는 한편, 해외 리스크 관리에 대한 본점의 각종 요구를 도입해야 한다. 이것은 해외에서 태어난 중국 아이가 이도저도 아닌 국적 불명의 '바나나'가 되는 것이 아니라, 이국의 생활 방식에도 적응하고 중국 문화의 정수도 받아들여야 하는 것과 같다.

해외로 진출한 지점은 현지에서 업무를 발전시키는 동시에 현지의 감독 규정을 맹목적으로 숭배하거나 믿어서는 안 된다. 본점에 이미 형성된 양질의 리스크 통제 시스템과 대응 전략을 이용하는 동시에 현지보다 더 좋은 점이 있으면 지점 관리에 적용해서 현지 감독 기관의 인가를 받아야 한다. 예컨대, 신용 리스크 관리 부문에서 중국은 이미 글로벌 신용 공여 모델, 심사 비준 과정의 전문가 그룹화, 시스템화 등의 선진적인 방법을 도입하여 단일 고객에 대한 통제에서 고객 집단에 대한 전체적인 리스크 관리로 확대하고, 신용과 운영 리스크를 중점 관리하는 새로운 단계로 접어들었다. 이러한 시스템은 해외로 진출한 지점이 계승하고 발전시킬 가치가 있는 것이다.

현지 감독 기관과 본점의 규정 사이에 차이가 있을 때, 해외 지점이 지켜야 하는 가장 기본적인 원칙은 서로의 공통점을 찾는 한편으로, 이견이 있는 사안은 둘 중에 더 엄격한 쪽을 따르는 것이다. 따라서 리스크 관리 체계를 만들고, 각종 리스크 통제 매뉴얼을 만들 때는 본점의 규정과 현지 감독 기관의 요구를 최대한 융합해서 차이점을 좁히고, 주재원을 통해 관리 규정 등을 전파하여 본점의 선진적인 리스크 관리 문화를 해외 지점에 유입시킬 필요가 있다. 또한 익숙한 감독 규정과 현지 직원들의 경험을 충분히 이용함으로써 현지 시장의 기준과 관례를 은행 조직에 도입하고, 시스템 플랫폼 통합을 통해서 해외로부터 국내로 통일되고 조화로운 준법 플랫폼을 확장해야 한다.

3. '족쇄와 수갑'을 차고 아름다운 춤을 추다

오스트레일리아 금융 시장의 '족쇄와 수갑'을 이해하고 받아들임으로써 자신에게 맞는 '족쇄와 수갑'을 만드는 것이 관리 감독과 처음으로 접촉하는 과정이라고 한다면, '족쇄와 수갑'을 차고 춤을 추는 것은 관리 감독 기관에게 평가를 받는 단계다. 리스크 관리 면에서 생각할 때, 춤을 잘 추느냐 못 추느냐는 오스트레일리아 건전성감독청에게 평가받아야 한다. 이른바 '詠歌之不足영가지부족(길게 노래해도 부족해서), 不知手之舞之부지수지무지(나도 모르게 손으로 춤추고), 足之蹈之족지도지(발로 뛴다)'에서 '詠歌영가'는 현지의 관리 감독 규정을 이해하고 운영해서 자체적인 리스크 관리 시스템을 만드는 것을 이미지로 해석한 것이다.

영업 허가증을 받고 영업 활동을 시작한 초기 몇 년 동안에 오스트레일리아 건전성감독청은 일련의 전문적인 점검을 통해서 핵심 리스크에 대한 해외 지점의 관리 수준이 자신들의 요구 조건에 도달했는지를 모니터링하고 평가한다. 해외 지점의 입장에서 현지 감독 기관의 점검은 관우가 유비를 만나기 위해서 조조의 방해(다섯 관문)를 돌파하고 여섯 장수를 죽인 것에 비유할 수 있다. 즉 관우처럼 유비에게 가려는 목적을 순조롭게 달성하려면, 각각의 리스크 관리에 대한 오스트레일리아 건전성감독청의 평가 결과와 점검 의견을 살펴야 한다.

공상은행 시드니 지점은 지난 5년 동안 IT, 신용 리스크, 운영 리스크 및 유동성 관리 등에 관한 오스트레일리아 건전성감독청의 영업 허가증을 받은 후 '영업 허가 발급 후 검사'를 받았다. 또한 오스트레일리아 건전성감독청의 전방위적인 심사에 맞추어 시드니 지점은 자료 준비, 프레젠테이션 준비, 현장 질의 답변, 개선과 조정 등의 각 단계에서 지점의 리스크 관리 시스템을 끊임없이 개선하고 발전시켜 오스트레일리아 건전성감독청의 인가를 받았다. 그리고 리스크 통제 방어 라인을 공고히 하기 위해서 신용대출 자산을 해마다 배로 늘리고 부실 채권을 줄곧 제로 상태로 유지하며 스스로 '작곡'한 서곡에 맞추어 아름다운 춤을 추었다.

다음으로, 공상은행 시드니 지점이 오스트레일리아 금융 감독기관의 검사를 받으면서 몇 차례 겪은 리스크 관리에 관한 전문 검사 범위, 자료 목록, 그리고 우리가 얻었던 몇 가지 교훈을 정리해 보고자 한다.

IT 리스크 관리

검사 범위 _ IT 리스크 관리 검사 범위에는 향후 3년 동안의 업무 발전 계획, IT 리스크와 안전 관리, IT 네트워크 구조, 재난 복구 시스템 및 관리, IT 기술 개발, 응용 작업 관리, IT 기술의 회계 감사 등에 관련된 사항이 포함된다. 검사 자료는 대체적으로 앞에서 설명한 검사 내용을 정리한 것이다.

몇 가지 교훈 _ 먼저 IT 네트워크 시스템 구축을 중시한다. IT 네트워크 시스템은 오스트레일리아 건전성감독청이 매우 중시하는 사항이라서 설립 신청을 할 때 이 부문에 대해서 만반의 준비를 해야 한다. IT 네트워크 시스템은 향후 구축할 IT 시스템의 기반이 된다. 네트워크 구조는 시스템 네트워크 구조, 시스템 환경 조직, 지점 설비 안전 관리, 시스템 업무 기능 조정 과정, 파라미터 관리, 네트워크 구조 관련 기록 관리, 시스템 운영 및 고객 관리 등의 사항을 포함한다.

네트워크 구조의 완결성과 안전성은 은행 운영 전반의 안정성을 직접적으로 결정한다. 특히 핵심 시스템의 관리에 대해서 시드니 지점은 2009년에 FOVA 종합 관리 시스템을 만들었다. 오스트레일리아 건전성감독청은 FOVA에 대한 검사를 프로젝트 관리로 여기기 때문에, FOVA 프로젝트 관리 위원회 및 소그룹과 구성원의 결성에서 FOVA 운영 매뉴얼, 모니터링 기록 구성, 구성원 훈련까지 중점적으로 자문해 주고 관련 보고 자료를 열람한다. 따라서 외국계 은행은 오스트레일리아에 지점을 설립할 때 IT 네트워크 구축에 대해서 포괄적이고 효과적인 계획을 수립하고, 안전성 원칙에 기초해서 단계적으로 세밀한 감독을 실시해야 한다.

다음으로는 안전을 최우선으로 하고, 보안 관리를 강화해야 한다. 오스트레일리아 건전성감독청은 전문 검사를 할 때 정보 보안 관리를 중점적으로 확인한다. 여기에는 시스템 사용자의 접근 권한을 정기적으로 모니터링하여 평가하고, PC의 사용자 권한, USB와 DVD의 사용을 엄격히 제한한다. 또한 업무와 관련된 네트워크 및 인터넷 환경의 특수성에 대해서도 정기적으로 모니터링하고, 은행 인터넷 방화벽의 수정, 사전 평가 시스템, 네트워크 내용을 실시간으로 필터링하는 것이 포함된다.

은행의 네트워크 시스템은 안전이 가장 중요하다. 따라서 모든 내부 정보는 엄격한 보안 제도를 만들어 보호하고, 내·외부적인 사기 사건이 일어나 고객과 은행의 중요한 정보를 누설하는 운영 리스크 사건의 발생을 사전에 방지해야 한다.

정보의 재난 복구 관리 강화 _ 은행 업무를 지속적으로 운영하려면 재난 복구 시스템 구축을 IT 운영 부서의 중요한 업무로 삼아야 한다. 최근에 은행의 재난 복구 센터는 세 가지 추세를 보이고 있다. 첫 번째는 다양한 데이터를 통일해서 관리하는 것이고, 두 번째는 핵심에서 주변까지 재난 복구 시스템을 점진적으로 확대하는 것이고, 세 번째는 재난 복구 시스템을 수동적으로 만드는 것에서 적극적으로 만드는 것으로 변했다는 것이다. 이는 각종 재난 상황에 미리 대비함으로써 재난을 미리 예방하려는 시도라고 볼 수 있다.

해외에 개설한 지점의 데이터 재난 복구 관리는 매우 중요하고, 각국의 금융 감독 기관은 이것을 중점적으로 검사한다. 오스트레일리아 건전성감독청은 자국에 개설한 외국계 은행 지점에 대해 본점이 제공하는 데이터 재난 복구 플랫폼 외에 현지 지점에도 재난 복구 센터를 설립할 것을 요구한다.

그들이 요구하는 재난 복구 센터는 반드시 도시에서 10km 이상 떨어져 있어야 하고, 전문적인 장비를 갖추고 관리가 이루어져야 하며, 서비스 제공자는 인증 자격이 있어야 한다. 또한 재난 복구 센터는 은행의 자산 규모, 업무의 복잡성에 따라 일정한 수의 전용 좌석을 유지해서 돌발 사건이 생겼을 때, 파견된 핵심 부서의 관련 인원이 재난 복구 센터에서 작업하며 업무가 지속적으로 운영되도록 해야 한다.

이와 같은 방안이 유효성을 확보하려면 은행은 정기적으로 재난 상황에 대한 훈련을 실시하고, 추적 테스트를 하는 동시에 본점도 해외 업무의 데이터 및 핵심 업무의 시스템에 대해서 현지에 재난 복구 시스템을 만들어야 한다. 또한 재난의 등급에 따라서 해외 지점의 시스템과 연계된 본점 차원의 정기적인 훈련이 실시되어야 한다. 이밖에 오스트레일리아에 개설한 은행의 2급 지점도 업무 연속성 계획을 수립해야 한다.

신용 리스크 관리

검사 범위 _ 신용 리스크의 검사 범위는 본점의 향후 업무 발전 전략,

지점의 경영 발전 계획, 리스크 선호, 자금 조달 채널 및 자금 배치, 신용 리스크 관리, 부실 채권 조기 경보 시스템 등의 핵심 내용을 포함한다.

검사 과정 _ 신용 리스크 관리의 검사 내용은 구체적으로 신용 리스크 관리 체계, 신용 리스크 관리 서베이, 신용 리스크 관리 조치, 대출 이행, 부실 자산 등의 관리 감독에 관한 사항을 포함한다.

몇 가지 교훈

첫째, 은행 자산 리스크 현황을 전체적이고 구체적으로 이해한다. 신용 리스크 관리는 은행의 영원한 숙제다. 은행은 다년간의 신용 대출 관리를 통해서 쌓은 풍부한 경험을 바탕으로 대량의 리스크 모니터링 모형을 개발해서 운영 중이고, 유동성 리스크, 운영 리스크, 신용 리스크 관리는 상대적으로 이미 성숙기에 접어들었다. 새로 설립한 외국계 은행에 대해서 오스트레일리아 건전성감독청은 은행 자산의 전체적인 리스크 현황, 신규 대출 동향과 업종 분포에 관심이 있는 동시에 단일 대출 업무에 대한 리스크 통제도 매우 중시해서 구체적인 업무에 관한 자료를 조사하고, 대출 신청과 심사 현황을 파악한다.

전체적인 대출 자산 리스크 상황에 대해서 오스트레일리아 건전성 감독청은 주로 은행이 처한 시장 환경에 대한 인식과 대응, 내부 신용 리스크 선호 및 목표 시장, 업종, 지역, 상품, 담보, 신용 등급, 잔존 기간, 품질 등의 대출 자산 분포 상황과 리스크 특징 등을 검사한다. 이밖에 오스트레일리아 건전성감독청은 은행의 글로벌 금융 리스크에 대한 인식,

[표 2-6] 신용 리스크 전문 검사 서류 일람표

번호	제공하는 자료
	첫 번째 부분 : 건전성 자문 검사
1	전략과 비즈니스 계획
2	리스크 선호
3	조직 구조도
4	미들오피스 및 프론트오피스 담당자의 주요 역할과 직책
5	최신 자금 조달 계획
6	유동성 관리 정책
7	최근 12개월 동안 경영진에 보고한 자금 조달 및 유동성에 관한 보고
8	당해 연도의 자금 조달 총액 및 다음 해의 자금 조달에 대한 예상과 계획
9	내부 회계 감사, 외부 회계 감사, 본점의 검사 보고 등
10	투자 지출 계획
	두 번째 부분 : 신용 리스크 검사
11	신용 리스크 선호
12	신용 리스크 관리 위원회의 회의록 및 회의 규정
13	신용 리스크 관리 조직 구조도 및 관련 책임자의 주요 직책과 보고 경로
14	현재의 대출 상품 명세 및 향후 발전 계획
15	현재의 대출 자산 구성(신용 평가 등급, 업종 및 기타 관련 분류에 따름)
16	대출 관리 방법 및 과정
17	대출 신청 관련 서류 및 허가 과정
18	대출 한도 관리 서류
19	신용 평가 등급 시스템 소개
20	허가 권한 제도
21	부실 채권 관리와 확보 방안 및 제도
22	자산의 집중도 리스크와 라지 익스포저 관리 방법
23	지난 12개월 동안의 신용 리스크 관리 방법의 변화 및 원인

24	대출의 질, 신용 리스크, 부실 채권 및 확보 제도의 정기 관리 보고
25	(최근 2년 동안의) 내·외부 관련 회계 감사 보고
26	회계 감사 계획
27	스트레스 테스트 결과, 신용 리스크 완화에 관한 연구 또는 보고(있는 경우)
28	검사에 도움이 되는 자료
세 번째 부분 : 대출 문서 검사	
29	고객 성명, 대출 가능 금액, 잔고, 업종, 신용 등급, 담보 방식 및 대손충당금 등의 정보를 포함한 대출금 명세서

자산 집중도 및 대규모 익스포저 관리, 자금 관련 상품 리스크 통제 조치 및 적법성 등을 검사 범위에 넣는다.

둘째, 대출 분석의 깊이와 폭을 중시한다. 계약 위반 사건은 모두 대출 업무에서 생긴다. 신용 리스크 통제는 진주 목걸이를 하는 것과 같은데, 진주 한 알 한 알이 흠집 없이 완벽하면 진주 목걸이에서 아름다운 광채가 나게 마련이다. 오스트레일리아 건전성감독청은 업무의 리스크 통제 부분에서 대출 분석의 깊이와 폭을 매우 중시한다.

깊이 있는 분석은 기본적인 재무 지표와 비재무 요소의 SWOT 분석 외에 중요한 관련 요소에 대한 부정적인 가설에 근거해서 가격, 금리 파동과 같은 향후 자금 흐름에 대한 시나리오 분석(Scenario Analysis. 불확실한 상황 하에서 기업의 투자안에 대하여 분석을 행하는 경우 투자안에 영향을 주는 변수의 변화에 대한 투자안 위험의 민감도와 그 변수의 가능한 값의 범위를 모두 고려하여 투자안을 분석하는 방법)과 감응도 분석(Sensitivity Analysis. 투입 요소나 변수의 변화가 결과 값에 미치는 영향을 분석하는 기법)을 할 때 중점적으로 드러난다.

그리고 폭넓은 분석은 모든 업종의 주기, 주력 상품의 대체 가능성, 시장의 공급과 수요 변화, 산업 정책 등의 종합적인 시스템에 대한 리스크 파악을 의미한다. 일련의 횡적, 종적 분석에 기초해서 최종적으로 업무의 리스크 포인트를 효과적으로 찾아내어 은행 내부의 리스크 선호에 부합하는지를 판단하고, 재무 통제 지표 설정과 담보 등의 조치 실행을 통해서 대출 만기까지 리스크를 통제한다.

셋째, 미들오피스Middle office와 백오피스Back office에 충분한 자원을 배치한다. 감독 기관이 검사 때 가장 중시하는 원칙은 리스크를 우선시하고 적법하게 경영하는 것이다. 이 점은 신용 리스크 관리 부문에서 가장 두드러지게 나타난다. 오스트레일리아 건전성감독청은 은행 내부의 미들오피스와 백오피스에 인력 자원이 배치된 상황, 예컨대 인원이 충분한지, 대출 시스템과 정량 추산 모형이 충분한지, 미들오피스와 백오피스의 중요 자리가 공석인지, 리스크 통제 인원의 소양과 경험이 요구에 부합하는지 등의 문제에 매우 관심이 많다.

대출 전문 검사에서 오스트레일리아 건전성감독청 리스크 관리부의 시니어 애널리스트 같은 중요한 직위에 있는 직원이 대출 업무를 보는 배경과 심사 보고의 질 등에 대해서 자세히 조사하는 동시에 여신 심사 위원회의 대출 거부에 관한 기록에 대해서도 묻는다. 이것은 오스트레일리아 건전성감독청이 미들오피스와 백오피스의 리스크 통제 능력 및 독립성을 매우 중시하는 것을 말해 준다.

이밖에 감독 기관은 심사와 대출의 분리를 요구한다. 다시 말해서 대출과 대출 이후의 관리 기능은 미들오피스와 백오피스가 서로 독립적으로 맡아서 대출의 정밀한 분업과 규범화를 확보한다.

운영 리스크 관리

검사 범위 _ 운영 리스크의 검사 범위는 주로 운영 리스크 체계, 통제 조치, 신상품 관리, 중대한 프로젝트 관리, 업무 위탁 서비스, 업무의 지속적인 발전 등 각 부문의 내용을 포함한다.

검사의 요점 _ 신용, 시장 등의 리스크에 비해 운영 리스크는 범위가 더 넓고, 관련된 리스크 포인트도 복잡하다. 이 특징은 검사 내용에서 매우 분명하게 드러난다. 운영 리스크 검사 시 시드니 지점은 최종적으로 각종 운영 리스크 관리에 관한 163개의 서류를 제출했다. 이 서류에는 [표 2-7]에서 볼 수 있는 것처럼 9개 부문에 걸쳐 50여 개의 요점이 들어 있다.

몇 가지 교훈 _ 먼저 운영 리스크 관리는 모든 면에서 빈틈이 없어야 한다. 일반적인 개념에서 운영 리스크는 운영과 관계있는 리스크를 가리킨다. 은행에서 흔히 볼 수 있는 매뉴얼은 '운영 리스크 관리 정책'과 '운영 리스크 관리 과정'이다. 하지만 오스트레일리아 건전성감독청이 생각하는 운영 리스크 관리는 이 범위를 훨씬 벗어나 운영 리스크가 발생하기 쉬운 각 영역의 관리까지 확장된다. 예컨대 '신상품 관리 방법'은 신상품의 정의, 설계, 개발, 시스템 테스트 및 백오피스 관리 등 일련의 업무 규정을 포함한다.

'프로젝트 관리 매뉴얼'에서 프로젝트는 지점망 개설, 새로운 시스템 분석, 신상품 시범 운영 등 지점의 업무 발전과 긴밀한 관계가 있는 중대한 업무를 가리킨다. 이들 업무는 업무를 설정하고, 업무를 실행할

[표 2-7] 운영 리스크 전문 검사 주요 서류 일람표

번호	필요한 자료
첫 번째 부분 : 업무 계획 및 전략(조직 구조와 부서 기능 포함)	
1	지점의 조직 구조
2	회사의 지배 구조
3	업무 라인의 경영 상황
4	업무 위탁 서비스 제공자의 명세와 주요 서비스 관계
5	향후 1년의 업무 발전 계획
두 번째 부분 : 운영 리스크 관리 및 시스템 운영	
6	운영 리스크 관리와 관계있는 위원회의 조직 및 구성원
7	관련 위원회의 규정
8	최근 3개 분기의 관련 위원회 회의록
9	최근 두 차례의 관련 위원회에서 쓴 보고 자료
10	운영 리스크 관리 기능 구조도
11	운영 리스크 관리 구조 및 규정 제도
12	운영 리스크 관리 수단
13	운영 리스크 등기부(주요 업무 라인)
14	운영 리스크 관리 인원의 직위 서술
15	최근 12개월 내의 중대 사건이나 손실 사건 보고
16	운영 리스크 관리 과정의 감사 제도
세 번째 부분 : 준법성 관리	
17	준법 감시 관리 체계 및 규정 제도
18	준법 감시 리스크 관리 구조
19	관련 위원회에 보낸 준법 감시 리스크 관리 보고 샘플
20	준법 감시 리스크 관리 관련 시나리오(그룹 측면)
네 번째 부분 : 부정 리스크 관리	
21	부정 리스크 관리 체계 및 제도

22	재무 통제 시스템 개황
23	부정 리스크 관련 직원 양성 프로젝트 자료
24	최근 12개월의 부정 데이터 통계 보고서
다섯 번째 부분 : 업무 위탁 관리	
25	업무 위탁 관리 규정, 제도
26	주요 업무 위탁 업체 목록 및 직책
27	중요 업무 위탁 계약서 샘플 및 관련 심사 정보
28	업무 위탁 모니터링 및 관련 보고
여섯 번째 부분 : 신상품 허가 과정	
29	신상품 관리 체계 및 규정, 제도
30	관련 위원회 규정
31	(최근 세 차례의)관련 위원회의 의사록
32	위원회에 보낸 자료(최근 것 2건)
33	신상품 소개(최근 것 2건)
34	신상품 출시 이후의 검사 보고(최근 것 2건)
35	신상품 계획(최근 것 2건)
일곱 번째 부분 : 프로젝트 관리	
36	프로젝트 관리 체계 및 규정, 제도
37	프로젝트 관리 규정
38	프로젝트 관리 구조
39	현재의 프로젝트와 관계있는 이전의 중대 프로젝트나 중요 프로젝트를 기획한 위원회의 의사록(최근 것 3건)
40	현행 대형 또는 중요한 프로젝트 소개
41	프로젝트 돌입 이후의 대내외 검사 보고나 회계 감사 보고(최근 12개월 이내)
여덟 번째 부분 : 업무의 지속적인 관리	
42	업무의 지속적인 관리 발전 체계 및 규정, 제도
43	중요 IT 시스템 복구 계획의 심사 보고

44	중요 업무의 지속적인 발전 사례(재난 복구 계획, 업무 복구 계획 등)
45	업무의 지속적인 발전 테스트 계획
46	업무의 지속적인 발전 테스트 결과
47	전염병 예방 계획 및 리스크 통제 조치
48	업무의 지속적인 발전 관리에 대한 대내외 회계 감사 보고
아홉 번째 부분 : 내부 회계 감사	
49	내부 회계 감사 기능 규정
50	이번 회계 연도 내부 회계 검사 계획
51	과거 12개월의 내부 회계 감사 보고

소규모 팀을 구성하고, 단계적인 방안을 세우고, 업무를 정식으로 실시하고, 지속적인 모니터링을 하는 등 단계별 규정을 지킬 필요가 있다.

다음으로 운영 리스크 관리는 프론트오피스Front office의 분리가 필요하다. 신용 리스크 관리와 마찬가지로 운영 리스크 관리도 프론트오피스와 미들오피스의 분리 원칙을 따라야 한다. 여기에서 프론트오피스는 모든 업무 부서에서 감당하는 각종 영역의 운영 리스크에 대한 식별, 보고, 평가, 통제 등의 기능을 말한다. 그리고 미들오피스는 수집, 각종 업무 라인의 리스크 사건에 대한 평가 등 운영 리스크 관리 부서가 은행에 영향을 주는 가장 핵심적인 10대 운영 리스크 사건을 발견하고, 보고하고, 통제 조치를 수립해 성실히 수행하는지 감독하는 기능을 가리킨다.

이밖에 운영 리스크 관리 부서는 전 직원에 대한 일상의 훈련을 책임지고 직원들이 운영 리스크를 이해하도록 도와야 하며, 보고 제도의 관리를 강화하고, 내부의 업무 프로세스와 시스템을 끊임없이 개선하여 운영 리스크 관리의 중요성을 높여야 한다. 또한 운영 리스크를 수용할 수 있는 범위 안에서 효과적으로 통제해야 한다. 프론트오피스와 미들오피스 외에 내부 통제와 준법 감시도 지점의 운영 리스크 통제 시스템에서 중요한 구성 요소다. 세 번째 방어 라인에 있는 내부 감사 인원도 운영 리스크 관리 상황에 대해서 종합적으로 감사하여 본점의 최고경영자에게 직접 보고해야 한다.

마지막으로 운영 리스크 관리는 업무의 지속적인 발전이 가능하도록 만든다. 긴급 사건이 발생했을 때 신속하게 상황을 복구시키고, 업무를 지속적으로 발전시키는 것은 운영 리스크를 균형 있게 관리하는 중요한 지표다. 이 지표의 핵심은 은행의 시스템이 중단되었다가 복구되는 시간, 긴급 사건에 대한 반응, 재난 복구 센터의 운영 및 업무 위탁 협의 관리 등에서 드러난다. 이 계획이 설계한 대로 잘 실행되려면 지점의 규모와 서로 맞아야 한다. 또한 2급 지점의 업무를 지속적으로 발전시키는 계획에는 구체적인 실행 계획, 대응 조치의 제도화, 문서화를 통해서 신속하고 종합적인 응급 복구 시스템을 갖추는 것 등이 포함된다.

유동성 리스크 관리

은행의 유동성 관리는 최근에 각국의 금융 감독 기관이 주시하는 부분이다. 흥미롭게도 처음에 IT 검사를 할 때부터 오스트레일리아 건전성감독청은 지점의 유동성 리스크 관리, 특히 자금 조달 채널, 스스로 조달한 자금의 비율 및 자금 조달 능력의 다원화 등을 추적해서 파악한다. 오스트레일리아 건전성감독청이 이것을 영업 허가증을 발급한 뒤에 최후의 심사 조건으로 삼는 것은 유동성 리스크 관리를 매우 중시한다는 것을 의미한다. 지점이 일상적인 검사를 순조롭게 진행하느냐는 유동성 리스크 관리를 얼마나 잘 하느냐에 달렸다.

검사 범위 _ 유동성 검사 범위에는 업무 발전 계획, 유동성 리스크 관리 체계, 유동성 리스크 관리 제도, 자금 조달 전략 및 리스크 선호, 유동성 관리 한도, 유동성 리스크 관리 기능 분산 및 유동성 리스크 상황에 대한 긴급 계획 등 여러 가지 내용이 포함된다.

검사 대응 _ 검사 자료는 일반적으로 3개 부분 총 24개의 중점 검사로 나뉜다. 주요 내용은 오른쪽의 [표 2-8]과 같다.

앞에서 설명한 자료에 대한 검사를 기초로 감독 기관은 다른 전문 검사를 할 때처럼 하루 동안 현장 검사를 한다. 현장 회의에서 지점은 업무 발전 계획, 유동성 리스크 관리 체계, 과정 및 조치, 자금 조달 전략, 유동성 리스크 한도, 유동성 전반 분석, 유동성 리스크 긴급 계획 등 7개 분야를 포함하는 검사 맞춤형 자료를 소개할 필요가 있다. 일반적으로 앞에 나온 지점의 구성원은 지점의 미들오피스 외에 리스크, 자금 및 회계 부서의 전문 인력을 가리킨다.

몇 가지 교훈 _ 첫째, 문제의 근원을 찾아 끊임없이 개선한다. 오스트레일리아 건전성감독청은 유동성 관리를 검사할 때 두 가지 핵심 지표를 중시한다. 첫 번째는 고유동성 자산(HQLA) 비율이 9%보다 낮으면 안 되는 것이고, 두 번째는 일상적인 유동성 리스크 관리 시나리오 분석 모형, 변수 및 감독 과정이다. 오스트레일리아 건전성감독청은 달마다 첫 번째 지표에 대한 전문적인 보고서 제출을 매우 엄격하게 요구한다. 이

[표 2-8] 유동성 리스크 전문 검사 서류 일람표

번호	필요한 자료
첫 번째 부분 : 시장 상황과 조직 구조	
1	자금 관련 상품 목록
2	(최근 1년 내) 새로 허가 받은 금융 상품
3	자산 부채 관리 위원회 규정 및 구성원 직위
4	유동성 관리 내부 조직 구조
5	유동성 리스크 관리 주요 책임자의 업무에 대한 간단한 소개
두 번째 부분 : 리스크 관리 내용	
6	유동성 리스크 관리 체계 (관리 기능, 한도 시스템, 보고 라인 및 정식 권한 등을 포함)
7	유동성 관리 정책과 유동성 비상 계획을 포함한 제도 및 전략
8	자금 조달 방안(자금 조달 전략, 단계, 방식 및 구체적인 완성 계획 포함)
9	보유한 유동성 자산의 목록
10	고유동성 자산 비율(HQLA) 계산 방식 및 예시
11	유동성 리스크 관리에 대한 일일 보고, 주간 보고, 월간 보고, 분기 보고
12	거래 대상의 신용 리스크 집중 통제 보고
13	유동성 위기 때의 보고 샘플
14	자산 부채 관리 위원회, 리스크 관리 위원회의 최근 6개월 동안의 회의 의사록
15	최근 6개월간 유동성 리스크 관리에 대해 해외 고위 관리층이 보낸 보고서
16	유동성 관리 정책 및 심사 보고
17	최근 6개월간 발생한 한도 초과 사건 및 구제 조치 보고
18	유동성 리스크 스트레스 테스트 모형
19	최근 12개월의 유동성 리스크 스트레스 테스트 보고
20	유동성 관리에 관한 업무 위탁 협의
21	대출 및 예금의 금액 결정

22	내부 이전가격(글로벌 기업 간 거래에서 가격 조작을 통해 하나의 기업에서 다른 기업 - 주로 관련 기업 으로 이익의 전부 또는 일부를 이전하는 것) 시스템
세 번째 부분 : 시스템 / IT 기술 지원 플랫폼	
23	유동성 리스크 관리 시스템
24	데이터 리딩(reading) 과정

보고서에는 실측 데이터, 고유동성 자산 목록, 계산 공식 및 지점의 검사 과정 등의 내용이 있어야 한다.

시나리오 분석은 유동성 만기 불일치 시나리오 분석, 유동성 스트레스 테스트 등을 중점적으로 포함시켜야 한다. 고유동성 자산은 저금리이거나 제로 금리이지만 현금화 능력이 뛰어난 자산으로 구성되므로, 높은 비율을 유지하며 은행 수익에 일정한 영향을 준다. 때문에 각 은행은 '바젤협정 III' 이후에 시나리오 분석을 강화해서 이 비율을 통제하려고 한다. 하지만 오스트레일리아 건전성감독청은 시나리오 분석에도 분석 모형에 대한 테스트, 데이터의 정확성, 완벽성, 향후 은행 규모에 대한 적응도 등의 엄격한 기준을 제시한다. 고유동성 자산의 현금화에 대한 허가를 받기까지 상당히 긴 시간이 필요하고, 분석 모형의 정확도는 감독 기관의 기준에 부합해야 한다.

따라서 지점은 계속해서 9%의 고유동성 자산 비율을 유지하는 동시에 고유동성 자산의 구성을 끊임없이 개선하고, 은행 고객의 저금리 자산을 최대한 낮추고, 평가 등급이 높은 현지 은행의 채권을 늘려야 한다. 이밖에 시나리오 분석의 모형 및 운용 데이터의 정확성을 끊임없이 개선하고, 보다 정밀한 유동성 관리로 고유동성 자산 비율의 요구를 만족시켜야 한다.

둘째, 한도 관리 시스템을 지속적으로 개선한다. 일상적인 유동성 관리에 대해서 은행은 자체적인 한도 관리 시스템을 구축하고 끊임없이 세분화하고 개선해야 한다. 한도 지표는 만기 불일치, 고유동성 자산 비율, 자금 조달의 집중률 비율 통제, 금리 리스크, 외국환 포지션 커버 등을 포함한다. 각종 한도는 융통성 있는 지표가 아니라 반드시 지켜야 하는 강제적인 지표이고, 일단 한도 초과 사건이 발생하면 원래 한도를 설정한 부서의 확인을 거쳐야 한다. 한도 초과 사건의 성질에 따라서 지점은 내부적으로 리스크 관리 위원회 등의 단체 심사 과정을 거치고, 필요하면 지점의 백오피스에게 직접 보고해야 한다.

셋째, 시스템 관리와 유동성 리스크에 대한 비상 대응 방안은 똑같이 중요하다. 시스템 관리는 오스트레일리아 건전성감독청이 중시하는 문제다. 손으로 작성한 보고서는 비교적 광범위하게 쓰이지만, 데이터의 정확성에 관해서 오스트레일리아 건전성감독청은 시스템을 더 믿고 싶어 한다. 따라서 시나리오 분석을 직접적으로 사용하는 방법으로 고유동성 자산 비율을 통제하고, 유동성 관리 시스템을 개발하여 운용 및 테스트하는 것은 매우 중요하다.

실제로 공상은행 시드니 지점은 시스템 개발을 매우 중시했다. 비록 유동성 관리 전용 시스템을 가동하려면 상당히 긴 시간이 필요하지만, 관리 소프트웨어를 설계하고 핵심 시스템과 연결하는 것은 과도기 단계일 때 효과적인 방법이다. 은행은 특수한 사건이 발생했을 때, 예컨대 또 다시 금융 위기의 습격을 받았을 때 더 관심을 가지고 유동성 비상 대응 계획을 효과적으로 실행해서 자금 조달 채널과 거래 대상의 다원화, 자산의 일부 현금화 및 본점의 조건 없는 자금 지원 등을 통해서 금융 위기에 따른 유동성 압박을 줄여야 한다. 앞에 나온 비상 대응 계획은 상응하는 검증을 통해서 계획의 운용성을 증명할 필요가 있다.

충분한 준비가 필요한 신용 리스크 감독 검사

신용 리스크(Credit Risk)는 '계약 위반 리스크'로도 불리며, 거래 대상이 계약 이행의 의무를 다하지 않아 경제적인 손실이 생기는 리스크를 말한다. 다시 말해서 거래 대상이 원금과 이자 상환의 책임을 지지 않아 은행의 기대 수익과 실제 수익 사이에 차이가 생기는 것이다. 금융 위기가 전 세계적으로 번진 지금 전통적인 신용 리스크는 의심할 것도 없이 가장 핵심적이고 중요한 리스크다.

비율 면에서 봤을 때 은행의 경제 자본은 주로 신용, 시장, 운영의 3대 리스크로 커버되는데, 모든 상업 은행은 경제 자본의 90%를 여전히 신용 리스크, 운영 리스크, 시장 리스크 순으로 배치한다.

공상은행 시드니 지점에 대한 오스트레일리아 건전성감독청의 첫 번째 신용 리스크 전문 검사는 2011년에 실시되었다. 개업 3년째 되는 해인 2011년에 시드니 지점은 이미 지난 2년 동안 완벽한 경영을 해냈다. 그 당시 시드니 지점의 대출 자산은 이미 기본적인 규모를 갖추었고, 리스크 선호도 형성되었으며, 자산도 빠르게 늘어났다.

2011년 3월 7일, 시드니 지점은 오스트레일리아 건전성감독청으로부터 첫 번째 신용 리스크 전문 검사를 실시한다는 통보를 받았다. 이후 5월 23~25일까지 사흘 동안 건전성 자문과 신용 리스크 관리에 대한 현장 검사 일정이 정해졌고, 검사 1개월 전에 검사에 관한 29개의 중요 자료를 요구했다.

2011년은 시드니 지점의 대출 자산이 빠르게 증가한 해다. 2010년과 2009년을 돌아보면 은행의 자산과 이윤이 해마다 배가 되었고, 10여 개의 업종과 지역에 대출 자산을 투입했으며, 프로젝트 파이낸싱, 무역 금융, 운영 자금 대출 및 기초 설비에 대한 신디케이트론 등 여러 상품을 출시했다. 이때 대출 전문 검사를 실시하는 것은 지점에 중대한 의미가 있다. 만약에 이 검사에서 오스트레일리아 건전성감독청으로부터 나쁜 평가를 받으면 향후 자산을 키우는 과정 곳곳에서 장애물을 만나기 때문에, 업무를 정리하고 개혁하는 것을 첫 번째 임무로 삼아야 한다. 성장의 속도를 높이려면 관리를 완벽하게 하는 수밖에 없다. 따라서 이 검사가 갖는 의미는 구태여 말할 필요가 없을 정도로 크다.

지점의 미들오피스는 오스트레일리아 건전성감독청의 통지를 매우 중요하게 생각해서 지점장과 부지점장은 준법 감시인, 내부 감사, 시장부, 대출 관리부, 재무부 등과 함께 리스크 관리부를 핵심으로 하는 검사 준비 팀을 만들었다. 팀의 구성원은 오스트레일리아 건전성감독청의 감독 조례를 종합적으로 이해하고 검사 요점에 맞추어 본점 및 지점의 각 측면에 관한 100여 개의 정책을 수집하고 정리한 뒤에 다시 건전성 자문, 신용 리스크 관리, 대출 목록 등 세 부분에 대한 40개의 제출 자료를 만들었다. 여기에는 지점의 3개년 경영 발전 계획, 조직도 및 업무 분장, 유동성 리스크 관리 정책 및 과정, 신용 리스크 관리 정책 및 과정, 리스크 선호, 부실 자산 관리 매뉴얼, 대출 자산에 대한 월간 분석 등이 포함된다.

또한 검사에서 좋은 결과를 얻기 위해서 검사 준비 팀은 오스트레일리아 건전성감독청이 관심을 가질 핵심 내용, 예컨대 GCMS 시스템이 만든 운영 상황, 중문과 영문으로 된 운영 매뉴얼, 대출 분류, 리스크 대비, 신용 리스크 스트레스 테스트 등에 대한 분기 보고, 미들오피스 대출 모니터링 보고, 관련 업종 분석, 모든 대출 서류 등에 대해서 종합적으로 정리, 대조, 번역 작업을 했다. 3주의 준비 끝에 시드니 지점은 5월 2일에 관련 자료를 정식으로 제출했고, 현장 검사 때 지점장과 관련 업무 책임자들이 질의에 응답할 수 있도록 지점의 경영 환경 및 발전 계획, 유동성 리스크 관리 정책, 신용 리스크 관리 체계, 신용 리스크 관리 개관, 신용 리스크 관리 조치, 대출 이행, 부실 자산 관리 및 독립적인 신용 대출 심사 과정 등 7개 부분에 대한 자료를 준비했다.

5월 23일에 오스트레일리아 건전성감독청에서 외국계 은행을 감독하는 고위 관리인 마이클 리안(Michael Ryan)을 팀장으로 하는 3명의 오스트레일리아 건전성감독청 직원과 대출 전문가로 구성된 검사 팀이 시드니 지점에 도착했다. 이들은 감독 일정에 따라서 관련 검사 내용을 놓고 지점과 토론하고 핵심적인 사항을 검사했다. 검사는 3일에 걸쳐 건전성 상담(Prudential Consultation), 신용 리스크 관리(Credit Risk Review), 대출 서류 검사(Credit Files Review)의 세 부분으로 나뉘어 진행되었다. 검사 기간과 검사 형식은 앞에서 설명한 검사 내용에 따라서 첫 번째 단계는 5월 23과 24일 오후에 회의 형식으로 검사 팀과 지점이 검사 요점을 놓고 토론했다. 두 번째 단계는 5월 24일 오후부터 25일까지 서류를 읽는 형식으로 검사 팀이 지점의 모든 대출 서류를 일일이 조사했다.

지금도 당시의 모든 장면이 생생하게 기억난다.

첫째 날 오전의 검사 주제는 건전성 상담이었다.

먼저 오스트레일리아 건정성감독청 검사 팀은 공상은행의 미래 전략 및 향후 3년 동안 시드니 지점의 업무 발전 계획, 리스크 선호, 경영 환경 및 시장 환경 등에 대한 종합적인 의견을 귀담아들었다. 특히 조사 팀은 수익과 리스크의 균형, 부동산, 신디케이트, 지분 금융 등의 시장 업무 상황을 중점적으로 이해했고, 이밖에도 향후 중국의 경제 성장 전망, 경제 발전이 둔화될 때 공상은행은 어떻게 이 상황을 타개할 것인지, 또 지점은 스트레스 테스트를 어떻게 진행하고, 대규모 익스포저와 대출 금액 책정을 어떻게 관리하는지를 물었다. 지점장은 종합적으로 소개했다.

중국과 오스트레일리아 양국의 경제 발전 현황, 특징 및 예측, 최근에 공상은행의 뛰어난 실적, 시드니 지점의 목표 시장과 경영 계획, 공상은행이 오스트레일리아에서 이루고 싶은 발전 전략 목표, 시드니 지점의 최근 3년 동안의 실제 경영 발전 상황, 지점에서 수립한 리스크 관리 체계의 주요 특징, 향후 맞닥뜨릴 도전 등에 대해서 종합적으로 설명하였고, 검사 팀이 관심 있는 중국 기업의 오스트레일리아 현지 투자, 중국의 경제 발전 전망 등의 문제에 대해서도 대답했다.

종합적으로 말해서 시드니 지점은 설립 이후에 줄곧 안정적인 경영 전략을 유지하고, 공상은행이 보유한 자원의 우세를 충분히 이용했으며, 오스트레일리아에서 자산을 크게 확장시켰다. 또한 지점의 자금 조달 채널과 자금원을 적극적으로 개척해서 확장했고, 리스크를 효과적으로 통제해 부실 자산의 제로 비율을 실현하였고, 2010년에 1천만 달러의 수익을 달성하는 성과를 거두었다. 뒤이어 시드니 지점은 기업의 업무를 지속적이고 안정적으로 발전시키는 동시에 지점망을 적극적으로 확대하였고, 소매 금융 등의 새로운 업무를 시작했다. 2010년 하반기에는 퍼스에 2급 지점을 개설하여 민영 은행의 상품 라인을 최대한 빨리 구축했다.

자금 조달 부문에서 검사 팀은 NCD, ECP 등 지점의 각종 자금 조달 채널을 통해서 확보한 자금 상황, 자금 조달 비용, 지점에 대한 본점의 자금 지원 상황, 일상적인 스트레스 테스트 결과, ECP의 빠른 성장 원인 등을 이해했다. 이밖에 곧 시행될 '바젤협정 III'에 대한 본점의 준비 상황, 자금 조달 상황이 경색될 경우의 대책 등에 대해서도 지점의 자금부 책임자가 답변하는 동시에 지점의 자금 조달 채널, 금액, 비율, 기한 및 비용 등의 상황에 대해서도 설명했다.

둘째 날은 검사의 핵심이라고 할 수 있는 지점의 신용 리스크 관리에 대한 검사가 진행되었다.

지점의 신용 리스크 관리 체계, 신용 리스크 관리 개관, 신용 리스크 관리 조치, 대출 이행, 부실 자산 관리 및 독립적인 대출 심사 과정 등 5개 부분에 대해서 리스크 관리 담당 부지점장, 리스크 관리부의 책임자, 신디케이트론 책임자, 준법 감시인과 각각 질의응답 시간을 가졌다.

온종일 검사 팀이 쏟아내는 엄격하고 직접적인 질문들에 대해서 시드니 지점 준비 팀의 구성원들은 묵묵히 대답했다. 그러자 회의 분위기도 부드러워지고 검사 팀의 대출 전문가도 끊임없이 고개를 끄덕이며 "Fair enough(일리가 있군요.)"라고 말했다.

(1) 신용 리스크 관리 체계, 개관 및 신용 리스크 관리 조치

이 부분에서 검사 팀은 대출 조사, 심사, 심의, 사후 관리 등을 포함한 지점의 여신 관리 프로세스, 내부적인 여신 정책 관리 방법, 신용 평가 점수표, 신용 리스크 관리 조치, 사후 모니터링 등을 종합적으로 이해하는 동시에 본점과 지점의 여신 관리의 책임 귀속, 그룹의 프로세스 및 여신 심사 위원회의 구성원 구성 등을 포함한 여신 심사 심의 과정과 신용 리스크 평가 시스템, 신용 리스크 관리 모형, 여신 한도 구성 및 통제, 일상적인 여신 보고 및 보고표, 일상적인 통제 방법 및 기능 분담, 권한을 초월한 업무의 처리, 대출 심의 기준, 대출 및 한도 통제, 오스트레일리아 건전성감독청에 보고하는 과정, 여신 담보 관리 현황, 리스크 관리 직원의 자질 및 근무 배경 등의 내용을 중점적으로 조사했다.

이밖에 검사 팀은 일선에서 고객을 상대하는 직원들이 기본적인 여신 업무 지식과 소양을 갖추었는가에 깊은 관심을 가졌고, 여신 심사 위원회가 거부한 대출 금액과 기록을 통해서 리스크 관리 직원들의 자질, 재무 분석 능력, 신용 대출 업무에 종사하는 배경과 지점의 여신 심의 권한, 여신 계약서 심사 과정, 연간 검사, 횟수 및 내용, 저위험 업무 범위, 여신과 단일 심의 간의 관계, 신용 리스크 스트레스 테스트 설정 상황, 대출 집행 단계에서 미들오피스와 백오피스의 분리가 실현되는지의 여부, 여신 자산 분석 내용 등에 큰 관심을 가졌다. 이외에도 검사 팀은 정보 입력, 리스크 경보, 연간 검사의 제시 기능 등을 포함한 2012년부터 실시한 GCMS(글로벌 신용 대출 관리 시스템)의 운영 상황, 예컨대 정보 입력, 리스크 경보, 연간 검사의 경고 기능 등을 중점적으로 조사했다.

(2) 대출 이행

대출 이행 부분에서 검사 팀은 지점이 처한 시장 환경 분석, 대출 리스크 선호 및 목표 시장 대출 자산의 전체적인 상황 및 특징, 글로벌 금융 위기에 대한 인식, 자산의 집중도와 대규모 익스포저 관리, 현행 대출 정책에 위배되는 대출 및 자금 관련 상품에 대한 대출 관리 등을 중점적으로 살폈다. 또한 보고 중에 지점은 신용 등급, 업종, 지역, 담보, 잔여 기한 등 각종 상황에 따른 지점의 대출 자산을 자세하게 소개했고, 시드니 지점이 오스트레일리아에서 3년 동안 직면한 기회와 도전에 대해서 분석했으며, 개점 이후 신용 대출 리스크 관리를 끊임없이 개선하는 조치를 취한 것에 대해서 중점적으로 설명했다.

이밖에 검사 팀은 중국계 기업의 마케팅 경로와 방법, 담보와 대출의 업무 운영 프로세스, 내부적인 수익 배분 및 권한과 책임 분담, 부동산 대출 상황 등에 대해서도 이해했다.

(3) 부실 자산 관리

개점 초기에 부실 자산 관리 체계, 프로세스, 독립적인 관리 매뉴얼을 만든 시드니 지점은 검사를 받는 순간까지 부실 자산이 없었다. 검사 중에 지점은 부실 자산으로 인정하는 내부 기준, 대손충당금 분류 및 적립 방법, 부실 대출에 대한 내부적인 관리 프로세스, 모든 대출 자산에 대한 스트레스 테스트 방법, 결과 및 운영 등을 자세하게 보고했다.

(4) 독립적인 대출 심사 프로세스

이 부분에서 검사 팀은 프론트오피스 및 미들오피스의 업무 리스크 외에 준법 및 내부 감사 라인(본점의 감독 포함)이 신용 리스크를 어떻게 독립적으로 감사하고 통제하는지를 중점적으로 살폈다. 여기에는 주로 조직 구조, 보고 라인 구성, 본점과 지점의 대출 관리 기능 분담, 지점과 외부 회계 감사의 관계, 내부와 외부 회계 심사 중에 발견한 신용 대출 문제, 개선 과정 및 다음 단계의 리스크 통제의 내용이 포함되었다.

셋째 날은 마지막 단계로서 대출 서류에 대한 검사 작업이 이루어졌다. 검사 팀은 신디케이트론, 일반 대출Bilateral loan 및 미인출 대출 약정 등 검사 시기까지의 모든 대출 관련 서류를 검토했다. 이것은 18개의 기업 고객이 30회에 걸쳐 총 7억 6천2백만 호주 달러를 대출 받은 것에 관한 서류였다. 검사 팀은 부동산 대출, 거액 대출에 대해서도 자세하게 읽었는데, 특히 부동산 대출(당시 시드니 지점은 단 1건의 부동산 담보 대출만 있었음)에 관해서 부동산 평가 가치, 자금 순환 예측, 담보율 및 원금 상환 상황을 자세하게 살폈다.

여신 사후 관리 방면에서 검사 팀은 연간 심사Annual review에 필요한 모든 자료를 중요하게 여겼다. 특히 연간 심사 때 최신 재무 보고서를 받는지를 중요하게 생각했다. 이밖에 신용 대출 관리 횟수 부분에서 검사 팀은 상품과 담보 방식에 따라서 대출을 어떻게 구분하는지를 물었다.

긴장감 속에서 이루어진 현장 보고 및 질의응답 과정이 3일 만에 막을 내리고, 뒤이어 4주 동안 신용 리스크 관리에 대한 검사 팀의 평가 결과를 초조하게 기다리는 시간이 이어졌다. 마침내 6월 29일에 정식으로 전달된 시드니 지점에 대한 오스트레일리아 건전성감독청의 검사 보고서에서 SOARS와 PAIRS(Probability and Impact Rating System)에 기반을 둔 감독 평가 시스템은 리스크가 낮은 것으로 나타나 좋은 성적을 얻었다.

검사 보고 평가에서 오스트레일리아 건전성감독청은 공상은행 시드니 지점은 영업 허가증을 받고 3년 동안 줄곧 안정적인 경영을 유지했고, 공산은행 시스템을 충분히 이용해 시장을 적극적으로 개척하고, 무역 금융, 현지 중국계 기업에 대한 대출을 효과적으로 확장했으며, 신디케이트론에 참여해 자산 업무의 발전을 이끌었다고 명시했다. 자금 조달 방면에서 시드니 지점은 자체적으로 시장에서 발행한 유로 통화 표시의 기업어음(Euro Commercial Paper, ECP), 양도성예금증서(Negotiable Certificate of Deposit, NCD) 등의 방식을 통해서 자금 조달 채널을 다원화하고, 현지에서 중기 채권(Medium-Term Bond, MTN)을 적극적으로 발행하여 본점의 내부 자금에 의존하지 않았다.

리스크 관리 부분에서 시드니 지점은 보수적인 리스크 선호를 유지하고, 현지에서 자체적으로 구축하고 개발한 각종 리스크 관리 조치를 실행해서 리스크 집중도 한도 관리, 지점 리스크 선호 요구, 스트레스 테스트 등을 포함한 각종 리스크 선호 집행 상황을 효과적으로 통제했다.

3장

은행의 생명선, 리스크 관리
: 발전하는 동시에 끊임없이 강화하다
銀行的生命线 : 在发展中不断强化

금융 시장에서는 리스크 관리를 '은행의 생명선'이라고 부른다.

리스크가 보편적으로 존재하는 것은 영원히 변하지 않는 자연계의 규칙이다. 리스크는 뭘까? 리스크는 수익을 주기도 하고 손실을 주기도 하는 일종의 불확실성이다. 상업 은행은 경영 리스크가 존재하는 특수한 기관이고, 리스크 관리는 상업 은행의 가장 핵심적인 기능이자 이윤을 가져다주는 원천이다. 상업 은행은 리스크를 감수하고, 관리하는 경영을 통해서 리스크 프리미엄을 얻고 수익을 창출한다.

1990년대 중후반에 아시아 금융위기, 베어링 은행의 파산 등 상업 은행이 겪은 일련의 위기는 손실이 하나의 신용 리스크 때문이 아니라 신용 리스크, 시장 리스크, 운영 리스크 등 여러 종류의 리스크 요소가 서로 얽혀서 발생하는 것임을 여실히 보여주었다. 이들 위기로 인해 상업 은행은 전체적인 시각에서 모든 리스크를 종합적으로 파악하고 관리할 것이 요구되었고, 이후 상업 은행은 자본을 핵심으로 하는 종합적인 리스크 관리 시대에 접어들었다. 리스크 관리는 끊임없이 탐색하고 완벽해지는 과정이다. 중국계 은행이 걸어온 리스크 관리 혁신의 길은 소小를 죽이고 대大를 살리는 거친 리스크 통제에서 모든 면면을 자세하게 살피는 리스크 관리로 전환하는 성장의 과정이었다. 중국계 은행의 해외 지점은 외부 환경, 내부 자원, 본점의 지원 정도 및 현지 국가의 시장에 익숙한 정도 등 각 방면의 영향을 받았다.

리스크 관리는 하루아침에 완성되지 않고 끊임없는 조정과 강화의 과정이 필요하다. 공상은행 시드니 지점은 리스크 관리 성장 과정의 축소판이라고 해도 과언이 아니다. 3장에서는 끊임없이 변화하는 시각으로 중국계 은행의 해외 지점이 종합적인 리스크 관리 체계를 어떻게 구축하고, 업그레이드하면서 완성해 나갔는지를 깊이 있게 분석해 본다.

2008년에 개설한 공상은행 시드니 지점은 지금까지 무無에서 유有를 창출하고, 소小에서 대大로 성장하였으며, 약弱에서 강強으로 발전하는 과정을 겪었다. 또한 현지의 각종 업무 영역에서 '공상은행'이라는 브랜드를 업그레이드시켰는데, 특히 리스크 관리 기능의 변신이 눈에 띈다. 과거에 시드니 지점은 리스크 관리 부문에서 5년 동안 세 가지의 중요한 단계를 거치면서 생명선을 끊임없이 강화하며 완성해 갔고, 지점의 급성장에 중요한 안전장치를 제공했다.

1. 리스크 통제 시스템의 발전

2008년은 글로벌 금융 쓰나미가 가장 맹렬하게 일었던 해이자 공상 은행이 국제화의 큰 발걸음을 내디딘 해다. 이 해에 공상은행은 시드니, 뉴욕, 두바이 등지에 해외 지점 설립 신청을 내고 속속 개점했는데, 시드 니 지점도 공상은행의 새로운 해외 구성원 중의 하나다.

2008~2009년은 시드니 지점이 개업하고 첫걸음을 시작한 해이다. 설립 신청 시기에 대한 오스트레일리아 건전성감독청의 요구에 따라서 시드니 지점은 개업하는 해에 구축한 리스크 통제 시스템을 충분히 이 용해서 현지 법인과 같은 지배구조를 확립하고 신용 리스크 관리를 핵 심으로 하는 각종 리스크에 대한 관리와 통제 체계를 만들었다. 이 시기 에 리스크 관리는 다음과 같은 몇 가지 특징을 보였다.

리스크 통제 시스템의 구축

앞서 2장에서 설명한 것처럼 설립 초기에 시드니 지점은 이미 '세 가지 방어 라인'이라는 지배 구조를 만들어 리스크 관리부 외에 지점장 이 책임지는 내부 통제 준법 감시인, 본점과 직접적으로 대화하는 내부 감사인Internal Auditor이 각종 업무 라인의 잠재적인 리스크를 공동으로 통제하고 관리했다. 또한 지점 내부적으로 최고 결정 위원회인 '리스크 관리 위원회'를 만들어 신용, 유동성, 준법, IT, 내부 감사 발견 문제 등 각종 리스크나 문제를 심의·결정하였다. 유동성 관리 문제, 자산 부채 발전 전략 등에 대해서는 자산 부채 관리 위원회를 설치해 리스크 관리 위원회가 자산 부채 안배, 재무 계획, 자금 비용 등의 문제를 심의하고 방침을 정하는 것을 도왔다.

개점 첫 해에 공상은행 시드니 지점은 내부적으로 시장부, 리스크 관리부, 자금부, 영업부, 종합부, 회계 기술부를 설치했고, 리스크 관리부를 미들오피스 기능의 핵심 부서로 정해 앞장서서 각종 리스크 관리를 책임지게 했다. 리스크부는 3인 1팀으로서 책임자 1명, 고급 분석가 1명, 리스크 운영원 1명으로 구성되었다. 물론 인적 자원과 전체적인 자산 구조 등의 영향을 받아 모든 리스크가 집중적으로 관리되지는 않았다. 신용 리스크와 운영 리스크는 리스크부의 전담 팀이 집중적으로 관리했지만, 유동성 리스크 관리는 주로 자금부에서 관리하고, 리스크부가 고유동성 자산 비율, 한도, 익스포저에 대한 통제를 보조하는 형식으로 이루어졌다.

신용 리스크 관리와 자산 확충의 중요성

신용 리스크는 뭘까? 신용 리스크는 거래 대상이 계약을 이행하지 못하는 리스크, 즉 계약 위반 리스크를 가리킨다. 관리 범위에는 대출자는 물론이고 거래 대상까지 포함된다. 이 단계에서 지점의 신용 리스크 관리는 다음의 네 가지 특징을 가진다.

이식주의에 기초한 관리 체계 _ 이른바 나래주의(拿来主义 : 전통이나 외래문화에 대한 일종의 관점으로서, 일단 가져온 후 자신의 입장에 맞추어 취사선택하자는 주의)'는 본점(모은행)에서 다년간 구축한 신용 리스크 관리 시스템 (예컨대, 제도 체계·대출심의·리스크 회피 조치·시스템 등)을 지점이 단계적으로 도입해서 신용 리스크 관리의 기본으로 삼는 것을 말한다. 이 단계에서 지점은 신용 등급 평가표와 12개로 분류한 대출 모형을 만들고, 본점이 제시한 연간 경영 권한 중에서 여신 권한에 관한 규정을 따라서 업무 발전 포지션을 잡아 정해진 틀 안에서 질서정연하게 업무를 발전시켰다.

전문가에 의한 대출 업무 리스크 통제 _ 지점은 대출 업무의 리스크를 경계하기 위해서 지원과 분석의 힘을 빌렸다. 그래서 본점의 대출 리스크 판단, 현지 전문 분석 평가, '모르는 영역은 취급하지 않고, 고위험 업무는 수행하지 않는다'는 원칙을 통해서 엄격하게 심사하고, 구체적인 업무에서의 리스크를 경계함으로써 전체적인 대출 리스크에 대한 통제를 강화했다.

리스크 관리부를 이용한 현지 자산 마케팅 _ 당시에 자산이 아직 형성되지 않은 점과 리스크 관리 인력 자원이 우수한 점에 착안해서 리스크 관리부는 거액의 현지 자산에 대한 마케팅과 심사 작업을 하나로 합치고, 내부 프로세스에 따라서 본점에 허가를 신청했다. 시드니 지점은 본점을 자산 업무를 강화하는 중간 단계로 삼아 내부의 유한한 자원을 효과적으로 조정하여 리스크 통제와 업무 발전의 균형을 이루었다. 이 점은 '7부 자산 확충 전략'에서 자세히 설명하겠다.

신용 리스크 집중 관리 _ 신용 리스크의 효과적인 통제를 위해서 자금부, 영업부(무역금융팀, 현 무역금융부의 전신), 시장부가 관리하는 각종 신용 리스크 상품을 집중 심사했는데, 여기에는 채권 투자, 각종 무역 금융 업무(은행간 리스크 담보 업무, 그룹간 대지급 업무 등을 포함) 및 각종 대출 업무 등이 포함된다. 프로세스 방면에서 리스크가 낮은 무역 금융 업무는 여신 심사 위원회의 토론을 거치지 않아도 되지만, 기타 신용 리스크 업무는 일률적으로 여신 심사 위원회의 심의를 통과한 후 지점장에게 승인을 받았다.

유동성 리스크와 운영 리스크의 동시 관리

개점 초기에 시드니 지점은 트레이딩 자산이 없어서 시장 리스크의 익스포저가 상대적으로 낮았다. 신용 리스크 외에 지점은 주로 유동성 리스크와 운영 리스크에 부딪혔다. 이 단계에서 지점은 신용 리스크의 관리 플랫폼을 구축하는 동시에 유동성 리스크와 운영 리스크 관리 체계 구축 작업을 시작했다.

먼저 고유동성 자산을 주축으로 하는 유동성 리스크 관리 모델을 만들었다. 유동성 리스크 관리는 금융 위기 이후에 '여진'이 계속되는 지금의 상황에서 결코 낯선 개념이 아니다. 유동성 리스크는 상업 은행의 자산이 감소하거나 부채가 증가해서 파산하거나 손실이 생길 가능성을 가리킨다. 다시 말해서 유동성이 부족할 때 상업 은행이 합리적인 비용으로 부채나 현금화 할 수 있는 자산을 빠르게 확보하지 못하고 유동성 위기 상황이 발생하는 것이다.

금융 위기의 발발은 유동성 리스크를 가장 중요한 위치에 올려놓았다. 금융 위기의 발발로 현금이 최고의 가치를 갖게 되었을 때, 시드니 지점은 묵묵히 자체적인 힘을 키워 전례가 없는 금융 한파를 무사히 넘겼다. 그 당시 리스크 관리 방면에서 시드니 지점은 이제 막 유동성 관리의 싹이 돋아나는 단계여서 주로 오스트레일리아 건전성감독청이 요구한 대로 고유동성 자산 비율 및 향후 자금의 유입과 유출에 따른 만기 불일치를 감독했다. 또한 한도를 설정해서 향후 만기 불일치로 유동 자금이 부족해도 지점의 자금 조달 능력 안에서 통제할 수 있도록 조치했다.

이 단계에서 시드니 지점의 자금부는 유동성 관리를 담당하는 동시에 날마다 유동성 자산 비율과 유동성 만기 불일치 상황을 책임지고 감독했다. 비율이 줄어들거나 유동성이 예상보다 크게 부족하면 제때에 필요한 자금을 시장에서 단기적으로 빌려 고유동성 자산을 구매했다. 또한 리스크 관리부는 원칙적인 감독을 하며 한도에 대한 감독과 경고를 강화하고, 고유동성 자산 비율 변동 상황이나 한도가 설정된 만기 불일치 등에 대해서 리스크 관리 위원회에 매월 정기적으로 보고했다.

다른 방면으로는 운영 리스크 관리 체계를 만들었다. 개점 초기에 시드니 지점은 이미 운영 리스크를 관리하는 기본 체계를 만들고 '바젤 협약'에 따라 운영 리스크 사건을 분류해서 관리했다. 또한 운영 리스크 사건 등록부Risk Register, 손실 사건 등록부Loss Register 및 리스크 감독과 자체 평가표Risk Control and Self-Assessment. RCSA 등의 수단을 설계하고 지점 내부의 규정에 따라서 리스크 관리 프로세스를 만들어 업무 영역 내의 구체적인 운영 리스크를 식별, 보고, 평가, 통제했다. 리스크 관리부는 운영 리스크 관리 라인에 대해서 상황을 종합해 평가하고, 등급을 결정하여 정기적으로 보고한다.

내부 감사인은 마지막 방어 라인으로서 해마다 운영 리스크 관리에 대해서 한 차례씩 전문 회계 감사를 했다. 하지만 이 단계의 관리는 주로 운영 리스크 사고를 보고하는 수준에 머무른다. 운영 리스크에 대한 인지도가 별로 높지 않아 각 부서는 운영 리스크 사건을 분별하고 사고 위주의 사후 감독을 한다. 리스크 관리 위원회의 심의도 적극적인 경계와 사전 통제 지도가 부족하다.

2. 3대 리스크 관리를 동시에 진행하다

뒤이어 2년 동안 시드니 지점은 업무가 빠르게 발전해 새로운 단계로 진입했다. 2011년 말에 지점의 총자산 규모는 급성장하여 30억 달러를 넘어섰고, 각 영역에 대한 업무도 종합적으로 실시해 내실 있는 발전모습을 보였다. 마찬가지로 은행의 생명선인 리스크 관리도 자산 규모의 성장에 따라서 끊임없이 강화되어 신용, 유동성, 운영에 관한 3대 리스크가 늘어나는 만큼 관리 수준도 빠르게 향상되었다. 이 시기의 구체적인 특징은 다음과 같다.

과학적인 신용 리스크 관리

신용 리스크 계량화 _ 리스크 관리는 예술이요 과학이다. 신용 리스크를 관리할 때 전문가의 경험에만 의지해서 판단하는 것으로는 불충분하고 리스크를 계량할 수단이 필요하다. 기존의 신용 평가 점수표와 신용 예측 모형을 토대로 시드니 지점은 자체적으로 '위험 조정 자본수익률RAROC'의 대출 정가 모형과 현지 회계 기준에 맞는 재무제표 분석 모형을 개발했다. 이들 예측 모형은 신용 리스크 분석, 특히 대출 업무에 대한 리스크 평가에 유력한 지표와 근거를 제공하여 분석의 과학성을 높였다.

여신 자산에 대한 감독 강화 _ 전체적인 면과 구체적인 면을 결합해 여신 자산에 대한 전체적인 감독을 강화했다. 여신 자산의 빠른 발전으로 일회성 대출 업무의 리스크를 통제하는 것이 어려우면 리스크 선호와 발전 전략을 효과적이고 정확하게 실행하고, 반드시 여신 자산에 대한 전체적인 감독과 관리를 강화해야 한다. 급성장하는 시기에 시드니 지점은 여신 자산 리스크 상황에 대한 전체적인 감독을 강화하고, 리스크를 계량해서 투입 대비 효율이 낮은 유형의 잔금 계제법에서 위험 가중 자산 계제법으로 전환하여 여신 업무에 대한 리스크 상황을 통제했다.

이와 동시에 지점은 신용 리스크에 대한 스트레스 테스트를 정기적으로 진행했다. 비록 이 모형은 간단하지만 여신 자산의 미래 리스크 상황을 더 깊이 이해할 수 있어 지점의 자산 관리 방법을 미리 파악하고 기초를 다지는데 도움이 된다.

신용 리스크 관리의 시스템화와 과학기술화 _ 2010년 11월 14일에 시드니 지점은 공상은행의 해외 지점 중에서 최초로 글로벌 대출 관리 시스템(Global Credit Management System, GCMS)을 자체 개발하는데 성공했다. 이 시스템의 성공은 공상은행의 해외 대출 관리가 과학기술의 시대로 접어든 것을 상징한다. 시드니 지점은 대출 관리 시스템을 회계 처리 시스템인 'FOVA'와 연계하여 대출 업무 전반에 대한 통제를 강화했다. 대출 업무는 고객의 서류 작성, 고객의 신용 등급 평가, 대출 심사 승인, 대출금 지급, 경고 추적 등 단계별 시스템으로 관리해서 신용 리스크 관리의 수준을 크게 높였다.

유동성 관리 : 기능 분리와 감독 강화

금융 위기는 금융 감독 당국과 금융 기관이 스스로 유동성 리스크를 감지하는 것의 중요성을 일깨웠다. 비록 '바젤협정 III'은 유동성 리스크를 자본으로 계량하지 않았지만 각 금융 기관은 이미 유동성 리스크 관리 부서를 만들어 금융 당국의 엄격한 감독에 대응하고, 경영의 안정성을 유지하기 시작했다. 시드니 지점도 시대의 흐름에 순응해 비교적 완벽한 신용 리스크 관리 체계를 만들고, 내부적으로 유동성 리스크 관리를 점진적으로 강화했다. 시드니 지점은 2010년부터 유동성 리스크에 대한 관리를 강화했다.

전담 팀에 의한 적극적인 리스크 통제 _ 이 단계에서 지점의 리스크 관리부는 미들오피스에 전담 팀을 만들어 유동성 리스크 관리에 대한 일상 통제를 강화하고, 미들오피스의 기능을 완전히 나누었다. 미들오피스의 일상 업무는 외환 익스포저, 거래 대상, 고유동성 자산 비율 등에 대한 한도나 중요 지표를 감독하는 것과 각종 파생 상품과 채권을 평가하고 제때에 손익 상황을 가치에 반영하는 것이 포함된다.

또한 유동성 관리 상황에 대한 보고 제도를 강화하고, 자산 부채 관리 위원회에 고유동성 자산 비율의 변화, 내부 구조, 자금 비용 변화 등을 매월 보고함으로써 위원회가 지점의 유동성 관리 상황 및 추세를 정확하게 이해하도록 도왔다.

익스포저에 대한 감독과 시나리오 분석 강화 _ 제도는 업무의 '개요'라고 할 수 있다. 이 기간에 시드니 지점은 유동성 관리 제도와 방법을 한층 더 개선해 유동성 리스크 계량 모형을 업그레이드하고, 미래의 현금 흐름을 예측하는 시뮬레이션을 완성했다. '유동성 불일치 시나리오 분석Ongoing Concern Scenario Analysis'과 '유동성 스트레스 테스트Name Crisis Scenario Analysis'라는 두 가지 핵심 모형을 통해서 유동성의 이상 상황에 대한 감독을 강화했다.

자금실의 거래 권한 부여 체계 완성 _ 딜러의 끊임없는 증가와 거래의 복잡성이 크게 증가한 특징에 맞추어 지점은 정식 딜러 시스템을 만들어 부지점장이 단기 대출, 채권 투자, 외국환 매매, 금리 스와프 등을 거래하는 딜러의 거래 권한을 직접 심사했다. 또한 자금실에 대한 운영 리스크 통제를 강화해 거래 대상과 거래는 반드시 일하는 장소에서 진행하고, 퇴근한 뒤에 비공식적인 경로를 통한 거래 확인을 근절해 거래의 준법성을 확보했다.

운영 리스크 관리 : 리스크 사고 데이터베이스 구축

최근에 주목 받고 있는 운영 리스크는 신용 리스크 및 시장 리스크와 함께 상업 은행의 3대 리스크를 구성하고, 자본이 필요하다. 비록 특수한 운영 리스크 사고가 발생할 확률은 매우 적지만, 일단 발생하면 은행은 물론 더 나아가 전체 금융 시스템에 거대한 영향을 주는데, 때로 이 영향이 은행에 미치는 손실은 전통적인 신용 리스크보다 훨씬 크다.

오스트레일리아 건전성감독청은 줄곧 운영 리스크 관리를 매우 중시해서 현지 상업 은행의 운영 리스크 관리에 대한 요구를 끊임없이 강화했다. 공상은행 시드니 지점은 강화된 감독 요구에 순응해 기존에 설립한 운영 리스크 관리 시스템을 계속 업그레이드해서 운영 리스크 관리의 범위와 깊이를 확장했다. 구체적인 특징은 다음과 같다.

운영 리스크의 내용과 외연 확대 _ '신바젤자본협약'에 따르면 운영 리스크는 완벽하지 않은 운영 프로세스나 과실, 시스템 고장, 실수 및 외부 사건으로 손실이 생긴 리스크로 정의된다. 운영 리스크에는 내부와 외부의 사기, 취업 정책과 작업 장소의 안전성, 업무 운영, 실물 자산 훼손, 업무 중단이나 시스템 고장, 결제 및 프로세스 관리 등에 따른 손실로 초래된 리스크가 포함된다.

해외 지점 경영이 성공하려면 현지의 법률, 준법 및 평판 등에 관한 다중적인 리스크를 받아들여야 한다. 비록 오스트레일리아 건전성감독청은 발생 가능성이 낮은 운영 리스크 관리에 대해서는 명확한 요구를 하지 않았지만, 영향력이 큰 리스크를 관리하지 않으면 나중에 어떤 결과가 생길지 알 수 없다. 때문에 시드니 지점은 운영 리스크에 대한 정의에 앞에서 설명한 리스크들을 포함시켰다. 이들 리스크의 특징과 중요성을 고려해서 내부 기능은 내부 통제 준법 감시인과 외부 변호사의 협조에 따라서 나뉜다.

운영 리스크의 책임 _ 신용 리스크, 유동성 리스크와 달리 운영 리스크는 사람, 시스템, 프로세스와 관계있는 어느 단계에서도 생길 수 있다. 운영 리스크는 고정된 형태로 발생하는 것이 아니라 다변적이고 단계마다 숨어 있다. 다시 말해서 경영을 하는 이상 운영 리스크는 늘 존재한다. 따라서 운영 리스크를 잘 관리하려면 반드시 모두가 책임지는 운영 리스크 관리 문화를 구축해야 한다. 이를 통해서 모든 부서의 직원들이 운영 리스크를 충분히 인식하고, 관련 운영 리스크를 능동적으로 보고하고 통제하여 수용 가능한 범위 안에서 운영 리스크 사고를 통제하도록 해야 한다.

이 시기에 시드니 지점은 운영 리스크에 대한 교육을 강화했다. 리스크 관리부의 전담 팀은 위로는 지점의 백오피스부터 밑으로는 프론트 오피스까지 운영 리스크의 개념, 리스크 사고를 분별하는 방법, 리스크 통제 수단을 활용하는 방법, 내부 직책 분업과 업무 프로세스 등 운영 리스크 관리에 대한 지식을 교육시켜 직원들이 운영 리스크를 깊이 있게 인식할 수 있도록 효과적으로 도왔다.

운영 리스크 사고 데이터베이스 구축 _ 운영 리스크는 '신바젤자본협약'에서 정의한 전통적인 3대 리스크 중의 하나이고, 자본을 운영할 때 고려할 필요가 있는 중요한 요소다. 앞서 설명한 것처럼 신용, 시장 리스크에 비해 운영 리스크 관리는 조금 늦게 시작되었지만 포함되는 범위는 매우 광범위하다.

2010년에 시드니 지점은 각종 리스크에 대한 분별과 통제를 강화하기 위해서 운영 리스크 사고 데이터베이스를 만들었다. 그리고 운영 리스크를 성질, 횟수, 관련성에 따라서 분류한 뒤에 다시 운영 리스크 사고를 부문별로 나누어 종합적으로 관리했다. 이 방법은 운영 리스크에 대한 데이터를 축적하고 유사 사고가 발생하는 횟수와 영향을 통계화하는 데 유리하고, 핵심 위험 지표(Key Risk Indicator, KRI), 핵심 성과 지표(Key Performance Indicator, KPI) 등 미래의 운영 리스크에 대한 경계와 통제를 미리 분석할 수 있는 근거를 제공했다.

[사례] 이익을 보려다가 오히려 손해를 보다

오스트레일리아 4대 은행 중 하나인 '국민은행'의 원래 명칭은 'National Australia Bank'다. '국민'이라는 두 글자는 국민은행이 오스트레일리아에서 차지하는 위상과 이 은행에 대한 정부의 신뢰를 그대로 보여준다. 하지만 2004년 당시에 오스트레일리아에서 가장 큰 은행인 오스트레일리아 국민은행(National Australia Bank)은 4명의 딜러가 허위로 외환 옵션 거래를 해서 3억6천만 호주 달러의 손실을 입었다고 발표했다.

2004년 1월 13일에 오스트레일리아 국민은행은 외환 옵션 부정 거래로 손실을 입었다는 첫 번째 성명을 발표했다. 당시에 예상되는 손실액은 1억8천만 호주 달러였다. 하지만 1월 19일과 27일에 발표한 성명에선 포트폴리오 재편에 따른 손실까지 포함해서 손실액이 3억6천만 호주 달러로 늘었다.

이 스캔들을 만든 당사자는 4명의 외환 옵션 딜러였다. 2002년과 2003년에 이들은 부정 거래로 손실이 생긴 것을 알았지만 서로 약속한 것처럼 이 사실을 숨겼다. 이들은 각종 수단과 관리의 허점을 이용해서 거래 기록을 의도적으로 고치고, 허위 거래와 환율 조작 등으로 손실을 은폐했다. 또한 허위 거래로 현금 보유량을 감췄지만 최고 한도는 계속해서 낮아졌다. 이들이 부정 거래를 한 동기는 목표 수익을 달성하고 보너스를 받기 위해서였다.

거액의 손실을 책임지는 것 외에 국민은행은 이 스캔들로 평판이 크게 실추되었다. 오스트레일리아 정부가 'National Australia Bank'라는 명칭의 사용을 거부해 이후 오스트레일리아 국민은행은 대외적으로 'NAB'라는 명칭을 썼다. NAB는 이익을 보려다가 오히려 손해만 본 꼴이 된 것이다. 이후 NAB는 5년 동안 공을 들여 겨우 평판을 회복했는데, 그 기간 동안 내부적으로 외환 거래실의 운영 리스크 관리에 관한 감독 프로세스를 만드는데 엄청난 인력과 물자를 쏟아 부어야만 했다.

이 사고는 오스트레일리아 금융 기관들에게 운영 리스크 관리에 대한 경종을 울렸고, 이후 오스트레일리아 건전성감독청은 운영 리스크에 대한 감독을 강화했다.

3. 종합적인 리스크 관리가 필요한 시대

2012년은 시드니 지점이 꽃을 피우고 열매를 수확하는 해였다. 이 해에 시드니 지점은 '자산 40억, 수익 5천만'이라는 목표를 예상보다 빨리 달성했다. 공상은행 해외 지점 중에서 가장 많은 수익을 남긴 지점 중 하나가 되었고, 충당금 적립 후 영업이익 면에서 선두를 차지했다. 현지 고객층도 구축되어 자산도 나날이 늘어났고, 무역 금융, 프로젝트 파이낸싱과 일반 대출Bilateral Loan 거래가 증가했으며, 지점의 직원들도 20명에서 수백 명으로 늘었고, 지점망도 시드니에서 서호주의 대도시 퍼스 및 오스트레일리아의 두 번째 금융 도시인 멜버른까지 확대되었다.

업무가 빠르게 발전하자 리스크 관리도 업무 발전 전략에 따라서 끊임없이 업그레이드되었다. 이 해에 시드니 지점은 오스트레일리아 건전성감독청의 양대 리스크 관리 전문 검사인 운영 리스크와 유동성 리스크에 대한 전문 검사를 순조롭게 통과했고, 영업 허가증을 받은 뒤에 실시되는 모든 검사를 원만하게 마쳤다. 이것은 지점의 리스크 관리 능력이 새로운 단계로 접어들어 리스크를 종합적으로 관리하는 시대로 도약한 것을 상징했다.

위원회의 시스템화와 전문 팀 구성

시드니 지점이 리스크 관리의 전체적인 수준을 높이고, 끊임없이 증가하는 자산 규모에 맞추기 위해서 지점 내부의 위원회를 개혁했다. 구체적으로 기존의 리스크 관리 위원회와 자산 부채 관리 위원회 밑에 신용, 시장 및 운영 리스크를 관리하는 3개의 부속 위원회를 다시 만들었다. 각각의 부속 위원회는 리스크 관리부를 중심으로 전문가를 배치하였고, 각 유형별 리스크에 대한 일상 관리와 자산 부채 관리 등의 문제에 대해서 토론한 뒤에 리스크 관리 위원회에 정기적으로 보고해서 투명한 심의와 결정 방침을 유지했다.

이와 동시에 자산 부채 및 자금에 대한 관리를 한층 더 강화했는데, 기존의 자산 부채 관리 위원회를 부속 위원회에 대한 정책 결정 위원회 등급으로 승격시키고, 위원회의 인원수를 줄여 지점의 자산과 부채에 관한 중요 프로젝트를 책임지고 토론한 후에 결정하여 실행토록 하고, 자산 부채 구조를 완성하였으며, 자금 조달 채널과 집중도 등의 관리를 강화했다.

이밖에 리스크 관리 위원회의 운영 방식을 조정하였고, 기존의 보고 제도를 개혁함으로써 회의할 때 리스크와 관계있는 중대한 문제를 분석하여 결정, 실행하는 것에 중점을 두었다. 이를 통해 잠재적인 리스크를 사전에 예측하고 관리하는 프로세스를 강화시킬 수 있었다.

각각의 리스크를 중심으로 리스크 관리부는 내부적으로 전담 팀을 만들어 리스크에 대한 일상 관리와 통제를 책임지고, 자산 부채 관리 기능을 기존의 자금부에서 리스크 관리부로 이전하여 집중적으로 관리했다. 이후 몇 년 동안의 성장 과정에서 리스크 관리부는 2008년에 3명으로 구성된 소규모 팀에서 2013년에 9명으로 구성된 종합적인 팀으로 확장되었다. 또한 담당하는 기능 면에서 신용 리스크를 관리하는 단일한 기능에서 신용 리스크를 중점적으로 관리하는 동시에 운영, 유동성, 시장, 법률 등에 대한 각종 리스크를 복합적으로 관리하는 기능으로 확대되어 지점의 자산 부채를 관리하는 중책을 맡게 되었다. 관리 방식 면에서는 획일형 발전 방식에서 정밀형 관리 방식으로 바뀌어 각종 리스크를 좀 더 전문적이고 명확하게 관리하는 동시에 각종 리스크의 연결성을 집중적으로 통제하여 지점의 전체적인 리스크 통제 능력을 한 단계 높였다.

여신 심사 집중 관리 및 여신 전후 관리 강화

2급 지점망이 지속적으로 확장되자 리스크 선호Risk Appetite를 통일하고, 정확한 방침을 따라서 업무를 발전시키기 위해서 시드니 지점은 여신 심사 기능을 리스크 관리부에 집중시켰다. 퍼스, 멜버른 등지의 2

급 지점은 일선에서 마케팅 기능을 담당했다. 여신 심사 외에 자금 배치, 결제와 결산, 재무 처리 등의 백오피스 직능을 시드니 지점에 집중시켜 효율적인 관리와 수직 보고의 기본 원칙을 유지했다.

업무가 빠르게 발전하는 해외 지점들은 대출 사후 관리와 대출 사전 조사가 매우 중요하다. 대출 사전 관리는 데이터를 통해서 신용 리스크를 사전에 통제할 수 있고, 대출 후 관리는 신용 리스크에 대한 상황을 관리 감독을 통해서 할 수 있다. 해외에 진출한 은행은 일손이 적고 자금 흐름이 빠른 특징 때문에 대출 사전 관리는 엄격하지만 대출 사후 관리는 미흡한 현상이 자주 일어난다. 이것은 부실 채권이 발생하는 중요한 원인 중의 하나다.

이와 관련해서 시드니 지점은 자체적인 노하우가 있었다. 먼저 연 1회 실시하는 연간 정기 심사Annual review를 잘 이용하고, 연간 정기 심사 기록부와 본점의 여신 기록부 등을 통해서 기존의 대출 자산에 대한 감독 및 정기 심사를 강화하여 업무의 즉시성을 보장했다. 다음으로 잠재적인 리스크 업무 및 고객에 대한 업무를 강화함으로써 리스크 관리 위원회의 잠재적인 리스크 업무 및 고객 명단을 보고하고, 위험 관리 조치에 대해서 의견을 제시했으며, 일선에서 고객을 담당하는 직원이 관리의 요점과 조치를 알 수 있도록 제때에 통지했다. 마지막으로 시스템을 이용하는 과학적인 관리를 통해서 월간 단위로 모든 대출 업무를 명확하게 분류하고, 감독 결과를 통계 자료로 만들었다.

유동성 리스크와 자산 부채 관리의 유기적 결합

유동성 리스크 관리는 단순하게 한도액을 설정하는 것이 아니다. 여기에는 유동성 리스크 관리 전략, 유동성 리스크 관리 분석 방법과 절차, 유동성 리스크 비상 계획, 유동성 리스크 보고 시스템 등이 포함된다. 향후 발전 과정에서 해외 지점은 매우 심각한 유동성 리스크 압력을 받을 것이다. 때문에 시드니 지점은 유동성 리스크를 계량할 수 있는 수단을 계속해서 개발하고, 유동성 부족에 대한 보고를 자동화했으며, 시나리오 분석 및 자금 조달 상품에 대한 분석을 통해서 유동성 리스크에 대한 분석을 끊임없이 강화했다.

이와 동시에 조기 경고 시스템 및 리스크 집중 한도 등의 일상적인 유동성 리스크의 계량 기준을 만들어 지점의 유동성 리스크 상황에 대한 관리를 강화했다. 또한 유동성 계량 데이터를 통해서 지점의 현금 흐름 부족, 고유동성 자산 비율, 현금 거래 상대의 신용 한도, 외국환 익스포저, 외국환 거래 손익, 외국환 거래 한도 등을 날마다 감독했다.

자산 부채 관리 방면에서 지점은 내부적으로 이전 가격 계량 시스템을 성공적으로 구축하는 동시에 과거에 자산과 부채를 따로 관리하는 방식을 버리고 단계별로 진정한 의미가 있는 자산 부채 관리 계획을 수립했다. 유동성 리스크 관리의 수준을 높이려면 자금의 운영 효율을 높여야 하는데, 이를 위해서 먼저 개선할 점은 자산과 부채를 하나의 '바둑판' 위에서 통합 관리하는 것이다. 프론트오피스Front Office의 업무량이 빠르게 증가하고 업무의 종류가 다양해지면 리스크 관리는 물론이고 자금 관리의 난이도도 눈에 띄게 높아진다. 때문에 전체적인 업무 발전 계획이 최우선적으로 필요하고, 자산 확충에 관한 명확한 목표 및 상품과 기간에 따른 부채 관리 계획을 수립해야 한다.

　이밖에 유동성 관리의 요구에 대해서 자체적인 자금 조달 비율과 고유동성 자산 비율을 만족스러운 수준에 도달시키는 것에서 멈추지 않고, 유동성 만기 불일치, 스트레스 테스트 등에 대한 시나리오 분석, 유동성 비상 계획, 한도 관리 등의 자금 분배와 지속성 등의 문제에 더 많은 관심을 가질 필요가 있다. 다시 말해서 유동성 관리에 대해서 더 엄격하게 요구해야 한다.

　자금 조달 면에서 지점의 자금 조달 능력, 자금 조달 채널의 다양화, 거래 상대 및 고객층의 확대 외에 더 관심을 두어야 하는 점은 어떻게 자금을 합리적으로 관리해서 고유동성 자산 비율이 높아지거나 빈번하게 한도액을 넘거나 단일 고객에게 자금이 과도하게 집중되는 문제 등이 생기는 것을 막느냐 하는 것이다.

운영 리스크와 업무 운영의 연계

　운영 리스크를 잘 관리하고 각 업무 라인이 운영 리스크를 중시하게 하려면 반드시 운영 리스크 관리를 일상적인 업무 운영에 유입시켜야 한다. 또한 운영 리스크 통제를 통해서 업무 프로세스를 한 단계 더 업그레이드시키고 일상적인 운영을 규범화해야 한다.

　시드니 지점은 운영 리스크 사고 보고 제도를 통해서 영향력 있는 업무의 기능 손실, 규범화되지 않은 프로세스, 불완전한 시스템 기능 등에서 발생하는 문제를 찾아내는 소규모의 맞춤형 운영 리스크 통제 팀을 만들었다. 이를 통해 관련 부서의 협조를 받아 문제점을 해결하는 동시에 업무 프로세스를 개선하고, 수용 가능한 범위 안에서 운영 리스크 사고를 통제하겠다는 목표를 달성했다. 이를 위해서 취한 구체적인 조치는 다음과 같다.

첫째로, 운영 리스크 사고 보고 프로세스를 강화했다. 운영 리스크 관리에 대한 전 부서와 직원들의 교육을 강화하기 위해서 각 부서는 일상 업무에서 운영 리스크 사건을 효과적으로 식별해서 제때에 운영 리스크 관리부에 보고하도록 격려했다. 부서 간에 업무 협조가 순조롭지 않고 기능이 명확하게 구분되지 않은 점은 운영 리스크 보고 프로세스의 정식 통로를 통해서 합리적인 해결 방안을 찾았다.

둘째로, 운영 리스크 보고 등급을 올렸다. 중대한 운영 리스크 사고를 정기적으로 보고하는 제도를 만들어 지점의 운영에 영향을 주거나 큰 규모의 운영 리스크 사건에 대해서 방안 수립 및 상황 해결에 대한 보고를 위원회에 정기적으로 올렸다. 또한 지점 관리 위원회의 회의 의사록 형식으로 관련 부서에 통보하여 각 부서의 운영 리스크 관리를 강화했다.

셋째로 운영 리스크를 인사 고과 평가에 포함시켰다. 운영 리스크를 관리하는 것은 전 직원, 특히 업무 라인에 있는 직원들의 책임이다. 운영 리스크 관리의 중요성을 깊이 인식시키려면 운영 리스크 평가를 직원들의 인사 평가에 포함시키고, 관련 점수의 비중을 높여 운영 리스크에 대한 식별과 통제를 독려해야 한다.

지역 본부 설치와 관리 체계의 중요성

오스트레일리아와 뉴질랜드에 본부를 설치하고, 지역 리스크 관리 체계를 만들어야 한다. 시드니 지점은 미래를 위해서 대양주를 개척하는 중책을 맡고 업무를 발전시키는 먼 길을 가야 하지만, 시종일관 명확한 전략과 역량 있는 조직을 유지해야 한다.

공상은행의 해외 확장 발걸음이 빨라지자 오스트레일리아 지역 본부인 시드니 지점은 오스트레일리아에서의 확장 전략을 일사분란하게 추진하여 2012년에 멜버른 지점을 성공적으로 개설하였고, 뒤이어 뉴질랜드에 현지 법인을 설립했다. 이러한 전략을 실행하려면 전략에 걸맞은 강력한 리스크 관리 플랫폼이 필요하다.

그래서 모든 지점망의 리스크 관리를 시드니 지점에 집중시키고, 통일된 리스크 관리와 통제 시스템을 수립하여 리스크 관리 수준이 고르지 못하거나 지역적 특성을 지나치게 강조해 통일된 리스크 통제 기준을 무시하는 현상이 생기는 것을 막았다. 이를 위해서는 의심할 것도 없이 강력한 리스크 통제 플랫폼, 수준 높은 리스크 통제 팀, 시스템 등을 구축해서 본점의 발전 전략과 리스크 관리를 효과적으로 실행시키고, 업무를 건강하고 질서 있게 운영하도록 만들어야 한다.

오스트레일리아와 뉴질랜드 지역은 경영 관리 면에서 서로 공통점이 많다. 하지만 뉴질랜드 지점은 현지 법인 형식으로 설립되었기 때문에, 오스트레일리아 건전성감독청은 두 지점의 경영이 독립적으로 이루어진다고 본다. 따라서 지역에 본부를 설치하는 형식을 빌어 오스트레일리아와 뉴질랜드의 업무를 종합적으로 발전시키려면, 몇 가지 특징을 고려할 필요가 있다.

지역 본부를 기초로 하는 조직 구조 _ 조직 구조는 서로 관련되어 견제하는 3개의 부문(계층), 즉 결정 부문(전략 및 리스크 정책의 수립을 전문적으로 책임짐), 집행 부문(구체적인 업무 운영을 책임짐), 감독 부문(업무를 집행하는 부서의 리스크 통제 수준을 감독하는 책임)으로 나눌 수 있다. 먼저 결정 부문은 지역 본부의 책임자 밑에 리스크 관리 위원회를 만들어 지역 업무의 발전 전략 및 리스크 정책 수립과 중대한 사안의 결정을 책임진다. 다음으로 집행 부문은 지점, 현지 법인의 각 부서가 지역 업무 발전 전략에 따라서 리스크 관리 정책 및 관련 요구를 집행한다. 마지막으로 감독 부문은 외부의 회계 감사 외에 지역 단위의 통일된 내부 통제 준법 라인을 만들어 오스트레일리아와 뉴질랜드의 업무 운영에 대한 검사와 감독을 책임지고 지역 본부의 책임자에게 보고한다.

리스크 관리 정책과 프로세스 공유 _ 리스크 관리 규정과 제도를 통일하고, 리스크 관리 정책과 프로세스를 공유한다. 뉴질랜드에 설립한 현지 법인은 자체적으로 프론트오피스, 미들오피스, 백오피스 기능을 담당하는 완벽한 조직을 갖출 필요가 있다. 하지만 두 지역의 감독 기능은 매우 비슷하기 때문에 리스크 관리 규정과 제도, 정책, 프로세스 등을 통일하고 공유할 수 있다. 이렇게 하는 것은 통일된 리스크 관리와 문화를 형성하고, 본점이 지점을 효과적으로 감독하며, 지역 단위의 내부적인 통일성과 관련성을 유지하는데 도움이 된다.

관리자 그룹의 역량 강화 _ 집행 부문은 각각의 업무 단위에 맞는 수평적인 소통 시스템을 만들고, 지역을 내부적으로 조정하고 다시 조합하는 능력을 강화해야 한다. 뉴질랜드에 설립한 현지 법인은 시드니 지점의 조직 구조를 기초로 프론트오피스, 미들오피스, 백오피스를 구축하여 지점 간의 횡적인 소통 시스템을 만들어 업무 발전 전략을 통일시키고 고객 자원을 공유했다. 또한 리스크 관리 조치를 효과적으로 실행하는 한편, 오스트레일리아와 뉴질랜드 지역의 업무를 종합적으로 발전시켜 종합적인 경쟁력을 높이는 '1+1 〉 2'의 효과를 얻었다.

현대 금융 영역에서 서로 다른 리스크들의 관련성이 점차 커지고, 리스크의 발생 양상도 복잡해지고 있다. 서브 프라임 모기지 위기는 신용 리스크, 시장 리스크, 운영 리스크가 복합적으로 작용한 결과다. 오늘날의 금융 리스크는 독립적으로 식별해서 관리하기가 어려우므로, 상업은행은 반드시 전반적인 리스크 관리 수준을 향상시켜야 한다.

지역의 리스크를 관리할 때 통일된 리스크 관리와 경영 전략을 수립하려면 기업 리스크 관리(Enterprise Risk Management, ERM)에 내부 평가법을 기초로 리스크를 계량하는 선진적인 방법을 적극적으로 도입해야 한다. 이를 통해 내부 통제를 강화하고, 건전한 충당금 정책을 실행하여 리스크 통제 능력을 향상시켜야 한다. 이와 동시에 리스크 관리 시스템의 집중, 수직, 독립적인 원칙에 따라서 프론트오피스 업무, 리스크 관리, 내부 통제의 준법 감시와 내부 감사 등 각종 업무 영역의 리스크 통제 기능을 강화해야 한다. 또한 이를 기반으로 각자의 책임을 다하면서 협력을 강화하고, 신용·시장·운영·유동성 등 각 방면에서 발생하는 리스크를 효과적으로 관리해야 한다.

3부
리스크 관리 전략 ②
风险管理战略

위기에서 기회를 찾다
逆流而上, 危中求机

시드니 지점은 금융 시장의 파도를 헤치고 다니는 일엽편주와 같았고, 처음 항해에 나섰을 때 강의 수면은 그리 잠잠하지 않았다. 미국에서 서브 프라임 모기지 위기가 터지자 강에 연이어 풍랑이 일기 시작했고, 이런 특수환 환경에서 은행 업무를 확장시키는 것은 매우 어려워 보였다. 이 시기에 전통적인 신용 리스크는 조타수가 가장 먼저 관심을 가져야 하는 대상이 아니었다. 유동성 리스크가 일상적인 관리에서 가장 중요한 것이 되었고, 자금 조달 채널을 확장하고 조달 비용을 낮추는 것은 은행 경영의 기조가 되었다.

다행히도 중국 경제의 고성장에 힘입어 중국계 은행의 신용 등급은 높아졌고, 글로벌 금융 시장에서 공상은행의 위상도 높아졌다. 더욱이 공상은행 시드니 지점은 스스로 만든 견고한 자금 조달 플랫폼을 통해서 바람과 물결을 타고 순조롭게 항해했다는 점이다. 한 번도 자금 부족 현상을 겪지 않았고, 자금 조달 비용도 줄곧 상대적으로 낮은 수준을 유지했다. 이것은 내부적으로 끊임없이 유동성 리스크 관리를 강화한 것과 깊은 관계가 있다.

1. 현금을 왕으로 생각하면 누워서도 돈을 번다

2008년에서 2009년까지 금융 시장에서 항상 들리는 말이 있었다. "현금이 왕이다(Cash is King)." 이때 현금이 많았으면, 다시 말해서 유동성이 풍부했으면 바람과 파도를 타고 차고 넘치게 돈을 벌 수 있었다. 당시에 유럽과 미국 등 선진국의 금융 기관이 '현금'을 위해서 분주히 뛰어다녔기 때문이다. 이처럼 현금이 '기근'에 시달리는 현상은 뒤이어 유럽에 채무 위기를 일으켰다가 2011년 하반기에 겨우 진정되었다.

리먼 브라더스의 파산은 미국에서 130여 개 은행의 영업 정지를 촉발시켰고, 몇몇 글로벌 대형 금융 그룹도 위기의 언저리에서 힘겹게 발버둥을 치며 정부의 구제를 기다리거나 같은 업종의 다른 금융 회사에 흡수되고 말았다. 예컨대 아메리칸 인터내셔널 그룹AIG, 골드만삭스, JP모건, 뱅크오브아메리카, 시티뱅크, 스코틀랜드 왕립은행, 프랑스의 소시에테 제너럴 등은 예외 없이 정부의 구제를 받아 생존할 수 있었다. 베어 스턴스, 메릴린치, 영국의 HBOS은행 등은 비참하게도 다른 금융 회사에 인수되는 등 당시의 금융 시장은 패를 뒤섞는 과정을 겪었다.

금융 기관 사이에서 처음으로 신뢰도에 위기가 생기면 언제 어느 금융 회사가 파산 신청이나 정부에 구제 요청을 할지 아무도 알 수 없고, 기존에 저위험으로 여겨졌던 콜머니(초단기 대출)도 고위험로 변한다. 신

[그림 3-1] 3M LIBOR-OIS(USD)

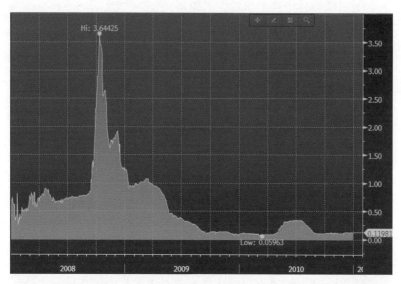

* '3M LIBOR-OIS'는 금융 시장의 유동성을 반영하는 중요한 지표 중의 하나다. 금리 차가 올라가는 것은 은행이 외부에서 단기적으로 돈을 빌리려는 생각이 낮아진 것을 설명하고, 이렇게 되면 시장의 유동성이 부족해진다. 이에 비해 금리 차가 떨어지는 것은 시장의 유동성이 좋아진 것을 설명한다. 이 지표는 금융 기관의 신용 리스크 수준을 판단할 때 쓰인다. 건강한 시장 환경에서 금리 차는 통상적으로 10 베이시스 포인트 정도다.

용 등급 하락으로 콜 금리가 빠르게 상승하면 은행은 불안정성을 해소하기 위해 더 높은 비용을 들여야 한다. 이때는 서로 신뢰가 부족한 탓에 상대방에게 수중의 여윳돈을 빌려 주지 않으려고 해서 시장의 유동성이 얼어붙는다. 월말, 분기 말, 연말 등 특수한 시점에는 하룻밤 사이에 런던 은행 간의 단기금리LIBOR가 3~4%씩 오르기도 한다.

　　2008년 12월에 지점 자금부의 시니어 딜러인 마크는 날마다 시장에서 가격을 묻고 상대적으로 싼 자금을 차입했다. 이때 외부인은 단기적으로 돈을 빌리는 것은 여유가 있을 것이라고 생각할 것이다. 아직 연말이 되지 않아 지점의 유동성도 비교적 풍부했기 때문이다. 하지만 마크는 1997년에 아시아 금융 위기를 겪을 때, 연말에 리보 금리가 하룻밤 사이에 10% 오른 적이 있다고 말했다. 당시에 마크는 비가 오기 전에 창문을 미리 수리하는 것이 진리라고 생각했고, 지점의 지불 능력 확보를 자금부의 첫 번째 임무라 여겼다. 결국 마크의 판단은 정확했고, 그의 노력으로 시드니 지점은 이후의 자산 구조에서 많은 비용을 아꼈다.

[그림 3-1]은 블룸버그에 실린 달러에 대한 3개월치 런던 은행간 예금 금리와 오버나이트 인덱스 스와프 금리(3M LIBOR-OIS)의 차이를 나타낸 그래프다. 이 그래프는 2008~2010년의 시장 유동성 상황이 반영되었다. 여기에서 알 수 있는 점은 금리 차가 2008년에 대폭 상승해서 가장 높을 때 364 베이시스 포인트까지 올랐다가 2009년 하반기부터 떨어지기 시작했다. 2010년에 유럽에서 채무 위기가 발생했을 때 다시 소폭 올랐지만, 시장은 이미 서브 프라임 모기지 위기를 겪고 나쁜 소식을 소화시킬 수 있을 정도로 성숙해져서 상승폭이 상대적으로 낮았다.

시장의 유동성 부족은 글로벌 금융 시장에 동요를 일으키고, 기업이 대출을 받기가 어려워 성장이 멈추는 또 다른 문제가 발생한다. 은행은 돈이 부족하면 돈을 빌려줄 때 특별히 신중할 수밖에 없고 씀씀이도 작아진다. 때문에 빌려 줄 돈이 클수록 더 많은 은행이 공동으로 참여해서 돈을 빌려 주고, 이때 대출 비용도 빠르게 상승한다. 대출 가격 결정은 리보LIBOR에 상응하는 신용 스프레드(Credit Spread. 회사채 신용 등급 간 금리 차이) 및 작은 비율의 유동성 스프레드Liquidity Spread 방식으로 형성되고, 중간에 고려해야 하는 요소들로는 은행의 자금 비용, 신용 리스크 프리미엄, 유동성 비용 등이 있다.

정상적인 시기에 가격 차이를 결정하는 요소는 신용 리스크 프리미엄이다. 대기업에 대한 대출은 주로 신용 등급에 의해서 투명하고 공개적으로 이루어진다. 하지만 은행이 긴축에 들어간 서브 프라임 모기지 위기가 발생했을 때, 신용 리스크 프리미엄은 처음으로 대출을 판단하는 기본 요소가 되었고, 대출 가격은 유동성 리스크에서 생기는 프리미엄으로 결정되었다. 자금력과 신용도가 좋은 기업은 대출 가격에 시장의 유동성 리스크 상황이 고스란히 반영되기 때문에 신용 리스크 프리미엄을 따지지 않으면 안 된다.

금융 시장의 불안한 환경은 시드니 지점에 기회로 작용했고, 높은 유동성 프리미엄은 별도의 신용 리스크 없이 높은 수익을 가져다주었다. 시드니 지점은 개설하고 나서 반년 만에 모든 부분에서 수익을 냈다. 그래서 2008년 연말 결산 때, 전 직원의 얼굴에 미소가 번졌던 것이 기억난다. 그날 직원들은 온종일 장부의 숫자와 보고서를 정리하느라 은행에서 밤을 새웠지만, 수익이라는 열매를 수확한 희열에 모두가 기뻐했다. 시드니 지점은 씨앗을 힘들게 뿌렸지만 이른 시기에 열매를 맺었다. 당시에 20명도 안 되는 직원들이 5억 달러도 안 되는 자산을 운용해 시기를 앞당겨 열매를 수확한 것은 결코 쉬운 일이 아니다.

다음은 당시에 시드니 지점이 대출에 참여했던 3건의 사례다. 금융위기로 유동성 프리미엄이 생겼을 때, 개설한지 얼마 안 된 시드니 지점이 손쉽게 수익을 낸 경험을 모두와 함께 나누고자 한다.

오스트레일리아 우드사이드

우드사이드(Woodside Petroleum)는 오스트레일리아에서 석유와 천연가스를 채굴하고 제조하는 가장 큰 기업이다. 시가총액이 300억 호주 달러(2013년 3월 말 기준)로, 오스트레일리아 증시에 상장된 기업 중에서 시가총액이 열한 번째로 높다. 우드사이드는 1954년에 웨스턴오스트레일리아 주의 주도인 퍼스에 세워졌다. 50여 년 동안 성장을 거듭한 우드사이드는 58개의 완전 출자 자회사를 보유했고, 고용된 직원 수만 3천 명이 넘으며, 아시아를 중심으로 오대주에 산업이 분포되었다.

우드사이드는 2009년 5월에 완전 출자 자회사 중 한 곳인 우드사이드 파이낸스 리미티드(Woodside Finance Limitde)를 통해서 대형 액화 천연가스 프로젝트인 Pluto를 위해서 3년 기한 11억 달러 규모의 신디케이트론을 받았다. 모기업이 담보를 제공했고, 리보에 2.25%의 가산 금리를 붙인 조건이다. ANZ은행과 도쿄미쓰비시은행이 선두 은행이 되었고, 신디케이트론에는 ANZ은행, 프랑스의 크레딧 에그리꼴, 중국의 국가개발은행, 일본의 개발은행, 도쿄미쓰비시은행 등 29개 은행이 참여했다. 시드니 지점은 대표 주간사 은행(Mandated Lead Arranger, MLA) 중 한곳으로 참여해 5천만 달러의 대출금을 지원했다.

2010년 말까지 신디케이트론이 1년 반 동안 순조롭게 운영된 뒤에 우드사이드는 ANZ은행과 도쿄미쓰비시은행을 통해서 기존의 신디케이트론으로부터 11억 달러의 대출을 추가로 받았고, 기한을 5년으로 연장했다. 대출은 정기 대출과 회전 대출로 나누었는데, 정기 대출의 가격은 리보 +1.65%, 회전 대출의 가격은 리보 +1.70%로 결정되었다. 대출 조건은 기존과 동일했으며, 2차 대출에 참여한 은행은 29개에서 34개로 늘었다. 시드니 지점도 다시 한 번 신디케이트론에 참여했고, 대출 금액은 지난번과 같았다.

두 번에 걸친 우드사이드의 프로젝트 대출은 시스템적인 유동성 리스크가 시장에 주는 영향을 잘 설명한다. 우드사이드는 지난 몇 년 동안 신용 리스크가 안정적이었고, 신용 등급도 줄곧 BBB+의 수준을 유지했다. 기존에 신디케이트론이 형성될 때는 글로벌 금융 위기가 만연한 때였다. 비록 오스트레일리아 국내 시장은 글로벌 금융 위기의 직접적인 충격을 받지 않았지만, 전 세계에서 채권을 발행하고 대출을 받아 자금을 조달한 오스트레일리아 기업들은 시장 유동성 리스크의 영향을 받았다. 자금이 축소되고, 신용 대출 비용이 증가함에 따라 2009년에 대출 은행단이 결정한 대출 가격은 과거에 비해 눈에 띄게 올랐다. 그러나 오스트레일리아의 경기가 회복되고, 자원 수출이 활발해지면서 국내 금융 시장의 자금 조달 환경이 호전되자 2차 대출 신디케이트론은 대출 기한을 연장하였고, 대출 가격도 0.6% 정도 낮추었다.

이밖에 일반적인 신디케이트론에는 5~6개 은행이 참여하는 것에 비할 때, 두 번의 신디케이트론에 참여한 은행 수는 눈에 띄는 수준이라고 할 수 있다. 기존의 신디케이트론에는 29개 은행이 참여했고, 2차 대출 신디케이트론에는 34개 은행이 참여했다. 하지만 신디케이트론에 참여한 은행이 분담한 대출 금액 면에서 생각할 때, 70%에 가까운 은행들이 2천만 달러 미만의 대출금을 분담했다. 이것은 시장에 유동성이 부족할 때 은행의 출자 능력도 약해진다는 것을 보여준다. 아래 표는 2차에 걸친 신디케이트론 대출 상황을 간단하게 비교한 것이다.

조항	기존의 신디케이트론	2차 대출 신디케이트론
대출 유형	정기 대출	정기 대출 + 회전 대출
대출 기한	3년	5년
가격 평균점(금리 격차)	225bps	165~170bps
참여 은행 수	29개	34개

오스트레일리아 울워스

울워스(Woolworths)는 오스트레일리아에서 가장 큰 소매형 슈퍼마켓 체인이다. 1924년, 시드니에서 첫 번째 슈퍼마켓을 출점한 울워스는 지금까지 90년 가까이 오스트레일리아 국민을 위해서 서비스하고 있다. 지금은 오스트레일리아는 물론이고 뉴질랜드, 인도, 홍콩, 중국까지 진출했고, 체인점은 3천 곳이 넘는다. 사업 범위는 슈퍼마켓(음식물, 일상용품, 주류), 완제품 기름(주유소), 전신, 주점 관리와 서비스 등으로까지 확장했다. 울워스는 1993년에 오스트레일리아 증권거래소에 상장되었다. 이 글을 쓰고 있는 현 시점에 주가는 34.5 호주 달러이고, 시가총액은 430억 호주 달러에 달하며, 「포브스」 지가 선정한 글로벌 500대 기업에 든 8개의 오스트레일리아 기업 중 하나다. 울워스의 신용 등급은 해마다 안정적으로 유지되었고, 2001년부터 줄곧 A- 수준(S&P)을 유지하고 있다.

시드니 지점은 2009년 4월에 ANZ은행과 시티뱅크가 선도한 신디케이트론 프로젝트에 참여해 3년 기한의 대출금으로 5천만 달러를 분담했다. 여기에는 정기 대출과 회전 대출이 모두 포함되었는데, 정기 대출 총액은 약 2억 달러이고, 회전 대출 총액은 약 1억 달러이다. 대출 가격은 신용 등급(아래 표 참조)과 연계해서 결정했다. 울워스의 신용 등급이 안정적으로 유지되어 시드니 지점은 줄곧 2.20%의 수익을 얻었고, 고정적인 이자 수익 외에 0.75%의 부대 수수료도 얻었다. 이 은행단의 대출은 2012년에 만기가 되었다.

신용 등급	대출 금리 격차	약정 수수료
A	210bps	210bps x 60%
A-	220bps	220bps x 60%
BBB+	255bps	255bps x 60%
BBB 또는 이하	280bps	280bps x 60%

울워스는 2011년 10월에 다시 한 번 ANZ은행이 주도하는 기존의 대출 은행단에 2차 대출을 신청했다. 2차 대출도 신디케이트론 형식으로 진행되었다. 시드니 지점은 ANZ은행으로부터 참가 요구를 받았지만 2차 대출의 수익률이 너무 낮아서 두 번째 대출에는 참여하지 않았다. 2차 대출의 기한은 3년이고, 대출 가격은 리보 +1.10%로 결정되었다. 이것은 당시에 같은 신용 등급의 은행이 발행한 같은 기한의 채권보다 낮은 수준이었다. 금융 위기 이후에 자금력과 신용도가 좋은 회사에 대한

대출 수익은 대폭 떨어져 금리 격차는 금융 위기 때의 절반인 1.10%로 줄어들었다.

오스트레일리아 웨스트필드

웨스트필드(Westfield)는 전 세계에서 시가총액이 가장 큰 소매 유통 그룹이다. 오스트레일리아, 뉴질랜드, 미국, 영국 등에 120개의 쇼핑센터를 보유했고, 물류업 관리, 임대, 마케팅, 부동산 개발, 인테리어와 건축 등의 사업을 벌이고 있다. 2004년 6월에 설립된 웨스트필드는 웨스트필드 신탁회사(오스트레일리아 업무), 웨스트필드 미국 신탁회사(미국 업무), 웨스트필드 지주회사(영국 업무)가 결합한 것이고, 그룹 명의로 오스트레일리아 증권거래소에 상장되었다. 웨스트필드의 신용 등급은 2005년 4월부터 줄곧 A-(S&P) 수준을 유지하고 있다.

시드니 지점은 2009년 8월에 ANZ은행, 바클레이즈, 시티은행, 오스트레일리아 연방은행, 오스트레일리아 국민은행, 스코틀랜드 왕립은행, 오스트레일리아 서태평양이 연합한 12억5천만 달러 규모의 신디케이트론에 참여해 4천만 달러의 대출금을 분담했다. 대출 기한은 3년이고, 정기 대출과 회전 대출로 구성되었으며, 대출 가격은 아래 표에 제시한 것처럼 신용 등급에 연계해서 결정되었다. 웨스트필드의 신용 등급은 안정적이어서 시드니 지점은 1.2%의 대출 수익을 얻었다. 이 은행단은 2012년 말에 웨스트필드에 2차 대출을 해주었다.

신용 등급	대출 금리 격차	한계비용(Line Fee)
A+ 또는 A+ 이상	100bps	100bps
A	110bps	110bps
A-	120bps	120bps
BBB+	117bps	143bps
BBB	112bps	168bps
BBB- 또는 BBB- 이하	128bps	192bps

* 2011년 12월에 진행된 웨스트필드에 대한 2차 대출은 금융 위기 때 대출 수익이 높은 기업의 실제 상황을 잘 보여준다. 두 번째 신디케이트론의 대출 총액은 11억8,500만 달러이고, 기한은 5년이며, 대출 가격은 0.925%다. 대출 기한은 길어졌지만 수익은 더 낮아졌기 때문에, 시드니 지점은 2차 대출에 참여하지 않았다.

지점의 수익은 대출 금리가 차이 난다고 해서 바로 얻을 수 있는 것은 아니고, 지점의 부채 업무 발전과도 관계가 있다. 은행에서 자산을 불릴 수 있는 기회는 부채의 뒷받침 없이는 주어지지 않는다. 만약에 시드니 지점도 유럽이나 미국 같은 선진국 금융 회사들처럼 유동성이 부족해서 자금 조달 비용이 급등했으면 좋은 기회가 찾아왔어도 수익의 수준을 더 높이지 못했을 것이다. 이때의 수익은 하늘이 내린 좋은 기회와 직원들의 노력이 빚어낸 결과였다.

시드니 지점은 개업 초기부터 줄곧 자금이 풍족한 편이었다. 2008~2010년까지 은행 간 단기 차입은 지점의 중요한 자금 조달원이었지만 금융 위기로 글로벌 투자자들은 리스크가 높은 유럽과 미국을 떠나 활력이 넘치는 아시아 신흥 시장, 특히 중국으로 눈길을 돌리기 시작했다. 때문에 시드니 지점은 중국의 강력한 경제 성장에 힘입어 은행 간 단기 자금 조달 시장에서 적극적이고 여유롭게 기회를 잡는 것은 물론, 조달 비용도 장기적으로 안정을 유지했다. 또한 외화에 대한 공상은행 그룹의 부담을 줄여 주는 동시에 높은 유동성 프리미엄과 조달 원가 하락을 통해 '누워서 돈을 버는' 귀한 기회를 얻었다.

2. 한계로 말하다

물은 배를 앞으로 밀어주기도 하지만 뒤집기도 한다. 시장은 은행에 기회만 주는 것이 아니라 거대한 유동성 리스크 압박을 주기도 한다.

자산을 잘 관리하는 동시에 부채를 잘 관리하는 것은 시드니 지점이 줄곧 고민하는 문제다. 시드니 지점은 일찍이 개점 초기부터 완벽한 유동성 리스크 관리 체계를 구축했다. 오스트레일리아 건전성감독청도 영업 허가증을 내어 줄 때 이렇게 말했다.

"유동성 리스크 건전성 관리 조례에 근거해서 시드니 지점의 규모와 경영의 질을 고려한 결과 우리는 시드니 지점의 유동성 리스크 관리 전략이 종합적이고 적당하다고 생각한다."

유동성 리스크 관리 체계는 지난 5년의 경영 과정에서 수차례 업그레이드하며 끊임없이 변화하는 시장 환경과 감독 기관의 요구에 성공적으로 대응했고, 자체적인 업무 발전에 대한 수요를 효과적으로 만족시켰다. 지점의 유동성 리스크 관리 체계 중에서 리스크 계량 모형 및 관련 한계 지표는 지점의 일상적인 유동성 리스크 관리에서 중요한 수단이다. 그중의 몇몇은 오스트레일리아 건전성감독청에서 요구하는 강제적인 지표이고, 몇몇은 지점이 감독 기관의 요구에 따라서 자체적으로 개발한 것이거나 적극적으로 설정한 것이다. 이들 모형과 한계 지표에는 고유동성 자산 비율HQLA Ratio 계량 모형, 유동성 갭Liquidity Gap 모형, 스트레스 테스트Stress Testing 모형, 각종 한계 등이 포함되었다.

상업 은행, 특히 시드니 지점 같은 해외 지점에게 유동성 리스크 관리는 자산 부채 관리 이론의 연장이라고 할 수 있다. 자산 부채 관리 이론은 상업 은행이 자산과 부채를 효과적으로 분배하는 것을 통해서 유동성을 전체적으로 늘리고 수익의 최대화를 실현할 수 있다고 여긴다. 시드니 지점은 자산과 부채를 효과적으로 분배하는 것 외에 합리적인 비용으로 미래의 상환 책임을 만족시켰다. 중국 은행감독관리위원회는 '상업 은행 유동성 리스크 관리 방법'에서 유동성 리스크에 대해 다음과 같이 서술했다.

"이 방법이 말하는 유동성 리스크는 상업 은행이 합리적인 비용으로 충분한 자금을 제때에 못 얻거나 아예 못 얻어 만기가 다 된 채무와 기타 지불 의무를 상환하거나 자산을 성장시키거나 기타 업무를 발전시키기 위해서 필요한 리스크를 가리킨다. 유동성 리스크는 상업 은행의 자산 부채 만기 불일치에서 생길 수도 있고, 신용 리스크와 시장 리스크 등 기타 유형의 리스크가 유동성 리스크로 전이될 수도 있으며, 시장의 유동성이 은행의 유동성에 부정적인 영향을 주는 것에서 생길 수도 있다. 외부의 대출 시장이 성숙하지 않거나 시장이 동요하면 상업 은행은 합리적인 가격으로 제때에 자산을 현금화하지 못하거나 담보 자산으로 유동성 위기를 넘지 못한다."

현재 시드니 지점의 유동성 리스크 계량 모형과 한계 관리는 상환 능력을 확보함으로써 유동성 리스크를 합리적인 수용 범위 안에서 통제하기 위한 것이다.

오스트레일리아 유동성 건전성 조례는 정식 예금 기관이 완벽한 유동성 리스크 관리 체계와 전략, 위기 대응 플랜을 갖추는 것 외에 최저 고유동성 자산 비율 및 합리적인 시나리오 분석을 만족시킬 것을 요구한다. 그 가운데 시나리오 분석에는 만기 불일치와 스트레스 테스트에 대한 시나리오 분석이 포함되어야 하는데, 시드니 지점의 현행 유동성 리스크 관리 모형 및 관련 한계 지표도 이것에서 비롯되었다.

이하에서는 유동성 리스크 관리 수단에 대해서 구체적으로 살펴보도록 하겠다.

고유동성 자산 비율 관리

고유동성 자산 비율은 오스트레일리아 건전성감독청이 일상적인 유동성 관리에서 가장 중요하게 여기는 한도 지표다. 고유동성 자산 비율을 관리하는 것은 유동성 시나리오 분석을 채택하지 않은 현지 은행을 위한 것이다. 현재 이 지표의 최저 감독 기준은 9%다.

고유동성 자산 비율 관리에 대해서 오스트레일리아 건전성감독청은 은행에 자기 부채 총액의 9%보다 높은 고유동성 자산을 보유할 것을 요구한다. 고유동성 자산이 되려면 몇 가지 특징을 만족시켜야 하는데, 언제든지 현금화할 수 있어야 하고, 부채 총액에는 모든 난 내表內 부채 및 취소 불능의 약정이 포함되어야 한다. 또한 오스트레일리아 건전성감독청의 요구에 부합하는 고유동성 자산의 종류를 자세하게 나열해야 한다.

그럼 어떤 자산들이 고유동성의 기준에 부합하는지 구체적으로 알아보자.

1. 현금
2. 오스트레일리아 중앙은행과 환매 거래할 수 있는 증권
3. 정식 예금 기관이 발행한 환어음과 예금증서(발행 기관은 반드시 오스트레일리아 건전성감독청의 투자 등급 허가가 있어야 한다.)
4. 기타 정식 예금 기관(ADI)의 보통 예금과 기타 형식의 예금. 단, 이 예금은 기타 정식 예금 기관의 예금과 네팅(둘 또는 그 이상의 거래자 사이에 특정일에 결제해야 할 채권, 채무가 존재하는 경우 이를 상계 처리하는 계약)이 필요하다.
5. 오스트레일리아 건전성감독청이 인정한 기타 증권

오스트레일리아 건전성감독청의 규정에 따라서 환매 거래할 수 있는 증권의 종류는 다음과 같다.

1. 오스트레일리아 연방 정부가 발행한 증권

2. 오스트레일리아 주 정부가 발행한 증권

3. 오스트레일리아 연방 정부 및 주 정부가 보증하는 증권

4. 외국의 중앙 정부가 보증하는 증권

5. 뉴질랜드 중앙 정부가 발행하고 보증하는 증권

6. 국제 조직과 외국 중앙 정부가 오스트레일리아에서 발행한 증권

7. 정식 예금 기관이 발행한 부채 조달 수단

8. 자산 담보 상업 어음

9. 주택 대출 담보 증권, 상업 부동산 대출 담보 증권, 자동차 대출 담보 증권, 신용 카드 계좌 담보 증권을 포함한 자산 담보 증권

오스트레일리아 준비은행은 발행채의 신용 등급, 채권 기한 등의 요소에 근거해서 앞에서 설명한 각종 증권의 환매 거래 할인율을 최저 0.01%에서 최고 0.23%까지 서로 다르게 설정한다. 따라서 시드니 지점은 준비은행과 환매 거래를 할 때 2,000만 위안 가치의 증권에 대해서 1,980만 위안에서 1,540만 위안의 자금을 얻을 수 있기 때문에 고유동성 자산 비율을 측량할 때 환매 거래 할인율을 충분히 고려했다.

부채 방면에서 난 내 부채는 쉽게 이해할 수 있지만 난 외表外 부채 중에서 취소 불능의 약정은 보는 사람마다 견해가 다를 수 있다. 오스트레일리아 건전성감독청은 규정된 고유동성 자산에 대해서 똑같은 명세서를 주지 않는다. 일반적으로 취소가 불가능한 난 외 업무는 구체적인

업무에 대한 법률 문건으로 판정할 필요가 있기 때문이다.

대출 계약서에는 약정의 조건 유무, 조건이 있을 경우 취소 가능 여부가 명시되었다. 지점과 관계있는 난 외 약정 업무의 종류는 미지급 대출 약정서, 보증서, 신용장의 세 가지로 간단한 편인데, 현행 계산 방법에서 보증서와 신용장은 전부 난 외 취소 불가능한 약정에 포함되고, 대출 계약 약정에 따라서 미지급된 무조건, 취소 불가능한 대출 약정도 난외 약정 업무에 포함된다.

그룹 내부의 복수 통화 신용장에서는 자금 안배 문제와 관련되지 않았는데, 시드니 지점은 적극적인 노력으로 오스트레일리아 건전성감독청으로부터 고유동성 자산 비율을 계산할 때 복수 통화 신용장의 자금 분배에 대한 업무를 생략해도 된다는 허가를 받아 이에 상응하는 유동성 비용을 낮췄다.

고유동성 자산 비율 모형은 앞에서 설명한 자산과 부채의 두 요소를 고려했고, 계량 결과에 상응하는 조기 경보 시스템을 만들고 일정한 수치 구간을 '안전, 관심, 통지, 감독'의 네 가지 단계, 즉 10.5% 이상, 10~10.5%, 9.5~10%, 9%~9.5%로 나누어 이 지표의 변화를 제때 추적해 통제함으로써 이 비율을 9% 이상의 수준으로 유지시켰다.

주의할 점은 이 모형은 특정 시기에 지점의 경영 상황만 반영되었다. 자산 규모의 끊임없는 발전과 유동성 감독에 대한 조정으로 이 모형에 입력된 각종 사항은 수시로 변했다. 예를 들어, 지점이 채권 투자 리스크 관리를 확대하면 업무 범위에 5년 이상의 채권 투자가 포함되었고, 고유동성 자산에도 이 요소를 반영했다.

[표 3-1] 고유동성 자산 비율 모형 및 한도액

(단위 : 100만 호주 달러)

구 분	2011년 3월 24일	2011년 3월 23일	변화 비율(%)
은행간 O/N 예금	67	92	-27.2
정부 단기 채권 및 정부 담보 채권 투자(0~1년)	0	0	
정부 중기 채권 및 정부 담보 채권 투자(1~5년)	36	36	
정식 예금 기관 단기 채권 투자(0~1년)	0	0	
정식 예금 기관 중기 채권 투자(1~5년)	250	250	
자금 시장의 콜론(호주 달러)	0	0	
정식 예금 기관이 판매한 어음, 예금 증서	60	60	
고유동성 자산 총액	413	438	-5.7
난내 부채 총액	1950	1900	2.6%
취소 불능의 약정	900	860	4.6
신용장	250	250	
보증서	60	60	
부채 총액	3160	3070	2.8
실제 고유동성 자산 비율	13.07	14.3	-8.6
상황[9% 이하 : 한도 초과, 9~9.5% : 고지 감독, 9.5~10% : 통지 관리층, 10~10.5% : 관심, 10.5% 이상 : 안전]	OK	OK	

시나리오 분석 : 유동성 불일치 모형

유동성 불일치 모형은 은행이 향후 현금 흐름에 차이가 생기는 것, 즉 충분한 시간을 가지고 부족한 유동성을 정확하게 계량해서 미래의 지불 책임을 미리 준비하는 것을 가리킨다. 이 모형은 바젤 위원회가 상업 은행을 평가하는 유동성 모형 중의 하나다. 유동성 불일치 모형은 특정한 시간에 대해서 만기 자산과 만기 부채 상의 차액을 계산하고, 상업 은행이 특정한 시간에 유동성이 충분한지 여부를 판단하는 것이다.

상업 은행의 대출액과 예금액의 차이는 만기 갭을 형성한다. 갭이 f(정)이면 상업 은행은 반드시 현금과 유동성 자산을 운용하거나 자금 시장에서 대출해 주는 것을 고려해야 한다. 자금 조달 비용을 최대한 낮추기 위해서 상업 은행은 단기 대출 장기 차입 방식을 통해서 단기 자산과 부채의 차액을 마이너스로 만든다. 하지만 상업 은행은 반드시 이 차액을 효과적으로 통제하고, 필요시 신속하게 자금을 보충할 수 있는 능력이 있어야 한다. 시드니 지점의 현금 흐름 모형의 기한은 일반적으로 1개월 이내로 설정되었다.

유동성 불일치 모형은 '건전성 감독 조례 210(APS 210)' 중 유동성 불일치 시나리오 분석 규정에 의해서 만들어졌다. 비록 오스트레일리아 건전성감독청은 고유동성 자산 비율만 요구했지만 시드니 지점은 여전히 최고를 실현하려는 원칙에 따라서 자체적으로 유동성 불일치 모형을 개발하고 알맞은 한도를 설정했다. 이 예측성 리스크 관리 이념도 오스트레일리아 건전성감독청으로부터 매우 좋은 평가를 받았다.

유동성 불일치 모형은 2개의 시간 포인트와 1개의 기간을 포함한다. 2개의 시간 포인트는 각각 오버나이트(하룻밤)와 한 달을 가리키고, 1개의 기간은 하룻밤에서 한 주까지를 가리킨다. 이 모형은 기간을 계량하는 것 외에 단일 통화도 계량한다. 계량하는 통화의 종류는 호주 달러, 달러, 위안화, 유로, 홍콩 달러, 뉴질랜드 달러, 엔화 등이다.

불일치 한도 관리는 앞에서 설명한 기한과 통화 종류를 기초로 하고, 현 단계의 한도는 각각 오버나이트 시점의 유동성 불일치 한도가 0

이 되는 것(순 현금 흐름이 마이너스가 되면 안 됨), 1~7일 동안 누적된 유동성 불일치 한도가 0이 되는 것(순 현금 흐름이 마이너스가 되면 안 됨), 1개월 시점에 누적된 유동성 불일치 한도가 -1억7,500만 달러가 되는 것으로 나뉜다.

여기에서 설명이 필요한 점은 시드니 지점의 현 단계 업무는 달러와 호주 달러 위주이고, 기타 통화 업무량은 적은 편이다. 또한 달러와 호주 달러 사이의 외환 시장 유동성은 매우 풍부해서 각종 통화의 누적 갭에 대해서 불일치 한도를 설정했다. 하지만 시드니 지점의 자산이 빠른 속도로 증가하자 기타 통화에 관한 업무량도 지속적으로 증가했다. 특히 위안화처럼 유동성이 떨어지는 통화에 대해서는 단일 통화에 대한 유동성 불일치 한도를 설정하자는 의견이 나왔다. 이밖에 유동성 불일치 모형의 조기 경보 시스템은 다음 단계에서 중점적으로 토론해야 하는 문제다.

시나리오 분석의 중요한 구성 부분인 유동성 불일치 모형은 자산과 부채의 계약 만기에 대한 유동성을 계량하는 동시에 자산, 부채, 난 외 업무 특징에 근거해서 다음과 같은 몇 가지 조건을 설정한다.

- 은행간 차입에 따른 만기 부채는 새 차입금으로 전액 교체될 수 있다.
- 기업 예금에 따른 만기 부채는 새 예금으로 전액 교체될 수 있다.
- 본점의 단기 대출에 따른 만기 부채는 새 대출금으로 전액 교체될 수 있다.
- 은행 어음이나 예금 증서 연동 대출에 따른 만기 부채의 50%는 성공적인 발행을 통해 계속해서 자금을 조달할 수 있지만 나머지 50%는 유동성에 영향을 준다.
- 고유동성 자산은 첫째 날에 중앙은행과 환매 거래를 통해서 현금 유입으로 전환할 수 있다.

[표 3-2] 유동성 계량 모형

(단위 : 100만 호주 달러)

유동성 불일치 시나리오 분석						
	오버나이트 (하룻밤)	1일	3일	4일	1주일	1개월
	2013/04/11	2013/04/12	2013/04/13	2013/04/16	2013/04/17	2013/05/10
호주 달러	65.53	67.53	67.53	59.61	59.61	79.59
달러	159.65	122.76	120.82	28.57	28.57	-96.34
유로	0.55	0.55	0.55	0.55	0.55	0.03
홍콩 달러	0.12	0.12	0.12	0.12	0.12	0.12
뉴질랜드 달러	2.07	2.07	2.07	2.07	2.07	0.02
엔화	0.01	0.01	0.01	0.01	0.01	0.01
위안화	28.92	26.15	27.35	56.39	72.11	109.44
총 차액(자산 - 부채)	258.8	219.2	218.4	147.3	163.0	92.9
한도	0	0	0	0	0	-175
상태	OK	OK	OK	OK	OK	OK

- 현지 은행들과 체결한 유동성 지원 협약은 첫째 날에 현금 유입으로 전환할 수 있다.
- 신디케이트론과 프로젝트 대출은 지급 계획표에 따라서 엄격하게 지급하고, 실제 유동성에 영향을 주지 않는다.
- 보증 업무는 보상하지 않는다.
- 기업 대출은 사전에 상환하지 않는다.

이들 가설은 은행이 정상적인 경영 환경에서 미래의 실제 유동성 파동을 좀 더 정확하게 예측하도록 돕는다.

시나리오 분석 : 스트레스 테스트 모형

스트레스 테스트는 은행을 극단적인 시장 환경에 놓고 은행이 돌변하는 시장의 스트레스를 견딜 수 있는지를 테스트하는 것이다. 예컨대, 금리가 1% 올라서 어떤 통화의 가치가 갑자기 30% 떨어지거나 그룹의 주가가 20% 폭락하는 등 이상 현상이 나타났을 때 은행이 기존에 설정한 한도를 깨는지 또는 은행이 극단적인 상황에 대처하는 충분한 능력이 있는지를 살피는 것이다.

스트레스 테스트는 사실상 유동성 불일치 모형의 심화 버전이라고 할 수 있다. 주로 유동성 리스크 관련 시나리오 테스트를 통해서 본점이 글로벌 신용 위기에 휩쓸리거나 해외 지점이 현지의 신용 위기에 휩쓸린 두 가지 상황에서 유동성 리스크 상태를 시뮬레이션한다. 이 모형의 기한은 유동성 불일치보다 더 짧은데, 영업 일수로 5일이다. 이 설정은 '신용 위기가 발생했을 때 은행은 적어도 5일 동안 정상적으로 운영되어야 한다'는 감독 규정에 기초한 것이다. 다시 말해서 5일 안에 순 현금이 마이너스가 되는 상황이 발생하면 안 된다.

다음은 전 세계가 신용 위기에 빠진 상황을 가정한 조건이다.

- 본점의 단기 대출에 따른 만기 부채를 더 이상 연장하지 않는다.
- 국내 외환 시장의 단기 대출에 따른 만기 부채를 더 이상 연장하지 않는다.
- 고객의 보통 예금과 정기 예금에 따른 만기 부채를 더 이상 보류하지 않는다.
- 지점 어음이나 예금 증서 연동 대출에 따른 만기 부채를 더 이상 연장하지 않는다.
- 지점의 20%의 어음이나 예금 증서 연동 대출을 미리 상환할 것을 요구한다.
- 현지 은행들과 체결한 유동성 지원 협약은 첫째 날에 유동성 유입으로 전환할

수 없다.

- 고유동성 자산은 이튿날 중앙은행과 환매 업무를 통해서 유동성 유입으로 전환할 수 있다.
- 20%의 보증 업무에서 배상이 요청되었다.
- 취소 불능의 대출 청약이 있을 때, 계약에 규정된 고객이 5일 이내에 인출을 요구할 때 이 취소 불능의 대출 청약 전액을 당일 현금 유출로 계산한다.
- 신디케이트론과 프로젝트 대출은 지급 계획표에 따라서 엄격하게 지급한다.
- 기업 대출은 사전에 상환하지 않는다.

글로벌 신용 위기와 비교할 때, 현지의 신용 위기 상황을 가정한 조건은 매우 비슷하지만 본점의 유동성 지원을 받을 수 있는 점은 다르다.

이밖에 이 모형은 각종 통화에 대한 조합 능력을 테스트하는 동시에 호주 달러, 달러, 홍콩 달러, 위안화 등 단일 통화에 대한 스트레스 테스트도 실시한다.

3. 사소한 것이 대세에 영향을 준다 : 유동성 리스크 관리 개혁

미국의 서브 프라임 모기지 위기가 일으킨 글로벌 유동성 위기는 각국의 중앙은행 및 은행 감독 기관에 강렬한 관심을 일으켰고, 바젤 위원회도 전 세계 주요 금융 감독 기관에 신속하게 연락해 일련의 금융 감독 개혁 방법을 연구해냈다.

2011년 6월에 '바젤협약 III'이 정식으로 시행되었다. 금융 위기에 대한 깊은 반성의 결과물인 '바젤협약 III'은 자본 감독 기준을 조정한 것은 물론이고 유동성 리스크를 관리하는 혁신적인 이념을 담았다. 과거 규정에 비해 '바젤협정 III'은 3대 리스크에 대한 정의를 대폭 수정하는 것 외에 유동성 커버율과 레버리지 비율의 내용을 더했다. G20 회원국 및 전 세계 금융 감독의 최선봉에 선 오스트레일리아 건전성감독청은 발빠르게 대응해 기존의 '유동성 건전성 감독 조례(APS 210)'를 대폭 수정하고, 신 APS 210의 디스커션 페이퍼Discussion Paper를 발표했다. 또한 서로 다른 지표 시스템에 따라서 각각 2015년 1월 1일과 2018년 1월 1일에 2단계에 걸쳐 새로운 감독 요구를 실시하는 것으로 명확하게 규정했다.

'바젤협약 III'의 유동성 리스크 관리

'바젤협정 III'은 유동성 리크스 관리를 구체적으로 변혁시켰다. 이번 변혁에서 '바젤협정 III'은 1급 자본을 계산하는 것에 조정의 중점을 놓았다. 자본의 종류를 핵심 1급 자본, 1급 자본, 2급 자본으로 다시 나누고, 기본적으로 자본의 질, 일치성, 투명도를 높였으며, 새로운 자본의 규칙에 따라서 기존 1급 자본의 일부는 제외되었다. 새로운 규칙으로 은행 시스템은 만에 하나 있을 수 있는 손실을 더 잘 흡수할 수 있게 바뀌었고, 적격 자본의 범위에서 매도 가능 채권, 양로 연금, 이연 세금 자산, 담보 대출 서비스 권익, 기타 금융 기관 투자에 대한 소수의 주주권 및 우선주가 줄었다. 적격 자산 중에서 매도 가능 채권을 제외한 것은 이런 종류의 채권은 단기 자산의 가격 변동을 장부에도 기입시키고, 채권을 매도할 때는 다시 손익에도 계산된다.

단기 가격의 변동은 장부 내용에 변동을 일으키고, 부가가치를 계산하는 은행의 자기자본비율을 변동시키며, 자기자본비율을 조작하는 잠재적인 수단이 된다. 이연 세금 자산은 은행이 미래에 실현할 수익에 심각하게 의존한다. 이연 세금 자산이 적격 자본에서 제외된 것은 이연 세금 자산은 정부나 세금 당국에 대한 기업의 매출 채권이고, 스트레스 상황에서 믿을 수 있는 자산이 되느냐는 경영권 리스크에 달렸고, 가장 직접적인 방식은 적격 자산에서 제외하는 것이다.

담보 대출 서비스 권익은 대출자가 발행해서 각종 담보 서비스를 전문적으로 제공하는 기관에 판매하는 것이고, 기존 담보 업무에 서비스하는 이 기관의 권리를 요구하는 것이다. 사실 담보 대출 서비스 권익은 경제 주기와 밀접하게 연관된 산업이다. 만약에 경기가 나빠서 담보 대출을 상환하지 못하면 담보 대출 서비스 권익은 폐지된다. 이것을 적격 자산에 포함시키면 금융 자산의 주기성을 강화하는 동시에 스트레스 상황에서 유동성 위기가 발생했을 때 숨겨진 재앙이 될 수 있다. 그래서 '바젤협정 III'은 이들 친주기적 자산 종류를 제외시켰다. 이 조치는 감독 표준의 주기성을 완화하고, 은행의 자기자본비율 조작을 막는데 도움이 된다.

유동성 커버리지 비율 지표(Liquidity Coverage Ratio, LCR)와 순안정 자금 조달 비율 지표(Net Stable Fund Ratio, NSFR)는 '바젤협약 III'에서 가장 뛰어난 것일 뿐만 아니라, 유동성 리스크 관리의 중대한 변혁이다. 앞에서 설명한 것처럼 LCR은 2015년에 최저 기준이 도입되지만, NSFR은 관찰 주기가 길어서 2018년에 완전히 도입된다.

유동성 커버리지 비율은 유동성 자산의 비축량과 향후 30일 동안에 자금의 순 유출량을 비교한 것이다. 이 비율의 기준은 100%보다 높아야 한다. 다시 말해서 고유동성 자산이 적어도 예상하는 자금 순 유출량과 같거나 향후 30일 동안의 자금 순 유출량이 0보다 작아야 한다. 이 지표는 감독 당국이 설정한 유동성이 심각하게 스트레스를 받는 상황에서 금융 회사가 현금화가 쉽고 양질인 자산을 합리적인 수준으로 유지하고, 30일 기한의 유동성 수요를 만족시키는지를 판단하는 의미가 있다. 일반적으로 30일 동안 유동성 수요를 만족시키면 감독 당국은 충분한 시간을 두고 적당한 행동을 취해 해당 은행의 문제를 질서 있게 처리한다.

순안정 자금 조달 비율은 이용할 수 있는 안정 자금과 업무에 필요한 안정 자금의 비율을 가리킨다. 이 비율의 기준은 100%보다 높아야 한다. 이 지표를 도입하면 단기에 편중된 유동성 커버리지 비율 지표를 더 장기적으로 보충할 수 있고, 금융 회사가 단기 대출의 만기 불일치를 줄임으로써 장기 안정 자금원을 늘릴 수 있다. 특히 투자 은행의 상품, 부외 리스크 익스포저, 증권화 자산 및 기타 자산과 업무의 대출을 확보할 수 있고, 은행이 시장에서 성장하고 유동성이 풍부해서 도매 금융에 지나치게 의존하는 것을 막을 수 있으며, 감독 조치의 유효성을 높일 수 있다.

자본을 강화하는 조치 중에서 리스크 커버리지 비율은 '바젤협정 III'이 금융 위기 및 리스크 패닉 상태가 전염된 원인에 대해서 반성한 뒤에 나온 중대한 개혁 조치이고, 파생 상품, 환매와 증권화 등 관련 내용을 중점적으로 수정했다. 2009년 7월에 제출된 거래 구좌와 증권화 개혁 외에 바젤 위원회는 파생 상품, 환매와 증권화 등 금융 활동에 따른 신용 리스크 익스포저에 대해서 은행에 상응하는 자본금을 갖출 것을 강조했다.

거래 상대 리스크는 금융 거래 상대가 계약을 이행하지 않아서 발생하는 리스크를 가리킨다. 시장의 규칙이 완전한 상황에서 계약 위반 리스크는 시장에 의해서 가격 결정과 신용 등급의 방식으로 리스크 프리미엄 정보를 거래 상대에게 전달한다. 하지만 시장이 안 좋은 상황에서 자산 손실에 따른 거래 리스크는 시장의 손실로 이어진다. 거래 상대의 계약 위반 리스크는 거래하는 파생 상품을 통해서 기타 여러 거래 상대에게 전달되고, 파생 상품이 달라지는 정도가 심해지며, 금융 회사가 공황 상태에 빠지면 거래 상대 리스크의 확산은 더욱 커진다.

따라서 '바젤협약 Ⅲ'은 장외에서 거래되는 파생 상품을 100% 신용 교환에 따라 레버리지 비율로 계산한 신용 리스크 익스포저를 계제할 것을 제기했다. 이밖에 각국의 금융 당국은 자금 거래 상대 센터를 만드는 중이다. 예를 들어, 중앙 결제 기관이 각 파생 상품 거래의 중간상이 되면 신용 리스크 익스포저를 낮추고 장외 파생 상품을 표준화할 수 있다.

'바젤협약 Ⅲ'은 시장의 유동성에 대해서 시스템적으로 중요한 은행의 영향을 더 중시한다. 그래서 은행이 만든 별도의 자본과 유동성에 대한 요구 외에 시스템적으로 중요한 은행의 경영 활동 중에서 리스크 익스포저에 대한 속박을 강화했다. 대형 금융 회사와 제재를 받지 않는 금융 회사 간의 신용 리스크 익스포저의 자산 가치 관련도가 가장 높아도 1.25를 넘지 않는다. 또한 이들 금융 회사의 장외 파생 상품 거래는 반드시 거래 상대 센터를 통해서 파생 거래 중에 감독 관리를 회피한 문제를 해결해야 한다.

지금까지 설명한 조치는 모두 바젤 위원회가 시스템적으로 중요한 은행의 문제, 즉 '규모 때문에 파산하면 안 되는' 문제를 해결하기 위해서 노력한 것이다. 비록 지금도 여전히 지속적이고 효과적인 해결 수단은 부족하지만, 이들 조치는 반드시 향후에 중점적으로 감독이 이루어져야 한다.

신유동성 감독 조례

오스트레일리아 건전성감독청은 '바젤협약 III'의 관련 요구에 따라서 2011년 11월에 신 APS 210에 관한 의견 및 구체적인 실시 시간을 담은 '신유동성 감독 조례'를 발표했다. '신유동성 감독 조례'는 유동성 리스크 관리 체계, 관리자 그룹의 직책 및 유동성 리스크 관리 전략을 강화했고, 시나리오 테스트, 연간 대출 계획, 지속적인 대출 계획 등의 새로운 감독 내용을 덧붙였다.

시나리오 테스트 _ '신유동성 감독 조례'는 '바젤협약 III'의 요구에 근거해서 기존의 'Going Concern'과 'Name Crisis'의 시나리오 테스트에 유동성 커버리지 비율LCR과 순안정 자금NSFA 시나리오 테스트를 추가했다. 이 가운데 유동성 커버리지 시나리오 테스트 계획의 실행 시간은 2015년 1월 1일이고, 순 안정 자금 시나리오 테스트 계획 실행 시간은 2018년 1월 1일이다. '신유동성 감독 조례'에 따라서 정식 예금 기관은 2014년 12월 31일 이후에 더 이상 유동성 스트레스 시나리오 테스트를 실시하지 않는다.

연간 대출 계획 _ '신유동성 감독 조례'는 정식 예금 기관이 유동성 리스크 관리 부문에서 반드시 완벽한 연간 대출 계획을 세울 것을 요구한다. 이 계획은 반드시 은행 관리자 그룹의 인가를 얻어야 하고, 유동성 관리 전략 및 업무 목표와 일치해야 한다. 이밖에 은행은 수시로 자신들의 자금 조달 능력을 정확하게 측량해서 자금 조달 능력에 영향을 주는 각종 요소에 변화가 일어나지 않도록 할 필요가 있다.

지속적인 대출 계획 _ '신유동성 감독 조례'는 정식 예금 기관이 완벽하고 지속적인 대출 계획을 세움으로써 발생할 수 있는 각종 유동성 부족 상황에 대응할 것을 요구한다. 이 계획은 반드시 각종 극단적인 상황에 대응할 수 있는 제도(점진적인 상부 보고 제도 등을 포함)를 만들고 각 부서의 책임, 예금 기관에 알맞은 리스크 관리와 경영 범위, 각종 지속적인 자금 조달원 등을 명확히 할 필요가 있다. 예금 기관은 지속적인 대출 계획에 대해서 연간 심사를 진행해 이 계획의 유효성 및 실행력을 확보해야 한다.

'신유동성 감독 조례'는 현지 은행의 일상적인 유동성 리스크 관리에 큰 영향을 준다. 현재 오스트레일리아의 4대 은행은 이미 내부적으로 소규모 프로젝트 팀을 구성해 변혁 방안을 연구 중이고, 오스트레일리아 국민은행은 '신유동성 감독 조례'에 대응하는 전담 부서까지 신설했다. 공상은행 시드니 지점도 이 규정을 관리 항목에 넣고 유동성 리스크 관리를 개혁하기 위해 지속적으로 노력하고 있다.

굵직한 선을 그리다
画好粗粗的那条线

상업 은행은 금융 시장의 중요한 구성 부분이고, 성장 과정에서 각양각색의 리스크를 만나게 마련인데, 신용 리스크도 그중의 하나이고, 은행 경영에 큰 영향을 준다. 1995년에 베어링은행이 파산한 것과 2008년에 백년의 역사를 가진 리먼 브라더스가 파산 선고를 받은 두 사건의 공통점은 신용 리스크 통제에 실패하여 자금 흐름이 끊기면서 돌이킬 수 없는 결과가 발생했다는 것이다. 이들 사건은 상업 은행에 다시 한 번 경종을 울렸고, 신용 리스크를 효과적으로 관리하는 것이 얼마나 중요한지를 알려 주는 계기가 되었다.

전통적인 리스크 통제 조치에 비해 오늘날의 상업 은행은 기존의 '전문가 판단형'에서 내부 평가법에 기초해 신용 리스크를 관리하는 쪽으로 방향을 틀었고, 관리 방법도 '계량법'과 '전문가 판단'이 결합한 신용 리스크 결합 관리로 발전했다. 해외로 진출한 중국계 은행의 해외 지점도 발전 과정에서 이와 같은 변화를 겪었고, 신용 리스크를 관리할 때 신용 리스크를 과학적으로 계량하는 것은 해외 은행들의 중요한 과제가 되었다. 다시 말해서 리스크를 잘 통제하려면 관리를 잘하는 것은 물론이고 정밀함도 필요하다.

'계산'에 공을 들이는 것은 신용 리스크 관리에서 결코 소홀히 할 수 없는 원칙이다. 3부 2장에서는 공상은행 시드니 지점의 신용 리스크 계량 모형 및 방법을 중점적으로 소개하고, 해외로 진출한 은행의 지점이 과도기 때 리스크 관리 수준을 높일 수 있는 비결을 소개하겠다.

1. 절단선 이론

사각형은 일상생활에서 가장 많이 보는 형상 중의 하나다. 만약에 누군가가 "어떻게 하면 선을 한 번 그려서 사각형을 2개의 삼각형으로 나눌 수 있을까?"라고 물으면 어떻게 대답할까? 대부분의 사람들은 왼쪽이든 오른쪽이든 선을 대각선으로 죽 그리면 사각형을 2개의 삼각형으로 쉽게 나눌 수 있을 것이라고 대답할 것이다. 그럼 또 다른 문제를 내보자. 사각형의 어느 한 각이 무너졌다. 하지만 여전히 선을 한 번 그려서 2개의 삼각형을 만들어야 한다. 어떻게 하면 좋을까? 답을 찾는 것은 그리 어렵지 않다. 선을 굵게 그려서 사각형의 무너진 한 각을 가리면 된다. 이것이 바로 '절단선切割线' 이론이다.

[그림 3-2] 상업 은행의 절단선 이론

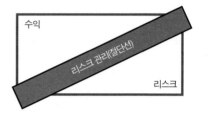

　이 이론은 상업 은행에 똑같이 적용된다. 만약에 사각형을 상업 은행의 경영에 비유할 때, [그림 3-2]에 있는 2개의 삼각형은 각각 수익과 리스크를 대표한다. 이상적인 상황에서 은행 경영은 얇은 선으로 리스크와 수익을 나누고 리스크와 수익의 균형을 맞출 수 있다. 하지만 경영 환경, 내부 요소 등의 다중적인 영향을 받으면 상업 은행의 경영은 세상과 동떨어진 '무릉도원'으로 도망칠 수 없고, 신용··시장·운영 등 각 방면에서 오는 리스크의 영향에 대응할 필요가 있다. 이것은 사각형의 한 각이 무너진 상황과 비슷하다. 리스크와 수익의 관계가 균형을 이루도록 '절단선'을 합리적으로 잘 그리려면 경영 전략과 리스크 관리를 설정할 때, 효과적인 리스크 관리를 통해서 각종 리스크를 식별하고 평가하고 통제해야 한다. '절단선'을 잘 그리면 경영의 부족한 점을 효과적으로 보완하는 동시에 리스크를 감당하면서도 수익을 얻을 수 있다.

　그럼 해외로 진출한 상업 은행은 이 '절단선'을 어떻게 그려야 할까? 전문가에게 정기적인 분석을 받는 것 외에 리스크를 계량하고 관리하는 모형을 이용해야 한다. 특히 신용 리스크는 더더욱 그래야 한다. 여기에서 강조할 필요가 있는 점은 설립 시간, 발전 역사, 본점의 지원 정도 등 각종 요소의 제한을 받아 중국계 은행의 해외 지점이 사용한 리스크 계량 방법은 모형 설계, 기초 데이터, 기술력 등의 방면에서 결코 선진적이지 않았다. 무수한 모형의 개발과 설계는 사무실에서 자주 쓰는 엑셀로 이루어졌고, 고려해야 하는 요소도 비교적 단순했다. 하지만 이들 모형의 개발과 운영을 통해서 해외 지점은 진출 초기에 리스크 계량 툴을 만들 수 있었다. 본점의 선진적인 리스크 계량 방법은 시장 환경이 달라서 과도기를 겪는 해외 지점에서 똑같이 쓸 수 없었다. 하지만 단순한 계량 모형은 리스크를 관리할 때 중요하게 작용했다.

다음으로 공상은행 시드니 지점에서 신용 리스크를 분석 평가할 때 주로 사용했던 모형을 소개하겠다. 기능의 차이에 따라서 이들 모형은 주로 단일 대출 업무 리스크를 분석하고, 대출 자산의 종합 리스크 상황을 평가했다. 또한 리스크 계량 시스템은 지점 경영에 효과적으로 이용되었다.

2. 해외 지점의 내부 등급 평가법

내부 등급 평가법IRB은 '신바젤자본협약'의 핵심이고, 글로벌 금융 시장에서는 리스크 관리의 발전 추세로 상징된다. 내부 등급 평가법을 돌파구로 삼는 것은 '신바젤자본협약'을 실행하는 가장 빠른 지름길일 뿐만 아니라 리스크 계량 도구를 개선하고, 리스크 관리 수준을 높임으로써 상업 은행의 핵심 경쟁력을 높인다는 의미가 있다.

신용 리스크 평가는 내부 등급 평가법에서 가장 눈길을 끄는 점이다. 신용 리스크 평가는 은행이 내부 데이터에 근거해서 서로 다른 등급의 대출자들에 대한 부도율PD, 부도 시 손실률LGD, 부도 시 익스포저EAD 등의 관련 지표를 추산하고, 예상 손실EL과 비예상 손실UL 등의 수치를 계산하는 것이다. 이들 지표는 자기자본비율을 계산하는 중요한 근거이고, 은행 내부적으로는 대출 심사, 대출 가격 결정, 한도 관리, 리스크 조기 경보 등의 신용 대출 관리 프로세스에도 결정적인 기둥 역할을 한다.

내부 등급 평가법으로 대출자의 신용 등급을 매기는 것은 중요한 첫걸음이다. 해외 지점은 시장 환경의 차이, 현지 역사에 대한 이해 부족 등의 영향을 받아 상대적으로 성숙한 본점의 신용 등급 시스템을 직접적으로 사용할 수 없다. 때문에 과도기를 겪는 해외 지점에게는 간단한 신용 등급 점수표가 중요한 작용을 했다. 주목할 점은 은행들은 내부 등급 평가 기준과 고려 요소 등의 차이 때문에 점수표를 설계하고, 지표를 안배하는 것이 모두 다르지만 기본 이념은 서로 일치한다.

그럼 공상은행 시드니 지점이 기업 고객의 신용 등급을 평가하는 점수표의 주요 특징을 알아보자.

신용등급 평가 지표와 적용

신용 등급은 고객의 신용 수준을 반영하는 중요한 지표다. 신용 등급의 높고 낮음은 업무 진입, 자산 회전률, 자본 규모, 충당금 등의 여러 요소와 밀접한 관계가 있다. 따라서 서로 다른 유형의 고객을 대하려면 서로 다른 등급 평가 기준이 필요하고, 어떤 일이든 일괄적으로 처리하는 것은 불가능하므로 적용 여부를 고려해야 한다. 예를 들어, 수익 지표

[그림 3-3] 신용 등급 평가 점수표 시스템의 구조

는 제조 기업과 무역 기업 간에 차이가 존재하고, 기술형 지표는 무역 기업에는 존재하지 않지만 제조 기업에는 핵심적인 고려 요소다.

따라서 각종 유형의 대출자에 대해서 개성 있는 분석을 진행할 필요가 있다. [그림 3-3]에서 알 수 있는 것처럼 시드니 지점이 현재 사용 중인 점수표는 주로 자산 규모, 기업 특성과 유형 등이 결합된 다섯 가지의 차별적인 점수 기준이 있고, 각 유형의 대출자 사이에 존재하는 차이를 충분히 고려했다. 이렇게 해서 설정된 지표 및 평가 기준은 고객의 신용 수준을 더 정확하게 반영한다.

질적 지표와 양적 지표가 결합된 최적의 평가 시스템

점수표 시스템은 '정량적 지표Quantitative Indicator'와 '정성적 지표 Qualitative Indicator'로 구성되었다.

정성적 지표는 주로 고객의 최근 연도 재무 보고를 토대로 진행된다. 정량적인 고려 요소는 고객의 규모, 상환 능력, 레버리지 비율, 유동성, 수익성, 운영 능력 및 발전 능력의 7개 부문을 포함한다. 소형 고객은 재무 보고보다 고객의 규모, 계좌, 경영 상황의 3개 부문을 평가한다. 지표를 측량할 때는 지표의 특징에 근거해서 절대적인 가치나 상대적인 가치를 매긴다. 예를 들어, 고객의 규모는 총자산이나 영업액을 통해서 판단하고, 발전 능력은 판매 성장률을 통해서 판단한다.

정성적 지표는 업종, 시장에서의 지위 등 거시적인 방면에 대해서 SWOT 분석을 진행하고, 고객과 신용 대출 심사원이 믿을 수 있는 자료를 토대로 평가한다. 하지만 정성적 지표는 주관성이 강하므로 환산치의 독립성을 확보하려면 환산치의 비중을 낮춰야 한다. 정성적 지표의 고려 요소는 주로 기업의 시장 우세, 기술력, 관리 능력, 관리의 안정성, 공급 사슬에서의 위치, 수익 전망, 상환 의지 및 기업과 은행의 협력 등 8개 부문이다. 소형 고객의 관리자 그룹은 일반적으로 기업의 전 직원이고, 기업의 운영은 관리자와 밀접한 관계가 있다. 따라서 소형 고객에 대한 지표는 경영자의 경험, 관리의 안정성, 경영 기간, 은행과 기업의 관계 및 개인 업무 상황 등 5개 부문에 대해서 평가한다.

앞에서 설명한 것처럼 정성적 지표의 점수는 채점자의 주관적인 판단에 크게 의존하기 때문에 정확성, 종합성을 확보하려면 모든 지표를 자세히 규정할 필요가 있다. 예를 들어, 시장 우세 지표는 '고정 자산 개선 및 갱신', '기술의 우수성', '기술 연구 능력'이라는 3개 부문의 내용을 포함시킨다.

정성적 지표와 정량적 지표를 결합해서 점수를 매기는 방식은 '계량법'과 '전문가법'의 결합을 통해서 정확하게 실현되었다. 물론 선택된 각 유형의 지표는 대출자의 특징을 반영하고, 비중도 서로 다르다. 예를 들어, 중대형 기업의 점수표에서는 상환 능력, 유동성, 수익성의 3개 지표가 30%, 운영 능력 및 발전 능력이 10%의 비중을 차지한다. 이에 비해 소형 기업의 점수표에서는 기업 규모 한 항목이 전체 비중의 20%를 차지한다.

등급 평가 점수표는 서로 다른 유형의 대출자에 대한 중요 재무 지표를 포함하고, 정성적 지표와 유기적으로 결합되었다. 이밖에 각 지표의 환산치 비중을 합리적으로 안배해서 대출자의 신용 상황을 정확하게 반영했다. 이 모형은 여전히 끊임없이 세분화되고 개선되는 중이고, 빠른 시일 안에 체계적으로 운영되기를 희망한다.

현지 고객과 모기업을 함께 보다

중국계 은행 해외 지점의 주 고객층은 구매나 투자를 위해 중국에서 오스트레일리아로 진출한 중국 대기업의 현지 지사(또는 자회사)들이다. 이들 지사들에게 모기업(또는 그룹)의 지원은 중요한 보호벽이기 때문에 모기업의 지원 정도와 방식, 모기업에서 차지하는 비중은 매우 중요한 고려 요소가 된다. 또한 이들 요소는 대출자의 향후 상환 능력에도 직접적인 영향을 준다.

이와 같은 특징을 충분히 반영하려면 대출자에 대한 신용 등급을 기본적으로 평가한 뒤에 모기업의 신용 등급, 모기업에서의 비중, 모기업의 지원 방식 등을 참고해 기본적으로 평가한 신용 등급을 상향 조정한다. 단, 대출자의 최고 신용 등급은 모기업의 신용 등급을 초과하면 안 된다.

생존 환경도 신용 평가의 대상

해외에서 업무를 추진하려면 고객의 자체적인 리스크를 고려하는 동시에 고객이 위치한 지역의 신용 상황, 즉 소재국의 리스크도 고려해야 한다. 국가 리스크Country Risk는 글로벌 경제 활동 중에 국가의 주권 행위로 인해 손실이 발생할 가능성을 가리킨다.

국가 리스크는 국가의 주권 행위나 사회의 변동과 관계가 있다. 주권 리스크의 범위 안에서 국가는 교역의 일원으로서 계약 위반 행위(예컨대, 외채의 원금과 금리에 대한 지불을 중단하는 것)를 통해서 직접적으로 리스크를 만들고, 정책과 법규의 변동(예컨대, 환율과 세율 등을 조정하는 것)을 통해서 간접적으로 리스크를 만든다. 리스크 이전 범위 안에서 국가는 교역의 직접적인 참여자가 아닐 수도 있다. 하지만 국가의 정책, 법규, 전체적인 신용 환경은 대출자의 상환 능력에 직간접적으로 영향을 준다.

이와 관련해서 강조할 필요가 있는 점은 공상은행은 이미 비교적 완벽한 국가별 리스크 평가 시스템을 구축해 국가(지역)마다 독립적이고 종합적인 등급 평가 시스템이 있고, 리스크 정도에 따라서 국가별로 분류해서 관리한다. 이 점은 생존 환경에 대한 데이터의 신뢰성을 크게 높였다.

이밖에 등급 평가 모형은 특수 사건에 대해서 등급을 하향 조정하기도 한다. 예를 들어, 대출자에 대한 심사 결과에 보류 의견이 있으면 신용 등급은 A+를 넘을 수 없고, 대출 기업의 중요 관리자 그룹이나 핵심 연구원이 이직하면 최종 신용 등급은 기본 평가 등급보다 한 단계 낮아진다. 이와 같은 일련의 특수한 조정을 통해서 고객에게 불리한 영향을 주는 사건을 제때 신용 등급에 효과적으로 반영할 수 있다.

3. 재무 분석의 비밀을 밝히다

재무 분석은 일상적인 것이지만 신용 대출 리스크를 분석할 때 결코 빠트릴 수 없는 부분이다. 글로벌 금융 위기를 초래한 '엔론 사건'을 여전히 많은 사람들이 기억하고 있다. 엔론Enron 스캔들은 에너지 기업인 엔론이 재무 상태를 장부에 허위로 기재한 사건으로, 엔론의 회계 감사를 맡은 앤더슨 회계 법인은 이 스캔들로 신뢰에 심각한 타격을 입었다. 엔론의 분식 회계 파급력은 광범위하게 퍼져 무수한 투자자들이 수백만 달러에 달하는 손실을 입었다.

간단해 보이는 3개의 표를 통해서도 한 기업의 재무 상황을 파악할 수 있다. 요컨대 손익표는 이윤을 반영하고, 자산 부채표는 재무 데이터를 알려 주며, 현금 흐름표는 기업의 상환 능력과 재무 전략을 반영한다. 은행은 이 3개의 표를 통해서 기업의 자산과 부채의 구조, 이익 창출 능력과 원천, 상환 가능한 현금 흐름 등의 중요 내용을 종합적으로 이해할 수 있다. 또한 신용 대출 리스크 분석에서 중요한 내용, 예컨대 대출자의 대출이 과도한지, 자산과 부채의 구조가 합리적인지, 이익이 실제로 주력 업무에서 나오는지, 현금 흐름은 이윤으로 전환될 수 있는지, 대출 목적이 신뢰할 수 있는지 등에 대한 문제를 해결하기 때문에 이들 데이터만 보고도 대출자를 파악할 수 있다.

오스트레일리아의 경영 환경은 규범적이라서 기업 운영도 제도에 따라서 질서 있게 이루어진다. 과거 3개년의 회계 감사 재무 보고서는 현지 은행이 대출 심사를 할 때 요구하는 필수 자료 중의 하나다. 신용 리스크를 분석할 때 시드니 지점은 직감에 의존하는 옛 방식을 버리고 대출 한도까지 계산하는 기능이 있는 재무 분석 모형을 자체 개발함으로써 신용 대출 업무의 리스크 심사 능력과 수준을 효과적으로 높였다.

시드니 지점의 재무 분석 모형은 기업의 재무 보고서를 기초로 하고, 추세 분석법과 비율 분석법을 결합한 방식을 채용해 대출자의 종합적인 경영 상황에 대해서 양적 분석을 한다. 주목할 점은 재무 보고서의 데이터를 신뢰할 수 있을 때만 재무 분석 모형이 도출한 결론을 신용 분석의 근거로 쓸 수 있고, 회계 심사를 거친 재무 보고서만 데이터의 진실성을 확보할 수 있다.

현 상황에서 신디케이트론과 프로젝트 대출의 주 고객은 증시에 상장된 대기업이고, 일반적으로 회계 심사를 거친 재무 보고서를 제공한다. 하지만 고객 중에서 현지의 개별적인 소기업은 명확한 감독 기준이 없고, 비용을 아끼기 위해서 기업 내부의 관리 보고서나 특수 목적의 보고서Special Purpose Statement를 제공해 은행의 재무 분석 업무에 어려움을 준다. 재무 보고서의 데이터를 신뢰할 수 없는 상황에서 재무 분석 모형이 생성한 데이터는 참고만 하고, 리스크 통제 차원에서 통화 가치를 유지하고 현금화하기도 쉬운 담보물을 근거로 삼는다.

이와 동시에 재무 분석 모형은 프로젝트 대출에 적용되지 않는다. 모든 프로젝트 대출는 현금 흐름 할인법에 기초해서 설계된 프로젝트에 어울리는 개성적인 재무 모형Financial Model의 도움을 받아서 시나리오 분석을 하고, 특정한 스트레스 상황에서 대출자의 상환 능력을 평가한다.

다음으로 시드니 지점의 재무 분석 모형의 몇 가지 특징을 알아보고, 재무 분석 중에 얻은 경험에 대해서 이야기하겠다.

재무 분석에 대한 개인적 의견

　시드니 지점의 재무 분석 모형은 기본적으로 상업 은행이 신용 분석을 할 때 자주 이용하는 중요한 지표인 유동성, 수익성, 경영 효율, 상환 능력, 지속적인 발전 능력 등을 고려했다. 재무 분석은 강한 동질성이 있어서 어느 상업 은행이든 분석 모형은 모두 비슷하고, 고려하는 지표도 대체적으로 동일하므로 더 이상 설명하지 않겠다.

　다음은 재무 보고서를 분석하는 몇 가지 방법이다. 어떻게 하면 간단한 데이터들의 조합에서 은행이 관심을 가진 답안을 찾을 수 있을지 함께 생각해 보자.

　방법 ① : 현금 흐름에서 시작한다 _ 채권자인 은행이 가장 관심을 갖는 것은 기업의 실질적인 상환 능력이고, 유동성은 상환 능력에 대한 비밀을 가장 정확하게 알려 준다. 기업의 경영 활동에서 현금은 일종의 윤활유와 같아서 현금 흐름에 큰 변동이 생기면 정상적인 운영에 영향이 생긴다.

　재무 분석에서 신용 분석 담당자가 가장 먼저 관심을 가져야 하는 두 가지 지표는 순 운영 현금 흐름Net Operation Cashi Flow과 잉여 현금 흐름 Free Cash Flow이다. 두 지표는 EBITDA(이자, 법인세, 감가상각비 차감 전 영업이익) 지표의 연장이라고 할 수 있다. 이 중에서 순 운영 현금 흐름은 EBITDA를 기초로 기업의 순 운전자본 변화 상황을 고려하고, 기업의 1년간 영리 활동과 관련해서 현금 흐름이 올바른지를 판단하는 것이다. 그리고 잉여 현금 흐름은 기업의 자본적 지출(Capital EXpenditure. CAPEX)에 필요한 모든 현금 흐름을 고려해야 한다. 두 지표의 계산 공식은 다음과 같다.

순 운영 자금 흐름 = 순이익 + 감가비 + 상각비 - 순 운전자본 + 기타 비현금 지출

기업의 잉여 현금 흐름 = EBIT(1 - 세율) + 감가비 + 상각비 - 순 운전자본 - 자본적

지출

두 지표는 대출자의 일상적인 경영 활동이 지속적인 발전과 채무 상환을 위해서 충분한 현금 흐름을 만들어 내는가를 효과적으로 반영한다. 고정 자산의 비중이 크고, 여러 개의 프로젝트가 진행 중이고, 대출 수요가 프로젝트 대출 위주로 있고, 프로젝트 투자로 얻은 이윤으로 채무를 상환해서 채무 상환까지 시간이 오래 걸리는 특징을 가진 기업, 예컨대 광업에 종사하는 기업은 자본 지출이 지속될 가능성이 높으므로 은행은 잉여 현금 흐름 상황을 더 눈여겨봐야 한다.

방법 ② : 기업의 채무 수준을 정확하게 파악한다 _ 무엇이 EBITDA일까? EBITDA는 'Earnings Before Interest, Taxes, Depreciation and Amortization'의 약자로서, 이자, 법인세, 감가상각비 차감 전의 영업이익, 다시 말해서 이자, 법인세, 감가상각비가 계산되지 않은 영업이익이다. EBITDA의 계산 공식을 보면 이 지표를 더 명확하게 이해할 수 있다.

EBITDA = 순이익 + 세금 지출 + 이자 지출 + 감가상각비

돈을 빌려 주는 입장에서 은행은 빌려 준 돈을 다시 돌려받을 수 있느냐에 관심이 높을 수밖에 없다. 때문에 기업의 영리 능력은 매우 중요

하다. 전통적인 판매 수익과 순이익에 비해 EBITDA는 분석 중에 생기는 '잡음'이 제거되어 대출자의 영업이익 상황이 더 정확하게 반영된다. 따라서 은행은 기업의 신용 리스크를 더 정확하게 판단할 수 있다. 다음은 EBITDA의 몇 가지 특징이다.

① 세금은 일반적으로 비경영 항목으로 여겨진다. 세금은 회계 원칙과 세무 규정의 영향을 쉽게 받기 때문에 기업의 지속적인 경영 능력을 제대로 반영할 수 없다. 일부 기업은 과거에 장기적으로 거액의 손실을 입은 것 때문에 '인위적'으로 낮은 세율을 적용받았다.

② 이자 지출은 기업의 채무 금융(레버리지)의 일부분이요, ·비경영 항목이다. 기업은 업종마다 레버리지율이 다르기 때문에 지출되는 이자도 모두 다르다.

③ 세금과 이자 지출처럼 감가비는 회계의 산물이고, 기업의 경영 능력을 반영하지 않는다. 많은 자본이 투입된 일부 업종, 예컨대 제조업, 소매업, 항공업, 운수업 등은 일반적으로 감가비 지출이 많다.

④ 상각비는 감가비와 같이 회계의 산물이고, 기업의 무형 자산과 밀접한 관계가 있다. 일부 기업은 인수 뒤에 높은 비율의 무형 자산으로 인해 거액의 상각비 지출이 생기고 순수익에도 영향이 생긴다.

EBITDA와 채무의 관련성을 찾으면 기업의 수익이 채무 규모에 비해 합리적인지를 판단할 수 있는데, 이것이 이자부 부채/이자, 법인세, 감가상각비 차감 전 영업이익 비율DEBT to EBITDA Ratio이다. 이 지표는 대출자의 채무 수준이 지나치게 높은지를 잘 설명해 준다. 일반적인 기업은 이 비율이 3배 이내이다. 만약에 3~5배 수준이면 채무 수준이 높은 편이므로 주의가 필요하고, 이 비율이 5배에서 10배 이상의 수준이면 기업에 필요한 것은 레버리지율이 높은 인수 퍼실리티라서 은행의 스프레드가 확대된다.

일부 은행은 이 지표를 이용할 때 순 부채Net Debt를 적용해 현금 및 현금 등가물로 이자부 부채를 차감한다. 이 지표는 대출 기간 동안에 기업의 재무를 통제하는 수단으로도 쓰인다. 다시 말해서 대출 기간 동안에 이 비율이 일정한 수준 이상으로 올라가는 것을 막아 기업의 과도한 대출이 잠재적인 리스크로 전환되는 것을 방지한다.

정태적 분석과 동태적 분석의 조화

재무 보고서 분석은 지나간 데이터를 평가하는 정적인 추산이라는 폐단이 있다. 은행은 기업의 과거 3년 동안의 보고서로 추산한 주요 재무 지표를 이용해서 기업의 경영 활동을 분석하고 판단한다. 하지만 이렇게 대출 상환 능력을 추산하는 것은 실질적인 시간차가 존재하는데, 대출금은 기업의 과거 경영 상황에 대한 평가를 기초로 해서 지급되지만 대출금을 회수할 때는 미래에 기업의 상환 능력을 기초로 한다. 은행이 대출을 해준 뒤에 기업의 영리 능력이 계속해서 좋을지는 미지수다. 따라서 재무 보고서를 분석할 때는 과거 지표를 비교하는 동시에 기업의 미래에 대해서도 근거 있는 예측을 해야 한다.

시드니 지점은 재무 보고서 분석 모형에 이 기능을 특별히 첨가했다. 재무 보고서 분석 모형의 동태 분석에는 두 가지 요소가 포함된다.

첫 번째는 시나리오 분석을 할 때 대출 기간에 부정적인 사건이 일어난 경우를 가정하는 것이다. 예를 들어, 상품 가격이나 무역량이 감소해서 기업의 영리 능력 및 상환 능력에 영향이 생기면 기업이 처한 환경의 위협이나 경영의 불확실성을 유기적으로 결합하고, 스트레스가 있는 상황에서 EBITDA, 이자 보상 비율 등 핵심 지표의 변화를 관찰함으로써 기업의 미래 상환 능력을 예측하고 그에 상응하는 재무 통제 지표를 만든다.

두 번째는 기업의 미래 영리 능력을 예측하는 것이다. 오스트레일리아에서는 이것을 'Projection'이라고 부른다. 기업의 미래 생산액, 판매 수익 등의 성장을 예측하려면 반드시 대출 기한보다 긴 시간이 필요하다. 예를 들어, 3년짜리 정기 대출일 경우를 예측하려면 적어도 대출자에 대한 향후 5년 동안의 데이터가 필요하다. 이 예측은 대출자가 제공한 합리적인 데이터를 기초로 하는데, 만약에 판매 수익의 증가 폭이 평균 수준보다 높으면 반드시 관련 이유 및 믿을 수 있는 근거를 물어서 이 항목에 대한 예측의 합리성과 정확성을 확보해야 한다.

운전자본 대출에 '모자'를 씌운다

운전자본 대출은 대출자가 가장 선호하는 대출 상품이다. 이유는 간단하다. 운전자본 대출은 기업에게 '만병통치약'이기 때문이다. 용도에 대한 요구도 없고, 대출에 대한 제한도 많지 않으며, 만기 때 대출금을 상환하지 못하면 다시 대출을 받아 이전 대출금을 갚는 방식으로 상환할 수도 있어 '담쟁이덩굴' 대출이라는 이미지가 있다.

대출자가 좋아하는 상품은 은행 입장에서 리스크를 통제하기가 어렵다. 무역 금융에 비해 유동성 자금 대출은 특정한 상환 원천이 없고 순전히 기업의 종합적인 현금 흐름에 의존한다. 하지만 '종합적인 현금 흐름'은 눈에 보이지도 않고 손에 잡히지도 않는 것이다. 신용 등급이 높은 기업은 일반적으로 신용을 이용하기 때문에 대출할 때 반드시 대출 한도를 합리적으로 확정해서 기업의 과도한 대출로 리스크가 생기는 것을 막아야 한다. 이러한 원칙은 본점의 관리 체계에서는 충분히 실현되고 있지만, 시드니 지점은 예측 시스템으로 리스크를 통제하기 전에 현금 흐름을 강제적으로 감독하기 위해서 재무 분석 모형에 예측 공식을 넣었다.

예측 모형은 주로 기업의 자금 회전 주기(매출 채권 회수와 매입 채권 지불 시간의 간격), 다음 연도 판매 수익 증가폭 예상치, 기업의 단기 채무 잔액 등 세 가지를 고려했다. 이 중에서 자금 회전 주기는 최근 3년의 현금 흐름 평균치를 통해서 산출되지만, 최근 1년의 데이터에 기업 상황이 더 정확하게 반영되었으면 재무 분석 모형은 최근 1년의 데이터를 직접적으로 이용한다. 판매 수익의 증가 폭을 계산하려면 기업의 데이터를 기초로 전망을 분석하는 동시에 호황과 불황의 주기가 전환되는 특징을 고려할 필요가 있다. 기업의 단기 채무는 은행이 제공하는 모든 운전자본 대출을 계산에 넣는 것이다.

일반적으로 기업은 보유한 자금과 운전자본 대출로 판매 성장에 필요한 단기 운영 자금의 수요를 만족시킬 수 없을 때 새로운 운전자본 대출을 고려한다. 일괄적으로 영리 능력만 고려하고 기존의 채무 수준을 무시하면 기업이 미래에 단기 대출을 받아 고정 자산에 투자하거나 프로젝트를 개발하는 현상이 일어나 은행이 더 높은 수준의 상환 리스크를 떠안게 된다. 한도를 추산하는 구체적인 공식은 다음과 같다.

운전자본 대출 한도 = 전년도 매출 이익 x (1 - 전년도 매출액 순이익률) x (1 + 예
상되는 매출이익 연 증가율)/실질적인 현금 회전수 - 고객의
운전자본 - 기타 경로로 제공되는 운전자본

위 공식에서 알 수 있는 것처럼 대출자의 운전자본에 대한 최근 3년
동안의 변화 상황을 통해서 회수 주기를 예측할 수 있다. 여기에 다음 연
도 판매 성장까지 합리적으로 예측하면 대출자가 다음 연도에 운전자본
대출을 얼마나 원할지 실질적인 수요까지 산출할 수 있다.

4. 정밀한 계산 : RAROC 가격 결정 모형

리스크 조정 자본 수익률(Risk Adjusted Return On Capital, RAROC)에 기
초한 대출 가격 결정 모형은 상업 은행이 업무의 영리 능력과 경영 실적
을 평가하는 중요한 지표 중의 하나다. 리스크 조정 자본 수익률은 1970
년대에 미국의 투자 은행인 뱅커스 트러스트에 의해서 처음 도입되었
고, 1990년대 초부터 글로벌 상업 은행의 경영에 광범위하게 이용되었
으며, '신바젤자본협약'에 의해서 한층 더 세분화되고 규범화되었다.
오스트레일리아는 처음으로 '바젤협약'을 실시한 국가 중의 하나
다. 때문에 오스트레일리아 건전성감독청은 '바젤협약'이 요구한 신용
리스크 관리를 매우 중시한다. 중국계 은행은 해외 지점을 관리할 때 현
대적인 상업 은행에 과거의 단순한 분석 모델을 적용할 수 없어 정밀화

[RAROC 기본 계산 공식]

RAROC = 리스크 조정을 거친 수익 / 경제적 자본 = 수입 - 자본금과 비용 - 예상
손실 + 자본 수익률 / 경제적 자본

수입 : 이자 소득 및 비용 소득

자본금 : 고정 경영 원가

예상 손실률 : 부도율(Probability of Default) x 부도 시 손실률(Loss Given Default)
x 부도 시 익스포저(Exposure at Default)

자본 수익률 : 자본준비금에 대한 수익

경제적 자본 : 보유한 자본준비금

된 분석 모델을 적용하기 시작했다. 이 점은 대출 가격을 결정할 때 잘
드러난다.

기업이 대출을 신청했을 때 은행은 단순히 돈을 벌 수 있느냐를 따
지는 것이 아니라 얼마를 벌 수 있고, 기업의 자본금이 얼마나 되고, 리
스크 대비 수익률이 좋은가를 이해해야 한다. 이런 배경에서 대출 수익
에 대한 관리를 한층 더 강화하기 위해서 시드니 지점은 대출 가격 결정
모형에 관한 자료를 수집했고, 각종 경로를 통해서 현지 은행들을 이해
하기 시작했다. 특히 외국 자본의 상업 은행이 실제로 운영하는 방법의
이해를 통해서 시드니 지점에 적용할 수 있는 가격 결정 모형을 최대한
빨리 개발할 수 있었다.

2010년, 시드니 지점은 RAROC 기반의 대출 가격 결정 모형을 자체

개발하는데 성공했고, 그해 2월에 지점 내 리스크 관리 위원회의 승인을 통과했으며, 3개월의 테스트 및 조정 과정을 거쳐 같은 해 5월에 정식 업무에 투입되어 쓰이기 시작했다.

대출 가격 결정 모형은 대출 신청 자료의 중요한 구성 부분이 되어 대출, 무역 금융, 보증서, 신용장, 약정 한도 등 여러 상품의 가격을 결정하는 작업에 쓰였고, 실제 운영 과정에서 내부 수익률 최저 요구에 도달하지 못하는 업무는 원칙적으로 부결했다. 하지만 특수한 그룹 고객이나 무역 금융 고객에 대해서는 고객의 잠재 가치, 전체적인 공헌도, 지점에 미치는 중요성 등의 요소를 종합적으로 고려해 지점 내 대출 심사 위원회의 심사를 거쳐 대출 가격을 결정했다.

하지만 계산에 참고할 요소가 부족한 문제점이 있자 시드니 지점은 전통적인 공식을 개선해 모형의 변수를 조정하고, 적용 범위를 설정하였으며, 전제 조건을 덧붙여 가격 결정 계산의 운용성을 확보했다.

조정 후의 RAROC 대출 가격 결정 모형의 전제 조건 및 가격 결정 공식은 다음과 같다.

[전제 조건]

적용 범위 : 정상적인 대출과 잠재적 감가 준비금이 없는 대출

예금 순이자 소득 : 고객의 예금 금리가 평균적인 자금 코스트의 예금 이자 소득보
   다 낮은지를 고려한다.

계산 내용 : 새로운 대출 업무에서 얻은 수익과 기존 대출 업무에서 얻은 수익을

포함한 전체 수익을 계산한다.

계산 보고서 : 산출된 투자 수익률이 내부의 요구 수준보다 높으면 통과시킨다.

[모형 공식]

$$RAROC = \frac{NI + FI + NID - E - P}{ECc + Eco} + COF$$

NI : 순 이자 소득

FI : 연간 비용 소득

NID : 예금 기반의 순 이자 소득

E : 고정 비용

P : 대출 감가 준비금

ECc : 신용 리스크 경제적 자본

Eco : 운영 리스크 경제적 자본

COF : 자금 코스트

부도율과 부도 시 손실률 결점 보완 _ 리스크 가중치 방식으로 경제적 자본을 계산해서 부도율PD과 부도 시 손실률LGD의 결점을 해결한다. 앞에서 설명한 것처럼 해외 지점은 상대적으로 독립적인 등급 평가 점수표로 대출자의 신용 등급을 매기고, 누적된 데이터가 상대적으로 부족하기 때문에 각 등급에 해당하는 PD 수치와 LGD 수치를 얻을 수 없다. 본점의 신용 등급 평가에서 해당 수치를 찾아 해외 지점에서 직접 사용하면 국가가 다르기 때문에 큰 편차가 생기고, 경제적 자본도 높아져 계산 결과의 가치가 없다.

그래서 시드니 지점은 본점, 감독 부서의 관련 기준, 리스크 정도를 참고하고, 대출자의 신용 등급Credit Rating, 상품 종류Product Type, 기한 Tenor, 담보 방식Security 등의 요소를 다르게 배치한 리스크 가중치에 대출 기간 내 평균적인 리스크 익스포저를 곱해서 신용 리스크를 커버하는 경제적 자본을 계산했다. 업무의 특징은 상품의 성격, 대출 기간 및 대출자의 신용 등급 등 여러 요소에 의해서 서로 다르게 결정되었다.

난 내, 난 외 신용 자산 가격 결정에 적용 _ 이 모형의 적용 범위는 각종 신용 자산을 포함하는데, 운전자본 대출, 프로젝트 대출 등의 난 내表內 신용 업무 외에 신용장, 보증서 등의 난 외表外 신용 자산의 수익률을 계산할 때도 쓰인다. 난 외 업무에 대해서 이 모형은 오스트레일리아 건전성감독청의 표준법 규정에 따라서 대출 상품마다 상응하는 전환 계수를 각각 곱했다. 예를 들어, 신용장 업무의 전환 계수는 25%라서 경제적 자본도 매우 낮다. 이밖에 단일 대출 업무의 수익률을 계산하는 것 외에 동일한 고객의 약정 한도에 대한 총수익률도 이 모형으로 계산했다.

고객의 종합적인 공헌도를 고려 _ 수익을 계산할 때 단일 대출 업무에 따른 이자 소득을 계산하는 것 외에 신청 수수료, 약정 수수료, 한도 수수료 등 대출에 따른 직접적인 수수료 소득도 계산했다. 이밖에 지점에 예금한 고객의 경우 예금 금리가 지점의 평균 자금 비용보다 낮으면 모형은 예금 금리와 평균 자금 비용의 차액을 수익으로 보고 수익률을 상향 조정했다.

보수적 리스크 관리에 따른 경제적 자본 배치 _ 앞에서 설명한 것처럼 해외 지점은 본점 그룹의 통일된 신용 등급 평가법을 그대로 적용하는 것이 어렵다. 때문에 이 모형은 오스트레일리아 건전성감독청의 표준법 가중치를 그대로 적용하고, 외부의 신용 등급을 기준으로 삼았다. 외부에서 평가한 신용 등급이 있는 대출자에 대해서는 외부의 신용 등급을 그대로 쓰고, 외부 신용 등급이 없는 고객은 외부의 신용 등급을 기초로 해서 내부적으로 신용 등급을 매겼다. 완벽하고 엄격한 외부의 신용 등급 평가 시스템을 내부적인 신용 등급 평가에 사용함으로써 지점은 보수적인 리스크 관리를 할 수 있게 되었다.

변수 설정과 경영 특징을 고려 _ 변수 설정은 최대한 본점 그룹과 통일하고, 지점의 경영 특징을 고려했다. 이 모형은 변수를 설정할 때 기본적으로 본점 그룹과 통일된 변수를 설정했다. 만약에 경제적 자본의 전환 계수가 10.6이고, 운영 리스크에 대한 경제적 자본을 계산할 때 업무의 종합 수익에 15%를 곱하는 방법을 쓰면 RAROC의 최저 요구는 16%가 된다. 이와 동시에 계산 결과의 실현성을 확보하기 위해서 변수는 최대한 지점에 알맞은 데이터를 썼다. 예컨대, 자금 비용 수준은 지점의 자산부가 정기적으로 발표하는 평균 자금 비용을 쓰고, 원가 수익비는 본점의 해외 지점 평균 수준을 적용하고, 예비 비율은 현지 감독 기관이 인정하는 비율을 적용했다.

신디케이트론을 예로 들겠다. 200×년에 A 기업에 대한 3년 기한의 신디케이트론 대출에 참여했다. 대출자의 신용 등급은 A-(S&P)이고, 담보 방식은 신용이었다. 지점은 전체 대출금 중에서 41,250,000달러를 분담했는데, 이 중에 50%는 정기 대출이고, 나머지 50%는 회전 대출이다. 대출 금리는 리보 + 2.20%이고, 약정 수수료는 1.32%, 신청 수수료는 0.75%다. 계산할 때 신디케이트론에서 20,625,000 달러가 대출금으로 지급되었고, 9개월의 잔존 기간이 있었다.

이러한 정보에 근거해서 시드니 지점은 모형을 통해서 다음과 같은 지표들의 수치를 얻었고, 계산 결과 신디케이트론 업무의 RORAC는 16.2%였다.

(자금 비용을 뺀)순 이자 소득 : 247,500달러

(연간 신청 수수료와 약정 수수료를 포함한)수수료 소득 : 375,375달러

지출 원가 : 206,670달러

경제적 자본(신용 리스크 부분) : 2,076,938달러

경제적 자본(운영 리스크 부분) : 93,431달러

달러의 평균 자금 비용 : 1.54%

계산 결과 이번 대출의 RORAC는 최저 수익 요구보다 높은 16.2%이다.

5. 사고 방지 : 리스크 상황을 알려 주는 바로미터

주식 시장이 경제의 '바로미터'인 것처럼 충당금은 은행 자산에 대한 전체적인 리스크 상황을 알려 주는 바로미터다. 충당금, 즉 대출 손실 준비는 리스크로 인해 신용 자산에 손실이 생길 것을 대비해서 미리 준비한 자금이다. 충당금의 변화는 은행 자산의 리스크 변화 및 리스크 관리를 정확하게 반영한다. 물론 충당금이 많다고 해서 좋은 것은 아니고, 자산의 리스크 상황이 정확하게 반영되었느냐가 중요하다.

진출 초기에 해외 지점은 통상적으로 대출 잔액에 기반을 둔 계산 방법을 쓴다. 이 방법은 간단해서 쓰기가 쉽다. 하지만 최대 폐단은 신용 자산의 실질적인 리스크 상황을 고려하지 않는 것이다. 충당금이 많이 계산되거나 적게 계산되는 상황에서 예상되는 손실을 정확하게 계산하기는 어렵다. 따라서 리스크 가중 자산을 기초로 하는 계산 방법은 현대 상업 은행의 경영 관리에 더 적합하다.

시드니 지점의 충당금은 일반 준비General Provision와 특별 준비 Specific Provision로 나뉜다. 그럼 준비 시스템 및 계산 방법에 대해서 간략하게 알아보자.

일반 준비

일반 준비는 미처 인식하지 못한 손실 가능성이 있는 준비를 가리킨다. 이것의 범위는 대출, 무역 금융 같은 난 내·외의 신용 자산, 보증서, 신용장 등의 신용 대출 업무까지 미치고, 신용 대출 업무의 질에 따라서 '정상' 또는 '요주의' 등급으로 분류된다. 오스트레일리아 건전성 감독청의 관련 규정에 근거해서 일반 준비는 '일반 자산 손실 준비 (General Reserve for Credit Loss, GRCL)'로도 불린다. 일반 준비는 가중 리스크 자산에 준비 비율을 곱해서 계산한다.

시드니 지점의 일반 준비 계산은 몇 가지 특징이 있다.

신용 자산의 모든 조건을 커버한다 _ 일반 준비의 계산 범위는 크게 난내 신용 자산(대출, 무역 금융 등), 난 외 신용 자산(보증서, 신용장 등), 보유한 만기 채권의 세 부분으로 나뉘어 지점의 신용 자산을 종합적으로 커버한다.

표준법에 기반한 리스크 가중 자산을 계산한다 _ 리스크 가중 자산의 계산 방법은 오스트레일리아 건전성감독청의 APS 112(자기자본비율 - 신용 리스크 표준법) 중에서 리스크 조정 시스템을 기초로 만든다. 표준법은 외부 신용 등급을 참고 기준으로 삼고, 이 평가 기준을 통해서 상대적으로 보수적인 선호를 드러낸다.

신용 자산의 중요 지표로서 전방위적으로 쓰인다 _ 리스크 가중 자산을 계산할 때는 대출 신용 등급, 주체 유형, 기한, 상품 및 담보 방식 등의 다섯 가지 계산 요소와 이들 요소가 리스크 가중 자산의 계산에 미치는 영향을 종합적으로 고려했다. 조정 사항을 설계할 때는 리스크의 차이를 충분히 고려했다. 만약에 '관심' 리스트에 오른 고객의 대출 업무 계약 위반 사건의 가중치 조정 계수는 130%이고, 잔존 기간이 10년을 초과한 대출의 전환 계수는 50%에서 100%로 높인다.

특별 준비

특별 준비는 자산의 질에 따라서 '고정', '회수 의문', '추정 손실'
에 속하는 세 가지 대출에 대한 손실 준비다. 충당금은 업무의 손실 정도
에 근거해서 계산되는데, 특별 준비는 대출의 손실을 보전할 때 쓰인다.
계산할 때 쓰는 방법은 '현금 순환 할인법'이다. 현금 순환 할인법은 대
출 상환에 쓰일 현금의 흐름을 대출 기간에 해마다 예측하고 당기까지
할인한 뒤에 장부 가치와 비교해서 차액을 이 대출에 대한 충당금으로
삼는 것이다.

내부적인 신용 등급 평가 시스템, 누적 데이터, 계산 모형 등 일련의

[특별 준비 계산 방법]

특별 준비 = Σ[(장부 잔액 - 신용 자산의 현지 가치) + 일반 준비 금액]

신용 자산의 현재 가치 = $\Sigma EC \times \dfrac{1}{(1 + EIR)^{(Ti - Tb)/365}}$

EC : 현금 흐름 예측

Ti : 현금 흐름 날짜 예측

Tb : 당일 날짜 예측

EIR : 할인율

전제 조건 : 현금 흐름 할인 기한을 예측하는 계수는 5년보다 많으면 안 되고, 할인
율은 채무 초기의 이율이어야 한다.

객관적인 요소의 제한을 받기 때문에, 해외 지점은 선진적인 계산 방법을 통해서 신용 리스크를 관리할 수 없다. 하지만 과도기에 중국계 은행의 해외 지점은 내부 자원을 효과적으로 종합하고, 현지 업무 운영에 적합하도록 자체 개발한 신용 리스크 계량 모형을 사용해서 신용 자산을 운영했다. 이와 동시에 구체적인 면과 전체적인 면을 결합하는 원칙에 따라서 해외 지점은 단일 대출 업무와 전체적인 신용 자산 리스크를 공동으로 통제했다.

따라서 해외로 진출한 지점은 '리스크 관리'라는 선을 굵게, 확실하게 잘 그리는 과정을 통해서 객관적인 요소에 따른 제한을 효과적으로 보완하고, 신용 자산을 장기적으로 건강하게 발전시켜야 한다.

<blockquote>
3장
</blockquote>

환자의 증상에 맞는 약을 처방하라
望闻问切, 对症的下药

　　운영 리스크는 상업 은행의 건정성에 큰 영향을 미치는 리스크 관리의 '고질병'이다. 최근에 글로벌 상업 은행이 일으킨 중대한 운영 리스크 사건에 따른 손실은 놀라서 말문이 막힐 정도다. 1990년대 영국의 베어링 은행은 싱가포르의 파생 상품 딜러의 비정상 거래로 엄청난 손실을 입었고, 그로 인해 영국에서 유구한 역사를 가진 이 귀족 은행은 순식간에 파산하고 말았다. 2011년 9월, UBS는 초급 파생 상품 딜러 한 사람의 불법 거래로 23억 달러의 손실을 입었다. 1년 뒤인 2012년 9월, 미국의 JP모건은 합성 헤지Synthetic Hedge로 20억 달러라는 거액의 손실을 봤다.

　　이들 사건에서 알 수 있는 점은 최근에 운영 리스크가 은행에 손실을 주는 사건이 끊임없이 증가하고 손실액도 엄청나다는 것이다. 운영 리스크를 효과적으로 통제하는 것은 오스트레일리아 건전성감독청이 상업 은행에 요구하는 중대한 책임 중의 하나다. 공상은행 시드니 지점은 이미 개업 초기부터 운영 리스크 관리 툴을 구축하고 운영 리스크 사건 기록부, 자체 평가 점수표, 히트 맵 등 일련의 방법을 통해서 수용할 수 있는 범위 안에서 운영 리스크 사건을 효과적으로 통제했다. 또한 자체적인 운영 리스크 데이터베이스를 구축해 수시로 리스크 수준을 관리하면서 지점의 자산을 빠르게 성장시켰다.

1. 운영 리스크란?

바젤 위원회가 2001년에 정의한 것에 따르면, 운영 리스트는 '내부 프로세스, 직원과 시스템의 불완전이나 실패, 외부 사건에 의해서 손실이 생기는 리스크'다.

발생 빈도와 손실 규모에 따라서 바젤 위원회는 운영 리스크를 7개 유형으로 나눴다. 구체적인 내용은 [표 3-3]에 나오는 것처럼 내부와 외부의 사기, 고용 계약 및 업무 상황에 따른 리스크 사건, 고객과 상품 및 비즈니스 행위가 일으킨 리스크 사건, 실물 자산의 손해, 경영 중단과 시스템 고장 및 집행, 납기 및 거래 프로세스 관리의 리스크 사건 등이다. 주목할 점은 바젤 위원회가 정의한 운영 리스크에 법률 리스크는 포함되지만 전략적 리스크와 명예 리스크는 포함되지 않는다.

운영 리스크는 은행 경영의 단계별 거의 모든 업무 라인과 부서에 존재한다. 다시 말해서 은행 경영에서 운영 리스크는 늘 따라다닌다. 운영 리스크가 존재하는 방식도 다양해서 불확실하고, 계량할 수 없는 상태로 존재하는 특징이 있다.

[표 3-3] 바젤 은행 감독 위원회의 운영 리스크 사건 분류

종 류	정 의
내부 사기(Internal Fraud)	고의적인 편취, 재산 도용이나 감독 규정 위반, 법률이나 회사 정책에 따른 손실 사건, 내부 인사가 관련된 사건. 단 멸시 및 차별 대우 사건은 포함되지 않는다.
외부 사기(External Fraud)	제3자의 고의적인 편취, 도용, 재산 강탈, 서류 위조, 상업 은행의 정보 시스템 공격 및 법적 감독 회피로 인한 손실 사건
취업 제도와 작업장의 안전 (Employment Practices and Workplace Safety)	위장 취업, 건강이나 안전 방면의 법률 또는 협의, 개인의 산재로 인한 배상이나 멸시 및 차별 대우로 인한 손실 사건
고객, 상품 및 업무 활동 (Clients, Products and Business Practice)	관련 규정을 따르지 않고 특정 고객에 대해서 의무(적당한 요구에 대해서 책임을 다하는 것)를 다하지 않거나 상품의 성질 또는 설계의 결함으로 인한 손실 사건
실물 자산의 손해 (Damage to Physical Assets)	자연 재해나 기타 사건(테러)으로 인한 실물 자산의 유실이나 훼손으로 인한 손실 사건
영업 중단과 정보 시스템 정지 (Business Disruption and System Failures)	정보 시스템의 운영, 응용 개발, 안전 관리 및 소프트웨어 상품, 하드웨어 설비, 서비스 제공자 등 제3자적인 요소로 인해 시스템이 업무를 정상적으로 처리하지 못하거나 시스템 속도 이상으로 인한 손실 사건
집행, 납기 및 프로세스 관리 (Execution, Delivery and Process Manages)	거래 처리 또는 프로세스 관리 실패 및 거래 상대, 외부 공급자, 판매자 사이에 발생한 분쟁으로 인한 손실 사건

예를 들어 은행은 계좌 이체, 송금, 금리 계산을 잘못했을 때 반드시 보상이나 배상을 하고, 법적인 서류에 허점이 있을 때 고객에게 이용당할 수 있으며, 내부 직원이 횡령하거나 외부 직원이 사기를 저지를 수도 있다. 또한 전자 시스템의 하드웨어나 소프트웨어가 고장 나서 해커의 침입을 받을 수도 있고, 통신이나 전기가 중단될 수도 있고, 지진, 수해, 테러 등 불가항력의 사건이 일어날 수도 있다. 이렇게 은행에 손실을 가져오는 모든 유형의 리스크 사건을 통틀어 '운영 리스크'라고 부른다.

해외로 진출한 금융 회사, 요컨대 지점이든 현지 법인이든 현지에서 본점 그룹을 대표한다. 이 점은 은행을 등록할 때 잘 드러난다. 오스트레일리아에서 은행을 등록하면 다른 기업과 마찬가지로 ABN을 부여받는다. ABN은 국내 법인 등록 번호에 해당하고, 법인의 명칭과 같다. 공상은행 시드니 지점의 ABN은 'Industrial and Commercial Bank of China Limited'이고, 명칭에 '지점'이라는 뜻을 나타내는 단어가 없다. 또한 오스트레일리아 전역에서 이 명칭을 쓸 수 있다. 다시 말해서 오스트레일리아의 어느 주에서 2급 지점을 열어도 모두 이 명칭을 쓸 수 있는데, 주소지만 다를 뿐 사용하는 명칭은 반드시 일치해야 한다. 여기에서 알 수 있는 점은 중국계 은행의 해외 지점은 현지에서 지점을 대표하는 것은 물론이고 그룹 전체를 대표한다.

　　따라서 운영 리스크의 정의와 내용 면에서 해외 지점은 '바젤협약'이 제시한 범위보다 더 많이 신경 써야 한다. 앞에서 설명한 일곱 가지 유형의 리스크 사건 외에도 준법 리스크Compliance Risk, 업무 위탁Outsourcing, 자금 세탁 방지 리스크Anti Money Laundry Risk, 업무 발전의 지속성Business Continuity 등이 있고, '바젤협약'에서 다루어지지 않은 명예 리스크도 있다. 다시 말해서 신용 리스크, 시장 리스크 및 유동성 리스크 외에 기타 리스크는 모두 해외 지점이 관리해야 하는 운영 리스크 범위에 들어가므로 통일되게 관리해야 한다.

2. 운영 리스크 관리 체계와 프로세스

신용 리스크, 시장 리스크 등의 리스크 관리와 마찬가지로 운영 리스크 통제도 자체적인 체계와 프로세스, 통제 수단이 있다. 은행은 신용 리스크 관리와 마찬가지로 운영 리스크 관리도 관리자 그룹, 관리 위원회, 준법 감시인의 분리 및 삼중 방어 라인, 수직적인 집중 관리 등으로 이루어진다.

그럼 공상은행 시드니 지점을 예로 들어 운영 리스크 관리 체계와 프로세스에 대해서 알아보자.

[그림 3-4]에서 알 수 있는 것처럼 시드니 지점의 운영 리스크 관리 체계는 '삼중의 방어 라인'을 핵심으로 하는 것이 원칙이고, 기능에 따라서 부서를 각각 업무 라인, 리스크 관리 라인, 감독 라인으로 나눴다. 지점에서 운영 리스크 최고 결정 기관은 리스크 관리 위원회Risk Committee다. 리스크 관리 위원회는 운영 리스크 관리 정책, 프로세스 수립, 지점이 직면한 중대한 운영 리스크 사건에 대한 정기 심사를 책임지고, 이에 대한 예방 및 통제 조치를 수립하고 실시한다.

'삼중의 방어 라인'과 관계있는 부서와 기능은 다음과 같다.

첫 번째 방어 라인 _ 리스크 관리부 외의 모든 프론트오피스, 미들오피스, 백오피스 업무부, 예컨대 인력 자원, 회계, 시장, 재무, 영업부 등이 여기에 속한다. 이들 부서는 자신들이 속한 업무 영역의 운영 리스크를 직접적으로 통제하고, 관할 영역의 운영 리스크 사건을 식별 평가하고, 통제 관리하며, 운영 리스크 사건 기록부, 손실 사건 기록부 등을 통해서

[그림 3-4] 운영 리스크 관리 툴

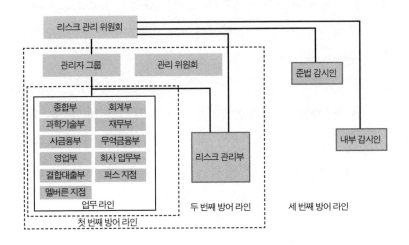

지점의 리스크 관리부에 운영 리스크 사건을 정기적으로 보고한다. 또한 리스크 등급에 따라서 자체 평가와 함께 통제, 관리한다.

두 번째 방어 라인 _ 리스크 관리부는 운영 리스크를 집중적으로 통제하는 부서다. 운영 리스크 관리의 주요 기능을 담당하며, 각각의 업무 라인에서 보고된 모든 운영 리스크 사건을 분류 평가하며, 보고 및 통제한다. 또한 독립적인 분석을 통해서 지점 경영에 직접적으로 영향을 준 10대 운영 리스크 사건을 선별해서 효과적인 통제 조치를 제시하고, 리스크 관리 위원회에 정기적으로 보고하며, 이후에도 리스크 통제 조치의 유효성을 감독한다. 아울러 히트 맵을 통해서 실시 효과를 감시한다.

2급 지점의 운영 리스크 사건도 시드니 지점의 리스크 관리부가 통일해서 관리한다. 이와 동시에 누적된 데이터를 통해서 모든 운영 리스크 사건을 전면적으로 분석하여 지점의 경영과 관계가 있는 핵심 리스크 지표KRI와 핵심 실행 지표KPI를 만들었다. 이밖에 리스크 관리부는 운영 리스크에 대한 교육을 정기적으로 진행해서 운영 리스크에 대한 전 직원의 예방 의식과 식별 능력을 높이고, 리스크 통제 수준을 끊임없이 향상시킨다.

세 번째 방어 라인 _ 세 번째 운영 리스크 방어 라인의 기능은 내부 통제와 내부 감시다. 세 번째 방어 라인은 주로 독립적인 시각에서 운영 리스크 체계를 감독한 뒤에 각각의 보고 라인을 통해서 지점장과 내부 심사부에 감독 내용을 보고한다.

3. 운영 리스크를 보고 듣다

운영 리스크 관리의 기본 틀과 운영 프로세스를 이해하려면 운영 리스크를 관리할 때 자주 쓰는 수단과 모형을 알 필요가 있다. 그럼 말이 나온 김에 운영 리스크의 관리 방법과 원칙에 대해서 알아보자.

시드니 지점은 운영 리스크 관리 방법이 분야는 다르지만 중의中醫의 문진 방법과 같다는 것을 발견했다. 중의는 수천 년의 역사를 가진 중국의 독창적인 의술이다. 중의의 정수는 '望聞問切망문문체, 對症下藥대증하약(환자의 병세를 보고, 듣고, 묻고, 맥을 짚어 진찰한 뒤에 병의 증상에 따라서 약을 처방함)'이라는 여덟 글자에 함축되었다.

시드니 지점은 운영 리스크 관리 프로세스에서 이 여덟 글자의 방침을 그대로 따랐다. 중의의 개념으로 설명하면 시드니 지점의 운영 리스크 관리는 효과적인 관리 체계를 갖추고 '병에 걸리기 전에 적극적으로 예방하고, 병에 걸렸을 때는 적극적으로 치료하고, 병이 나은 뒤에는 적극적으로 재검사를 하는' 방침을 실행해서 지점의 일상적인 운영을 건강하게 유지했다.

'망진望診'과 '문진聞診'이라는 두 고유명사는 환자의 기색, 형태, 혀 상태 등을 눈으로 관찰하고, 목소리와 기침, 호흡 소리, 어투를 귀로 듣는 것을 통해서 증상을 종합적으로 이해한 후 내장의 병리 변화를 판단하는 것이다. 진단할 때 가장 중요한 것은 전체성과 철저함이다.

운영 리스크에 대한 진단은 운영 리스크 사건 기록부Risk Register와 손실 사건 기록부Loss Register를 통해서 이루어진다.

운영 리스크 사건 기록부

구체적인 운영 리스크 사건을 채집하는 기초적인 수단인 운영 리스크 사건 기록부는 각 업무 라인에 대해서 관할 영역에 발생한 운영 리스크를 정기적으로 식별하고 보고할 것을 요구한다. 통계 내용에 따라서 기록부에는 크게 '리스크 사건, 리스크에 대한 고유의 평가, 통제 조치'의 3대 항목이 실린다.

① 리스크 사건은 주로 분류, 원인, 결과의 세 부분으로 이루어진다. 운영 리스크 사건의 분류는 '바젤협약'에서 제정된 7대 사건을 기초로 하고, 중분류와 소분류로 세분된다. 예를 들어, 시스템을 통해서 미지급

액을 정확하게 계산하지 못한 사건은 대분류에서는 '집행, 거래 및 프로세스 관리'에 속하고, 중분류에서는 '데이터 수집과 보호'에 속하고, 소분류에서는 '데이터를 수집할 수 없음'에 속한다. 나머지 2개 항목의 내용은 쉽게 이해할 수 있다.

먼저 '원인'은 어떤 운영 리스크 사건이 생긴 원인Trigger에 대해서 간략하게 서술한 것인데, 여기에는 사건이 발생한 직접적인 원인, 발생 빈도 및 주요 책임 부서와 직원 등이 포함된다. '결과'는 어떤 리스크 사건에 대한 평가를 기초로 이미 발생했거나 발생할 가능성이 있는 영향력을 종합한 것이다.

② 리스크에 대한 고유의 평가는 모든 리스크 사건의 가능성 Probability 및 영향Impact을 분석하고, 리스크 사건의 심각한 정도에 대해서 종합적으로 평가하는 것이다. 이 중에서 '영향'은 손실액과 명확한 평가를 포함하는데, 손실액은 구체적인 책임이 있는 업무부가 예측하여 계산하고, 명확한 평가는 리스크 사건으로 인한 고객 서비스, 평판, 감독에 대한 영향과 회복 난이도, 직원의 건강과 안전 등을 분석하는 것이다.

[고유 리스크 계산 방식]

가능성 × **영향 정도** = **심각성**Risk Severity

앞의 공식에서 알 수 있는 것처럼 리스크의 심각성Risk Severity은 가능성 및 영향 정도를 종합적으로 평가한 결과다. 리스크 사건의 강약 정도를 더 정확하게 구분하기 위해서 리스크를 서로 다른 색깔로 분류했는데, 심각성이 강한 정도에서 약한 정도 순으로 짙은 색, 옅은 색, 흰색으로 분류했다([그림 3-5] 참조).

[그림 3-5] 고유 리스크 분류

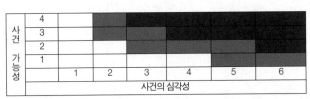

영향/잠재적인 영향

점수	정의
6	1,000만 위안 이상
5	500만 ~ 1,000만 위안
4	100만 ~ 500만 위안
3	25만 ~ 100만 위안
2	1만 ~ 25만 위안
1	1만 위안 미만

가능성

점수	정의
4	연간 12회 이상
3	연간 5~12회
2	연간 1~3회
1	연간 1회 미만

③ 통제 조치는 각각의 리스크 사건에 대해서 제시된 완화 요구이고, 핵심은 3W1H 원칙(Who, What, When, How)이다. 즉 누가 책임지고, 무엇을 실시하고, 언제 완성하고, 어떻게 실시할 것인지를 명확히 하는 것이다.

운영 리스크 손실 사건 기록부

운영 리스크 손실 사건 기록부는 운영 리스크 사건 기록부의 기능과 비슷하게 기초 사건을 수집하는 기능이 있다. 유일한 차이는 손실 사건 기록부는 실질적인 손실이 생긴 운영 리스크 사건에 대해서 통계를 내는 것이다.

손실의 원천에 따라서 손실 사건 기록부는 실질적 손실과 기회 손실의 두 부분으로 나뉜다. 실질적 손실은 이미 발생한 손실액을 가리키고, 기회 손실은 운영 리스크 사건 때문에 은행의 평판이 훼손되거나 법률 비용이 지불된 것을 가리킨다.

4. 운영 리스크를 묻고 맥을 짚다

보는 것과 듣는 것은 환자를 통해서 병상을 이해하는 것이라면 묻고 맥을 짚는 것은 의사가 적극적으로 진단하는 것이다. 운영 리스크 관리에서 묻고 진맥하는 것은 주로 리스크 통제에 대한 자체 평가(Risk Control Self - Assessment, RCSA)와 히트 맵을 통해서 이루어진다.

리스크 통제에 대한 자체 평가

리스크 통제에 대한 자체 평가, 즉 RCSA는 운영 리스크의 중요한 프로세스 및 수단을 발견하고 평가하는 것이다. RCSA는 은행 관리자 그룹, 운영 리스크 관리 담당자 및 각각의 업무 부서 사이의 연결고리이자 아래로부터 위로 의견이 전달되는 과정이다. 이 프로세스에서 업무 라인이 운영 리스크 사건을 발견하고 그것의 영향 정도와 리스크 등급 등을 자체 평가하면, 뒤이어 리스크 관리부가 업무 라인의 평가를 다시 독립적으로 평가 수정한 뒤 리스크 관리 위원회에 보고한다.

이 방법은 정보 전달의 원활함을 보장하고, 아래로부터 위로 의견이 전달되는 과정은 업무 부서가 운영 리스크를 중시하고 예방하는 효과를 높이는데 도움이 된다. [표 3-4]는 RCSA 모형의 샘플이다.

[표 3-4]에서 알 수 있는 것처럼 RCSA가 주로 고려한 것은 고유의 리

[표 3-4] RCSA 모형 샘플

* 이 표는 공상은행 시드니 지점이 현재 사용 중인 RCSA 평가표다. 은행이 운영 리스크를 자체적으로 통제, 평가하는 과정에 필요한 요소는 리스크 분류, 사건에 대한 서술, 통제 설계와 프로세스, 통제 조치 및 점수 평가 구간 등이다.

스크, 통제 조치, 잔존 리스크다. 리스크 사건에 대한 고유 리스크를 평가하는 것 외에 통제 조치의 유효성과 통제 이후에 잔존 리스크의 등급을 평가해 봄으로써 통제 효과 및 최종 리스크의 영향 등급을 알 수 있다.

[RCSA 공식]

잔존 리스크 = 고유 리스크 - 통제의 유효성 또는 고유 리스크 × (1 - 통제 유효성)

위의 공식에서 최종적인 잔존 리스크는 고유 리스크에서 통제의 유효성을 뺀 값이다. 이른바 고유 리스크가 가리키는 것은 통제 조치를 취하기 전에 운영 리스크 사건의 등급이고, 잔존 리스크는 통제 조치를 실시한 뒤의 최종 등급이다. 이 두 가지 리스크 평가 방법은 기본적으로 운영 리스크 사건 기록부의 평가 방법과 일치하므로 더 이상 설명하지 않겠다.

RCSA의 핵심 요소는 통제 조치, 특히 통제 조치의 유효성을 감독하는 것이다. 고유 리스크처럼 통제 조치의 평가 시스템도 2차원 행렬이다. 통제 조치의 평가 시스템은 리스크 통제 조치 설계의 합리성과 실행 정도를 종합적으로 평가하고(표 3-5 참조), 최종 등급은 1에서 12까지 나뉘며, 등급이 높을수록 유효성이 강하다.

[표 3-5] RCSA의 통제 조치 평가 행렬

통제 조치 설계의 합리성

점수	정의
1	완전히 완화된 리스크(95% 이상)
2	대부분 완화된 리스크(70~95%)
3	많이 완화된 리스크(40%~70%)
4	완화가 어려운 리스크(40% 미만)

통제 조치의 실시 정도

점수	정의
1	통제 조치가 완전히 계획대로 실시됨
2	통제 조치가 계획대로 실시됨
3	통제 조치가 계획대로 실시되지 않음

　　운영 리스크 관리 담당자는 각각의 업무 라인이 보고한 RCSA에 근거하여 보고 내용 및 평가 결과가 통제 조치의 유효성을 진실하게 반영했는지를 판단하고, 잔존 리스크의 최종 등급에 근거해서 등급이 높은 리스크 사건을 선택해 리스크 관리 위원회에 보고한다.

　　뒤의 [그림 3-6]에서 알 수 있는 것처럼 RCSA는 리스크의 유효성을 고, 중, 저 3단계로 나눈다. 잔존 리스크가 흰색 구역에 있으면 통제 가능한 리스크이고, 리스크 선호 범위 안에 속하며, 다음 번 RCSA 때 다시 평가할 필요가 없다. 잔존 리스크가 여전히 짙은 색이나 옅은 색 구역에 있으면 조치의 설계가 불합리한지, 아직 계획대로 실행되지 않았는지 각종 원인을 판단할 필요가 있고, 원인을 찾으면 조치를 다시 설계하거나 조정한다.

　　이밖에 다음 번 RCSA에서는 조정을 거친 조치의 실시 효과를 다시 평가한다. 이 방법은 운영 리스크 관리에 효과적인 선순환을 일으켜 은행이 수용할 수 있는 범위 안에서 각종 운영 리스크 사건을 통제할 수 있도록 돕는다.

[그림 3-6] RCSA 계산 원리

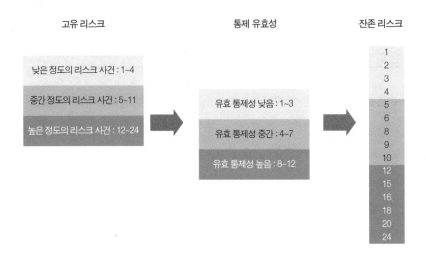

자체 평가와 통제하는 과정에서 리스크 관리부는 업무 라인과 지속적으로 소통해서 평가의 정확성, 완전성, 진실성을 확보하고, 미처 발견하지 못한 기타 중대한 운영 리스크 사건을 찾아내기 위해 세심하게 살펴볼 필요가 있다.

히트 맵

히트 맵Heat Map은 가장 먼저 회계 감사 영역에서 사용했다. 운영 리스크 관리에서 히트 맵은 주로 운영 리스크 사건의 고유 리스크Inherent Risks 및 잔존 리스크Residual Risks의 변화 추세를 분석하고 지점의 리스크 통제 능력의 유효성을 감독할 때 쓰인다. 운영 리스크는 완전히 소멸시키는 것은 불가능하고 오로지 통제만 할 수 있는데, 히트 맵은 정해진 조

[그림 3-7] 히트 맵

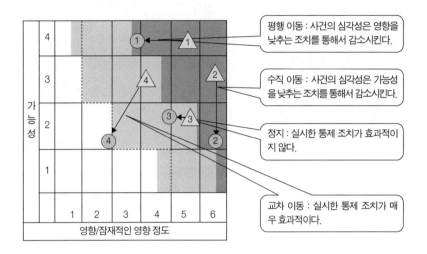

평행 이동 : 사건의 심각성은 영향을 낮추는 조치를 통해서 감소시킨다.

수직 이동 : 사건의 심각성은 가능성을 낮추는 조치를 통해서 감소시킨다.

정지 : 실시한 통제 조치가 효과적이지 않다.

교차 이동 : 실시한 통제 조치가 매우 효과적이다.

가능성

영향/잠재적인 영향 정도

치가 운영 리스크를 효과적으로 통제하는지 감독해서 최대한 빨리 리스크 사건을 짙은 색의 위험 구역에서 흰색의 안전 구역으로 이동시키도록 돕는다.

위의 [그림 3-7]에서 가로축은 사건의 영향, 세로축은 사건이 발생할 가능성, 삼각형은 사건의 고유 리스크, 원형은 사건의 잔존 리스크를 대표한다. 이밖에 짙은 색, 옅은 색, 흰색은 사건의 심각성 정도를 나타낸다. 리스크 사건의 변화 추세는 통제 지표의 유효성에 따라서 크게 네 가지로 나뉜다.

① 평행 이동. 사건 1은 통제 조치가 리스크 사건의 심각성을 효과적으로 떨어뜨렸지만, 사건 발생 가능성은 통제되지 않았기 때문에 잔존 리스크가 여전히 중간 정도 리스크의 옅은 색 구역에 머물러 있는 것을 설명한다.

② 수직 이동. 사건 2는 통제 조치가 리스크 사건 발생의 가능성을 효과적으로 떨어뜨렸지만, 사건의 영향 정도는 여전히 높아서 잔존 리스크도 옅은 색 구역에 존재하는 것을 설명한다.

③ 정지. 사건 3은 통제 조치가 리스크 발생 빈도와 영향 등급을 효과적으로 통제하지만, 사건의 리스크 등급을 낮추지 못한 것을 설명한다.

④ 교차 이동. 사건 4는 통제 조치가 리스크 사건의 영향 정도를 효과적으로 떨어뜨리고, 사건 발생의 가능성도 떨어뜨려 잔존 리스크를 흰색 구역 안에서 통제하는 것에 성공한 것을 설명한다.

5. 운영 리스크의 발전

운영 리스크 관리를 위한 체계를 만든 것은 머나먼 길의 첫 걸음을 뗀 것에 불과하다. 중국계 은행의 해외 지점에게 가장 중요한 것은 누적된 데이터를 통해서 리스크 지표를 찾고, 운영 리스크의 발생을 예측함으로써 중대한 리스크 사건을 미리 예방하는 것이다. 여기에서 누적된 데이터는 은행이 자주 쓰는 핵심 리스크 지표(Key Risk Indicator. KRI)를 가리킨다.

중국 은행 감독 관리 위원회가 발표한 '상업 은행 운영 리스크 관리 지침'에 따르면 운영 리스크의 핵심 리스크 지표는 어느 리스크 영역의 변화 상황을 정기적으로 감독한 통계 지표이다. 핵심 리스크 지표는 손실 사건을 일으킬 가능성이 있는 리스크 및 통제 조치를 검측할 때 쓰이고, 리스크 변화 상황이 반영되어 조기에 리스크를 경고하는 기능이 있다. KRI의 작업 원리는 운영 리스크 관리 담당자가 추상적이고 복잡한 운영 리스크를 직접적이고 명료한 정량적 지표로 전환해 정기적으로 감독, 조정하는 것을 통해서 중대한 운영 리스크 사건이 발생하는 것을 미리 예측함으로써 사전에 방지, 통제하는 것이다. KRI의 데이터베이스를 구축할 때 다음의 다섯 가지 방면에 공을 들였다.

첫 번째는 프로세스 중의 핵심 리스크 포인트 및 통제 조치를 구분하고, 업무 프로세스를 정리 분석해서 핵심 리스크 포인트 및 여기에 대응하는 리스크 통제 조치를 찾았다.

두 번째는 리스크 지표를 식별했다. 이미 발견한 핵심 리스크 포인트 및 리스크 통제 조치에 따라서 핵심 요소를 계산하고 지표 시스템을 만들었다.

세 번째는 핵심 통제 지표를 선택했다. 지표 시스템에서 업무에 대한 영향도가 높고, 리스크 사건과 관련도가 높고, 검측하기 쉬운 지표를 찾아 전문가의 판단과 결합해 핵심 리스크 지표 시스템을 구축했다.

네 번째는 핵심 지표의 정의 및 데이터 수집 절차를 명확히 하고, 핵심 리스크 지표 시스템을 구축한 후에 지표의 정의, 계산 규칙 및 데이터 수집 원칙을 명확히 하고, 데이터를 수집하는 구체적인 프로세스를 규범화했다.

다섯 번째는 핵심 리스크 지표의 조기 경고 수치를 확정했다. 조기 경고 수치는 '임계치'라 불리기도 하는데, 임계치는 핵심 리스크 통제 지표의 상한 또는 하한을 나타내고, 운영 리스크 지표의 심각성 정도(높음, 중간, 낮음)를 반영한다. 조기 경고 수치를 구축하려면 일상적인 업무에서의 발견, 지표 시스템의 추세 분석, 동업 간 평균 수준에 근거해서 상업 은행의 운영 리스크 전략, 리스크 관리 및 리스크 용인도를 충분히 고려할 필요가 있다.

효과적인 핵심 리스크 지표 시스템을 만들고 장기적으로 감독하면 리스크 사건에 대해서 조기에 경고할 수 있을 뿐더러 상업 은행의 리스크 관리 및 리스크 용인도가 한계치에 달했는지를 정확하게 알 수 있다. 데이터 누적량의 한계로 중국계 은행의 해외 지점이 지표 시스템을 구축하려면 여전히 긴 과정이 필요하고, 과도기의 KRI 시스템은 주로 본점의 지표를 따랐다.

오른쪽 [표 3-6]에서 시드니 지점이 현재 중점적으로 감독하는 KRI는 주로 생산 시스템 업무 서비스의 사용률, 실력 있는 직원의 이직률, 고객의 불만 접수 처리 건수, 소송 당한 금액, 안건 리스크율, 감독과 처벌로 인한 손실 금액의 여섯 가지 부문이 포함되었는데, 이들은 모두 공상은행 그룹의 감독 결과다.

앞에서 설명한 것처럼 운영 리스크의 특성상 은행은 운영 리스크의 발생 가능성과 영향력을 낮출 수 있지만 운영 리스크를 완전히 소멸시킬 수 없다. 시장 환경과 은행 서비스의 변화에 따라서 은행이 직면하는 운영 리스크도 나날이 복잡해지고 있다. 사실 운영 리스크 관리는 사람이 건강을 돌보는 것과 같아서 병이 났을 때, 뒤늦게 건강을 돌보면 안 되고 평소에 건강을 적극적으로 챙기고 몸을 보호해야 한다.

운영 리스크 관리도 같은 이치다. 은행은 내부적으로 효율적인 운영 리스크 관리 문화를 만들고, 전 직원을 대상으로 운영 리스크에 대한 단계별 맞춤형 전문 교육을 실시해 운영 리스크의 관리 이념, 운영 프로세스, 통제 방법, 리스크 관리 체계 등을 자세히 설명해야 한다. 이와 함께 최근에 동업종에서 발생한 중대 운영 리스크 사건을 사안별로 중점

[표 3-6] KRI 시스템 일람표

지표 명칭	지표 해석	지표 감독 빈도
생산 시스템 업무 서비스의 사용률	생산 시스템의 서비스 사용률과 안전성을 감독하고, 시스템 서비스가 중단되었을 때 고객이나 은행(회사)에 대한 서비스에 실수가 생기거나 중단될 리스크를 반영한다.	분기
실력 있는 직원의 이직률	4년제 대졸 학력을 가진 직원이 은행(회사)을 떠나는 상황을 감독하고, 관련 인원의 유실로 초래되는 리스크 관리 능력의 저하, 업무 운영 기술 부족, 업무 종사 자격 결함, 상품 판매 능력 저하로 인한 운영 손실, 사고, 규칙 위반으로 인한 처벌과 법률 소송 리스크를 조기 경고한다.	반기
고객의 불만 접수 처리 건수	은행(회사) 상품, 거래 경로 등에 대한 고객의 불만 제기 상황을 감독하고, 은행(회사)의 상품 설계, 서비스 프로세스와 관리 등의 부문에 존재하는 결함과 숨은 문제를 반영한다.	분기
고소 당한 금액	은행(회사)이 피고(제3자, 피신청인)인 고소 사건을 감독하고, 은행(회사)이 직면할 가능성이 있는 운영 리스크 손실을 반영한다. 은행(회사) 노동 쟁의 안건의 피소 상황을 감독하고, 노동 쟁의 소송 건에서 은행이 패소했을 때 떠안게 될 손실, 인원 유실, 평판 리스크에 대해서 조기 경고한다.	분기
안건 리스크율	은행(회사)의 안건 발생 상황을 감독하고, 은행(회사)의 중대한 내부 사기 리스크의 규모를 반영한다.	분기
감독과 처벌로 인한 손실액	감독 부서의 처벌로 인한 은행(회사)의 손실 상황을 감독하고, 은행(회사)의 준법 리스크, 자금 세탁 방지 리스크의 규모를 반영한다.	분기

설명해서 교육을 받는 직원들이 운영 리스크가 생기는 원인과 운영 리스크가 은행에 미치게 되는 영향을 더 깊이 있게 이해하도록 해야 한다. 또한 운영 리스크 관리를 강화하여 운영 리스크 사건에 대한 전체적인 식별, 평가, 통제, 관리 능력을 종합적으로 높여야 한다.

근본적으로 은행의 전 직원은 운영 리스크에 대한 식별 능력을 키우고, 보고 듣고 묻고 맥을 짚어 증상에 따라서 약을 처방하는 중의의 정수를 일상적인 운영 리스크 관리와 은행 업무에 적용해야 한다. 이를 통해 운영 리스크를 효과적으로 진단하고 통제할 수 있도록 업무의 모든 단계를 합리적으로 연결해야 한다.

[사례]　　**법을 지키는 것이 먼저이고, 소탐대실하지 말라**

2011년 초에 시드니 지점 영업부 직원들은 어느 중국계 기업이 투자한 현지 고객의 시드니 지점 계좌에서 돈이 이상하게 이체된 것을 발견하고 그날 즉시 지점의 준법 감시인에게 보고했다. 준법 감시인의 조사 결과 이 기업의 어느 고위 관리가 호텔에서 도박을 하고 돈을 잃자 그룹의 오스트레일리아 계좌에서 자금을 빼내 도박 빚을 갚은 것으로 드러났다.

조사 후 관련 부서와 준법 감시인은 신속하게 지점의 경영진에게 보고했다. 당시에 이 고객은 지점에서 몇 명 안 되는 현지 무역 금융의 큰 고객 중 한 명이었고, 지점이 처리하는 업무도 리스크가 낮고 안정적인 수익을 주는 신용장 업무였다. 하지만 이상 거래를 발견한 이상 이 문제를 어떻게 처리하느냐는 지점 경영진에게 큰 고민이 되었고, 보고를 받은 지점장은 리스크 관리 위원회를 긴급 소집해 이 문제의 해결 방안을 놓고 토론했다.

긍정적인 면에서 생각할 때 중국의 어느 대형 사유 광업 회사의 오스트레일리아 지사에서 일하는 이 고객은 네 곳의 관계 회사를 위해서 시드니 지점에 달러, 호주 달러, 홍콩 달러 등의 계좌를 여러 개 개설하고 지점에서 무역 금융 업무를 처리했다. 이 고객의 신용 기록은 매우 좋았고, 수입 신용장도 상호 직접적인 형식으로 처리해 규정에 따라서 일정한 비율로 보증금을 입금했다. 오스트레일리아 현지 무역 금융 업무는 평균적으로 현지 은행이 독점했기 때문에 당시에 지점의 현지 무역 금융 고객이 매우 적은 상황에서 이 고객은 무역 금융의 귀한 핵심 마케팅 대상이었다.

부정적인 면에서 생각할 때, 비록 일회성의 이상 이체였지만 금액이 수십만 호주 달러에 달했고, 사건의 성질도 매우 심각했다. 또한 이 사건은 해당 기업의 느슨한 내부 관리 구조와 공사를 구분하지 못하는 등의 가족 기업에 보편적으로 존재하는 문제가 반영되었고, 향후 상환 리스크를 초래할 가능성도 있었다. 더 중요한 점은 이것이 자금 세탁 범주에 드는 사건인데, 오스트레일리아는 자금 세탁 활동을 매우 엄격히 감독해서 의심스러운 거래, 테러와 자금 세탁에 관련된 거래가 포착되면 은행은 감독 기관에 보고해야 할 중요한 의무가 있다. 따라서 이 고객이 나중에 더 심각한 문제를 일으키면 지점은 작게는 벌금을 물거나 크게는 특수 은행 업무에 관한 권한을 잃을 수도 있다.

한 시간 반에 걸친 토론 끝에 위원회는 만장일치로 작은 것을 탐하다가 큰 것을 잃지 않기로 결정했다. 회의는 최종적으로 두 가지 사항을 결의했다. 첫 번째는 오스트레일리아 자금 세탁 방지 기관(Austac)에 이상 거래를 보고하고, 두 번째는 지점에 개설된 고객의 모든 계좌를 폐쇄하고 무역 금융 계약도 중지한다는 사실을 고객에게 통보하는 것이다.

같은 해 가을에 현지 언론은 이 기업이 오스트레일리아에서 내부자 거래를 하고 해외로 잠적했다는 놀라운 소식을 폭로했고, 오스트레일리아 증권투자위원회(ASIC)는 해당 기업의 고위 관리자 그룹 가족의 출국을 제한하고, 내부자 거래를 조사하겠다고 발표했다. 2012년 초에 시드니 지점은 ASIC로부터 계좌 정보, 거래 목록, 한도 사용 등 세부적인 문제에 관한 조사 협조 통지서를 받고 적극적으로 조사에 협조했다. 고객이 지점에서 개설한 계좌는 이미 완전히 폐쇄되었고, 의심 거래도 관련 기관에 즉시 보고했기 때문에 이 조사는 지점의 평판에 어떠한 영향도 주지 않았다. 2013년 초에 고객은 내부자 거래에 참여해 불법 이득을 취한 혐의로 피소되어 오스트레일리아 법원으로부터 실형을 선고받았다.

2013년 3월 22일에 중국 언론은 어느 모기업의 최고 경영자가 중대한 법적 갈등에 휘말렸다고 폭로했고, 외국 미디어 그룹도 여러 건의 자금 세탁 거래에 참여해 조사를 받았다. 이 같은 부정적인 영향으로 이들 그룹은 거의 파산할 수도 있는 리스크에 직면하고 말았다.

오스트레일리아에 있는 공상은행의 유일한 지점인 시드니 지점은 조기에 리스크의 근원을 발견하였고, 고객과의 거래를 끊어 공상은행의 이미지를 보호하는 동시에 '법을 지키는 것이 먼저'라는 경영 이념을 실제 행동으로 보여주었다.

4부
자금원 개척 전략
籌资开源战略

브랜드 이미지가 기업의 외적인 표현이라면, 브랜드 가치는 종합 경쟁력의 구체적인 표현이다. 2012년에 공상은행의 브랜드 가치는 415억1,800만 달러였고, 4회 연속 글로벌 금융 회사 브랜드 가치 순위에서 1위를 차지하여 글로벌 금융 시장과 세계적인 전문 기관으로부터 그 영향력을 충분히 인정받았다.

특히 세계화 과정에서 보여준 풍부한 브랜드 가치는 공상은행이 글로벌 경영에서 유리한 경쟁력을 갖추는 기틀이 되었다. 현지 금융 시장에서 시드니 지점은 예금 증서CD, 상업 어음CP, 중기채MTN를 발행하여 단기간에 합리적인 기간 구조, 원활한 통화 일치, 자금 조달 채널의 다원화 추세를 구축하였고, 공상은행 브랜드 가치의 우세를 자금의 우세로 전환하는 자금 조달 전략을 실현했다.

시드니 지점이 공들여 키운 '자체 수혈' 기능은 지점의 자산 업무에 유리한 조건을 만들어 본점에 대한 자금 의존도를 크게 낮췄으며, 외환 포지션에 대한 본점의 부담을 낮추어 본점의 외환 운용비를 절감시켰다. 또한 각종 채무 수단의 사용이 활발해지자 오스트레일리아 금융 시장에서 시드니 지점의 영향력이 눈에 띄게 높아져 공상은행의 브랜드 이미지를 크게 높였다.

1장

처음으로 맞은 글로벌 금융 위기
初来乍到, 正值国际金融危机

2008년 개점 이후에 시드니 지점은 장기간 지속된 글로벌 금융 위기 속에서 눈 깜짝 할 사이에 대여섯 해를 보냈다. 지난 5~6년 동안 금융 위기는 다양한 방면에서 지구촌 사람들의 생활에 영향을 주었지만 지금도 세계 경제는 피로감을 느끼며 여전히 위기의 진흙탕에서 발버둥 치는 중이다. 돌이켜보면 어려운 순간도 있었지만 공상은행이 오스트레일리아에서 자금을 조달하는 업무는 기복이 극심한 금융 위기 상황에서도 나날이 성장했다.

1. 복 속에 화가 있고, 화 속에 복이 있다

은행의 브랜드는 신용의 운반체다. 시드니 지점이 설립된 초기에 전 세계는 지독한 금융 위기를 앓았고, 유럽과 미국의 경제가 서브 프라임 모기지 늪에 빠지자 투자자들은 신흥 시장, 특히 브릭스(BRICs. 2000년대를 전후해 빠른 경제성장을 거듭하고 있는 브라질·러시아·인도·중국·남아프리카공화국의 신흥경제 5국을 일컫는 경제 용어) 국가 중의 하나인 중국으로 서서히 눈길을 돌렸다. 사실 글로벌 금융 위기의 조기 신호는 이미 2007년 하반기부터 나타났지만, 당시에 업계 인사들은 전례 없는 호황에 눈이 멀어 미처 잠재적인 유동성 리스크를 살피지 못했다. 그런 와중에 미국의 부동산 거품이 빠지기 시작하고, 서브 프라임 위기가 터지자 투자자들은 주택 저당 증권에 대한 신뢰를 잃었다.

뒤이어 일어난 유동성 위기에 중앙은행은 금융 시장에 수차례 거액의 자금을 투입했지만, 끝내 금융 위기를 막지 못했다. 2008년 9월부터 통제 범위를 벗어난 금융 위기에 미국의 대형 금융 회사들은 파산하거나 정부에 인수되었고, 위기는 순식간에 전 세계로 퍼졌다.

이처럼 열악한 경제 환경에서 금융 회사를 설립하는 것은 지극히 어려운 일이고, 이것이 복이 될지 화가 될지는 아무도 모른다. 당시에 시드니 지점은 환경을 원망하거나 위기 상황에 허둥대지 않고 침착하게 대응해 글로벌 시장 및 오스트레일리아의 경제와 금융 시장의 상황을 냉정하게 객관적으로 분석했고, 대출 시장에서 기회를 찾아 성장의 발판을 마련했다.

오스트레일리아의 금융 제도는 비교적 완벽하고, 금융 감독 시스템도 매우 효율적이고 투명하다. 오스트레일리아에서 활동하는 금융 회사들은 자기자본비율이 높고, 미국이나 유럽의 금융 회사들과 달리 시스템 운영이 보수적이다. 또한 미국의 후순위채 및 관련 자산을 많이 보유하지 않아서 금융 위기 때 직접적인 손실이 적었다.

1부(들어가는 글)에서 설명한 것처럼 오스트레일리아 경제가 글로벌 금융 위기의 영향을 받고 침체에 빠지는 것을 막기 위해서 오스트레일리아 정부는 각종 조치를 취해 경제 성장을 자극했고, 글로벌 경제가 피로에 지치고 금융 위기의 폭풍이 휘몰아칠 때 오스트레일리아 준비은행은 물가 안정 목표를 엄격하게 관리하며 통화 정책을 적극적으로 수정했다. 비록 오스트레일리아 경제도 전 세계적인 금융 위기를 완전히 비켜갈 수는 없었지만, 오스트레일리아 정부는 지난 17년 동안 경제를 발전시키며 쌓은 경제 컨트롤 노하우와 강력한 재정 관리 능력을 바탕으로 더 많은 조치를 취해 전 세계적인 충격에 대응했다.

대출 시장도 마찬가지다. 해외 대출 시장의 유동성 결핍은 은행 간 단기 대출의 가격을 높여 높은 비용을 지불할 의사가 있다고 해서 반드시 자금을 모을 수 있는 것은 아니었다. 그리고 오스트레일리아 대출 시장도 수중에 돈을 쥐고 있는 것이 가장 안전하다는 신중한 분위기였다.

이밖에 유럽의 대형 금융 회사들도 모국의 문제 때문에 자금을 제공하는 신세에서 빌리는 신세가 되어 현지 시장에 대출 수요를 높였다. 또한 주식 가치의 하락은 여러 기금의 자산을 축소시켜 금융 시장의 자금 공급(오스트레일리아는 전 세계에서 가장 큰 캐시 풀링 - 계열사 간 여유 자금을 순환해 단기간 은행 거래에 사용하는 시스템 - 을 보유한 국가임)에 영향을 줬다. 하지만 국제 투자자들은 상대적으로 경제가 안정적이고, 신용 등급이 AAA이며, 선진국 중에서 금리가 가장 높은 오스트레일리아에 투자하고 싶어 했다. 특히 채권 시장에 투자해 높은 수익을 얻는 동시에 리스크를 분산해 금융 시장의 불확실성을 회피했다.

이런 경영 환경에서 '자금원 개척'은 공상은행 시드니 지점의 성장을 이끄는 핵심 목표가 되었다. 대출 채널을 개척하고, 상품의 종류를 다양화하며, 대출 규모를 키우고, 대출 비용을 낮추는 것은 시드니 지점의 자금원 개척 전략이 되었다. 자금원 개척은 금융 위기의 산물이요, 중국계 은행이 해외에서 지속적인 성장을 이끌어 내는 중요한 구성 요소다.

2. 큰 나무 밑이 시원하다?

오스트레일리아 현지 감독 기관의 유동성 리스크 관리 요구를 따르고, 오스트레일리아 금융 시장의 안정을 위해서 해외의 본점은 오스트레일리아 지점에 무조건적인 유동성 자금을 지원해야 한다. 공상은행 본점도 이러한 요구에 따라서 시드니 지점에 무조건적으로 유동성 자금을 제공하겠다는 동의서를 오스트레일리아 건전성감독청에 제출했다. 유동성 자금 제공 약속은 시드니 지점 설립을 위한 필요조건 중의 하나다.

금융 위기 때 공상은행은 경제 위기의 심각한 영향을 받지 않았고, 복잡한 경영 환경에서도 여전히 큰 폭의 수익 성장을 실현했다. 2008년에 공상은행의 세후 수익은 한 해에 35.6% 성장해 2003년에 국제 회계 기준을 도입한 이후 줄곧 높은 성장률을 유지했고, 연간 복합 성장률도 37.6%에 달했다. 금융 위기는 도리어 공상은행을 전 세계에서 가장 큰 이윤을 얻고, 성장 가능성이 가장 높은 글로벌 대형 은행 중의 하나로 만들었다.

시드니 지점은 눈부신 경영 실적을 가진 '본점'이라는 큰 나무에 기대어 글로벌 금융 위기를 잘 넘길 자신이 있었다. 하지만 그렇다고 아예 걱정이 없는 것은 아니었다.

먼저 본점은 금융 위기라는 악조건에서 놀라운 실적을 쌓았지만, 2008년은 전 세계적으로 유동성이 크게 위축되어 본점도 외화 유동성 부족에서 자유롭지 않았다. 또한 위안화 절상에 대한 기대로 기업과 개인이 대량의 달러 예금을 위안화 예금으로 전환해 달러 예금이 크게 줄었고, 위안화에 대한 국내 상업 은행의 지급준비율이 올라 각 은행의 외환 포지션이 전례 없이 불안한 상황이었다.

중국의 달러 단기 대출 가격은 올라서 떨어지지 않았고, 은행간 콜 머니도 리보 +10%로 올랐다. 이와 동시에 중국계 은행의 해외 지점은 현지 금융 위기의 압력을 받아 속속 본점에 외환 자금 지원을 요청했지만, 외환 자금이 불안정한 상황에서 이 요청은 본점에 큰 압력으로 작용했다.

다음으로 오스트레일리아 현지 감독 기관은 외국계 은행 지점의 본점이 지점에 무조건적인 자금 지원을 하도록 요구했지만, 이것은 글로벌 위기 상황에서 취할 수 있는 긴급 조치를 가정한 것이었다. 장기적으로 생각할 때, 오스트레일리아 금융 감독 기관은 자국에 개설된 외국계 은행이 해외 본점의 자금 지원에 지나치게 의존하는 것을 원치 않는다. 외국계 은행 또는 지점 스스로 자금원을 다양화하고, 자산 부채의 구조를 합리적으로 만들어 잠재적인 유동성 리스크 문제가 생겼을 때 자체적으로 해결하기를 원한다.

마지막으로 시드니 지점은 처음 설립되었을 때, 현지 시장에서 입지를 굳히기 위해서는 반드시 공상은행의 브랜드를 정착시켜야 했다. 만약에 현지 자금 업무로 현지 시장에 참여하지 않고 본점의 자금 지원에만 기대어 업무를 운영하면 지점의 역량을 키울 수 없을뿐더러 지점의 성장 속도도 제한된다.

때문에 시드니 지점은 큰 나무 그늘에서 안주하지 않고 위기가 주는 경고를 관찰했다. 금융 시장은 순식간에 변하지만 기회도 많으므로, 그러한 기회를 찾아내 자금원을 개척해야 한다.

3. 하늘은 스스로 돕는 자를 돕는다

2006년, 증시에 상장한 뒤로 공상은행의 글로벌 행보는 눈에 띄게 빨라졌고, 지점망의 범위도 크게 넓어졌다. 이전까지 해외 지점은 본점의 자금 지원 외에 주로 통화 시장의 단기 대출과 고객 예금의 두 경로를 통해서 자금을 조달했다. 시드니 지점은 개점 초기에 중국계 은행의 국제화 전략 실천 과정을 통해서 은행의 해외 지점망이 빠르게 확장될수록 자금원을 해결하는 것이 중요하고, 이 문제를 해결하지 못하면 해외 지점의 자산 업무가 슬럼프에 빠지게 된다는 것을 알았다.

설립된 지 얼마 안 된 중국계 은행의 해외 지점에게 본점이 외환 자금을 지원하는 것은 필수 코스다. 특히 해외 지점이 현지에 뿌리를 내리는 2년 동안은 본점의 지원이 필요하다. 하지만 이 필수 코스가 영원한 길이 되어서는 안 된다. 해외 지점이 점점 늘어나는 가운데, 모든 해외 지점이 본점의 자금 지원에 의지해서 성장을 도모하려는 것은 현실적이지도 않고 장기 계획에 어울리지도 않는다. 금융 위기가 발생한 뒤에 공상은행도 국제화 전략과 관련 정책에서 해외 지점이 자체적으로 자금을 조달하는 목표를 정했다. 이러한 목표 아래 해외 지점이 다양한 방법을 동원해서 자체적인 자금 조달 비율을 높이고, 최대한 빨리 현지 시장에 적응해 업무 운영의 현지화를 실현할 것을 독려했다.

개점 초기에 시드니 지점은 제한된 업무 규모 때문에 본점의 자금 지원에 의존해 운영 자금을 충당했다. 하지만 현지 시장에 대한 이해가 커지고 상품 종류도 많아지자 지점의 자산 규모도 두 배로 불어났다. 자금 압박을 받을 때는 반드시 자금 지원의 뒷받침이 필요한데, 그렇지 않으면 업무가 제대로 발전하지 않는다. 따라서 자금 조달 전략은 반드시 필요하다. 시드니 지점은 가장 중요한 개점 첫해에 향후 몇 년 동안의 자금원 개척 방안을 수립하고 발전 계획을 세웠다.

자금원을 개척할 때 시드니 지점은 세 가지의 전제 조건을 정했다. 반드시 자체적으로 해결하고, 반드시 새로운 것을 창조하며, 반드시 자금원을 넓힌다. 진취적으로 끊임없이 개척하면 업무는 지속적으로 발전한다. 자금원 개척 전략은 지점의 자산 업무와 결합해서 발전시켜야 한다. 현지와 해외 여러 시장에서 다양한 대출 수단을 쓰고, 통화 종류, 기한, 자금원 등을 다양화하고, 자체적인 자금 조달 기능, 자체적인 조달 역량을 키우면 지점의 업무 발전은 선순환 궤도에 진입한다.

금융 위기는 한 시대를 끝내고 기존의 금융 구조를 깨뜨려 신흥 시장에서 성장한 공상은행에 새로운 빛을 비추었다. 앞으로 나아가려면 동력이 있어야 한다. 자금원 개척은 시드니 지점의 자산을 확장시키는 동력의 중요한 원천이다.

실력으로 NCD를 발행하다
小试牛刀, 尝试发行NCD

양도성 예금 증서(Negotiable Certificate of Deposit, NCD)는 은행이 예금자로부터 예금을 받을 때 주는 일종의 전자 예금 증서다. 여기에서 예금자는 기업, 개인, 기관을 가리킨다. 이 예금 증서는 양도의 성질이 있어서 예금자가 예금 기간 내에 제3자에게 예금 증서를 자유롭게 양도할 수 있는 고유동성 통화 시장의 상품이다.

어쩌면 NCD는 중국계 금융 회사에게 매우 낯설 것이다. 하지만 오스트레일리아 대출 시장에서 NCD는 가장 많이 사용하는 단기 대출 수단이고, 콜머니는 하룻밤 또는 협상 자금이 융통되는 상황에서 사용한다. 이유가 어떻든 NCD는 다음과 같은 몇 가지 특징이 있다.

첫째, 유동성이 풍부한 오스트레일리아 대출 시장에서 NCD는 단기 대출 수단 중의 하나이자 금융 회사가 단기 대출을 할 때 가장 먼저 선택하는 수단이다.

둘째, 이 책의 1부(들어가는 글)에서 설명한 것처럼 오스트레일리아 건전성감독청은 정식 예금 기관에 부채 중 최저 9%의 고유동성 자산을 보유하도록 요구하는데, NCD는 오스트레일리아 건전성감독청이 인정하는 고유동성 자산이다. 따라서 현지 금융 회사가 왜 NCD를 발행해서 단기 대출을 하는지 이해가 될 것이다. NCD를 구매하는 것은 자금을 직접적으로 주는 것이 아니다.

셋째, NCD는 콜머니보다 더 안전하다. NCD는 각 금융 기관을 통해서 오스트레일리아 준비은행의 결제 계정에서 결제가 진행되기 때문에 지불을 증명할 수 있다. 또한 준비은행이 중간인 역할을 맡아 예금 증서를 위탁 관리하기 때문에 결제 리스크가 매우 낮다.

이상의 특징에서 알 수 있듯이 NCD는 현지 대출 시장에서 매우 중요한 위치를 차지하고 있으며, 시드니 지점 자금원의 중요한 통로가 될 것이다.

1. 처녀항해에 나선 일엽편주

2008년 말, 시드니 지점은 해외 시장의 콜머니에만 의존하면 지점의 자금원 집중도 리스크가 계속해서 높아진다는 것을 발견했다. 더욱이 지점이 개업 초기에 수립한 3개년 업무 발전 계획에 따르면, 당시에 자금 조달 방식은 자산 증가에 큰 힘이 되지 않았고, 유동성 리스크가 발생할 가능성이 숨어 있었다. 이들 고려 요소는 관리자 그룹의 월례회의 때 충분히 토론되어 현지 대출 시장 개척, 자금 조달 채널 분산이 2009년의 첫 번째 임무로 정해졌고, 이로써 지점의 NCD 업무가 성장의 길을 걷기 시작했다.

시드니 지점은 개업 후 4개월이 지날 즈음인 2009년 1월 6일에 오스트레일리아 은행간 금융 시장에서 1천만 호주 달러, 3개월 기한의 첫 번째 NCD를 팔았고, 투자자는 일본의 미쓰이스미토모은행이었다. 첫 번째 NCD 발행의 성공은 지점이 마케팅을 한 결과였다. 일본의 미쓰이스미토모은행에 마케팅을 시도하기로 결정한 것은 두 은행의 배경이 서로 비슷하고, 둘 다 오스트레일리아에 진출한 아시아의 금융 회사이며, 경영 방식이 비슷해서 상대적으로 시드니 지점을 잘 이해하고 받아들일 것이라고 판단했기 때문이다. 테스트나 마찬가지였던 이번 발행은 지점이 NCD를 발행하는 구체적인 프로세스 및 시장의 관례를 이해하는데 도움이 되었다.

통상적으로 NCD는 오전 9시 30분 전에 발행과 거래가 이루어졌고, 은행은 콜 자금 포지션 및 만기 갭을 어림잡아 계산한 뒤에 은행간 금융 시장에서 운영했다. 각 은행의 통화 시장 딜러는 전화로 NCD의 가격, 기한, 금액을 확인하고, 거래 확인서는 이메일을 통해서 발송했다. 하지만 이것은 비교적 신중한 방법이고, 일반적인 상황에서는 거래 확인서가 없는 것이 시장의 불문율이다.

거래 지침은 거래 성사를 확인한 뒤에 은행 내부에서 결제부로 발송하면 결제부 직원은 오스트레일리아 예탁결제 시스템Austraclear에 예금증서 데이터를 만든다. 그러면 시스템이 자동적으로 예금증서를 예탁하고 결제를 마친다. 예탁결제 시스템의 NCD 예탁 관리는 '종신제'다. 다시 말해서 몇 번을 양도하든 NCD는 계속해서 시스템에 예탁된다. 대다수의 은행간 거래에서 예탁결제 시스템은 없으면 안 되는 고리이다. 하지만 NCD를 구매할 때 회사와 개인 고객은 예탁결제 시스템의 회원이 아니라서 발행 기관과 전매轉賣 기관이 대신 예탁한다.

현지 금융 시장에 대한 인식이 깊어지고 현지 금융 회사들과의 상호 작용이 강해지자 시드니 지점의 NCD 업무도 빠르게 발전했다. 단일 금액이 처음의 1천만 호주 달러에서 5천만 호주 달러로 높아졌고, 기한도 6개월 이내로 길어졌으며, 투자자 유형도 상업 은행, 정부의 대출, 투자 은행, 기금, 노년 연금 등의 각종 금융 기관 및 텔스트라(오스트레일리아의 통신기업) 같은 대형 오스트레일리아 기업으로까지 확대되었다. NCD 업무의 발전 과정은 오스트레일리아의 현지 기관과 기업이 공상은행 시드니 지점을 알아 가는 과정이라고 해도 과언이 아니다.

2. 2개의 큰 산에 가로막히다

시드니 지점의 NCD 업무가 마냥 순조롭게 발전한 것만은 아니다. 발행 초기에는 한동안 어려움을 겪었지만, 2009년 말부터 정상적인 궤도에 진입했다. NCD 업무 초기에 2개의 큰 산이 지점의 앞을 가로막고 있었으니, 하나는 가격을 어떻게 정하느냐는 것이고, 다른 하나는 어떻게 하면 현지 시장의 투자자가 시장에 새로 진입한 시드니 지점을 받아들이도록 만드냐는 것이었다. 이 두 가지 문제는 시드니 지점은 물론이고 오스트레일리아에서 발전의 기회를 찾는 여러 해외 은행을 고민에 빠뜨렸다.

대출 수단의 발행 가격은 주로 발행 주체의 국가 리스크 및 자체적인 신용 리스크에 의해서 결정된다. 예컨대, 통상적인 상황에서 신용 등급이 높은 발행 주체의 채권 가격은 신용 등급이 낮은 발행 주체의 채권 가격보다 높다(수익률이 낮음). 하지만 이것은 발행 주체의 신용 상황과 밀접한 관계가 있는데, 신용 등급이 AAA인 발행 주체의 채권 가격은 신용 등급이 A인 발행 주체의 채권 가격보다 높다.

당시에 시드니 지점은 NCD 발행 방식을 이용해서 오스트레일리아 현지 시장에서 은행간 대출을 진행한 첫 번째 중국계 은행이다. 비록 현지 시장 참여 경험이 부족해서 본점의 신용 등급이 지점의 가격 결정을 이끌었지만, 모국의 국가 리스크 프리미엄은 참고가 되지 않았다.

시드니 지점의 가격 결정은 신용 등급이 같은 오스트레일리아 현지 은행, 예를 들어 선콥Suncorp과 같아야 할까? 아니면 신용 등급이 같은 다른 해외 은행의 오스트레일리아 지점, 예를 들어 뱅크 오브 아메리카, JP모건, 바클레이즈와 같아야 할까? 또는 아시아 은행의 오스트레일리아 지점, 예를 들어 싱가포르의 화교은행, 일본의 미쓰이스미토모은행과 비교해야 할까? 시드니 지점은 처음에 어디에서부터 시작해야 할지 몰라 암흑 속에서 지표를 찾는 것처럼 답답했다. 하지만 완전히 낯선 곳에서 생존하려면 두려움을 모르는 도전 정신이 필요하다.

시드니 지점은 마켓 리서치를 통해서 가격 결정 시스템을 확립할 수 있는 기초적인 데이터베이스를 얻었고, 이 데이터베이스를 통해서 현지 시장에서 각각의 금융 기관이 발행한 서로 다른 기한의 NCD 가격 수준을 파악했다. 이후 시드니 지점은 이들 가격을 서로 다른 곡선으로 만들고, 곡선 옆에 발행 주체의 신용 등급 및 국가 상황을 적은 뒤에 시드니 지점의 실제 상황에 가장 근접한 두 곡선에서 더할 것은 더하고 뺄 것은 빼서 자체적으로 가격 곡선을 만들었다. 물론 처음이었기 때문에, 발행 가격은 시드니 지점이 예상했던 것보다 더 높았지만 이렇게 해서 첫 번째 산을 넘었다.

새로 사귄 친구는 일정한 시간을 함께 보내며 상대방을 더 잘 이해할 필요가 있고, 신뢰를 쌓고 싶은 신입 유학생은 일정한 기간 동안 생활하며 현지 사회에 적응하면서 이국적인 아름다움을 발견할 필요가 있다. 새로 담근 포도주는 일정한 시간 동안 숙성시켜야 잊을 수 없는 더 짙은 향을 내는 것처럼 말이다.

두 번째 산은 어디에나 존재했다. 시드니 지점이 오스트레일리아 금융 시장에 갓 진입했을 때, 현지 은행들은 공상은행을 잘 몰랐다. 공상은행의 영문명인 ICBC와 타이완 짜오펑 국제 상업은행의 영문명인 Mega ICBC가 비슷해서 타이완 은행이라고 생각할 정도였다. 만약에 오스트레일리아에서 활동하는 대형 은행이 시드니 지점을 이 정도로 이해하면 현지의 다른 투자자, 예를 들어 기금, 노년 연금, 정부 대출 등은 시드니 지점에 대한 개념이 전혀 없다고 봐야 한다.

시장 인지도 면에서 오스트레일리아의 투자자들은 유럽이나 미국계 은행이 발행한 NCD를 구매하는 경향이 있고, 다음으로 현지에서 오랫동안 경영한 기타 아시아 은행을 선택한다. 아마도 시드니 지점은 가장 후순위의 투자 대상으로 고려할 것이다. 대출 심사 문제도 마찬가지다. 투자자들은 NCD를 구매하기 전에 먼저 발행 주체에 한도를 제시할 필요가 있는데, 발행 주체를 이해하지 못하는 상황에서 투자자는 투자 한도를 제시하지 않으려고 한다.

이런 낯선 환경에서 시드니 지점은 어려운 상황을 바꾸기 위해서 일련의 조치를 취하기 시작했고, 가장 먼저 거래실 직원들이 대상이 되었다. 사실 개점 초기에 인력의 제한으로 거래실 직원은 1명의 책임자와 2명의 딜러가 전부였다. 그럼 당시에 시드니 지점이 어떻게 두 번째 산을 넘는 어려움을 겪었는지 알아보자.

먼저 시장 조사에 공을 들여 주 정부의 대출, 비은행 금융 기관 같은 자금이 풍부한 고객층을 찾았다. 이들 기관은 자본 감독을 엄격하게 요구하지 않는 동시에 순 투자자 및 자본적 지출을 하는 기관이었다.

다음으로 맞춤형 마케팅을 실시했다. 첫 번째로 글로벌 금융 위기에 예금 고객의 심리가 공황 상태에 빠진 특징을 이용했는데, 중국 경제가 안정적으로 성장하는 점을 홍보해 이들의 눈길을 끌었다. 두 번째로 전 세계 많은 은행들의 신용 등급과 금리가 떨어질 때 공상은행의 신용 등급이 오르고, 이익이 오랫동안 안정적으로 성장한 사실을 들어 시드니 지점 예금 증서의 안정성을 고객들에게 설명했다. 물론 고급 관리자들도 여러 은행을 방문해서 서로에 대한 이해와 신뢰를 높였고, 현지 은행들이 시드니 지점의 우정과 진실성을 알아주자 예금 증서 업무는 더욱 순조롭게 발전해갔다.

마지막으로 가격에 공을 들였다. 투자자가 가장 먼저 고려하는 것은 수익률이고, 수익률이 높으면 낮은 지명도나 신용 등급과 타협한다. 시드니 지점의 NCD 가격은 시장에 따라서 변동하지 않았고, 핵심 고객에게 금리를 적당히 양보함으로써 장기적인 협력 관계를 쌓았다.

지금까지 설명한 두 가지 어려움은 NCD 업무를 진행할 때만 겪는 특유의 어려움이 아니었다. 시드니 지점은 훗날 호주 달러 중기 어음을 발행할 때도 비슷한 상황을 겪었지만, 결국에는 모두 해결했다. 어려움을 어떻게 해결했느냐는 다음 3장(전 직원이 방법을 모색하고, 과감하게 ECP를 도입하다)에서 자세히 소개하겠다. 시드니 지점의 선행 경험은 뒤이어 진출한 중국계 은행이 대출 업무를 시작할 때 좋은 본보기가 되었다.

3. 연잎이 날카로운 뿔을 드러내다

시드니 지점은 기타 외국 자본 금융 기관의 오스트레일리아 지점과 마찬가지로 자금의 만기 불일치 리스크를 겪었다. 통상적으로 단기 자금으로 장기 신용 자산을 지탱하기 때문에 단기 대출 능력은 매우 중요하다. 이밖에 오스트레일리아에서 은행업을 하려면 은행의 자산 부채표에 반드시 호주 달러 신용 자산이 있어야 한다. 오스트레일리아 자산이 해외 달러 자금을 통해서 지탱되면 대출 비용과 스와프 비용이 매우 많이 든다. 따라서 NCD는 호주 달러 단기 대출의 가장 중요한 수단으로써 시드니 지점이 성장하는데 크게 공헌했다.

오른쪽의 [표 4-1]은 시드니 지점이 2011년의 어느 달에 고객에게 발행한 각 기한의 NCD 발행 가격을 현지 금융 기관과 비교한 것이다. 시드니 지점은 대표성이 있는 2곳의 현지 은행을 선택했는데, 일본의 미쓰이스이토모은행은 오스트레일리아에서 활동하는 외국 자본 금융 기관을 대표하고, ANZ은행은 오스트레일리아 현지의 4대 상업 은행을 대표한다.

[표 4-1]에서 알 수 있는 점은 시드니 지점이 발행한 가격은 ANZ은행이 발행한 가격보다 평균적으로 15bps 높지만, 일본의 미쓰이스미토모은행이 발행한 가격보다 평균적으로 5bps 높다. 서로 다른 금리 차이는 앞에서 설명한 업무를 발전시키는 과정에서 직면하는 가격 결정 및 경험이 없는 두 가지 어려움, 시드니 지점이 취해야 하는 가격 결정 전략을 반영한다. 주의할 점은 기한은 최장 6개월이어야 하는데, NCD는 단기 대출 수단의 일종이자 오스트레일리아의 은행간 호주 달러 기준 금

[표 4-1] 시드니 지점이 발행한 NCD 가격 예시(2011년 월간 데이터)

기한	시드니 지점	미쓰이스미토모은행	ANZ은행
1개월	BBSW + 5bps	BBSW + 3bps	BBSW + 0bos
2개월	BBSW + 10bps	BBSW + 5bps	BBSW + 0bps
3개월	BBSW + 12bps	BBSW + 8bps	BBSW + 0bps
4개월	BBSW + 15bps	BBSW + 10bps	BBSW + 1bps
5개월	BBSW + 18bps	BBSW + 12bps	BBSW + 1bps
6개월	BBSW + 22bps	BBSW + 15bps	BBSW + 2bps

* BBSW의 전체 명칭은 'Bank Bill Swap Rate', 즉 은행 어음 스와프 금리다. 은행 어음 스와프 금리는 오스트레일리아 은행간 호주 달러 단기 대출의 기준 금리이고, 리보와 비슷하다.

리의 기한도 최장 6개월이다.

비록 NCD는 호주 달러의 단기 대출 수단이다. 하지만 해외에서 활동하는 중국계 은행의 자산 부채표에서 미국 달러 자산이 차지하는 비중이 절반이 넘는 상황에서 NCD는 호주 달러 자산의 대출 문제를 해결하지만, 미국 달러 자산을 발전시키는 '최고의 궁합Perfect Match'은 아니다.

시드니 지점의 부채 업무 발전 전략 중에서 대출 채널의 확장이 의미하는 것은 NCD 업무는 물론이고 각 종류의 자금 조달 업무를 크게 발전시키는 것이고, NCD는 부채 업무의 시작에 불과하다.

3장

전 직원이 방법을 모색하고, 과감하게 ECP를 도입하다
上下求索, 大胆引进ECP

NCD 발행에 성공했다는 점은 공상은행 브랜드가 현지 시장에서 인정받았다는 것을 의미한다. 2010년 11월에 시드니 지점은 또 다시 유로기업어음ECP을 발행하는데 성공했다. 이로써 시드니 지점은 오스트레일리아에서 처음으로 유로기업어음 시장에 진출한 중국계 은행이 되어 부채 업무의 새로운 길을 열었다. 유로기업어음Euro Commercial Paper 프로젝트의 성공은 시드니 지점의 부채 업무 발전에 이정표가 되었는데, 총금액이 무려 9억 달러에 달했다. 이 프로젝트의 성공은 시드니 지점의 대출 채널을 확대시키는 동시에 지점의 금리 비용과 조세 비용 같은 해외 대출 비용을 크게 낮췄다.

오른쪽의 [표 4-2]는 2010년 말에 달러에 대한 지점의 은행간 단기 대출과 ECP 대출 비용을 비교한 것이다. 두 대출 방식의 평균 금리 차는 30bps로, ECP 대출이 더 우세한 것을 알 수 있다.

[표 4-2] 해외 은행간 단기 대출과 ECP 금리 차 비교

기한	해외 은행간 단기 대출	ECP
3개월	리보 + 55bps	리보 + 30bps
6개월	리보 + 60bps	리보 + 35bps
9개월	리보 + 70bps	리보 + 35bps
12개월	리보 + 75bps	리보 + 40bps

ECP는 뭘까? ECP는 국제 시장 거래에서 양도할 수 있는 단기 무담보 기업어음이다. 통상적으로 달러가 단위 가격이지만 다른 통화의 어음도 많아지는 추세이고, 각종 통화의 ECP를 발행할 때 런던 은행간 대출 금리를 참고한다.

ECP의 기원과 발전은 달러의 국제화와 뗄 수 없는 관계이다. 달러의 국제화는 미국 이외의 기업에게 달러에 대한 수요를 크게 키우고, 국제 달러 시장을 빠르게 형성시켰다. 이 현상은 2차 세계대전이 끝나고 유럽을 재건하기 위한 마셜 계획을 실행한 뒤에 더 분명하게 드러났다. 미국의 금융 기관은 준비금 적립과 예금 보험 같은 본국의 금융 감독 요구를 피하기 위해 속속 해외 시장에서 자금을 조달하기 시작했고, 이렇게 해서 형성된 달러 ECP 시장은 중요한 국제 통화 시장이 되었다.

그럼 왜 'Euro'라는 단어를 쓸까? 유로기업어음은 명칭만 보면 유럽 시장에서 발행한 기업어음으로 오해할 수 있다. 사실 ECP에서 'Euro'는 유럽이 아니라 '해외', 즉 발행 주체가 소재한 국가 이외의 지역을 가리킨다. 예를 들어, 뱅크 오브 아메리카가 유럽에서 기업어음을 발행해도 ECP이고, 홍콩에서 기업어음을 발행해도 ECP다. 게다가 ECP는 통화 종류가 서로 달라도 된다. 시드니 지점은 오스트레일리아에 있는데, 오스

트레일리아 이외의 지역에서 기업어음을 발행하면 그것 역시도 ECP다.

ECP는 단기 통화 시장의 수단이고, 발행자는 통상적으로 신용 등급이 높은 금융 기관과 회사다. ECP 시장은 도매 시장에 속하고, 단일 거래 금액도 높은 편이다. ECP의 주요 투자자는 공동 기금이고, 기타 투자자로는 연금 기금, 소매 은행, 지방 정부 및 대기업 등이 있다. ECP는 거래가 가능하고, 완벽한 2급 거래 시장도 있지만 거래량이 적어 투자자들은 대부분 만기까지 ECP를 보유한다. 하지만 더 이상 보유하고 싶지 않을 때는 발행인이나 인수인에게 팔 수 있는데, 발행인이나 인수인은 대체로 투자자들이 팔고 싶어 하는 요구를 받아들인다.

ECP는 대출 수단을 토대로 발행되고, 대부분 개방형Open End이다. 예를 들어 어느 은행이 5억 달러의 ECP 대출 프로젝트를 세우면 이 은행은 5억 달러의 한도 내에서 ECP를 발행할 수 있고, 자체적인 대출 수요에 따라서 날마다 발행을 하든 기한을 두고 발행하든 발행 빈도를 자유롭게 선택할 수 있다. 단, 누적 발행 최고액은 5억 달러를 넘으면 안 된다. 때문에 ECP는 은행이 단기 유동성 리스크를 관리할 때 쓰인다.

1. 만반의 준비, 그러나 가장 중요한 조건의 누락

시드니 지점의 ECP 프로젝트가 빠르게 진행된 것은 기회와 인연이 딱 들어맞았기 때문이다. 2010년 3월의 어느 봄날, 시드니 지점 1층 대회의실에 10여 명의 사람들이 앉았다. 테이블 한쪽에는 지점장, 일선 업무를 관리하는 부지점장, 자금부 책임자, 시니어 딜러, 시장부 책임자가 앉았고, 맞은편에는 남아프리카 스탠다드 은행 오스트레일리아 지점장, 시장부 책임자, 길버트 앤드 토빈 로펌의 동업자가 앉았다. 남아프리카 스탠다드 은행은 시드니 지점에 오스트레일리아의 금융 시장과 자원 시장의 전체적인 상황을 소개하고, 신디케이트론 협력, 고객 공유 등의 방면에서 협력하는 방안에 대해 깊이 있게 토론했다.

하지만 이 회의에서 시드니 지점은 남아프리카 스탠다드 은행이 이전에 ECP 프로젝트를 추진하다가 여러 가지 이유로 중도에 포기했고, 길버트 앤드 토빈이 이 프로젝트를 맡은 로펌인 것을 알았다. 지점의 관심을 끈 것은 이 프로젝트에 관한 거의 모든 준비가 순조롭게 끝났고, 관련 서류도 모두 변호사의 손에 넘어가서 후속 조치를 취할 일이 매우 적었다. 또한 남아프리카 스탠다드 은행의 조직 구조, 영업 허가증, 업무의 성격 등이 시드니 지점과 매우 비슷해서 기존의 ECP 프로젝트가 지점의 자금 조달 수요를 만족시킬 수 있었다. 그야말로 적은 비용으로 큰 이익을 얻을 수 있는 하늘이 준 기회였다.

이 회의가 끝난 뒤 시드니 지점은 팀을 꾸리고 유로기업어음 프로젝트를 실시할 필요가 있는지, 필요가 있다면 이 프로젝트가 지점의 자금 조달 업무를 새로운 단계로 올려놓을 것인지에 관해서 토론한 결과 만장일치로 이 '의안'을 통과시켰다. 얼마 후 지점은 길버트 앤드 토빈 로펌에 기존의 남아프리카 스탠다드 은행의 ECP 프로젝트를 시드니 지점에 더 적합한 대출 프로젝트로 바꾸고 싶다고 연락했고, 로펌이 이 제안을 흔쾌히 받아들이면서 ECP 프로젝트 준비에 들어갔다.

ECP 프로젝트의 준비 작업은 2010년 4월에 긴박하게 시작되었다. 지점은 ECP 프로젝트의 내용, 예컨대 프로젝트의 총 발행 한도, 허가된 발행 상품 종류, 상품을 발행할 주요 시장, 상품의 통화 종류, 상품 기한, 각종 통화의 기준 금리, 거래소에서 거래 가능 여부, 허가된 위탁 판매인의 수량, 오스트레일리아의 이자 소득세 면제 요구 및 ECP 발행을 만족시키는 조례 등을 놓고 로펌과 한 달 정도 의논했다.

이때 직원들은 야근을 밥 먹듯이 했는데, 일상적인 업무를 기한과 성격에 맞게 처리하는 것 외에도 ECP 프로젝트에 관한 법률 서류를 자세하게 검토하며 지점에 불리하고 시장의 관례에 적합하지 않은 조항을 최대한 찾았다. 서류를 읽기 전까지 직원들은 이 작업을 어렵게 생각하지 않았다. 하지만 막상 시작하니, 서류에서 지점에 불리한 점을 찾는 것이 쉽지 않다는 것을 발견했다. 기본적으로 서류는 10건이었지만 1건당 분량이 400~500페이지 정도 되고, 페이지마다 어려운 법률 용어가 가득했다. 다음은 ECP 프로젝트의 주요 법률 서류 리스트다.

- 정보 안내서(Information Memorandum)
- 결제 및 등록 서비스 협회(Agency and Registry Services Agreement)
- 판매인 계약서(Dealer Agreement)
- 부채 조달 수단 계약(Instrument Deed Poll)
- 프로젝트 계약서(Deed of Covenant)
- 역외 부채 조달 수단 결제협회(Offshore IPA Agreement)
- 글로벌 양도성 예금증서(Global Certificate of Deposit)
- 현지의 양도성 예금증서(Definitive Certificate of Deposit)
- 글로벌 어음(Definitive Global Note)
- 복수 통화 어음(Multicurrency Global Note)

시드니 지점은 6월 상순에 이들 서류의 최종본을 받았다. 지점은 프로젝트 서류를 받은 뒤에 어음 결제 기관과 판매상 찾기에 돌입했다. 어음 결제 기관 찾기는 상대적으로 간단했다. 두 기관 중에 한 곳을 선택하면 되는데, 한 곳은 미국의 뉴욕 멜론 은행이고, 나머지 한 곳은 도이치 은행이다. 두 결제 기관은 지점에 계획서를 각각 보내 자신들의 장점을 설명했다.

　　시드니 지점이 최종적으로 선택한 곳은 미국의 뉴욕 멜론 은행이다. 이유는 간단하다. 평판이 좋고 비용이 낮으며, 접촉 과정에서 뉴욕 멜론 은행의 서비스가 매우 만족스럽다는 점을 발견했다. 사실 ECP의 결제 기관을 선택할 때 해당 결제 기관이 세계적인 채권 결제 시스템의 회원인지 관심을 가질 필요가 있다. 예를 들어, 클리어 스트림Clear Stream과 유로 클리어Euroclear는 대표적인 유럽 채권 결제 시스템이고, 이곳의 회원이라는 점은 결제 능력이 있다는 것을 의미한다.

　　훗날 시드니 지점은 위안화 ECP를 발행하는 과정에서 결제 시스템 회원 자격의 중요성을 느꼈다. 뉴욕 멜론 은행은 홍콩 중앙 결제 시스템인 CMU 회원이 아니다. 하지만 홍콩 투자자는 위안화 ECP를 구매할 때 CMU 시스템을 통해서 결제하는 경향이 있다. 이런 상황에서 지점은 수동적일 수밖에 없고, 결제 문제로 거래 기회를 많이 잃을 수밖에 없다. 하지만 다행히도 유로 클리어와 클리어 스트림은 위안화 결제가 가능해서 위안화 어음을 순조롭게 발행했다.

　　판매상을 선택한 뒤에는 지속적으로 연락했다. ECP 프로젝트 초기에 판매상은 지점 한 곳이었고, 이 사실은 정보 안내서Information Memorandum에서도 알 수 있었다. 하지만 ECP 업무가 빠르게 발전하자 판매상도 12곳으로 늘었고, 많은 금융 기관이 지점의 ECP 프로젝트에 참여하

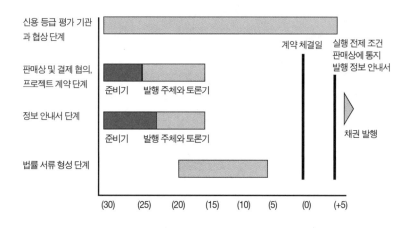

[그림 4-1] ECP 프로젝트 흐름도

ECP 프로젝트에 필요한 서류는 판매상 협의, 발행 주체와 결제 기관의 협의, 글로벌 어음의 발행, 담보(금융 회사의 발행 주체에 적용), 발행을 위한 전제 조건, 정보 안내서 등이 필요하다.

신용 등급 평가 기관
과 협상 단계

계약 체결일   실행 전제 조건
              판매상에 통지
              발행 정보 안내서

판매상 및 결제 협의,
프로젝트 계약 단계

준비기   발행 주체와 토론기

정보 안내서 단계

준비기   발행 주체와 토론기   채권 발행

법률 서류 형성 단계

(30)   (25)   (20)   (15)   (10)   (5)   (0)   (+5)

고 싶어 했다. 사실 이 프로젝트의 판매상이 되는 것은 어렵지 않다. 인가를 얻은 뒤에 지점과 'Dealer Accession Letter'라고 불리는 판매상 계약서에 서명하면 된다. 이 계약서에 서명하면 지점의 ECP 판매상으로서의 마땅한 권리와 의무를 다해야 한다. 지점은 판매상을 선택할 때 ECP 시장에서 판매상의 고객층이 얼마나 광범위한가를 고려했고, 판매상과 다른 방면에서 협력할 가능성이 있는지도 매우 신중하게 고려했다.

S&P나 무디스의 신용 등급이 있는 회사도 ECP 발행을 위한 선결 조건이다. 신용 등급을 얻는 방식은 두 가지인데, 첫 번째는 프로젝트 자체에 신용 등급을 매기는 것이고, 두 번째는 발행된 어음에 신용 등급을 매기는 것이다. 하지만 지점은 ECP 프로젝트 때 앞의 두 가지 방법을 쓰지 않고 본점의 신용 등급을 썼고, 뒤이어 EMTN(유럽 중기채) 프로젝트 때

프로젝트 자체에 신용 등급을 매겼다. [그림 4-1]은 ECP를 발행하는 통상적인 과정이다.

ECP를 발행하려면 한 달 정도의 시간이 필요하다. 전반의 15일 정도는 서류 준비 단계이고, 주로 발행 주체가 변호사와 토론하고 준비하는 과정이다. 후반의 10~15일은 변호사가 판매상, 결제 기관과 서류에 대해서 토론하고 수정한 뒤에 계약을 체결하고 어음을 발행한다. 이때 변호사는 독립적인 로펌이 될 수도 있고, 시티은행, JP 모건 같은 판매상이 될 수도 있다. 시드니 지점의 ECP 프로젝트 준비 시간은 통상적인 준비 시간보다 약간 길었다.

2. 세법을 탐구하다

ECP는 시드니 지점에 대출 비용을 절감시켜 주었다. 여기에서 대출 비용은 세무, 즉 영업이익세와 원천과세Withholding Tax를 가리킨다. ECP가 지점의 세무 비용을 어떻게 절약시켰는지 알아보기 전에 기업이 오스트레일리아에서 금융 기관을 설립할 때 준수해야 하는 세무 규정에 대해서 이해할 필요가 있다.

영업이익세는 오스트레일리아에 있는 외국 금융 기관의 지점이나 자회사의 영업이익을 일반 회사의 납세율(현재 30%)에 따라서 징수하는 세금을 가리킨다. 연방 정부는 이미 2013~2014 재정 연도에 회사의 세율을 29%까지 낮출 것이라고 발표했다. 물론 모든 업무의 수입에 세금이

[표 4-3] 금융 기관의 세수 규정 요약

기관 유형	주요 세무 규정
사무소	**영업이익세** 다음과 같은 상황에서 중대한 세무 문제가 발생하지 않는다. • 오스트레일리아의 상설 기관을 통해서 업무를 진행하지 않는 외국계 은행 • 오스트레일리아에서 세금을 내지 않는 외국계 은행 **대출 방안의 세무 처리는 일반적인 상황에서 적용되지 않는다.**
외국계 은행의 오스트레일리아 지점	**영업이익세** 오스트레일리아에 있는 외국계 은행의 지점이 내는 세금은 일반 회사의 납세율을 따른다(현재 30%). **대출 방안의 세무 처리** 지점의 세금은 다음의 방식을 따라서 납부한다. • 원천과세 : 외국계 금융 기관의 지점 간 국제 대출의 세율은 5%를 적용한다. • 원천과세 : 외국계 금융 그룹 이외의 국제 대출의 세율은 10%를 적용하고, 중복 세수는 적당히 완화될 수 있다(예를 들어, 조건에 부합하는 금융 기관은 징수를 면제 받을 수 있음). • 징수를 면제 받은 원천과세는 관계가 없는 대출자가 공개 시장에서 오스트레일리아에 있는 외국의 정식 예금 기관의 지점에 대출로 제공할 수 있다(세법 128F의 면세 규정 참조).
외국계 은행의 오스트레일리아 자회사	**영업이익세** 오스트레일리아에 있는 각 기관은 일반 회사의 납세율에 따라서 오스트레일리아 세무국에 세금을 납부한다(현재 30%). **대출 방안의 세무 처리** 각 기관의 세금은 다음의 방식으로 납부한다. • 국제 업무의 세금은 10% 징수되고, 중복 세수는 적당하게 완화될 수 있다(예를 들어, 조건에 부합하는 금융 기관은 징수를 면제 받을 수 있음). • 징수를 면제 받은 원천과세는 관계가 없는 대출자가 공개 시장에서 오스트레일리아에 있는 외국의 정식 예금 기관의 자회사에 대출로 제공할 수 있다.

부과되는 것은 아니다. 오프쇼어 은행 지점(OBU - Offshore Banking Unit), 속칭 역외 금융 센터는 해외에서 발생한 오스트레일리아 현지 은행의 자산과 부채 업무를 다룬다. 은행이 이런 금융 업무를 제공하는 것은 오스트레일리아에 대한 국제 금융 기관, 외국 기업, 외국 투자자들의 투자를 유치하기 위해서이고, 정부는 이들에게 일정한 세수 혜택을 준다. 예를 들어, 요프쇼어 은행 지점의 계좌를 통해서 영업이익이 발생하면 이

은행은 10%의 영업이익세만 내면 된다. 오프쇼어 은행 지점의 개념은 앞으로 설명할 원천과세 징수에 중요하게 작용한다.

원천과세는 오스트레일리아에 거주하지 않는 납세인이 오스트레일리아의 회사에서 이자 소득을 얻었을 때 오스트레일리아 세무국에 납부해야 하는 10% 세율의 이자소득세를 가리킨다. 하지만 이자소득세에 대한 납부 의무는 역내의 대출자가 실행하기 때문에 그가 최종적으로 지불하는 이자는 소득세를 제한 이자다.

마찬가지로 은행이 역외 시장에서 대출을 받았을 때 만기가 다가오면 역외의 자금 제공처에 이자를 지불해야 하고, 역외의 자금 제공처는 이자 소득에 대해서 오스트레일리아 정부에 10%의 원천과세를 내야 한다. 일반적으로 대출을 해주는 쪽은 원천과세를 내고 싶어 하지 않기 때문에 대출을 받은 역내 은행이 원천과세를 낸다.

자금을 조달할 때는 이와 같은 별도의 세금을 고려해야 한다. 시드니 지점은 달러의 기준 금리가 낮아서 달러 역외 단기 대출 비용이 적은 편인데, 1년 이내의 리보는 1% 이내다. 이에 비해 호주 달러 역외 단기 대출은 호주 달러의 원가율이 높아서 비용이 많이 드는데, 지난 2년 동안 계속 5% 이상이었고, 조세 비용만 0.5%에 달했다. 다행인 점은 원천과세는 다음과 같은 특정한 상황에서 면제되거나 줄어들 수 있다.

① 상황 1 : 오스트레일리아 세법의 관련 규정에 따라서 공개적으로 발행한 채권, 비상장 주식, 채무 상품이 다음과 같은 조건을 만족시키면 원천과세를 징수하지 않는다.
- 채무 상품을 발행하고 이자를 지불할 때 발행처가 오스트레일리아인 회사

- 채무 상품의 발행 계약이 '공개 판매'의 기준을 만족할 경우
- 채무 상품의 구매자가 발행 주체와 관계가 없을 경우

② 상황 2 : 오스트레일리아 '중복 세수 협정'의 면세 규정에 부합하는 경우. 오스트레일리아 정부는 이미 핀란드, 프랑스, 일본, 뉴질랜드, 노르웨이, 남아프리카공화국, 영국, 미국 등 여러 국가와 원천과세 면세 규정이 포함된 '중복 세수 협정'을 체결했다. 원천과세의 감면은 다음과 같은 기관에 적용된다.

- 오스트레일리아 정부와 특정 국가의 정부 부처 및 기관
- 오스트레일리아에 주재하는 특정 국가의 '금융 기관'. 이 기관은 이자를 지불하는 쪽과 어떤 관계도 없고, 완전히 독립적으로 거래를 진행한다. 이때 감면되는 원천과세에는 은행이나 기타 실체에 지불하는 이자도 포함되는데, 이 이자는 주로 대출 업무와 금융 서비스를 제공하는 이윤부에서 나온다.

③ 상황 3 : 외국계 은행이 오스트레일리아에 있는 지점 명의로 돈을 빌릴 경우. 일반적으로 이 돈은 외국계 은행의 본점이 오스트레일리아 지점에 자금을 제공할 때 사용된다. 이때 이 자금은 지점의 회계 목록에 기록되어 본점이 지점에 돈을 준 것을 증명한다. 오스트레일리아 법은 오스트레일리아 지점과 외국계 은행의 본점을 독립적인 법률 실체로 규정하기 때문에 오스트레일리아 지점은 외국계 은행에서 이 자금을 빌릴 수 있다. 오스트레일리아 지점은 자신들의 명의로 빌린 돈에 대한 이자를 지불한 것을 장부에 기록해야 하는데, 명의 이자는 외국계 은행의 본점에 이미 지불한 것으로 여겨져 원천과세는 5%만 징수된다. 하지만

이 특별 세법은 외국계 은행의 오스트레일리아 현지 법인에는 적용되지 않는데, 현지 법인은 10% 세율로 원천과세를 납부해야 한다.

④ 상황 4 : 외국계 은행의 오스트레일리아 지점 및 현지 법인의 오프쇼어 은행 지점은 대출에 대한 이자를 지불했으므로 원천과세를 납부하지 않는다.

시드니 지점은 역외 대출을 진행할 때 두 가지 방법을 통해서 원천과세 비용을 줄였다. 첫 번째는 공개적인 채권 발행을 통해서 대출을 진행하는 것이고, 두 번째는 지점의 오프쇼어 은행 지점을 통해서 대출을 진행하는 것이다. 지점은 ECP 프로젝트를 진행할 때 이미 세법 128F의 관련 조항을 충분히 고려했고, 지점의 ECP는 '공개 판매'의 기준에 부합해서 원천과세를 납부하지 않았다.

시드니 지점은 업무를 발전시키는 과정에서 채권의 공개 발행 및 오프쇼어 은행 지점을 통해서 조세 비용을 많이 아꼈다. 또한 ECP를 이용한 역외 시장 대출을 통해서 10%의 원천과세를 절약했고, 이 자금을 오프쇼어 은행 지점의 자산 업무에 빌려줘 다시 20%의 영업이익세를 아꼈다. 종합적으로 계산하면 시드니 지점은 은행간 단기 대출을 이용하는 것보다 역외 단기 대출 채널을 개척하였고, ECP 발행을 통해서 자금 조달 비용을 절약함으로써 지점의 수익을 크게 높였다.

3. 흥미진진한 바깥 세계

시드니 지점은 2010년 10월에 처음으로 ECP를 발행한 뒤에 많은 ECP들을 '처음으로' 발행했다. 처음으로 호주 달러 ECP를 발행했고, 처음으로 위안화 ECP를 발행했고, 처음으로 유로 ECP를 발행하는 등 이러한 작은 발걸음은 시드니 지점 성장의 밑거름이 되었다.

ECP 프로젝트는 시드니 지점에게 흥미진진한 바깥 세계를 보여주었다. NCD(양도성 예금 증서)는 지점에 오스트레일리아 역내 자금 조달 시장을 열어 주었는가 하면 ECP는 지점에 역외 대출 시장의 대문을 열어 주었다. ECP는 줄곧 대출 전략의 다원화를 고수한 시드니 지점을 더 흥미진진한 바깥 세계로 이끌었다.

지역적인 면에서 생각할 때, 아시아태평양 지역에서 가장 큰 금융의 중심인 홍콩은 시드니 지점이 ECP를 발행하기에 최적의 지역이다. 위안화의 국제화와 중국계 은행의 해외 진출 발걸음이 끊임없이 빨라지자 중국계 은행은 홍콩 금융 시장의 주류가 되고 인지도도 높아졌다. 이것이 시드니 지점이 왜 홍콩을 첫 번째 ECP 발행지로 선택했고, 이후에도 90%의 ECP를 홍콩에서 발행했느냐에 대한 이유이다. 비록 홍콩은 현재 ECP의 주요 발행지이지만 지점은 이곳의 지역적 제한의 영향을 받지 않고 ECP를 여유롭게 발행했다.

홍콩 외에 유럽 시장에서도 몇 차례 ECP 발행에 성공했다. 하지만 주력은 아니고 홍콩에 비해 소규모로 진행했다. 비록 유럽은 큰 시장이지만 중국계 은행에겐 낯선 곳이다. NCD를 발행할 때 어려움을 겪은 것과 마찬가지로 유럽의 기금은 중국계 은행의 채권 투자에 적은 한도를 제시했고, 한도에 대한 답변을 듣기까지 긴 시간과 과정이 필요해 중국계 은행에 대한 중시와 관심이 필요했다.

유럽에서 ECP 발행이 불리한 또 다른 이유는 시차다. 유럽 시장이 개장할 때 시드니는 거의 폐장할 시간이 된다. ECP를 홍콩 시장에서 발행하는 것과 유럽에서 발행하는 것의 큰 차이점은 홍콩 시장은 대부분 판매상과 가격을 흥정한 뒤에 거래가 성사되지만, 유럽 시장은 주로 전자 거래 시스템에 접속해야 거래가 성사되고, 발행 가격에 대한 흥정이 없다.

자금원 개척 전략을 실행하는 과정에서 시드니 지점은 단계적인 승리를 거두었다. 단기 자금 조달 부분에서 시드니 지점은 NCD로 호주 달러를 조달해 문제를 해결했고, ECP 발행을 통해서 역외 자금을 해결했다. 또한 달러 자산에 저비용의 자금을 제공했고, 단기 자금원을 다양화해서 리스크 대항 능력을 키우는 목표를 달성했다. 시드니 지점이 발행한 ECP의 통화 종류는 호주 달러, 미국 달러, 홍콩 달러, 위안화, 유로화, 엔화, 뉴질랜드 달러, 싱가포르 달러, 영국의 파운드 등이다. 시드니 지점은 역내 시장과 역외 시장에서 다양한 통화에 대한 단기 대출을 동시에 진행했고, 스와프 거래로 호주 달러와 미국 달러의 자산 업무를 지원했다. 유연하고 다양한 자금 운영 방식은 중국계 은행의 해외 지점 중에서도 손에 꼽힐 정도다.

그렇다고 지점이 단기 채무 조달 능력만 강화하고 장기적인 업무를 등한시한 것은 아니다. 신디케이트론, 구조화 금융, 리스 금융 등의 업무로 지점의 자산을 중장기적으로 키웠다. 하지만 자산 부채의 만기 불일치 압력도 동시에 커져 합리적인 중장기 대출 방식을 찾으려면 여전히 먼 길을 가야 한다.

자금원 개척과 MTN 발행
筹资开源, MTN债务融资

시드니 지점은 2010년의 ECP 발행 성공을 징검다리 하나를 건넌 것으로 생각하고 자금원 개척의 목표를 더 크게 키웠다. 그래서 2011년 새해가 밝자마자 시장의 기회에 순응해 자금원 개척 전략을 더욱 구체화하였고, 자금을 확충하기 위해 시선을 더 먼 곳으로 돌렸다.

1. 전략을 짜고 시대와 함께 나아가다

2011년 상반기에도 글로벌 금융 시장의 분위기는 심각했다. 환율, 금리, 주식 및 상품 가격의 추세는 기복이 심하면서 불안정했고, 역내 호주 달러와 외화의 유동성 부족으로 역외 단기 대출 가격이 다시 치솟았다. 이것은 시드니 지점의 자금 운영에 거대한 도전이 되었다. 새로운 시장 환경에서 금융 시장의 정보를 종합적으로 파악하고, 국내외 금융 시장의 형세를 정확하게 분석하고 판단하는 것은 지점의 자금 업무 운영 및 유동성 관리 전략에 중요한 의미가 있었다.

따라서 2011년 초부터 시드니 지점은 매주마다 자금 업무를 주제로 회의를 열어 금융 시장의 최신 동향을 그때그때 이해하고 시장의 추세를 연구하고 토론했으며, 다음 한 주의 자금 업무를 구체적으로 준비하며 위기 속에서 기회를 찾았다. 회의에서 직원들은 시드니 지점의 자산 부채 구조에 대해서 맞춤형 분석을 했다. 그 결과 커지는 업무 규모에 비해 NCD와 CEP로 조달할 수 있는 단기 자금은 한정되어 지점의 자금 운영에 필요한 수요를 만족시키기 위해서는 새로운 시장 상황에 맞는 자금 조달 전략을 세우는 것이 필요했다. 당시에 시드니 지점의 자산 부채 구조는 다음과 같은 몇 가지 특징이 있었다.

중장기 자금의 수요가 2배로 증가 _ 2년 여 동안 시드니 지점은 대형 중국계 기업, 현지 광업 및 에너지 시장의 선두 기업을 포함한 여러 자원 기업을 고객으로 유치하는데 성공했다. 자원 은행의 건설, 특히 퍼스 지점의 설립은 중장기 대출 자금에 대한 시드니 지점의 수요를 2배로 키웠다. 2010년 말에 지점의 대출 잔액은 2009년에 비해 128% 증가했고, 당시에 2011년의 대출 잔액은 이보다 더 빠른 속도로 증가할 것으로 예상되었다. 이것은 곧 중장기 자금을 조달하기 위해서 시드니 지점이 더 큰 능력을 발휘해야 하는 것을 의미했다.

중장기 자금의 만기 불일치 현상 심화 _ 시드니 지점의 자금원 중에서 기한이 1년 이내인 자금 비중이 가장 많았고, 1~3년과 3년 이상의 자금 비중이 매우 적었다. 자금 운영 부문에서는 단기, 중기, 장기가 골고루 존재했지만 향후 3년 이상 자금 운영 비중의 증가 속도가 1년 이내 단기 자금 운영 비중의 증가 속도를 앞지를 것으로 예상되었다. 이 점은 주로 단기 자금 조달을 많이 하는 시드니 지점에 만기 불일치 압력을 주었다.

통화 자금의 만기 불일치로 스와프 거래 비용 증가 _ 개점 초기부터 시드니 지점은 달러 위주로 자금을 조달했지만 자산 구조는 호주 달러를 중심으로 형성되었다. 비록 NCD를 발행한 뒤에 지점의 호주 달러 자금원이 늘었지만, 전체적으로 통화 종류 구조의 불일치 상황은 완전히 바로잡히지 않았다. 호주 달러 운영의 부족분을 메우기 위해서 지점은 어쩔 수 없이 달러와 호주 달러의 스와프 거래로 자산을 조정해 자산 운영 과정에서 거래 비용이 늘어났다. 지점의 호주 달러 자산이 서서히 늘어남에 따라서 안정적인 중장기 자금원을 적극적으로 개척할 필요가 커졌다.

앞에서 설명한 특징들은 시드니 지점이 중장기 자금 조달 방법을 고려하게 만들었다. 오스트레일리아의 채권 시장은 유동성이 풍부하고 매우 발달했다. 당시 유럽에서 채무 위기가 발생한 뒤에 오스트레일리아 중앙 정부, 지방 정부, 금융 기관 등이 발행한 채권은 인기 상품이 되었다. 이를 통해서 시드니 지점은 중장기 채권도 금융 기관이 자금을 조달하는 중요한 원천 중의 하나인 것을 발견하였고, 그에 따라 오스트레일리아 채권 시장을 연구했다.

오스트레일리아 채권 시장은 크게 연방 정부의 채권, 주 정부의 채권, 비정부의 채권으로 구성되었다. 연방 정부 채권은 중앙 정부가 발행한 국채이고, 주 정부 채권은 지방 정부가 발행한 지방 채권이며, 비정부 채권은 역내 은행, 기업 및 역외 금융 기관 등 비정부 기관이 발행한 채권이다. 최근에 오스트레일리아 채권 시장의 발전은 두 가지 눈에 띄는 특징이 있다.

① 정부 채권이 점진적으로 감소한다. 오스트레일리아에서 은행이 영업 허가증을 얻을 수 있는 조건 중의 하나는 시장 리스크, 신용 리스크, 유동성 리스크에 치밀하게 대응할 수 있는 대책이 있어야 한다. 이 중에서 유동성 리스크에 대한 대응 전략은 충분한 유동성 자산, 즉 팔거나 헤지Hedge할 수 있는 자산이 있어야 한다. 이런 점에서 연방 정부의 채권은 유동성이 가장 좋은 투자 상품으로서 시장 및 투자자들에게 사랑 받는다.

하지만 오스트레일리아 정부는 경제를 개혁하고 채권을 균형 있게 관리하기 위해서 채무를 최소화하는 재정 목표를 세웠다. 또한 권한을 점진적으로 축소하고, 시장 참여자에게 시장을 통한 대출 거래를 장려했다. 사유화의 추진으로 기관의 대출은 정부가 발행한 채권에서 민간이 주체인 대출로 서서히 넘어갔다. 1995년과 1996년에 정부의 채권 잔고는 역사적으로 최고치를 기록한 뒤에 해마다 감소하는 추세다.

② 비정부 채권은 서서히 증가한다. 정부 채권의 점진적인 감소와 투자자의 증가로 시장의 투자 수요는 끊임없이 증가했다. 특히 주목할 필요가 있는 점은 연금 정책에 대한 정부의 규정에 따라서 오스트레일리아의 직장인은 반드시 연봉의 9%를 전문적인 연금 계좌에 납부해야 하고, 이로 인해 연금 자금이 급속하게 늘었다. 이렇게 많은 자금은 고정

수익 증권에 대한 투자 수요를 반영하기 때문에 비정부 채권은 시장에서 인기를 얻으며 발전했다. 비정부 채권은 크게 부동산 담보 대출 채권과 회사채가 있는데, 두 채권 모두 해마다 증가 추세에 있다. 중장기 채권은 은행이 발행한 중기 어음 위주의 상품이 있고, 기한은 3~5년 위주이며, 완벽한 2급 시장이 있을 정도로 시장의 유동성이 좋다.

최근에 호주 달러에 대한 미국 달러의 환율이 지속적으로 하락하여 호주 달러 자산에 대한 국제 투자자들의 관심이 나날이 높아지고 있다. 이것은 오스트레일리아의 채권 시장, 특히 비정부 채권 시장의 발전에 유리한 기회로 작용할 것이다. 오스트레일리아 정부의 강제적인 연금 정책은 오스트레일리아를 아시아 최대, 세계 4대 연금 기금으로 만들었다. 최근에 오스트레일리아 정부는 또 다시 입법 정책을 통해서 2020년 전까지 연금 납부 비율을 기존의 9%에서 12%까지 높이려고 한다.

따라서 오스트레일리아의 기금 관리인은 투자 수익을 확보하기 위해서 리스크를 낮추고 투자 욕구를 다원화해야 한다. 또한 오스트레일리아는 상대적으로 금리가 높은 시장이므로 국제 시장에서 호주 달러 채권에 대한 투자 수요를 강하게 유지시켜야 한다.

2. 모든 배가 먼저 도착하기 위해서 다투고, 만물이 가을을 한껏 즐기다

오스트레일리아 채권 시장은 성숙하고, 투자자들의 수요가 많다.

그럼 시드니 지점이 오스트레일리아 채권 시장의 우세를 이용해서 채권이나 중기 어음 등의 발행을 통해 지점의 높은 자산 부채 만기 불일치 리스크를 낮추고, 새로 증가한 대출 자산에 장기 자금을 제공하면 어떨까? 만약에 시드니 지점이 이 시장을 석권하면 지점의 향후 발전에 매우 중요하게 작용할 것이다. 이런 생각이 뇌리를 스치고 지나간 후로 시드니 지점은 몇 개월 동안 준비 작업에 돌입했다.

이른바 중기 어음(Medium Term Note, MTN)은 은행간 채권 시장이 계획된 분기에 따라서 발행하고, 일정한 기한 내에 원금과 이자를 상환하기로 약정한 자금 조달 수단을 가리킨다. 기한은 상업 어음보다 길고 기업 채권보다 짧아서 '중기 어음'이라 불린다. 중기 어음은 1970년대 초에 처음 등장했고, 1980년대 후반에 새로운 금융의 물결이 일고 시장의 관리와 통제가 완화되는 요소의 작용으로 급속하게 발전했다. 중기 어음의 가장 큰 특징은 발행인과 투자자가 관련 발행 조건을 자유롭게 협상해서 확정하는 것이다. 중기 어음은 단기 상업 어음과 장기 어음 사이의 공백을 메울 때 광범위하게 쓰인다.

오스트레일리아에서 MTN은 현지 금융 기관이 도매 시장에서 가장 많이 발행하는 대출 수단이자 오스트레일리아 건전성감독청이 규정한 적격 고유동성 자산이다. 이 특수 감독 규정으로 인해 통상적으로 MTN의 수익은 NCD(일반적으로 기한이 길면 채권 수익이 높음)보다 높다. 따라서 현지 금융 기관이 발행한 MTN은 기관 투자자들의 가장 먼저 선택하는 투자 대상 중의 하나다. 뒤의 [표 4-4]는 2011년 상반기에 각 금융 기관이 오스트레일리아 시장에서 발행한 MTN 상황이다.

[표 4-4] 금융 기관의 MTN 발행표

발행인	신용 등급	금액 (100만 호주 달러)	발행 (BBSW)	기한 (연)	발행 시점
네덜란드 라보은행	AAA	900	+105bps	4.25	1월
오스트레일리아 연방은행	AA	2500	+105bps	4.5	1월
프랑스 BNP 파리바	AA	850	+115bps	3.0	1월
오스트레일리아 국민은행	AA	1250	+75bps	3.0	1월
오스트레일리아 웨스트팩	AA	2100	+110bps	4.75	2월
바클레이즈 은행	AA-	1500	+140bps	3.0	2월
모건스탠리	A	850	+207bps	5.0	2월
스코틀랜드 왕립은행	A+	1700	+195bps	3.0	3월
오스트레일리아 국민은행	AA	700	+145bps	7.0	3월
JP 모건	A+	600	+135bps	5.0	3월
로이드 은행	A+	1850	+220bps	3.5	3월
프랑스 소시에테제네랄	A+	400	+165bps	3.5	3월
HSBC	AA	500	+84bps	3.0	4월
네덜란드 라보은행	AAA	600	+139bps	7.0	4월
싱가포르 대화은행	A+	350	+92bps	3.0	5월

*BBSW는 오스트레일리아 은행간 호주 달러 스와프 금리, 즉 은행간 단기 대출 기준 금리를 가리킨다.

시장 연구 과정에서 시드니 지점은 전통적인 오스트레일리아 시장의 투자자는 전체적으로 자산을 보수적으로 운영한다는 것을 알게 되었다. 최근에 현지 투자자의 관심은 신용 등급이 높은 현지 및 유럽과 미국의 은행에 집중되었고, S&P 신용 등급 A+ 이하의 기타 지역 은행에는 투자 관심이 거의 없다. 하지만 글로벌 금융 위기 및 유럽의 채무 위기가 나날이 악화되자 오스트레일리아 채권 시장에도 추세의 변화가 일어났고, 오스트레일리아 투자자들도 투자를 분산하고 다원화할 수 있는 방법을 적극적으로 찾아 오스트레일리아에 있는 자산의 질이 좋은 은행의 자금 조달 수단에 투자 관심을 보이기 시작했다.

왼쪽의 [표 4-4]에서 싱가포르 대화은행이 발행한 3억5천만 호주 달러의 3년 만기 중기 어음은 전형적인 예다. 시드니 지점이 조사한 바에 따르면 이 어음에 대한 수요가 가장 많았다. 신용 등급이 A+인 아시아 배경의 은행이 BBSW +92bps의 가격으로 어음을 발행하면 3년 대출 비용 면에서 생각할 때 매우 훌륭한 편이었다. 이와 대조적으로 신용 등급이 AA인 유럽이나 미국계 은행이 같은 기한으로 발행한 원가는 신용 등급이 낮은 아시아 배경 은행보다 높았다.

시기상의 적절함, 지리상의 이로움, 직원들의 화합으로 2010년 말에 S&P는 공상은행 그룹의 신용 등급을 기존의 A-에서 A로 상향 조정했다. 공상은행이 다른 중국계 은행들보다 한 단계 더 높은 신용 등급을 받은 것은 시드니 지점의 자금 조달 수단 발행에 좋은 조건이 되었다. 시드니 지점은 이러한 역사적인 기회를 놓치지 않고 현지의 중장기 자금원을 겨냥해 호주 달러의 MTN을 발행하기로 과감하게 결정했다.

곧바로 시드니 지점은 호주 달러의 MTN 발행을 위한 실질적인 준비에 들어갔다. ECP를 발행하는 것과 비슷하게 MTN 발행도 프로젝트로 진행되었는데, 금융 기관의 중기 어음은 표준적인 방식으로 발행되고, 표준적인 법률 서류를 가지려면 발행 기관은 전문 판매상 및 결제 기관을 찾아 판매 및 결제를 진행해야 한다. 중기 어음의 발행 금액은 상대적으로 큰 편이고, 발행 기한은 3~5년이다. MTN은 다음과 같은 과정을 거쳐 발행된다.

1. 판매상을 선택한다. MTN은 대체로 1~2곳의 은행과 연합해서 판매한다. 판매
   상을 선택할 때는 판매 경험, 투자자 네트워크, 발행 기관과의 업무 협력 관계
   등을 고려해야 한다.
2. 변호사를 선택하려면 발행에 필요한 각종 서류를 준비하고 변호사의 의견서를
   제출한다.
3. 결제 기관을 선택할 때는 각종 통화에 대한 결제 능력을 고려할 필요가 있다.
4. 신용 등급 평가 기관을 선택할 때는 MTN 발행 프로젝트의 신용 등급 평가 방
   식, 구체적인 신용 등급 평가와 비용을 상담한다.
5. 투자 설명회를 연다. 판매상은 지점이 MTN을 발행하기 전에 발행 지역에서 투
   자 설명회를 여는 것에 협조하고, 현지 기관 투자자에게 지점의 업무 배경, 재무
   상황, 향후 발전 방향을 소개하는 동시에 투자자의 피드백을 수집해야 한다.
6. MTN을 정식으로 발행한다.

   전략을 짜고 준비하는 과정을 거쳐 시드니 지점은 호주 달러 MTN
을 발행하기 위한 모든 준비 작업을 신속히 마치는 동시에 그해 4월 초
에서 6월 말까지 450억 호주 달러 규모의 채권 98개의 만기가 돌아온다
는 사실을 알게 되었다. 이는 시장 투자자들이 현금이 충분해져서 투자
할 수 있는 다른 잠재적인 채권을 찾게 된다는 것을 의미했다. 따라서 이
때는 호주 달러 채권을 새로 발행하고 싶어 하는 발행 주체가 시장에 진
입하기에 더없이 좋은 시기였다.

3. 평소에 조용히 있다가 단번에 놀라운 일을 성취하다

6월 초에 MTN의 성공적인 발행을 위해서 시드니 지점은 신중한 검토 끝에 현지에서 입지를 강화하고, 해외 시장을 동시에 고려하는 원칙에 따라서 ANZ 은행과 HSBC를 판매상으로 최종 결정했다.

ANZ 은행은 오스트레일리아의 주요 채권 판매상 중의 하나이고, 시장에서 막강한 영향력을 가졌으며, Aisamoney 등의 여러 기관이 선정한 아시아 최고의 채권 판매 기관이다. 또한 세계 최고의 채권 판매 기관으로 여러 해 연속 선정되기도 했다. HSBC의 막강한 판매 능력과 세계적인 판매망도 시드니 지점이 오스트레일리아에서 해외 시장, 특히 홍콩과 싱가포르 시장 개척을 효과적으로 도왔다. ANZ 은행과 HSBC의 긴밀한 협력은 시드니 지점의 MTN 공개 발행에 튼튼한 기초가 되었다.

6월 21일에서 23일까지 현지 시장에서 공상은행의 영향력을 확대하는 동시에 MTN 공개 발행을 위한 초석을 다지기 위해서 시드니 지점은 시드니와 멜버른에서 각각 투자 설명회를 열었다. 투자 설명회에서 시드니 지점은 현지 20여 곳의 주류 은행, 대형 기금, 정부 기관 등 잠재적인 투자자들과의 소통에 주력했다. 또한 공상은행의 발전 과정, 최근의 경영 실적, 국제화 전략을 자세히 설명함으로써 투자자들에게 공상은행을 종합적이고 객관적으로 이해시키기 위해 노력했다.

그런 한편으로 투자자들의 관심이 쏠린 중국 내 부동산 시장과 지방의 대출 플랫폼 등의 핫 이슈에 대한 분석 결과를 설명해 줌으로써 투자자들이 중국 경제의 발전 잠재력을 충분히 인식하도록 했다. 시드니 지점의 이러한 노력은 공상은행 그룹에 대한 신뢰를 키웠으며, 향후 시드니 지점이 오스트레일리아에서 더욱더 성장할 것이라는 믿음을 주었다.

시드니와 멜버른에서 진행된 투자 설명회의 성공은 MTN 공개 발행에 유리한 상황을 조성했다. 이제 모든 준비는 끝났고 마지막 중요한 조건만 채우면 되는 상황이었다. 판매상과 여러 차례 교류하며 논의한 결과 7월 초에 3년 기한의 MTN을 발행하기로 최종 결정했다. 기한은 그리 길지도 짧지도 않고 딱 적당했고, 더 많은 투자자를 유치하기 위해서 초기에 발행 가격을 BBSW +110bps로 정했다. 이 가격은 싱가포르 대화은행의 발행 가격보다 조금 높고 유럽의 은행들보다 낮은 수준이며, 최종 가격은 처음보다 낮은 BBSW +105bps로 정해졌다.

3년 만기 호주 달러 MTN의 성공적인 발행으로 안정적인 중장기 자금을 얻은 시드니 지점은 자산 부채 기한 구조를 개선하는 동시에 공상은행의 전체적인 이미지를 높이고, 오스트레일리아 및 남태평양 지역 시장에서 시드니 지점의 영향력을 확대했다. 결과적으로 MTN은 시드니 지점이 오세아니아 지역에서 업무를 확장하는데 유리한 기반 자금이 되었다.

MTN은 이정표와 같다. 지켜보는 사람의 입장에서 생각할 때 시드니 지점의 MTN 발행은 오스트레일리아 채권 시장에 새로운 바람을 불러일으킨 것이 전부다. 하지만 중국계 은행 최초로 오스트레일리아 채권 시장에 진출한 의미가 있다. MTN이라는 대출 채널의 개척이 지점의 전체적인 업무 발전에 주는 의미는 매우 크다. 3년 기한의 호주 달러 자금 유입에 시드니 지점 직원들은 고무되었고, 미래에 대한 자신감에 부풀었다. MTN을 발행하고 열린 첫 번째 내부 회의에서 직원들은 MTN의 역사적인 발행에 대해서 다음과 같이 정리했다.

자금 조달 채널을 넓히다

MTN 발행은 현지에서 호주 달러의 자금 조달 채널을 한 단계 넓혔다. MTN을 발행하기 전에 시드니 지점은 주로 ECP 발행과 통화 시장에서 단기 대출을 받는 방식으로 해외 시장에서 자금을 조달했다. 자금원은 달러 위주였고, 현지 시장에서는 주로 NCD를 발행해서 호주 달러 자금을 모았다. 4억 호주 달러 규모의 MTN을 발행한 뒤에 지점은 자산 부채 만기 불일치 문제를 효과적으로 줄여 통화 종류에 따른 자산 부채 구조를 안정시켰다. 또한 자산을 조정하는 스와프 거래 비용을 줄였으며, 현지 호주 달러를 중장기적으로 조달하는 채널을 새롭게 개척했다.

이미지 개선과 새로운 분위기를 조성하다

MTN 발행은 오스트레일리아 금융 시장에서 이미지를 개선하고, 현지 채권 시장에서 새로운 국면을 조성했다. 시드니 지점이 발행한 MTN은 오스트레일리아 준비은행RBA이 인가한 환매 채권이라서 2급 시장에서 거래할 수 있다. 4억 호주 달러에 달하는 발행 규모는 공상은행이 현지 시장에 한 약속을 이행한 것이고, 오스트레일리아 현지 업무에 대한 자신감을 펼쳐 보인 것이다.

이로써 시드니 지점은 오스트레일리아의 금융 당국인 건전성감독청으로부터 더 큰 인정을 받았다. 이밖에 시드니 지점이 발행한 MTN에 대한 투자자 구조에서 오스트레일리아 현지 시장 출신의 투자자가 차지하는 비중은 67%이고, 아시아 시장 출신 투자자가 차지하는 비중은 33%

였다. 현지 투자자의 비중이 큰 것은 이들이 공상은행 그룹 및 시드니 지점을 인정한다는 것을 의미한다. 투자자를 업종별로 살펴보면 은행의 자산 부채 부문이 86%, 기금이 11%, 민영 은행이 3%로 투자자의 구조가 다양한 것을 알 수 있다.

비록 공상은행은 S&P의 신용 등급이 A이지만 BBSW +105bps의 가격으로 MTN을 발행했다. 이것은 신용 등급이 높은 유럽과 미국계 은행들이 현지 시장에서 같은 기한으로 발행한 MTN의 가격보다 더 높은 수준이다. 2011년 상반기에 프랑스의 BNP 파리바(S&P 신용 등급 AA)는 8억5천만 호주 달러, 3년 기한, BBSW +115bps의 가격으로 MTN을 발행했고, 스코틀랜드 왕립은행(RBS. S&P 신용 등급 A+)은 17억 호주 달러, 3년 기한, BBSW +195bps의 가격으로 MTN을 발행했으며, 라보은행(Rabobank. S&P 신용 등급 AAA)은 9억 호주 달러, 4.25년 만기, BBSW +105bps의 가격으로 MTN을 발행했다. 이것은 시드니 지점이 발행한 3년 기한의 MTN과 비슷한 수준이다.

MTN을 발행하고 오래지 않아 2급 시장에서 거래되는 시드니 지점의 MTN 가격은 BBSW +105bps에서 BBSW +100bps 수준으로 떨어져 시장이 이 어음의 투자에 관심이 높다는 것을 반영했다. 시드니 지점의 MTN 발행은 오스트레일리아 현지 시장에서 아시아 출신이고, S&P 신용 등급이 A인 은행의 MTN 발행에 큰 관심을 불러 일으켰고, 현지 투자자들이 공상은행 시드니 지점의 신용 공여 한도를 확장하게 만들어 현지 채권 투자 시장에 새로운 분위기를 조성했다.

자금 확충의 밑거름이 되다

MTN 발행은 안정적으로 자금을 확보하고, 다음에 진출할 지점을 위한 튼튼한 밑거름이 되었다. 시드니 지점은 개점 이후 줄곧 자산의 다원화 전략과 자체 조달 위주의 다양한 자금 조달 전략을 고수했다. 이러한 노력은 국제 시장에서 자금을 조달하는 효과적인 채널을 탐색해 자금원의 다원화와 지속성을 실현하고, 본점의 외화 자금에 대한 의존도를 크게 낮추었다.

금융 기관을 확장하려면 먼저 충분한 자금이 있어야 한다. MTN의 성공적인 발행으로 시드니 지점은 중장기 자금을 안정적으로 얻을 수 있게 된 동시에 현지 은행들과 고객 시장에서 좋은 평가를 얻었다. 또한 공상은행의 글로벌 경영 전략을 철저하게 실행하여 오세아니아 지역에서 업무를 확장했고, 안정적인 자금원을 확보함으로써 입지를 단단히 다졌다.

MTN을 발행하고 오래지 않아 악화되는 유럽 채무 위기의 영향을 받아 오스트레일리아 채권 시장의 수익률은 글로벌 시장의 추세에 따라서 지속적으로 높아졌고, 대출 비용도 빠르게 상승했다. 또한 글로벌 시장의 자금 유동성은 나날이 심각해져 낮은 비용으로 MTN을 발행할 수 있는 기회가 사라졌다. 시드니 지점이 처음으로 MTN을 발행하고 나서 6개월 뒤에 또 다른 중국계 은행의 시드니 지점이 2012년 1월에 3년 기한의 중기 어음을 발행했지만, 대출 원가가 BBSW +170bps에 달했다. 두 MTN의 발행을 모두 지켜본 시장의 투자자들은 공상은행 시드니 지점의 전략 및 시장이 준 기회에 시드니 지점을 새롭게 보기 시작했다.

시드니 지점은 호주 달러 MTN 발행에 성공함으로써 공상은행 그룹으로부터 긍정적인 평가를 얻었다. 최근에 공상은행 그룹은 글로벌 전략의 성과를 얻기 위해서 『해외로 나가라』라는 책을 출간했다. 책에는 주로 각각의 해외 지점이 발전 과정에서 겪은 생생한 경험 및 해외 지점 직원들이 해외 생활을 하며 느낀 점들이 수록되었다. 그중에는 시드니 지점의 자산부 책임자가 쓴 MTN 발행 관련 글도 있는데, 글에는 시드니 지점이 MTN을 발행하는 과정에서 겪은 일들과 시드니 지점의 문화를 뛰어넘은 관리 능력, 자금 조달 과정이 구체적으로 소개되었다.

[사례] MTN을 발행하는 날

오늘은 2011년 7월 6일. 시드니 지점이 발전 궤도에 진입한지 벌써 3년째다. 지난 2년 동안 지점의 총자산은 6억 달러에서 12억 달러로 늘었고, 올해 말에는 30억 달러에 달할 것으로 예상된다. 자금원은 직위에 관계없이 지점의 전 직원이 관심을 가진 문제다. 모름지기 어떤 일을 하려면 준비가 필요한데, 자금원 문제가 해결되지 않으면 지점의 업무 발전에 영향이 생길 것이다. 지점의 경영진은 개점하고 나서 줄곧 현지에 맞게 발전하는 것과 자체적인 자금 조달 능력을 중시했다. 지난 2년 동안 시드니 지점은 양도성 예금증서(NCD)와 유로기업어음(ECP) 등의 단기 대출 수단을 발행했고, 올해는 중기 어음(MTN)을 발행하는 등 중장기 자금원을 열심히 개척 중이다.

준비
금융 위기가 전 세계 시장에 미친 가장 큰 영향은 하룻밤 사이에 '어떻게 투자

하느냐는 것에서 '어떻게 자금을 조달하느냐'는 것으로 시장 관계자들의 생각을 모조리 바꾸어 놓은 것이다. 오스트레일리아 시장도 예외는 아니다. 현지의 4대 은행은 자연스럽게 현지에서 어음을 발행했고, 외국계 은행도 속속 이 행렬에 동참했다. 만약에 시드니 지점이 냄비에 가득 담긴 '어음'이라는 수프를 한 국자 차지하면 자금 운영 문제도 해결되고, 'ICBC'라는 이름을 오스트레일리아 현지 시장에 알릴 수 있을 것이다. 얼마 전에 싱가포르 화교은행(OCBC)이 3년 기한의 호주 달러 MTN을 발행해 시장에서 뜨거운 반응을 얻었다. 이것은 아시아 출신 은행에 대한 투자자들의 인기를 보여줬고, 시드니 지점에게는 기회를 놓치지 말라는 긍정적인 신호로 해석되었다.

지난 3개월 동안 일상적인 업무 외에 시드니 지점의 MTN 준비 팀은 MTN 발행을 위해서 변호사와 법률 서류를 검토하는가 하면 다른 은행들과 MTN 판매에 관해서 긴밀히 상의했다. 내부적으로는 준비 작업에 대해서 토론하고, 공상은행 본점 경영진과 자금 조달 정책에 관해 의견을 주고받았다.

투자 설명회

여러 기관과 접촉한 끝에 시드니 지점은 ANZ 은행과 HSBC를 MTN 발행의 공동 판매상으로 최종 결정했다. 오스트레일리아 채권 시장에서 풍부한 경험과 막강한 실력을 쌓은 ANZ 은행은 시드니 지점에 현지 시장에 진입할 수 있는 문을 열어주었고, HSBC는 아시아 시장의 네트워크를 통해서 홍콩, 싱가포르 등의 해외 시장 투자자들을 유치했다. ANZ 은행의 담당자는 영국 사람인 제임스이다. 영국의 투자 은행에서 근무하다가 2년 전에 ANZ 은행의 채권 판매단에 합류하면서 오스트레일리아에 오게 된 그는 런던에서 ANZ 은행에 합류해 시드니에서 일하고 있으니, 자신도 해외파에 속한다고 말했다. HSBC의 담당자는 코즈였다. 그는 HSBC에서 오스트레일리아 채권 판매 업무를 책임졌고, 오스트레일리아 사람이지만 꼭 미국인처럼 말하고 눈빛이 초롱초롱했다. 흥미롭게도 제임스와 코즈의 여비서는 모두 화교다. 제임스의 비서인 조슬린은 홍콩 사람이고, 작지만 에너지가 넘치고 PPT 제작의 고수다. 코즈의 비서인 데지레는 처음 만났을 때 홍콩이나 타이완 출

신일 것이라고 생각했지만 놀랍게도 파푸아뉴기니 화교 3세였다. 그녀는 오래 전에 오스트레일리아로 이주해서 영어만 하고 중국어를 할 줄 모른다.

지난 달 말에 ANZ 은행과 HSBC의 도움을 받아 지점의 경영진과 준비 팀은 MTN 발행을 위한 예열 차원으로 시드니, 멜버른 등지에서 투자 설명회를 개최하고 현지 은행, 기금, 보험 등의 잠재적인 투자자를 만났다. 그들의 눈빛과 대화에서 중국 및 중국계 은행에 대한 관심이 그리 크게 느껴지지 않았고, 그저 '새로운 과목'을 예습하러 온 것 같았다. 투자 설명회 때 가장 많이 대답한 것은 중국의 부동산 문제, 지방 정부의 부채 문제, 중국 경제가 경착륙을 할 것인가, 연착륙을 할 것인가 등이었다. 물론 PPT의 화려한 데이터에 그들은 현재 글로벌 금융 시장에서 중국의 시대가 개막한 것을 믿지 않을 수 없었다.

투자 설명회의 효과는 뛰어났다. 그도 그럴 것이 중국과 서양의 힘을 합친 준비 팀이 있지 않았는가. 준비 팀에는 오스트레일리아 현지에서 경영진이 고용한 2명의 직원이 있었는데, 이들은 문화를 뛰어넘는 다리가 되어 시드니 지점과 현지 투자자의 거리를 자연스럽게 좁혔다. 팀원인 제라드는 지점에서 리스크를 관리하는 부책임자이고, 네덜란드 출신이다. 여러 은행에서 근무한 경험이 있고, 오스트레일리아 현지에서 인맥이 두텁고, 말을 조리 있게 잘하며 신사적이다. 또 다른 팀원인 마크는 오스트레일리아 사람이고, 몇 대 전에 유럽에서 이주했다. 마크는 3년 전 개업 초기에 시드니 지점에 합류해 지금까지 시드니 지점의 발전에 크게 공헌했다. 지금은 자금부의 부책임자이다.

가격 결정

오스트레일리아 사람을 사귈 때 커피숍과 바는 중요한 장소다. 중국은 식당이나 술자리에서 사업을 논하지만, 오스트레일리아는 커피숍과 바에서 사업을 논한다. 특히 낮에는 커피숍에서 커피와 함께 노트북이나 아이패드를 두드리며 사업을 논하고, 논의가 마무리되지 않으면 저녁 때 바에서 뒷이야기를 이어간다. 날이 어둡지 않아도 크고 작은 바에 사람들이 가득하고, 맥주 몇 잔이면 두세 시간 동안 마실 수 있다. 로마에 가면 로마의 법을 따라야 하는 것처럼 시드니 지점은 MTN 발행 계획을 세울 때 마크와 많은 시간을 보냈고, 제임스, 코즈와 함께 커피숍과 바에서 토론했다.

사업 외에 가끔은 재미있는 일도 나눴다. 뱅크 오브 아메리카의 헤리는 줄곧 시드니 지점을 응원했고, 시드니 지점의 예금 증서(NCD)를 자주 구매해서 자금을 제공했다. 바에서 대화할 때 헤리는 자신이 원래 말레이시아 사람이고, 본적은 푸젠(중국의 복건)이지만 한 번도 가본 적이 없다고 말했다. 아주 오래 전에 그의 할머니가 고향을 떠나 말레이시아로 시집을 왔지만, 왜 그랬는지는 모른다. 헤리는 말레이시아에서 태어나 자랐고, 몇 년 전에 사장이 오스트레일리아로 자리를 옮길 때 자원해서 따라왔다. 그는 젊을 때 두려움이 없었고, 어디서든 일을 잘할 수 있을 것이라고 생각했다. 어느덧 40대가 된 그는 어느 날 문득 할머니의 이야기가 궁금해졌지만 가족 중에 속 시원하게 말해주는 이가 없어 자신이 직접 사연을 알아보러 중국에 갈 계획이라며 내게 이 일이 어렵겠느냐고 물었다. 그러고는 자신의 할머니가 왜 중국을 떠나 말레이시아로 왔는지 꼭 알아볼 것이라고 말했다.

투자 설명회를 마치고 돌아온 뒤에도 우리는 제임스, 코즈와 몇 번 더 만나 허심탄회하게 대화를 나누다가 최근의 시장 상황을 고려해 3년 기한의 MTN을 BBSW +105~110bps의 가격으로 발행하되 먼저 BBSW +110bps로 투자자의 관심을 끈 뒤에 발행 당일에 시장의 반응이 좋고 투자자들이 몰리면 가격 차이를 BBSW +105bps로 좁혀 발행 원가를 절약하기로 최종 결정했다.

발행

사무실에 도착하면 가장 먼저 이메일을 확인하고 유럽과 미국 시장의 동향을 살핀다. 올해 들어 유럽과 미국 은행들의 신용 스프레드가 대폭 확대되어 RBS, BNP 같은 유럽의 은행들은 신용 등급이 높은데도 불구하고 같은 기한의 신용 스프레드가 이미 BBSW +180bps 정도로 높아졌다. 여전히 위기 속에서 발버둥 치는 중인 유럽과 미국 시장에 비해 오스트레일리아 시장의 상황은 안정적인 편이다. 하지만 오스트레일리아의 상황도 불확실한 요소들이 존재한다. 예컨대 환율이 높고, 경제 구조가 불균형적이며, 성장하는 광업과 달리 다른 업종은 실업률이 높아졌다. 오스트레일리아의 정치인과 경제학자들은 최근에 '네덜란드 병'에 대해서 열띤 토론을 벌이며 오스트레일리아가 1960년대의 네덜란드처럼 광산, 에너지원 등의 이상 성장으로 다른 업종이 쇠락할까 걱정한다. 사실 오스트레일리아가 '네덜란드 병'에 걸릴지 여부는 중국 경제가 '감기'에 걸리느냐 안 걸리느냐에 달렸는데, 지금 중국 경제는 '발열'과 '감기' 사이에서 애매하게 배회하고 있다. 만약 이번에 3년 기한의 MTN 발행에 성공하면 시드니 지점은 불확실한 요소가 충만한 시장에서 더 안정적이고 건강하게 운항할 수 있을 것이다.

방금 9시를 막 지나는 순간에 제임스가 전화해 오늘 MTN을 정식 발행하는 것에 문제가 없고, 이제 모든 준비를 마치고 투자자들에게 구매 초청 이메일을 보내면 된다고 말했다. 잠시 후 "ICBC 3-Year MTN Launches Today." 라는 이메일을 받았다. 난 'Launch' 라는 단어를 좋아한다. ICBC 호는 이미 닻을 올렸고, 이제 오스트레일리아에서 돛을 달고 나아가는 일만 남았다.

11시가 넘어 제임스는 다시 전화해 투자자들의 반응이 좋고, 구매액이 발행 목표인 2억 호주 달러를 넘어 3억 호주 달러에 달했으며, 계속해서 증가하는 중이라고 말했다. 나는 잠시 호흡을 고르고 지점 경영진에게 상황을 보고했다.

점심 때 식사를 마치고 근처 서큘러 선착장에서 햇볕을 쐬었다. 여행객들로 붐비는 서큘러 선착장 일대는 이때가 되면 늘 온몸에 문신을 한 원주민들이 특유의 민속 악기를 연주한다. 오늘도 대형 크루즈가 정박해 있는 선착장 뒤쪽에는 하버브리지가 있고, 항만의 맞은편에는 오페라 하우스가 있다. 오페라 하우스 뒤쪽에는 왕립 식물원이 있는데, 초기에 이민자들이 세계 각지에서 가져온 각종 식물들이 이곳에 심어졌다. 잔디밭에 앉거나 누운 사람들 중에 어떤 사람들은 샌드위치나 햄버거로 점심을 먹고, 어떤 사람들은 하늘을 이불 삼고 잔디밭을 침대 삼아 햇볕을 쐬며 낮잠을 잤다.

엔딩

오후에 제임스가 다시 전화해 몇 명의 큰손 투자자들이 등장했고, 구매액도 5억 호주 달러가 넘었으며, 4억 호주 달러 규모 BBSW +105bps의 MTN을 동시에 발행할 수 있느냐고 물었다. 지점은 긴급회의에 들어갔고, 향후 증가 수요, 4억 호주 달러가 일으킬 작용, 현지 시장에서 ICBC의 인지도 등의 요소를 고려했다.

4시 정각에 시드니 지점은 4억 호주 달러 BBSW +105bps의 3년 만기 MTN을 순조롭게 발행했다. 시드니 지점 직원들은 한숨을 돌린 뒤 결제일에 자금이 순조롭게 입금될 수 있도록 후속 작업에 들어갔다. 지점의 딜러인 마크도 감동해서 제임스, 코즈와 함께 이튿날 커피숍에서 만나 커피를 마시기로 약속했다. 시드니 지점은 투자자들의 구조를 이해하고 싶었고, 현지 시장의 투자자들이 더 큰 비중으로 MTN을 구매해서 현지 시장에서 ICBC가 통한다는 것을 증명하고 싶었다.

7시쯤 마크가 퇴근하고 다른 2명의 딜러도 일상 업무를 마무리하고 거래실을 떠났다. 나도 본점과 몇 차례 통화하고 다른 업무를 마무리 지은 후 퇴근 준비를 했다. 시드니는 베이징보다 겨울에는 2시간 빠르고, 여름에는 3시간 빠르다. 7시 무렵은 낮 동안의 바쁜 업무를 마무리하고 본점과 연락하기에 가장 편한 시간대다.

낯선 환경에서 MTN 발행에 성공하고 신천지를 개척한 것은 매우 감동적인 일이다. 오늘 MTN의 성공적인 발행은 시드니 지점이 지난 6개월 동안 열심히 준비한 작업이 완벽하게 끝난 것을 의미하고, 그 자체로 시드니 지점의 새로운 이정표가 되었다. 나는 ICBC의 글로벌 전략에 따라서 해외에 진출하는 것이 더 많은 공상은행 직원들에게 일과 삶에 대한 새로운 방향이 될 것이라고 믿는다.

5장

자금 조달 채널의 다양화
遍地开花, 资产负债利器

3년 기한의 호주 달러 중기 어음MTN의 성공적인 발행으로 오스트레일리아 금융 시장에서 공상은행 시드니 지점의 전체적인 이미지와 지명도가 크게 높아졌다. 이후 지점의 첫 번째 MTN 공개 발행에 참여하지 않은 많은 금융 기관들이 먼저 시드니 지점에 연락해 다음 번 MTN 공개 발행 때 자신들이 판매상을 맡거나 시드니 지점이 기업어음, 예금 증서, 중기 어음을 발행할 때 협력할 수 있는 기회를 가졌으면 좋겠다고 말했다.

시드니 지점은 시장에서 이런 영광을 누리기가 쉽지 않다는 것을 알기에 이들의 제의를 매우 소중하게 여겼다. 시드니 지점은 성공의 희열에 도취되지 않고 자금을 빌릴 수 있는 상품, 기한, 자금원을 새롭게 탐색함으로써 마침내 자금을 순조롭게 조달할 수 있는 수준에 이르렀다.

1. 명예를 추구하지 않고 패왕을 학습하다

시장의 형세는 순식간에 변한다. 시드니 지점은 물을 거슬러 올라가는 배와 같아서 자만하거나 나태하면 격렬한 시장 경쟁에서 도태되고 만다. 2011년 하반기에 중국 국내 시장의 유동성이 위축되었고, 감독 관리 정책의 추진으로 위안화의 국제화 발걸음이 눈에 띄게 빨라졌다. 중국계 은행 그룹들도 정책 흐름에 순응해 위안화의 국제화를 장려했고, 위안화 국제 업무는 중국계 은행들의 해외 지점 사이에서 서로 경쟁하며 발전시키는 핵심 사업이 되었다. 시드니 지점도 예외는 아니어서 위안화 무역 금융 같은 자산 업무를 개척하는 계획을 세웠지만, 이를 위해서는 먼저 위안화 조달 문제를 해결해야 했다. 이제 막 호주 달러 자금 문제를 해결했더니, 위안화 조달 문제가 시드니 지점 앞에 나타난 셈이다.

사실 최근 2년 동안 홍콩의 역외 위안화 시장이 발달해서 시장의 유동성이 눈에 띄게 개선되었다. 하지만 여러 중국계 은행들이 글로벌 무역 금융 업무를 발전시키느라 위안화를 무자비하게 흡수해서 단순히 해외 시장에서 위안화를 단기 대출해 업무를 발전시키면 재정 문제에 빠지기 쉬웠다. 당시에 시드니 지점은 위안화 시장의 단기 대출 가격이 끝없이 상승하자 통화 시장의 단기 대출을 통해서 위안화를 조달하는 것으로는 지점의 글로벌 위안화 업무량의 수요를 충족시키기 어려울 것이라고 판단했다.

하지만 이와 동시에 해외의 위안화 어음 시장의 상황이 개선되는 조짐도 나타났다. 홍콩에서 위안화 예금이 증가했고, 중국 내 시장에 비해 해외 위안화 시장의 투자 채널은 제한적이지만 위안화 어음에 관심을 갖는 투자자들이 꾸준히 늘어났다. 시드니 지점은 어음이 양적인 면과 가격적인 면에서 업무의 수요를 만족시킬 수 있다는 점을 발견했다.

만약에 시드니 지점이 호주 달러 중기 어음을 성공적으로 발행하고 시장에서 좋은 반응을 얻은 뒤에 다시 홍콩 역외 위안화 시장에서 위안화 유로기업어음ECD 및 위안화 유로중기어음EMTN을 발행해 위안화를 대출하면 위안화 업무도 빠르게 발전할 것이다.

시드니 지점은 오스트레일리아 현지 4대 은행이 역외 위안화 업무에 관한 기초가 부족한 점을 고려해 홍콩의 위안화 채권 시장에서 활발하게 활약하는 세계적인 대형 은행을 판매상으로 선택하고, 위안화 어음을 발행할 기회를 찾을 필요가 있었다. 그래서 호주 달러 MTN 투자 설명회 때 알게 된 투자자들과 세계적인 대형 은행의 오스트레일리아 지점들을 통해서 홍콩과 싱가포르의 위안화 채권 판매상과 투자자들에게 연락했고, 시드니 지점의 최근 경영 실적과 호주 달러 MTN을 성공적으로 발행한 사례를 적극적으로 소개하며 위안화 어음 발행으로 자금을 조달하려는 의지를 분명하게 밝혔다.

시드니 지점은 적극적인 접촉 방식으로 짧은 기간에 여러 어음 판매상과 연락해 긍정적인 반응을 얻었다. 판매상과 잠재적인 투자자의 증가로 시드니 지점은 위안화 유로기업어음과 중기 어음을 발행할 수 있는 조건을 갖추었다. 시드니 지점은 변호사 및 결제 기관과 위안화 유로기업어음, 중기 어음을 발행할 수 있는 가능성을 확인한 뒤에 판매상을 통해서 투자자들에게 적극적으로 마케팅하고, 블룸버그를 통해서 위안화 유로기업어음과 중기 어음의 발행 가격을 공개해 더 많은 판매상과 투자자들의 관심을 끌었다. 오른쪽의 [그림 4-2]는 시드니 지점이 최근에 블룸버그에 공개한 화면이다.

[그림 4-2] 시드니 지점이 블룸버그에 MTN 발행 가격을 공개한 화면

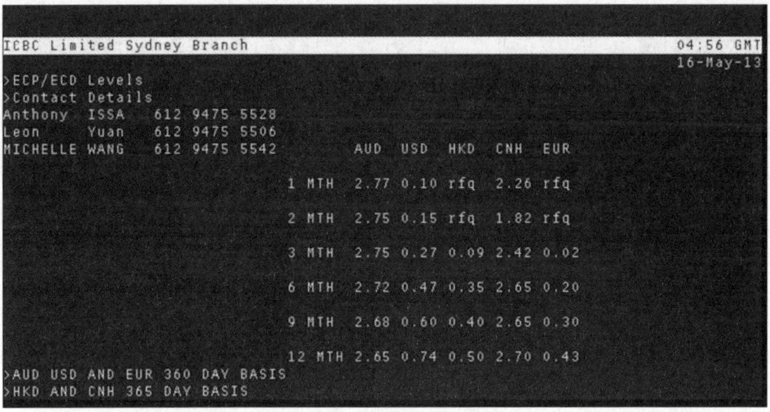

```
ICBC Limited Sydney Branch                                    04:56 GMT
                                                              16-May-13
>ECP/ECD Levels
>Contact Details
Anthony  ISSA    612 9475 5528
Leon     Yuan    612 9475 5506
MICHELLE WANG    612 9475 5542        AUD  USD  HKD  CNH  EUR

                               1 MTH  2.77 0.10 rfq  2.26 rfq

                               2 MTH  2.75 0.15 rfq  1.82 rfq

                               3 MTH  2.75 0.27 0.09 2.42 0.02

                               6 MTH  2.72 0.47 0.35 2.65 0.20

                               9 MTH  2.68 0.60 0.40 2.65 0.30

                              12 MTH  2.65 0.74 0.50 2.70 0.43
>AUD USD AND EUR 360 DAY BASIS
>HKD AND CNH 365 DAY BASIS
```

오래지 않아 시드니 지점은 첫 번째 위안화 예금증서ECD 발행에 성
공했다. 역외 위안화 예금증서는 시장에서 보편적으로 발행되어 다른
중국계 은행이 홍콩에서 발행한 경험을 참고해 순조롭고 간단하게 발행
할 수 있었다. 하지만 역외 위안화 유로중기어음EMTN을 발행할 때는 약
간의 어려움을 겪었다. 지금까지 공상은행의 해외 지점이 역외 위안화
중기어음을 발행한 선례가 없고, 역외 위안화 중기어음을 발행한 중국
계 은행도 적어서 참고할 수 있는 사례 자체가 거의 없었다.

때문에 시드니 지점은 돌다리를 하나씩 두드려 가며 발행하는 수밖
에 없었다. 투자자들과 소통하는 과정에서 시드니 지점은 위안화 리스
크 요인을 이해하고, 역외 위안화 중기어음에 투자하는 투자자들의 경
향을 이해했다. 또한 당시에 다른 중국계 은행에서 역외 위안화 중기어
음을 발행하지 않았기 때문에 일단 시드니 지점이 위안화 어음 시장의
구매 가격보다 낮은 가격으로 역외 위안화 중기 어음을 시장에 내놓으
면 투자자들의 마음을 사로잡을 수 있었다.

다시 말해서 시드니 지점이 역외 위안화 EMTN을 발행하면 첫째로 투자자들의 왕성한 수요를 만족시킬 수 있고, 낮은 가격으로 끌어들인 역외 위안화 자금을 국제 위안화 업무에 사용해서 자금 원가를 낮출 수 있다. 둘째로 공상은행 해외 지점 중에서 처음으로 위안화 EMTN을 발행한 곳이 되어 역외 위안화 시장에서 공상은행 시드니 지점의 지명도를 크게 높일 수 있다. 시장에서 이렇게 좋은 기회를 발견하면 잡는 것이 당연하다.

따라서 시드니 지점은 위안화 EMTN의 발행을 결정하고 판매상 및 결제 기관과 수차례 소통하고 확인한 후 2011년 8월에 9억 위안이 넘는 규모의 첫 번째 위안화 EMTN을 성공적으로 발행했다. 이것은 시드니 지점이 통화 시장에서 단기 대출을 하는 것 외에 적은 자본으로 위안화를 조달하는 새로운 채널을 개척한 것을 의미한다.

6개월 동안 시드니 지점의 국제 위안화 업무의 자산 규모는 급속하게 증가했다. 2011년 말에 시드니 지점의 위안화 자산은 전체 자산의 3분의 1을 차지해 예전에 호주 달러와 미국 달러 위주의 자산 구조를 철저하게 바꿨고, 부채 조달 채널을 통해서 모은 위안화 자금은 시드니 지점 위안화 자금의 주요 원천이 되었다.

2. 사방에 존재하는 친구

위안화 EMTN 발행에 성공한 후 시드니 지점은 홍콩 역외 위안화 시장에서 지명도가 크게 높아져 시장 투자자들과 판매상들이 시드니 지점의 자금 조달 능력을 높이 평가하게 되었다.

예전에 시드니 지점이 호주 달러 MTN을 성공적으로 발행한 것을 많은 해외 판매상과 투자자들이 소문으로 들었고, 그중에 일부는 지점의 호주 달러 MTN에 직접 투자했다. 이전까지 시드니 지점에 대한 절대다수의 인식은 오스트레일리아에서 호주 달러 중장기 대출 채권을 발행하고, 해외 시장에서 여전히 ECP, ECD 등의 단기 대출 채권을 발행해서 자금을 모으는 수준에 머물러 있었다.

이와 같은 상황에서 시드니 지점이 중장기 대출 채권을 취급하는 것을 모르는 판매상과 투자자들도 많았다. 하지만 역외 위안화 EMTN 발행의 성공으로 이런 편견은 깨졌고, 공상은행 시드니 지점의 자금 조달 수단 및 방식이 다양하다는 것을 이해하게 되었다. 곧이어 많은 해외 판매상과 투자자들이 위안화 유로중기어음과 예금증서 또는 달러 및 홍콩 달러 등 여러 통화의 EMTN을 발행할 계획이 있는지, 있다면 자신들과 협력할 수 있는지를 시드니 지점에 적극적으로 문의하기 시작했다.

시장의 좋은 반응에 시드니 지점은 해외 시장에서 시드니 지점의 자금 조달 수단을 홍보할 시기가 무르익었고, 마땅히 직접 나서서 친구를 사귈 때라고 판단했다. 당사자들과 직접 만나는 것이 가장 좋은 영업 방식이므로 시드니 지점은 거래실의 베테랑들을 홍콩에 파견해 현지의 판매상, 투자자들과 소통을 강화하며 더 많은 협력 기회를 찾았다. 이들은 짧은 3일 동안 스무 곳이 넘는 판매상과 투자자들을 방문해 시드니 지점의 자금 조달 수단 및 향후 대출 계획을 일일이 소개했다.

또한 다른 금융 회사들과 달리 시드니 지점은 단일한 채권만 발행하는 것이 아니라 기업어음ECP, 예금증서ECD, 중기 어음MTN 등의 다양한 자금 조달 수단이 있고, 이미 오스트레일리아 현지 및 역외 시장에서 단기, 중장기 자금을 동시에 조달할 수 있는 능력을 가졌다고 강조했다.

홍콩 방문의 효과는 금세 나타났다. 시드니 지점은 이번 방문에서 알게 된 여러 판매상 및 기관 투자자들 중에서 두 곳의 기관 투자자와 거래하기로 최종 확정했는데, 한 곳은 태국의 자산관리 회사였다. 이들은 투자 포트폴리오에서 위안화 예금증서에 대한 투자 한도는 이미 꽉 찼지만, 위안화 유로중기어음에 대한 투자는 여력이 있어서 시드니 지점의 역외 위안화 EMTN에 투자하고 싶어 했다. 나머지 한 곳은 동남아의 기관 투자자였는데, 시드니 지점이 발행한 달러 유로기업어음에 투자하고 싶어 했다. 그런데 중국계 은행의 해외 지점들은 좀처럼 달러 EMTN을 발행하지 않는다.

시드니 지점은 홍콩 방문을 마무리하고 곧바로 투자자들과 긴밀하게 소통해 홍콩 시장에서 첫 번째 달러 유로중기어음을 성공적으로 발행하고, 뒤이어 역외 위안화 EMTN을 발행했다. 달러와 위안화 EMTN 외에 시드니 지점은 2011년 하반기에 뉴질랜드 달러 유로기업어음ECP과 홍콩 예금증서ECD를 발행해 자금 조달 채널을 한 단계 더 넓히는 것은 물론 자금원의 안정성을 공고히 했다.

역외 채권 시장을 성공적으로 개척한 뒤에 시드니 지점은 또 다른 안정적인 자금원을 개척하기 위해서 오스트레일리아 현지 대기업에 시드니 지점의 예금증서NCD를 홍보했다. 상업 은행에게 기업의 예금은 가장 안정적인 자금이고, 기업의 예금을 유치하면 시드니 지점의 자금원을 다양화하라는 금융 당국의 요구를 만족시킬 수 있다.

유럽의 채무 위기로 각국의 투자자들은 금융 회사들의 신용을 걱정해 투자에 신중해졌고, 은행간 단기 대출 시장의 유동성도 위축되었다.

또한 대기업도 리스크를 피하기 위해 장기 채권 등의 고정 수익 상품에 대한 투자를 줄이고, 유동 자금을 축적해 적절한 단기 투자 채널을 찾았다. 따라서 시드니 지점이 발행한 NCD는 좋은 투자 상품이었다. 여러 차례의 협의 끝에 시드니 지점은 2011년 10월 초에 오스트레일리아 현지의 초대형 기업을 상대로 1억 호주 달러, 3개월 기한의 NCD를 발행했다. 이후 시드니 지점은 이 고객과 지속적인 협력 관계를 유지했고, 다른 기업 고객 유치에도 성공해 NCD 발행 대상을 현지 대기업 고객으로까지 확대했다.

3. 금상첨화가 된 경영진의 방문

2010년 9월, 공상은행 본점은 시드니 지점의 퍼스 분점 설립을 허가했다. 그리고 1년여의 준비 끝에 2011년 11월 2일에 웨스턴오스트레일리아 주의 주도인 퍼스에서 공상은행 퍼스 지점이 영업을 시작했다. 시드니 지점의 전략적 포지션에 따르면 퍼스 지점은 두 가지 장점이 있다.

첫 번째는 설립 시기가 좋았다. 비록 세계 경제가 완만히 회복 중이었고, 글로벌 경제에 여전히 불확실한 요소가 많지만 중국 경제는 지속적으로 빠르고 건강하게 발전하는 중이었다. 2011년 상반기에 중국의 GDP는 9.6%, 사회의 총 소비액은 16.8%, 고정 자산에 대한 투자율은 25.6%, 수출입 총액은 25.8% 증가했고, 대외 무역, 투자, 금융 영역의 협력도 지속적으로 발전했다. 지난 10년 동안 중국이 해마다 세계 각지에서 수입한 상품은 약 6,780억 달러이고, 2011~2015년의 수입액은 8조 달러를 넘을 것으로 예상된다. 무역 부문에서 2010~2011년에 중국과 웨스턴오스트레일리아 주의 무역액은 전년 대비 51.5% 증가한 503억 호주 달러였다. 이 중에서 웨스턴오스트레일리아 주가 중국에 수출한 금액은 474억 호주 달러로, 오스트레일리아 대중 수출액의 72.8%를 차지한다.

따라서 중국은 웨스턴오스트레일리아 주의 최대 무역 파트너이자 수출 시장이다. 투자 부문에서 2010년 말까지 중국 기업은 전 세계 170여 개 국가와 지역에 1만6천 여 개의 기업을 설립했고, 대외 직접 투자액은 3,170억 달러가 넘는다. 1987년에 중강그룹SINOSTEEL이 Channar 철광에 투자한 이후 지금까지 수십 곳의 중국 국영, 민영 기업이 웨스턴오스트레일리아 주에 투자했다. 실물 경제의 대외 협력 발전은 중국계 은행의 해외 진출에 필요한 역사적인 기회를 제공했고, 공상은행 퍼스 지점의 발전을 이끌었다.

두 번째는 지리적으로 좋은 곳에 위치했다. 웨스턴오스트레일리아 주는 자원이 풍부하고, 과학기술이 발달했으며, 사회 분위기가 안정적이다. 퍼스는 웨스턴오스트레일리아 주의 주도이자 '광업의 도시'이고, 오스트레일리아에서 광산물과 천연 가스 등이 가장 많이 생산되는 에너지 기지이다. 최근 웨스턴오스트레일리아 주는 중국 등 아시아 국가의 경제 발전에 힘입어 빠른 경제 성장세를 보이고 있고, 이미 오스트레일리아의 경제 발전을 이끄는 핵심 엔진이 되었다.

웨스턴오스트레일리아 주와 중국은 같은 표준 시간대에 위치하고 지리적 이점이 많은 공통점이 있다. 또한 세계 경제와 정치의 중심이 아시아로 이동하면서 두 곳의 지리적 이점과 정치적 위상의 중요성도 높아졌다. 퍼스는 교통이 편리해서 중국, 남아프리카 등의 신흥 시장은 물론이고, 싱가포르, 홍콩 등의 국제적인 대도시를 쉽게 오갈 수 있다. 또한 세계에서 영향력이 있는 자원 공급의 중심지이고, 국제 금융 등의 서비스 중심지가 될 잠재력이 있다.

시기적, 지리적 이점 외에 퍼스 지점의 더 큰 이점은 사람이다. 현재 중국과 오스트레일리아 사이에 활발한 경제 무역 활동과 퍼스의 지리적 우세에 힘입어 공상은행은 퍼스 지점 설립을 통해서 오스트레일리아에 자원 은행을 건설하고, 서비스 네트워크를 확충해 서비스 능력을 한층 더 강화시키는 목적을 이루었다. 퍼스 지점의 설립은 시드니 지점의 오스트레일리아 업무 발전에 중요한 의미가 있다. 따라서 본점의 대표단은 퍼스 지점 설립을 기념하는 동시에 오스트레일리아 및 남태평양 지역에서 공상은행 그룹의 영향력을 확대하기 위해서 퍼스 지점 개업식에 참석했다.

공상은행 본점 대표단의 오스트레일리아 방문은 시드니 지점의 오스트레일리아 업무 발전을 촉진시켰다. 방문 기간에 대표단은 오스트레일리아 정부, 금융 기관 및 다른 상업 은행 관계자들을 광범위하게 만나 현지 시장에서 강한 반향을 일으켰다. 또한 중국 경제와 은행, 특히 공상은행에 대한 현지 투자자들의 신뢰를 강화했다.

대표단이 오스트레일리아에 머무는 동안 퍼스와 시드니의 정부 기관, 중국계 기업, 현지 대기업, 은행 및 기금 관리자들은 두 곳의 공상은행 지점에서 열린 토론회와 관련 활동에 연이어 참석해 중국 국내 경제의 형세를 객관적이고 공정하게 이해하였고, 최근에 공상은행이 이룬 눈부신 업적에 감탄했다.

대표단이 방문하자 시장에서는 시드니 지점과 협력하고 싶어 하는 적극적인 반응이 나왔다. 특히 현지 4대 은행 중의 한 곳인 오스트레일리아 커먼웰스 은행은 최근에 중국계 은행이 발행한 5년 기한의 호주 달러 MTN에 투자하고 싶어 하는 투자자가 있었다고 먼저 연락해 왔다. 또한 공상은행 시드니 지점의 신용 등급이 높고 현지에서 영향력도 있어서 시드니 지점이 발행한 5년 기한의 호주 달러 MTN을 구매하고 싶다는 의사를 밝혔다.

사실 오스트레일리아 커먼웰스 은행은 시드니 지점이 첫 번째 호주 달러 MTN을 발행한 이후 줄곧 시드니 지점과 관계를 유지하며 호주 달러 채권 발행 및 판매 방면에서 서로 협력하길 희망했다. 투자자의 수요를 이해한 시드니 지점은 유동성 수요와 당시의 자산 부채 구조를 결합해 2천만 호주 달러 규모로 발행하기로 확정했다. 발행 가격은 오스트레일리아 현지 4대 은행의 상품 가격과 비슷한 수준이고, 결과는 매우 성공적이었다.

공상은행 대표단은 오스트레일리아 현지 기업 경영진과의 상호 협력을 매우 중시했고, 시드니 지점이 업무를 발전시키기에 좋은 시장 분위기를 만들었다. 이후 시드니 지점은 시장의 좋은 분위기를 타고 퍼스에 본부를 둔 세계 최대 철광 회사의 위안화 예금 6억5천만 위안, 오스트레일리아 최대 천연가스 오일 회사의 달러 예금 3억4천만 위안을 유치해 현지 시장에서 호주 달러 외에 기타 통화 자금원을 개척하는데 성공했다.

시드니에서 홍콩을 거쳐 퍼스까지, 3년 기한에서 5년 기한까지, NCD에서 ECP, MTN, EMTN까지, 은행에서 기금, 보험, 기업 고객에 이르기까지 시드니 지점은 몇 년 동안 끊임없이 시장을 관찰하고 유리한 기회를 잡아 자금 조달 채널을 개척하고 발전시켰다. 또한 성숙한 자금원 개척 전략을 바탕으로 여러 시장에서 다양한 기간의 상품을 많은 고객에게 판매하는 유리한 상황을 만들었다.

　모름지기 일을 잘하려면 먼저 무기를 날카롭게 만들어야 한다. 3년 동안 시드니 지점의 MTN 발행은 지점의 자산 부채 관리 및 자산 업무의 발전에 무시할 수 없는 버팀목 역할을 했고, 그 결과 시드니 지점은 경쟁이 격렬한 시장에서 불패의 자리에 설 수 있었다.

4. 6억5천만 호주 달러 MTN을 발행하다

　시드니 지점은 개업 후 3년 동안 본점의 글로벌 전략에 따라서 자체적인 자금 조달을 중심으로 하는 다양한 자금원 개척 전략을 실행에 옮겼고, 경영 관리와 업무 상황을 지속적으로 개선하여 경영 첫해에 순이익을 얻었으며, 자산 규모와 이익 총액이 3년 연속 100% 이상 성장하는 상황을 맞았다. 그러자 지점은 개업 3년째를 맞아 자금원 개척 전략을 더 새롭고 풍부하게 만들었다. 향후 몇 년 동안 시드니 지점은 여전히 자금원 개척을 원칙으로 삼고 자산 부채의 기한과 통화 종류를 다양화하는 동시에 새로운 3개년 발전 목표를 이루기 위해 자금 조달 능력과 수준을 한층 더 강화할 것이다.

　2011년 7월, 시드니 지점이 오스트레일리아에서 처음으로 3년 기한의 호주 달러 MTN을 공개 발행한 후 오스트레일리아 대출 시장은 유럽 채무 위기의 영향을 받아 신용 스프레드가 벌어지고 대출 비용도 계속 올랐다. 이러한 시장 상황은 한동안 지속되다가 2012년 하반기부터 호전되기 시작했다. 시드니 지점은 현지 대출 시장의 변화를 면밀하게 관찰하였고, 본점 및 현지 판매상과 계속해서 협력 관계를 유지하면서 기회를 기다렸다.

2012년 하반기에 유럽 채무 위기가 서서히 안정되고 시장의 유동성이 개선되자 오스트레일리아 채무 시장의 신용 스프레드도 축소되었다. 이러한 상황에서 시드니 지점은 다음과 같은 세 가지 요소를 고려하여 현지 시장에서 두 번째 호주 달러 중기 어음MTN의 공개 발행을 앞당기기로 결정했다.

① 중장기 자산 성장의 수요를 만족시킨다. 2012년 하반기에 시드니 지점의 자산 총액은 빠르게 증가해 2011년 말 대비 22% 늘었다. 이 중에서 대출 자산은 100% 가까이 증가해 총 자산의 45%를 차지했다. 당시에 중기 기업어음(MTN/EMTN)의 잔고는 전체 부채의 10% 정도였다.

② 유동성 리스크 통제에 대한 금융 당국의 요구를 만족시킨다. 시드니 지점이 다른 금융 회사들과 추진하는 업무량이 많아지자 오스트레일리아 건전성감독청은 시드니 지점에 자금의 다원화 및 유동성 리스크 통제에 대해서 더 엄격하게 요구했다. '신바젤협약 Ⅲ'의 영향을 받아 금융 당국은 시드니 지점이 자금원을 더 다양화하고, 안정적인 중장기 자금을 더 많이 확보하고, 자산 부채의 만기 구조를 개선해서 잠재적인 유동성 리스크를 완화하기를 희망했다.

③ 현지 시장에서 시드니 지점의 이미지와 위상을 공고히 한다. 시드니 지점은 2011년에 현지 시장에서 처음으로 호주 달러 MTN을 공개

발행하여 실력을 인정받았다. 시드니 지점은 아시아 출신이고, 전 세계에서 시가 총액이 가장 크며, 가장 많은 수익을 올리는 공상은행이라는 배경을 바탕으로 많은 채권 투자자들의 관심을 끌었다. 하지만 현지 투자자들의 관심을 높이려면 시장에서 채권을 정기적으로 공개 발행하여 투자자들에게 공상은행 시드니 지점이 오스트레일리아에서 뿌리를 내리고, 장기적인 계획 아래 발전하고 있다는 인식을 줄 필요가 있었다. 그렇게 되면 시드니 지점에 대한 신뢰도와 인지도가 높아지고, 신용 리스크에 대한 투자자들의 부담이 줄어들어 투자 한도가 늘어나 지점의 MTN 발행 비용이 낮아진다.

시드니 지점은 새 MTN을 발행할 때 ANZ 은행, 오스트레일리아 커먼웰스은행CBA, HSBC를 주요 판매상으로 선정했다. 예전에 MTN을 발행한 경험이 있었기 때문에 이번에는 모든 부분이 순조롭게 처리되었고, 발행 전에 대규모의 공개 투자 설명회를 개최하지 않고 핵심 투자자들을 대상으로 소규모의 맞춤형 투자 설명회를 진행해 실질적인 판매 효과를 높였다.

이번 MTN 발행에서 중점적으로 고려한 대상은 시간, 금액, 기한, 가격 등이다. 세 곳의 판매상과 교류하면서 알게 된 투자자들의 의향과 당시의 시장 환경을 고려해 시드니 지점은 3년 기한 BBSW +150bps나 5년 기한 BBSW +180bps의 가격으로 2012년 말에 MTN을 발행하기로 결정했다. 기한과 원가를 종합적으로 고려할 때 시드니 지점에게 가장 이상적인 것은 3년 기한의 호주 달러 MTN이었다. 자산이 증가하는 속도로 미루어 계산할 때, 시드니 지점은 이번 발행을 통해서 3~6억 호주 달러를 모을 것으로 예상되었다.

하지만 당시의 시장 추세는 채권 시장의 수익률이 더 떨어질 가능성이 있었다. 유럽의 채무 위기가 안정되고 미국의 양적 완화 정책의 영향으로 유럽과 미국의 채권 수익률은 오랫동안 낮은 수준으로 유지되었다. 이런 상황에서 오스트레일리아의 채권 수익률은 상대적으로 매력적이었고, 외국 투자자들의 오스트레일리아 채권 보유량이 계속해서 증가하자 호주 달러 채권의 수익률이 떨어졌다.

이밖에도 시장은 오스트레일리아 준비은행이 또 다시 금리를 내릴 것이라고 예상했다. 그러자 시드니 지점은 2012년 말 이전에 MTN을 서둘러 발행하지 않고 계속해서 시장의 추세를 살피며 더 좋은 시기를 기다리기로 결정했다. 뜻밖에도 2012년 4분기에 오스트레일리아 채권 시장의 수익률은 더 빠른 속도로 떨어져 2012년 12월에 시드니 지점이 발행하려고 한 3년 기한의 호주 달러 MTN의 지표성 가격은 기존의 BBSW +150bps에서 BBSW +115bps 정도로 떨어졌다.

결국 시드니 지점은 종합적인 면을 고려해 발행 시점을 2013년 초로 미루었다. 이유는 크게 두 가지다. 첫 번째는 가격이 더 떨어질 가능성이 있고, 두 번째는 시기적으로 크리스마스가 가까워 대부분의 투자자들이 2012년의 투자 계획을 마무리했다. 따라서 이 시기에 MTN을 발행하면 잠재적인 투자자 및 투자 금액이 크게 줄어들 수 있다.

하늘은 스스로 돕는 자를 돕는다고 했던가. 2013년 2월 6일, 음력으로 지난 한 해를 보내고 새해를 맞이할 때 시드니 지점은 오스트레일리아 시장에서 3년 기한의 호주 달러 MTN을 공개 발행해 시장에서 뜨거운 반응을 얻었다. 초기 조건이 BBSW +105bps일 때 투자자들이 구매를 결정한 총액은 8억1,500만 호주 달러였다. 그러자 시드니 지점은 예상을 뛰어넘은 구매 열기를 이용해 최종 발행 가격을 BBSW +100bps로 결정했다. 스와프 비용은 달러 리보 +75bps이고, 총 발행 금액은 6억5천만 호주 달러였다. 이때 발행한 3년 기한의 호주 달러 MTN 금액은 2011년의 4억 호주 달러를 초과했고, 발행 원가는 2013년에 아시아 출신의 다른 은행이 오스트레일리아 시장에서 처음으로 발행한 것보다 5bps 더 낮았으며, 발행 금액도 6개월 전에 다른 아시아계 은행들이 몇 차례 발행한 금액보다 높았다.

이 시기에 MTN을 구매한 투자자들은 오스트레일리아 현지 시장, 아시아, 유럽 등지의 상업 은행, 자산 관리 회사 및 민영 은행 등이 주를 이루었다. 시드니 지점은 MTN 발행 성공을 통해서 자산 부채의 만기 불일치 구조를 개선하는 동시에 오스트레일리아 대출 시장에서 중국계 은행들에게 새로운 롤모델이 되었고, 현지 시장에서 공상은행의 브랜드 이미지를 크게 높였다.

시드니 지점이 대규모의 중장기 호주 달러 MTN 발행을 순조롭게 마무리한 것은 향후 3년 동안의 자산 업무 발전에 든든한 밑거름이 될 것이다. 또한 앞으로 3년 동안 6억5천만 호주 달러 규모의 3년 기한 MTN이 시드니 지점의 성장에 버팀목 역할을 하게 될 것이다.

5부
해외 지점 혁신 운영 전략
创新治行战略

영어의 'Innovation(혁신)'은 라틴어에서 유래했다. 원래 'Innovation'은 세 가지 뜻이 있다. 첫 번째는 혁신, 즉 기존의 사물을 바꾸는 것이다. 두 번째는 창조, 즉 기존에 없던 것을 만드는 것이다. 세 번째는 개조, 즉 기존의 사물을 발전시키고 개선하는 것이다. 혁신이든 창조든 개조든 세 가지 모두 기존의 것을 긍정적인 상태로 발전, 조정, 변화, 진보시킨다.

혁신은 기업이 생존하고 발전하도록 만드는 영혼이고, 영혼의 특징은 남과 다르고 독특하다. 그래서 영혼이 있는 기업은 무에서 유를 창조하고, 남의 것을 더 좋게 만들며, 그것을 누가 더 좋게 만들면 또 다시 더 좋게 만들어 비슷한 상품과 서비스 영역에서 리더와 창조자가 된다.

5년여의 경영 과정에서 시드니 지점은 줄곧 '세 가지의 다름', 즉 현지 은행과 다르고, 현지 중국계 은행과 다르고, 공상은행의 기타 해외 지점과 다르다는 원칙을 고수했다. 여러 금융 회사들 중에서 독보적인 존재가 되려면 반드시 일상적으로 혁신해야 한다. 생각을 바꾸어 창조적으로 문제를 분석하려면 아무도 가지 않은 길을 개척하고, 낡은 틀을 깨고, 새로운 길을 찾고, 적절히 기회를 잡고, 새로운 정책과 시장의 수요를 만족시키고, 전략을 능동적으로 수정하고, 스스로 발전 능력을 키우는 것이 필요하다.

해외 지점이 현지 실정에 맞게 발전하거나 은행의 상품과 서비스의 질을 높이려면 혁신적인 사고를 통해서 경영 구조, 자산 구조, 상품 구조 등을 개선해야 한다. 이렇게 해야만 해외 지점의 핵심 경쟁력과 발전 능력이 향상된다. 상업 은행이 고객에게 제공하는 기초 상품은 서로 비슷하다. 특히 무역 금융 업무의 경우 오스트레일리아 현지 은행이나 외국계 은행이나 별반 다를 게 없다. 그럼 어떻게 하면 고만고만한 상품 중에서 자신의 상품을 돋보이게 할 수 있을까?

우선 단일 상품보다 구조적인 상품을 혁신하고, 다음으로 자사의 우수한 역량을 발휘해야 한다. 다시 말해서 국내와 해외, 또는 해외와 해외의 시장을 연계하는 방식으로 금융 상품을 개발한다. 마지막으로 가장 먼저 시장의 기회를 정확하게 잡고 새로운 상품을 출시한다. 위안화 국제 결제와 대출은 해외에 진출한 중국계 은행에 전례 없는 발전 기회를 제공했고, 위안화의 환율 차이는 위안화 상품을 통한 매매 차익을 안겨 주었으며, 중국계 은행의 위안화 자금 규모, 네트워크의 우세, 결제 능력은 역외 위안화 시장에서 위안화와 외화를 결합한 상품에 유리한 조건을 제공했다. 결과적으로 혁신은 금융 자산을 풍부하게 만들고, 역외 금융 기관의 수익 창출 능력을 향상시킨다.

고객의 입장에서 시장의 수요를 만족시키는 상품을 개발하고, 기업에 다양하고 종합적인 서비스를 제공하고, 고객을 위해서 서비스 가치를 창조하는 것은 시드니 지점의 오랜 이념이다. 시드니 지점은 기초 업무 처리는 물론이고 세계적인 발전 추세를 주시하며 신속하게 신상품을 개발하고, 핵심 서비스 능력과 자체적인 경쟁력을 키운다. 예를 들어 정보 시스템을 빠르게 구축해 신속하고 종합적인 서비스를 제공하는가 하면, 실력이 출중한 전문 인력을 영입해 고효율 상품과 서비스를 제공하고, 대출 관리 시스템을 개선해 본점 고객과 관련 고객에게 종합적인 서비스를 제공한다.

　본점의 우수성을 발휘하는 것도 시드니 지점 서비스의 혁신적인 면이다. 시드니 지점은 오스트레일리아 현지 기업에 꼭 맞는 서류 심사 서비스를 제공하고, 기존 고객에게 차별화된 서비스를 제공하는 등 다양한 서비스를 제공함으로써 시장에서 좋은 평가를 받았다.

　'우수해지고, 강해지고, 아끼고, 나누자'라는 모토는 시드니 지점의 경영 이념인 동시에 금융 기관 고객 및 기업 고객과의 협력 관계에서 리스크를 분담하고 이익을 함께 나누겠다는 시드니 지점의 약속이다. 협력과 공유의 이념은 오스트레일리아 현지 은행과 외국계 은행의 업무 협력 관계, 국내 지점과 해외 지점 사이의 업무, 해외 지점끼리의 업무, 중국에 있는 본점과 오스트레일리아 현지 기업 고객의 업무 협력 관계에서 철저하게 실천되고 있다.

　시드니 지점은 합리적인 비용 구조 및 안배, 혁신적인 수익 창출 모델, 이익을 함께 나누는 원칙을 통해 승자 독식의 구조에서 서로 상생하는 구조로, 단기 수익을 취하는 구조에서 중장기 수익을 추구하는 구조로 바뀌었다.

진실하게 일하고, 멀리 보고 행동하라
工于至诚, 行以致远

이제는 '기업 문화'라는 단어가 낯설지 않다. 이 개념은 1980년 대의 경영학 서적인 『기업 문화 - 기업의 풍속과 예의』 시리즈에 처음 등장한 뒤로 현대 기업 경영학 분야에서 반복적으로 연구되고 토론된 주제다.

경영 과정에서 기업에 경험이 쌓이면 전 직원이 공통적으로 준수하는 조직의 특징이 반영된 사명, 희망, 목적, 정신, 가치관, 경영 이념이 생기고, 이들 이념은 다시 관리 방식, 직원들의 행동방식, 기업의 대외적인 이미지를 만들어 낸다. 기업 문화는 교육, 연구, 군사 관련 조직과 성질이 확연하게 다르다. 시드니 지점은 많은 대기업들의 성공과 실패 경험에서 기업 문화는 비경제적이고 비기술적인 요소이지만, 근본적으로 기업의 경영 전략을 실현하기 위해서 필요한 중요한 장치라는 점을 발견했다.

경제 구조가 복잡하고, 외부 환경이 순식간에 변하고, 시장의 경쟁이 나날이 치열해지자 성공한 기업가들은 기업 문화를 더 중시하고 더 많이 생각하게 되었다. 전 세계 500대 기업 중의 하나이고, 전 세계에서 시가 총액이 가장 큰 은행인 중국공상은행도 예외는 아니다. 설립 이후 공상은행의 기업 문화는 경영과 관리 과정에서 끊임없이 발전하며 독특한 기업 정신, 제도 문화와 행위 문화가 형성되었다. 공상은행의 모든 전략과 혁신, 진보에는 기업 문화의 흔적이 있고, 수익성의 향상, 자산의 품질 개선, 서비스 수준의 향상, 브랜드 이미지 구축, 시장 지위의 확립 뒤에는 기업 문화의 뒷받침이 있다. '진실하게 일하고, 멀리 보고 행동하라'는 모토는 공상은행의 해외 지점이 국제화를 위해서 실천해야 하는 가치이자 신념이다.

진실하게 일하는 것의 핵심은 '진실함'이다. 각국에서 진실함을 의미하는 단어는 Integrity, 誠実な, Integritat, целостность 등으로 글자는 다르지만 내포된 의미는 서로 같다. 진실함이 근본이다! 어떤 사람들은 진실함과 수익성이 서로 모순된다고 생각한다. 하지만 성공한 기업들의 사례에서 상대방에게 더 많이 주고 자신이 적게 취하면 진실함이 탑처럼 쌓여 최종적으로 모두에게 더 큰 이익이 돌아간다는 것은 숱하게 증명되었다. 이것을 중국의 철학적 이치로 정리하면 '舍得사득(아까워하지 않다)'이다.

멀리 보고 행동하는 것은 개척자처럼 두려움과 어려움을 이기고 용감하게 높은 봉우리를 오르는 것이다. 다시 말해서 미래를 위해서 과학적이고 객관적으로 탐구하고, 실무 정신을 발휘하고, 탁월함을 추구하는 혁신적인 태도다.

1. 사소한 부분을 주시하고, 적극적으로 혁신하다

해외 지점에게 해외 송금은 일상 업무에서 빠지지 않는 부분이다. 고객과 접촉하는 과정에서 시드니 지점은 송금과 관련해서 몇 가지 문제가 수시로 나타나는 것을 발견했다. 아마 해외에 송금한 경험이 있는 독자도 이와 비슷한 의문을 가진 경험이 있으리라.

돈을 보내고 받는 사이에 환율이 오르거나 내리면 어떻게 될까? 수취인이 은행 창구에 가지 않고 송금된 외화를 찾는 절차는 번거로울까? 외화를 송금할 때 계좌에 전액이 입금되지 않고 중간에 수수료가 차감되어 외화 사용에 영향을 받을 때는 어떻게 해야 할까?

이들 문제는 고객에게 난처함과 수고로움을 준다. 단기적으로 생각할 때 이들 문제는 은행이 서비스를 제공할 때 생기는 사소한 일에 불과하고, 일부 금융 회사들은 이것을 송금할 때 일상적으로 발생하는 현상으로 치부한다. 물론 이들 문제를 해결하려면 비용과 노동력을 들여야 한다. 하지만 장기적으로 생각할 때 문제를 방치하면 고객의 어려움이 불만으로 변해 은행 업무의 발전에 문제가 생기고, 은행에 대한 인상도 나빠진다.

시드니 지점에게 고객의 불만은 발전 동력이다. 시드니 지점은 송금할 때 생기는 보편적인 문제를 해결하기 위해서 공상은행 시스템의 힘을 빌렸다. 그 결과 뛰어나고, 빠르고, 고효율적인 상품 서비스를 통해서 송금 업무에 특화된 브랜드가 되었다. 또한 호주 달러와 미국 달러를 위안화로 바꾸어 송금할 수 있는 서비스도 만들었다.

예비 환전 송금의 전체 명칭은 '개인 외환 예비 환전 송금'이다. 예비 환전 송금은 개인 전신환에 속하는 일종의 특수한 송금 방식으로, 송금인이 해외 은행에서 중국 내의 은행으로 외화를 송금하면 송금된 외화가 은행의 당일 환율에 따라서 위안화로 바뀌어 지불되는 특정한 송금 방식을 가리킨다.

예비 환전 송금의 특징은 송금인이 오스트레일리아에서 호주 달러나 미국 달러로 송금해도 중국에 있는 수취인의 계좌에 위안화가 입금되는 것이다. 다시 말해서 수취인이 중국 내 공상은행 지점에 개설된 계좌가 있으면 위안화로 입금되는 해외 송금 서비스를 받을 수 있다. 이렇게 하면 환율 리스크를 줄일 수 있는 동시에 수취인이 은행 창구에서 또다시 환전하는 번거로움을 줄일 수 있다.

전액 송금은 단어 그대로 호주 달러나 미국 달러를 송금했을 때, 중간에서 수수료를 제해 송금된 돈의 용도에 영향을 주는 일 없이 전액이 수취인에게 전달되는 것이다. 미국 달러와 호주 달러는 모두 중국 내 은행에서 자주 결제되는 통화이자 중국에서 해외로 많이 송금되는 통화다. 일반적인 상황에서 송금인이 전액 송금을 원하면 신청서에서 '송금인이 수수료 부담'을 선택하면 되는데, 이것이 바로 사람들에게 익숙한 OUR(해외 송금 수수료 송금인 부담 방식)이다.

하지만 실무 운영 과정에서 해외 송금 수수료 송금인 부담 방식을 선택해도 중간에서 어떤 요인으로 이 요청이 무시되고 송금된 돈에서 수수료가 직접 결제되는 일이 있다. 이런 상황은 무역, 의료, 교육 등의 목적을 가진 송금인에게 큰 어려움을 준다. 시드니 지점에서도 오스트레일리아에서 공부하는 유학생이 학비를 내기 위해 송금을 받았는데, 가족이 미처 중간 수수료를 고려하지 않고 돈을 보내 어려움을 겪은 사례들이 있다.

시드니 지점은 고객의 니즈와 송금할 때 고객이 겪는 문제를 이해하고 개업 첫 해에 '예비 환전 송금' 상품을 출시했다. 이후에 자체 시스템을 활용해 '호주 달러 전액 송금' 상품을 출시하였고, 거래 은행과 협력해서 '미국 달러 전액 송금' 상품도 출시했다. 시드니 지점은 연이은 예비 환전 송금 상품 출시를 통해서 송금 업무와 서비스 기능의 질을 높였고, 정확하고 효율적인 송금 및 수취 서비스를 통해서 고객의 신뢰를 얻는 동시에 시장에서 좋은 이미지를 쌓았다.

이러한 작은 노력은 고객에게 큰 편리함으로 돌아간다. 금융 기관의 입장에서 사소한 조치를 취하는 것은 업무 처리 시스템과 프로세스를 조금 개선하는 것에 불과하지만, 고객은 큰 이익과 만족감을 얻을 수 있다. 고객을 근본으로 여기고 진실하게 서비스하는 것은 금융 회사로서 은행의 혁신 정신과 서비스 이념을 행동으로 실천하는 것이다.

2. 입장 바꿔 생각하고, 적극적으로 개선하다

무역 금융 업무는 은행 간에 경쟁이 치열한 핵심 영역이고, 다른 자산 상품에 비해 안정성이 강한 특성이 있다. 먼저 무역 금융에 참여하는 기업은 상품을 생산하고 판매하는 전 과정에서 유통 단계에 직접 진입하고 상품 가격에 관심을 갖는다. 이때 상품과 통화의 순환이 잘 일어나서 은행은 시장 리스크에 크게 노출되지 않는다. 수출은 기본적으로 상품 판매 계약이 체결되었기 때문에 수출상을 대할 때는 상품 대금 회수 리스크만 신경 쓰면 되고, 수입도 이미 상품 판매 계약이 체결되었기 때문에 판매에 따른 리스크가 낮다. 따라서 수입상을 대할 때도 상품 대금 회수 리스크만 신경 쓰면 된다.

다음으로 무역 금융은 무역 활동과 결제에만 전문적으로 쓰이고, 자금의 흐름이 분명해서 은행이 쉽게 감독할 수 있다. 또한 무역 금융은 특정한 상품의 판매와 관계있는 자체 변제성 대출이다. 무역 활동을 통해서 상품을 판매하면 수입이 생기고, 수입은 자금 흐름을 만들어 대출금 상환을 보장할 수 있다. 마지막으로 무역 금융은 무역 결제와 밀접하게 관계되어 있다. 결제 중인 상업 서류나 금융 서류는 대출 은행이 통제하는데, 이 중에서 권리 증권은 대출 은행에 별도로 잡힌 담보가 된다. 특히 수출할 때 신용장 관련 대출은 또 다른 은행의 조건 또는 무조건적인 담보가 된다.

무역 금융 상품은 유동성이 강하고, 무역 금융은 신용 자산 중에서 유동성이 강한 자산이다. 또한 특정한 판매 활동과 관계있어서 일단 판매가 이루어지면 대출 은행은 결제하고 회수한 자금에서 대출 원금과 이자를 제한다. 따라서 자금의 대출과 회수는 판매 활동에 따라서 완성된다. 그리고 자금의 대출과 회수 기간은 180일 이내로 주기가 짧아서 자금 회수가 빠르다.

이밖에도 무역 금융 상품은 수익성이 좋아서 은행에 합리적인 대출 이자 외에 다방면의 수익을 안겨 준다. 먼저 무역 금융 업무는 국제 결제 업무와 불가분의 관계라서 은행은 결제 업무를 통해서 정상적인 예금 금리 차액을 얻을 수 있는 동시에 신용의 편의를 제공하고 결제 중인 서류를 처리해 중간 업무의 수익을 얻을 수 있다. 또한 기존에 두 통화 간의 대출 상품에서 파생된 위안화 환매매와 위안화의 다중 외환 매매 업무도 은행에 많은 이익을 준다.

오스트레일리아는 농업과 광업 중심의 무역국이라서 현지에 결제와 무역 금융에 참여하는 금융 회사가 많다. 하지만 고객은 개성 있고 다양한 은행 상품, 가격 수준, 서비스 효율, 서비스 품질 등을 원한다. 특히 수출입을 동시에 진행하는 중국계 광업 기업과 농산품 수출에 종사하는 오스트레일리아 기업은 조직 구조 및 업무 주기에 눈에 띄는 특징이 있다. 따라서 금융 회사는 서비스를 제공할 때, 고객의 입장에서 니즈와 목표를 파악하여 최적의 상품과 서비스를 만들어야 한다.

예를 들어, 오스트레일리아 현지에서 중국에 있는 모기업이나 홍콩에 있는 수출입 회사를 위해서 원자재를 구매하는 중국계 광업 기업은 대부분 다음과 같은 구조적인 특징이 있다.

1. 중국에 있는 모기업을 위해서 오스트레일리아에 완전 출자 자회사를 설립한다.
2. 거래 대상이 명확하며, 쌍방의 무역 관계가 우호적이고 안정적이어서 무역 거래가 장기적으로 이루어진다.
3. 무역 배경이 분명해서 화물이 국가의 수출입 정책, 외사 관리처의 정책 등 관련 법률 및 정책 규정에 부합한다.
4. 거래 상품이 약정된 가격에 따라서 고객에게 안전하게 전달된다.
5. 중국 내 모기업이나 홍콩의 수출입 회사가 지불 기한을 연장하고 싶어 한다.
6. 중국 내 모기업이나 홍콩의 수출입 회사가 공상은행의 기존 고객이다.

하지만 실제 업무 과정에서 기업은 중국 내 모기업의 외채 규모가 부족하고, 현지 기업의 신용 공여 한도가 부족해서 원자재 구매에 따른 지불 문제를 겪는다. 그럼 잠재적인 업무 기회를 잡고, 고객에게 더 좋은 서비스를 제공하려면 어떤 대책을 세워야 할까? 답은 혁신이다. 혁신의 전제 조건은 상품 및 구조에 대한 깊은 이해를 바탕으로 고객, 주주, 업무 배경, 상품의 프로세스, 대출 방안, 리스크 포인트 및 통제 조치에 대한 분석을 함으로써 국내외를 연계한 이중 통화 이중 단계의 구상 무역 신용장을 만드는 것이다.

이중 통화 이중 단계의 구상 무역 신용장의 핵심은 중국 내 기업의 외채를 점용하지 않는 상황에서 중국 내 공상은행이 위안화 기한부 신용장을 개설하고, 해외 지점이 외화 신용장을 개설한 뒤에 중국 내 공상은행이 증빙 서류 및 선물 가격 등을 확정하면 해외 지점이 현지 기업을 위해서 로우 리스크 방식으로 일람출금 신용장에 의한 대출을 제공하는 것이다.

무역 금융 상품과 자산 상품의 형식으로 위안화와 외화가 유기적으로 결합한 것은 위안화의 국제화를 추구하는 해외 중국계 은행에 새로운 기회를 제공했고, 해외로 진출한 중국 기업의 해외 업무 개척, 투자, 무역 활동에 든든한 버팀목이 되었다.

[사례]	전문성으로 신뢰를 얻고, 브랜드를 걸고 서비스하라

단기적이며 빈번하고 빠른 것으로 대표되는 무역 금융은 모든 무역 과정에서 고객의 단기 유동성 문제를 해결한다. 가장 흔한 형태의 무역 금융은 수출 신용장 매입이다. 대외 무역 경험이 있는 사람은 누구나 한 번쯤 주문서가 몰릴 때의 긴장감과 번거로움을 경험한 적이 있을 텐데, 자금이 부족해서 시간이 지연되거나 기회를 놓치면 작게는 돈을 적게 벌고 크게는 손해를 본다. 이때 고객은 은행이 전문

가의 입장에서 세심하고 효과적인 서비스를 제공하길 원한다.

2012년 춘절(음력 설)이 지난 뒤에 시드니 지점은 밀려드는 수출 업무를 처리하느라 바빴다. 업무량이 많은 고객은 하루에 수십 개의 주문서에 대한 대출을 신청했고, 급한 건은 그날의 주문 건을 담보를 잡고 돈을 빌려 줄 것을 요구했다. 고객의 긴장감은 서류 업무를 처리하는 부서에 거대한 도전으로 다가왔다.

전문적이고 효율이 높은 서비스를 제공하기 위해서 담당 직원은 먼저 고객의 요구를 충분히 이해했다. 예컨대 고객이 서류를 제출할 때 적극적으로 소통해서 급한 서류이면 따로 표시하고, 고객이 무엇을 요구하는지를 파악했다. 지점의 주요 무역 금융 고객을 담당하는 직원은 업무 처리 속도를 높이기 위해서 무역 프로세스와 신용장에 필요한 서류를 깊이 있게 이해할 필요가 있다.

다음으로 지점은 처리 과정을 세분화했다. 서류를 전담 부서에 보내기 전에 내부 프로세스에 따라서 예비 심사를 받은 적이 있는 서류인지, 동일한 신용장에 몇 개의 서류가 제출되었는지, 다른 공상은행 지점에 서류를 제출한 적이 있는지 구분하여 분류했다. 금액이 크고 내용이 복잡한 서류는 먼저 간단하게 대조 확인한 뒤에 명확한 오류(날인 오류, 서명 누락, 원본 수량 부족 등)를 없앴고, 주의가 필요한 서류는 즉시 처리했다.

마지막으로 정보 교류에 관한 피드백 시스템을 구축해 본점의 업무 처리 센터와 고객이 순조롭게 소통하도록 도왔다. 업무를 처리할 때는 가장 먼저 고객에게 서류 심사 결과와 특급 우편으로 보낸 서류의 일련번호를 통지하고 고객의 대출 수요를 만족시켰다. 프로세스의 개선과 업무 담당자의 끊임없는 노력으로 탄생한 '가장 먼저' 서비스는 고객의 필요를 만족시켜 시장에서 좋은 평가를 받았다.

전문적인 무역 금융 상품과 서비스를 제공하는 것 외에 업무 담당자는 고객과 일상적으로 소통하는 과정에서 수시로 고객의 입장이 되어 사소한 부분에 관심을 가지고 고객을 최고로 여겼다. 또한 같은 고객이 하루에 여러 건의 대출을 신청할 때 수취인이 같으면 모든 절차를 한꺼번에 처리해도 되는지 고객에게 물어 수수료 비용을 아끼는 동시에 고객의 편리를 보장하고, 고객이 부담해야 할 비용을 아끼도록 했다. 단지 수수료를 절약하는 것이지만 고객은 매우 만족했다. 적극적이고 진실한 서비스 태도는 다른 부서에서도 찾아볼 수 있는데, 모든 직원들이 자기만의 방식으로 공상은행의 핵심 가치를 실현하기 위해 끊임없이 노력하고 있다.

2012년에 현지 무역 금융에 변화가 생겨 현지 은행과 외국계 은행의 무역 금융 업무 가격 차가 커지자 시드니 지점과 장기 거래한 수출 고객이 비용 문제를 이유로 업무의 일부분을 다른 은행에서 처리하겠다고 말했다. 돌발적인 긴급 상황에 관련 부서는 경영진에 보고했고, 토론 끝에 경영진은 부정적인 요소는 일시적이지만 지점이 제공하는 전문적인 서비스는 지속적일 것이기에 가격을 그대로 유지했다. 뒤이어 한동안 무역 금융 관련 부서는 가격 이외의 서비스 요소를 적극적으로 개선하고, 서비스 프로세스를 전면적으로 강화해 고객에게 한결 같이 전문적이고 진실한 서비스를 제공했다. 그러자 몇 달 뒤에 재미있는 일이 일어났는데, 지점의 무역 금융 가격 경쟁력이 타 은행에 비해 떨어짐에도 불구하고 예전에 은행을 바꿨던 고객들이 시드니 지점의 우수한 서비스를 높이 평가하고 다시 돌아왔다는 점이다.

3. 능동적으로 수정하고, 혁신 속에서 발전하라

모두가 잘 아는 것처럼 은행간 대지급 업무는 중국계 은행 해외 지점의 기초 상품이다. 특히 공상은행 그룹 내 해외 대지급 업무는 리스크가 낮고 자본 회전율이 빠르며, 수익률이 높고 신속하게 자산을 키울 수 있어서 해외 지점이 설립 초기에 전략적으로 선택한다. 은행간 대지급 업무는 설립 초기에 시드니 지점에 큰 수익을 안겨 주었다. 하지만 장기적이고 지속적인 발전을 위해서 조기에 은행간 대지급 업무를 줄이고 업무의 혁신 능력을 키웠다.

혁신과 현지화 발전은 줄곧 시드니 지점이 고수하는 주요 발전 전략이다. 2012년 8월에 중국 은행업 감독관리 위원회는 은행간 대지급 업무 정책을 조정하고 대지급 업무 확장에 일정한 브레이크를 걸었다. 따라서 시드니 지점은 자산 구조를 우량화하는 동시에 대체 상품을 개발해서 정책 조정에 따른 불리한 요소를 낮추었다.

시드니 지점은 업무를 혁신하기 위해 시장에서 고객의 새로운 니즈를 끊임없이 연구했고, 전통적인 무역 금융 상품과 공상은행의 완벽하고 광범위한 국내외 네트워크를 이용하여 국내와 국외를 연계한 특정한 국제 무역 금융 상품, 예를 들어 고객 선지급 보증, 국내외 연계 비매입형 수출 팩토링 등을 연이어 시장에 내놓았다.

고객 선지급 보증은 선적서류인수도(D/A)의 위탁 징수 업무에 따라서 국내 은행이 해외 지점에 외환 계정(Nen -Resident Account, NRA)을 가진 수출 고객의 위탁 징수 은행이 되어 수입 고객에게 관련 서류를 제공하면, 수입 고객은 만기 지급 어음을 인수하고 저위험의 담보를 제공한다. 이때 국내 은행은 만기 지급 어음을 처리하는 동시에 수출 고객의 요구에 따라서 중개식 포페이팅 업무를 처리하고, 해외 지점은 국내 지점 고객을 위해서 달러나 위안화 대출을 제공한다.

포페이팅Forfaiting은 수출상의 현금 흐름과 재무 상태를 개선하는 무소구 대출 방식이고, 국제 무역을 통해서 대형 기계설비 같은 자본성 물자를 거래한다. 또한 수출상은 외상으로 상품을 판매한 뒤에 미리 선정한 할인 상사나 대형 금융 회사의 인가를 얻은 담보상을 통해서 맡긴 선물이나 어음을 대형 금융 회사에 팔아 미리 현금을 얻는 것을 가리킨다. 포페이팅은 전매, 어음부신용장, 무소구 어음 할인으로도 불린다.

이자 선지급 보증 업무는 전통적인 포페이팅 업무인 국제 대출 상품을 취급하고, 포페이팅 업무처럼 정당한 화물이나 서비스 무역 관련 어음을 매입하는 행위다. 은행이 어음을 모두 사들이면 수출상은 판매한 채권에 대한 모든 권리를 잃고, 대출금의 권리, 리스크, 책임도 전매상에게 넘어간다. 따라서 전매상인 은행은 반드시 수출상에 대한 구상권을 포기해야 하고, 수출상은 어음을 배서 양도할 때 '무소구無遡求, without recourse'라는 단어에 주의해 대출금의 권리, 리스크, 책임을 전매상에게 넘겨야 한다.

이자 선지급 보증 업무는 주로 중장기 무역 금융을 제공하고, 이 대출 방식을 이용하는 수출상은 수입상에 6개월에서 5년, 또는 그 이상의 무역 금융을 제공하는 것에 동의해야 한다. 수입상이 분기 납부 방식으로 대출금을 지불하는 것에 동의하면 환어음, 기타 채권을 고정적인 시간 간격에 따라서 차례대로 내주어 퍼페이팅 업무의 수요를 만족시킨다. 전매상의 동의가 없으면 채권 증서에 대해서 전매상인 은행이나 기타 기관이 무조건, 철회 불능으로 이자를 선지급하거나 독립적인 담보를 제공한다.

국제 대량 상품 거래와 관계된 선지급 보증에 비해 국제 팩토링에서 은행이 맡은 역할은 회계사와 비슷해서 기업이 소액 자금을 묶어 놓으면 은행이 맡아서 처리한다. 이것은 10~20년 전부터 발전한 신흥 무역 결제 방식으로서 '외상 매출금'으로도 불린다.

국제 팩토링은 상업 신용으로 화물을 수출할 때(예컨대, O/A나 D/A로 외상을 결제하는 방식) 수출상이 물건을 보낸 뒤에 매출 채권의 영수증과 선적 송장 서류를 팩토링 기관(일반적으로 은행)에게 양도하는 것을 가리킨다. 훗날 수입상이 돈을 지급하지 않거나 기일을 넘겨 지급하면 팩토링 기관이 지급 책임을 져야 하는데, 팩토링 업무에서 1차 지급 책임은 팩토링 기관에게 있다. 만약에 팩토링 기관에게 선불금에 대한 구상권이 없으면 잔액에 대해서도 지불을 책임져야 한다. 다시 말해서 무소구 팩토링은 구상권이 있는 팩토링이다.

1995년부터 효력이 생긴 '사법 통일 국제협회 협약(국제 팩토링 대리 공약)' 제2조 규정에 따르면 팩토링은 '한쪽의 당사자(수출상)와 또 다른 당사자(대리상) 사이의 협력 관계'를 가리킨다. 이 협약에서 파는 쪽(수출상)은 현재 또는 향후에 사는 쪽(수입상)과 계약한 화물(서비스) 무역 판매 계약서에 따른 판매 채권을 팩토링 기관에게 양도해야 하는데, 팩토링 기관은 다음의 서비스 중에서 적어도 두 가지를 제공해야 한다.

- 수출 무역 금융
- 매출 계정 관리
- 매출 채권 청구
- 신용 리스크 통제와 미수금 담보

국제 팩토링 업무는 일반적으로 이중 팩토링 방식을 채용한다. 이중 팩토링 방식은 네 당사자, 즉 수출상, 수입상, 수출 팩토링 기관 및 수입 팩토링 기관과 관계있다.

국내외 연계형 국제 팩토링 업무는 국내 지점은 수입 팩토링 기관으로서, 해외 지점은 수출 팩토링 기관으로서 O/A, D/A 또는 D/P의 무역 결제 방식으로 수출 팩토링 기관이 수입 팩토링 기관에게 수출 무역 금융, 매출 계정 처리, 매출 채권 관리 및 신용 담보 추징 등을 제공하는 종합적인 금융 서비스를 가리킨다.

이들 업무의 몇 가지 공통점은 국내외 플랫폼을 충분히 이용하고, 전통적인 무역 금융 상품을 국내외적으로 연계된 구조적인 조합을 통해서 기존의 상품을 최적화하는 것이다. 예컨대, 묵은 술을 새 병에 담아

포장한 뒤 여기에 다시 시장의 수요에 부합하는 요소를 덧붙이면 이 요소는 이 술의 새로운 판매 포인트가 된다. 상품을 혁신해 기존 업무의 완만한 성장 곡선을 다시 가파른 성장 곡선으로 만들기 위해서 시드니 지점 직원들은 밤늦은 시간까지 사무실의 불을 밝히고 일했다.

시드니 지점이 있는 빌딩은 시드니에서 가장 번화한 조지 스트리트에 위치했고, 몇 백 미터를 걸으면 세계적으로 유명한 오페라하우스가 있다. 대낮의 거리는 차가 꼬리를 물고 이어지고 인파가 끊이지 않지만, 밤이 되면 오가는 사람이 거의 없다. 주변의 휘황찬란한 불빛이 비친 고층 빌딩은 매우 고요하고, 거리의 예술가들이 음악을 연주하는 근처의 항구는 조명을 받아 더욱 운치가 있다. 함께 야근한 직원들은 퇴근 후 근처 식당에서 야식으로 배를 채운다. 비록 일은 힘들지만 아름다운 풍경을 볼 수 있는 것은 큰 즐거움이다. 직원들은 출근하는 것이 전쟁을 치르는 것처럼 힘들다고 웃으며 말하지만, 공동의 목표를 위해서 서로 도우며 열심히 일했고, 긴장되는 상황에서도 기적처럼 단결력과 전투력이 강한 팀을 만들었다.

경쟁하려면 지금보다 더 협력하라
要猕锤, 更要合作

오스트레일리아는 아시아태평양 지역에서 금융 서비스가 가장 활발한 시장 중에 하나다. 자본 시장은 일본 다음으로 크고, 규모는 홍콩의 3배, 싱가포르의 6배에 달하며, 금융 파생 상품은 아시아태평양 지역에서 가장 발달했다. 오스트레일리아 투자 기금의 자산 총액은 전세계에서 네 번째로 많은 4,340억 달러이고, 아시아태평양 지역의 어느 국가보다 사모펀드가 많은데, 아시아태평양 지역에 투자한 사모펀드 중에서 24%가 오스트레일리아에 투자했다. 2008년에 글로벌 금융 위기가 발생했을 때 오스트레일리아 경제와 금융 산업은 다른 선진국에 비해 선전했다. 오스트레일리아의 경제와 금융 산업이 크게 발전한 이유 중의 하나는 세계적인 수준의 은행이 많기 때문이다.

오스트레일리아에는 총 67개의 은행(이 가운데 오스트레일리아 토종 은행은 19개, 외국계 은행의 현지 법인은 8개, 외국계 은행의 지점은 40개)이 있고, 2012년 12월 31일까지 현지 은행의 자산 총액은 2억6천만 호주 달러다. 소매 은행과 상업 은행의 전체 업무에서 오스트레일리아의 4대 은행이 가장 큰 비중을 차지하는데, 전체 은행을 기준으로 4대 은행의 자산 총액이 차지하는 비중은 79.14%, 나머지 오스트레일리아 현지 은행이 차지하는 비중은 9.14%다. 나머지 11.72%는 외국계 은행의 현지 법인과 지점이 차지한다. 오스트레일리아의 은행 업종은 혁신적이어서 신흥 은행이 발전할 수 있는 가능성이 높다.

개방적이고 다양한 경제 환경을 가진 것 외에 오스트레일리아는 적극적으로 국제 무역을 전개해 빠른 속도로 발전하는 아시아 국가들에 대량의 상품과 서비스를 수출했다. 2012년에 중국과 오스트레일리아의 무역액이 1,200억 달러를 돌파함으로써 중국은 이미 오스트레일리아의 최대 무역 파트너이자 가장 큰 수출, 수입국이 되었다. 2000년 이후 오스트레일리아의 무역액은 연간 7.7%의 성장률을 유지했고, 천연자원과 기초 상품은 오스트레일리아의 전체 수출 상품에서 70%를 차지하는 주요 수출품이 되었다. 지난 10년 동안에 오스트레일리아는 세계 어느 지역보다 빠른 증가율로 아시아 지역에 상품을 수출했다. 현재 오스트레일리아의 상위 5대 수출국은 모두 아시아 국가이고, 이는 2급 시장(채권 시장. 1급 시장은 '주식 시장')에서 은행간 업무 협력에 유리한 조건을 제공했다.

1. 협력을 강화하고, 리스크를 분담하다

중국 경제의 강력한 성장은 오스트레일리아 4대 은행의 투자 관심을 불러일으켰다. 오스트레일리아의 금융 서비스는 이미 중국의 여러 영역, 예컨대 은행, 보험, 기금 관리 및 증권과 자문 등의 영역에서 업무를 적극적으로 확대하고 있다. 마찬가지로 중국의 4대 은행도 중국과 오스트레일리아의 무역 확대에 힘입어 오스트레일리아에 현지 법인 또는 지점이나 대표소를 설립하면서 양국의 금융업은 기업에 대한 서비스와 은행간 협력 부문에서 함께 발전할 수 있는 기회가 많아졌다.

리스크 참여는 현지 은행에게 익숙한 업무 상품이다. 개업 초기에 시드니 지점은 4대 은행과 함께 '리스크 참여 협약MRPA'을 체결했다. 무역 금융에 중점을 둔 이 협약은 자금이나 리스크 참여 방식을 통해서 업무 협력을 진행한다.

리스크 참여는 돈을 빌려 주는 은행이 '대출 참여' 방식으로 부분 또는 전체적인 대출 권리 의무를 돈을 빌리는 은행에게 양도하는 것을 가리킨다. 따라서 돈을 빌려 주는 은행과 돈을 빌리는 은행이 대출 참여 협약을 체결하면 돈을 빌려 주는 은행은 채무자가 지불하는 원금과 이자를 약정한 대출 참여 비율에 따라서 돈을 빌리는 은행에게 지불하는 것에 동의하는 동시에 대출에 참여하는 은행은 돈을 빌려 주는 은행에 자금을 제공하고 대출에 따른 신용 리스크를 분담해야 한다.

대출 참여는 크게 '자금 참여Funded Participation'와 '무자금 리스크 참여Unfunded Risk Participation'로 나뉜다.

자금 참여는 대출에 참여한 은행이 대출에 참여한 비율이나 금액에 따라서 돈을 빌리는 사람에게 대출금을 제공하고, 돈을 빌려 준 은행이 대출자가 상환한 원금이나 이자를 받은 뒤에 대출 참여 비율이나 금액에 따라서 이 돈을 대출에 참여한 은행에 지불하는 대출 참여 형식을 가리킨다.

리스크 참여는 대출에 참여한 은행이 돈을 빌려 준 은행에 자금을 제공하지 않았지만 약정한 리스크 기간Risk Period 내에 돈을 빌린 사람이 약정에 따라서 돈을 빌려 준 은행에 원금과 이자를 지불하지 않았을 때 사전에 약정한 비율에 따라서 돈을 빌리는 은행에 상응하는 대출금을 지불하는 대출 참여 형식을 가리킨다. 리스크 기간은 대출에 참여한 은행이 대출 리스크를 떠안을 때부터 대출한 은행이 리스크 책임이 해제되었다고 통지할 때까지의 기간이다. 대출에 참여한 은행은 리스크 기간에 대출자가 원금과 이자를 갚지 않아서 발생한 리스크에 대해서 돈을 빌려 준 은행과 함께 책임진다.

리스크 참여 형식을 통해서 돈을 빌려 준 은행은 대출자의 리스크를 리스크 참여 은행에 전이시킨 대가로 리스크 참여 은행에 일정한 리스크 대출 참여 수수료를 지불해야 한다. 대출자가 계약을 위반하고 대출금을 상환하지 않을 때, 돈을 빌려 준 은행은 리스크 참여 대출 협약에 따라서 리스크 참여 은행(한 곳 또는 여러 곳)에 관련 손실을 떠안을 것을 요구할 권리가 있다. 그리고 대출자가 계약을 위반하지 않았을 때는 리스크 참여 은행이 돈을 빌려 준 은행에 대출금을 지불할 필요가 없다.

무역에서 리스크 참여와 앞에서 소개한 대출의 프로세스는 기본적으로 일치한다. 대출에 참여한 은행은 참여한 비율에 따라서 일정한 리스크의 업무를 맡는데, 국제 무역의 결제나 무역 금융 업무에 참여해 리스크를 분담하고 이익을 나눈다.

시드니 지점은 신용장 개설, 신용장 매입과 인수, 무역 보증서 작성, 무역 어음 또는 일반 어음 매입과 보유, 어음·환어음·매출 채권에 대해서 보증이나 반보증을 서는 등의 방식으로 다른 은행을 업무에 참여시켜 협력했다. 또한 제3자인 은행이 신용장을 개설하거나 확인할 때 시드니 지점은 대출에 참여한 은행으로서 비대출 리스크 대출 참여 방식을 통해서 대출에 참여한 거래 상대가 신용장을 매입하도록 했으며, 다른 은행의 제의를 받아 대출에 참여할 때는 신용 리스크가 있는 정식 예금 기관 고객이나 기업 고객과 협력했다. 시드니 지점은 이렇게 다양한 방식으로 현지 은행들과 함께 성장했다.

서로의 장점을 결합해 시너지 효과를 내는 것은 시드니 지점과 현지 은행이 진행하는 대출 참여 업무의 가장 큰 특징이다. 현지 은행의 자금 조달 채널과 자금의 원가 차이를 기초로 시드니 지점은 서류 리스크와 신용 리스크를 부담하고, 공상은행의 대출 상품에 대한 자금 조달에 현지 은행을 참여시켰다. 공상은행의 막강한 해외 네트워크와 거래 은행 네트워크를 토대로 시드니 지점은 개설 은행 및 소재국의 국가 리스크를 부담하고, 현지 은행의 신용장 지불 보장 상품 대출에도 참여했다.

또한 은행간 리스크 대출 참여를 통해서 시드니 지점은 자금 시장이 위축되고 단기 대출 비율이 높은 상황에서도 자금원을 개척했고, 자금 원가의 제로 운영을 효과적으로 이용해서 수익 구조를 최적화했다. 더불어 현지 은행과의 업무에서 긴밀한 협력을 통해 공상은행의 시장 이미지를 서서히 높여 나갔다.

직원 수는 적지만 무역 금융 업무를 안정적으로 처리하는 현지 은행과 정기적으로 교류하는 것은 시드니 지점의 필수 수업이 되었다. 시드니 지점의 거래 상대들은 커피를 마시며 업무에 대해 이야기하는 것을 좋아한다. 시드니의 중심 상업 지구에서는 양복을 입은 남녀가 거리나 노천카페에 앉아 커피를 마시며 대화하는 모습을 흔히 볼 수 있는데, 테이블 위에 서류 가방이 있으면 틀림없이 금융 회사 직원이다. 시드니 지점 직원들은 현지 은행과의 협력은 대부분 커피숍 테이블에서 이루어진다고 농담처럼 말한다.

2. L/C로 하나가 되다

시드니 지점은 현지 은행 외에 외국계 은행과 협력 관계를 맺기도 했다. 예를 들어 업무 협력 모델을 혁신하고, 외국계 은행이 지정한 신용장 보상 은행으로서 본점이 개설한 신용장을 상환하는 동시에 외국계 은행과 협의해 양쪽이 인정하는 수익 분배 시스템을 통해서 이익을 함께 나누었다.

신용장 상환은 신용장을 개설한 은행이 지정한 제3자 은행, 즉 상환 은행Reimbursing Bank의 신용장을 가리킨다. 상환 은행의 신용장은 '제3자 은행 상환 신용장Clean Reimbursement Credit'으로도 불린다.

개설 은행과 개설 은행이 지정한 지불, 인수, 후지급, 매입 은행 간에 계정 관계가 없거나 개설 은행과 개설 은행이 지정한 은행이 신용장에 사용한 통화의 상환지에 있지 않을 때 지정 은행은 상환을 위해서 개설 은행이 개설한 상환 신용장을 요구한다. 즉 신용장의 정식 지정 은행은 지불이나 매입 뒤에 증빙 서류를 개설 은행에 보내는 동시에 신용장에 지정된 제3자 은행에 배상을 요구한다.

이른바 상환 시스템은 개설 은행의 위탁을 받은 제3국 은행의 신용장 대출에 대한 지불 기능을 가리킨다. 수출상이 증빙 서류를 지정 은행에 제출하면 지정 은행은 검토 판단한 후 개설 은행에 증빙 서류를 보내는 동시에 상환 은행에 지불 명령을 내린다. 그러면 상환 은행은 개설 은행의 예비 지불 권한을 토대로 지정 은행의 요청을 받아들여 지불하고, 개설 은행이 지정한 상환 은행은 자금 회전 속도가 빨라져 신용장 거래를 유리하게 할 수 있다.

상환은 국제 신용장 결제에서 대량으로 이루어지는 행위다. 19세기부터 국제 무역 결제에서 신용장을 쓰기 시작했고, 20세기에 들어 국제 무역에서 달러 등의 유통 통화를 보편적으로 썼다. 수출입상이 신용장에서 규정한 지불 통화는 수입국의 통화나 수출국의 통화가 아닌 제3국의 통화다. 담보부 신용장 업무 중에서 수익자는 가장 가까운 지정 은행을 선택해 증빙 서류를 제출하고 돈을 지불한다. 하지만 신용장 업무를 하는 모든 국가에서 개설 은행이 거래 은행의 계정을 가질 수 있는 것은 아니다. 따라서 제3자 은행을 통해서 상환하고, 이 은행이 대신해서 신용장이 규정한 대출금을 상환할 것을 요구한다. 이런 상황에서 제3자 은행이 참여하는 것은 외국 통화로 편리하게 상환하기 위해서다. 신용장 업무에 제3자 은행을 통한 지불이 포함되었을 때 제3자 은행을 상환 은행이라 부르고, 상환 은행은 개설 은행의 예금 은행이나 계약을 맺은 입체금 은행이다.

상환 은행은 돈을 지불한 뒤에 개설 은행이 미리 안배한 약정 시간 내에 개설 은행에 입체금(대신하여 지급한 금액) 청산을 요구하거나 상환 은행의 계정에 있는 개설 은행의 자금에서 직접 제한다. 따라서 상환 업무는 일정한 대출 기능을 파생시킨다. 특히 신용장의 지불 통화가 개설 은행의 소재국, 배상 은행의 소재국, 상환 은행의 소재국 대출 금리와 큰 차이가 날 때 상환을 통해서 대출 비용을 줄이는 것은 매우 중요하다. 일반적으로 기한부 신용장이 지정한 상환 은행의 즉시 지불 형식으로 저비용의 대출 목적을 달성한다.

시드니 지점은 현지의 외국계 은행과 함께 신용장 상환 업무를 개척하고, 독특한 수익 분배 시스템을 만들었다. 구체적으로 시드니 지점은 현지 외국계 은행을 통한 중개 역할로 다른 은행과 신용장 상환 협약을 맺고, 다양한 형식으로 신용장 상환 업무를 처리했다. 현지 외국계 은행의 본점은 기한부 신용장을 개설하고 조항에 지정된 신용장 상환에 관한 설명을 덧붙여 정식 상환 메시지를 보냈다. 대출의 만기가 돌아오면 신용장을 개설한 은행은 사전에 약정한 금리에 따라서 신용장의 대출금 및 대출 이자를 지불하고, 이 돈을 받은 시드니 지점은 약정에 따라서 현지 외국계 은행에 비용을 지불했다.

이런 독특한 업무 협력 방식은 거래 상대의 니즈를 충분히 만족시켰고, 협력을 통해서 다 같이 이익을 얻었다. 다른 외국계 은행은 이러한 협력 방식에 큰 관심을 보였고, 시드니 지점의 업무 방식을 학습했다.

은행 간의 협력은 업무상의 필요를 만족시키는 수준에 머무르면 안 되고, 서로 도우며 이익을 나누는 능동적인 네크워크 관계를 구축해야 한다. 자신들의 필요를 충분히 이해하는 상황에서 은행간 업무의 수요와 특색 있는 상품을 장악하고, 서로의 업무가 겹치는 부분을 찾으면 함께 함께 발전할 수 있는 공동의 목표를 달성할 수 있다.

실무 과정에서 은행간 협력은 한 가지 방식에 얽매일 필요가 없다. 예를 들어, 자금이 풍부하고 자산을 빠르게 성장시키고 싶어 하는 은행들에 대해서 시드니 지점은 이들 은행을 2급 시장(채권 시장)의 자금 참여, 매출 채권 전매 등의 업무에 참여시켜 협력을 확대했고, 규모가 작고 자산 규모가 제한적인 은행들은 업무 협력의 기회를 제안하는 방식으로 거래 업무를 확대했다. 또한 보유 상품이 뛰어나고 여러 방면으로 협력하는 은행들은 비용 구조를 합리적으로 안배하고 이익을 함께 나누는 방식으로 협력 관계를 더욱 발전시켰다. 시드니 지점은 다년간 많은 금융 기관들과 혁신적인 협력의 길을 함께 걸으며 이익을 나누었다.

3. 거친 돌도 숫돌로 쓰면 옥을 갈 수 있다

오스트레일리아에서 무역 금융을 하려면 은행들과 긴밀하게 협력하는 오스트레일리아 수출금융보험공사(Export Finance and Insurance Corporation, EFIC)를 빼놓을 수가 없다. 중국 수출입은행처럼 오스트레일리아 수출금융보험공사도 국가에서 설립한 것이라서 신용 등급이 오스트레일리아의 국가 신용 등급과 같다. 이곳은 오스트레일리아 중소기업의 수출에 대출 담보를 제공하고, 국제 투자 건의 및 전 세계 각국의 주요 경제 정책을 수집해 중소 수출 기업의 성장을 촉진하고 돕는다.

오스트레일리아 수출금융보험공사와 중국 수출입은행의 가장 큰 차이점은 오스트레일리아 수출금융보험공사의 상품은 전적으로 오스트레일리아 수출상에게만 자금을 지원한다는 것이다. 이것은 농산품과 광산품을 발전시키려는 오스트레일리아 정부의 수출형 경제 정책과 관계가 있다.

우월한 자연 환경의 혜택을 받은 오스트레일리아는 전 세계적으로 목축업과 농업이 발달한 것으로 유명하다. 오스트레일리아의 농업에는 재식농업, 임업, 어업, 목축업과 양식업이 포함된다. 1950년대의 오스트레일리아 농업은 수출과 수입의 70%를 차지할 정도로 국민 경제에서 매우 중요한 위치를 차지했다.

오스트레일리아 경제가 다양하게 발전함에 따라 경제 부문에서 광업과 서비스업이 차지하는 비중은 계속 높아졌다. 이에 비해 최근 20년 동안의 농업 생산액은 1950년대 수준을 훌쩍 뛰어넘었지만 경제에서 차지하는 비중은 오히려 더 낮아졌다. 오스트레일리아의 농업 생산액은 최근 10년 동안 GDP의 5% 정도를 유지했고, 오스트레일리아 농산품의 주요 소비 시장은 해외에 있다.

오스트레일리아 농업은 수출 지향형 경제에 속하고, 인구가 채 2,500만 명이 안 되어 농산품의 40%만 국내에서 소비된다. 오스트레일리아 정부는 농업 정책을 수립할 때, 국내 농민의 이익을 보장하는 동시에 농민이 시장 경쟁에 적극적으로 뛰어들어 국제 시장에서 점유율을 확대하는 전략을 적극 반영한다. 세계무역기구가 제시한 시장 개방, 공정한 경쟁 원칙을 위배하지 않는 범위에서 자국 시장을 효과적으로 보호하는 것은 오스트레일리아 농업 정책에서 중요한 부분이다.

오스트레일리아 수출금융보험공사의 또 다른 특징은 손익을 스스로 책임지는 것이다. 이것은 수출금융보험공사의 목적, 사명과 상호 모순적이라서 자칫 수출금융보험공사가 어려운 상황에 처할 수도 있다. 따라서 수출금융보험공사는 중소기업에 대한 대출과 대기업에 대한 대출 비율을 반드시 조심스럽게 처리해야 하는데, 조금만 편차가 생겨도 분쟁이 일어난다. 예를 들어, 2012년 2월에 오스트레일리아 생산성 위원회 Productivity Commission는 수출금융보험공사가 특별 안건에 수십억 호주 달러 규모의 대출금을 제공해 중소기업의 이익을 침해한 사실을 지적하며 중소 수출 기업을 지원하고 대기업에 대한 대출액을 삭감해야 한다고 평가했다. 그러자 대기업 고객도 자신들의 이익을 지키기 위해서 정부가 대기업에도 대출금을 지원하는 것이 중요하고, 수출금융보험공사가 자금 지원을 줄이면 오스트레일리아의 기업 경쟁력은 해외 기업보다 떨어질 것이라는 성명을 속속 발표했다. 오스트레일리아의 석유 탐사 회사인 오일서치Oil Search의 상무이사 피터 보통Peter Botton은 이렇게 말한다.

"수출금융보험공사가 자금을 지원하지 않으면 액화 천연가스 분야의 기업은 상업 은행과 기타 대출 기관을 통해서 자금을 조달하는 것에 한계가 있어 자금 공백이 생긴다. 이들 기업에 필요한 자금 140억 달러 중에서 수출금융보험공사가 제공하는 자금은 120억 달러가 넘는다."

약간의 논쟁은 있지만 오스트레일리아 수출금융보험공사는 이미 수십 년 동안 현지 시장에서 성장해 왔고, 현지 시장을 잘 알고 있으며, 오스트레일리아 기업에 어떤 식으로 무역 금융을 제공해야 하는지도 잘 안다. 오스트레일리아 현지 중소기업들은 늘 두 가지 큰 문제를 겪는다.

첫 번째는 규모가 작고, 수익성과 가격 결정 능력이 제한적이며, 거래 대상도 외국의 중소기업이 대부분이다. 때문에 오스트레일리아의 대형 은행에서 대출을 받지 못하고 일부 소형 은행에서 대출을 받거나 신용장을 개설한다. 이유인즉 대부분의 은행은 이런 종류의 신용장에 대해서 대출 서비스를 제공하고 싶어 하지 않는다.

두 번째는 수입상이나 수출상의 은행이 리스크가 큰 무역 국가에 위치했다. 하지만 돈 세탁 방지, 반 테러 금융 등의 요소 때문에 리스크가 큰 국가의 은행에 개설한 신용장은 오스트레일리아에서 쉽게 받아들여지지 않고, 이들 은행이 수출상의 지불 은행이 되어도 오스트레일리아에서 거절하여 무역이 잘 진행되지 않는다.

하지만 이때 수출상이 수출금융보험공사의 인가를 받으면 상황은 달라진다. 리스크를 분석한 뒤에 수출금융보험공사가 인가한 항목에 '수출 신용 담보the Documentary Credit Guarantee'를 제공하거나 수입상의 은행이 지불을 거절하는 리스크를 적극적으로 책임지면, 오스트레일리아 현지 은행도 안심하고 기업에 자금을 제공하기 때문에 사전에 대출을 받고 싶어 하는 기업의 필요를 만족시킨다.

수출금융보험공사가 중소 수출 기업에 수출 신용 보험을 제공하면,

현지 은행은 수출금융보험공사의 수출 신용 보험을 인정한다. 따라서 수출금융보험공사가 은행과 연계될 때 기업은 상업 은행의 신용장 지불을 통해서 대출, 수출화환어음 등의 신용장 관련 대출 상품을 순조롭게 신청할 수 있다.

[사례]   **상업 은행과 손잡고 중소 수출 기업의 글로벌 시장 개척을 지원하는 수출금융보험공사**

A 기업은 멜버른에서 사과 선별 포장 기계를 생산한다. 이 기업은 호두 선별 포장 기계를 발명해 업계에서도 명성이 자자하다. 이 기업은 터키의 한 기업에 기계를 수출하기 위해 수출금융보험공사에 연락해 수출 신용 담보 제공을 요청했다.

A 기업은 터기 기업과 맺은 협상에 근거해서 신용장 지불 방식으로 대금을 회수하기로 했고, 터기 기업은 터키의 한 은행에서 36만 유로(약 673,000 호주 달러) 규모의 신용장을 개설해 A 기업에 주었다. 수출금융보험공사가 A 기업의 지불 은행이 되자 오스트레일리아의 한 현지 은행이 수출 신용 담보를 제공해 터키의 개설 은행이 지불을 거절할 경우 생길 자금 리스크를 없앴다.

신용장 조항에 근거해서 터키 기업은 향후 5년 내에 돈을 분납할 것인데, 개설 은행을 통해서 수출상에게 신용장에 의한 대금을 지불할 것이다. A 기업은 현지 은행에 해당 기계의 운송을 증명하는 서류를 제출하는 즉시 대출을 신청해 미리 은행에서 대금을 받았다.

수출금융보험공사로부터 수출 신용장 담보를 제공 받은 오스트레일리아 중소 기업은 대금 회수를 보장받는 동시에 편리하게 은행에 대출을 신청할 수 있고, 대출 비용을 효과적으로 통제해서 경제 효과를 높일 수 있다.

사례에서 수출금융보험공사는 거래에 깊이 개입했지만 상품 대금을 완전히 청산하기까지 5년이 걸리는 조항을 받아들여 최종적으로 이 거래를 성사시켰다. A 기업의 이사장은 수출금융보험공사의 수출 신용 담보가 이 기업에서 생산한 100만 호주 달러 이상의 가치가 있는 기계를 판매하는데 매우 중요하게 작용했고, 이로 인해 국제 시장에서 다른 국가의 수출상과 경쟁할 때 경쟁 우위를 갖게 되었다고 평가했다. 수출금융보험공사는 계속해서 현지 은행과 손잡고 A 기업에 여러 종류의 수출 신용 담보를 제공했다. 이후 이 기업의 수출액이 총 판매액에서 차지하는 비중은 2001년의 5%에서 75%로 껑충 뛰었고, 거래 국가도 터키, 그리스, 칠레, 이탈리아로 확대되었다.

시대와 함께 나아가고, 승리를 위해 변화하다
与时俱进, 变中求胜

2000년부터 중국의 금융 산업은 급속하게 발전해 4대 상업 은행이 증시에 상장되고, 중대형 상업 은행은 글로벌 전략에 따라 해외로 진출했다. 2012년 6월까지 중국공상은행으로 대표되는 10여 개의 중국계 은행은 각 대륙의 주요 국가와 지역, 예컨대 홍콩, 뉴욕, 런던, 싱가포르, 시드니 등의 주요 금융 시장에서 지점망을 넓히며 영향력을 크게 확대했다.

해외에 처음 진출한 중국계 은행은 완전히 낯선 환경에서 생존하고 발전했는데, 이렇게 낯선 환경에서 자수성가하려면 '변화'를 예민하게 감지해야 한다. 변화에서 가장 중요한 것은 새로움, 안정, 발전을 추구하는 것이다. 현지 금융 시장에서 존재감을 가지고 지속적으로 발전하려면 반드시 자기에게 맞는 혁신의 길을 찾아야 한다.

그룹 연계형 상품은 시드니 지점이 오스트레일리아 시장에서 업무를 개척할 때 중요하게 생각한 부분이다. 여기에서 '연계'는 공상은행 그룹 본점과 국내외 지점간, 국내 지점간, 국외 지점 간의 업무, 정보, 상품,

통로, 시스템 등을 공유해 지점의 국제적인 자원을 하나로 모으고 종합적으로 배치하여 그룹 전체를 위해서 효과적으로 사용하는 것을 가리킨다. 시드니 지점은 그룹의 지원을 받는 동시에 시장 환경과 고객의 니즈를 고려해 공상은행 그룹 고객과 현지 고객을 위해서 가치를 창조했다.

현지 4대 은행과 현지 시장에 먼저 진입한 기타 외국계 은행에 비해 공상은행은 현지에서 늦게 시작했기 때문에 자원도 적고 생존 압력도 컸다. 서비스 종류가 비슷해도 자원이 부족한 상황에서 현지 대형 은행과 경쟁하는 것은 매우 어려운 일이다. 하지만 '위안화의 국제화'라는 큰 흐름은 시드니 지점에 절호의 기회를 제공했다. 2010년 하반기에 위안화 국제 결제 및 대출에 대한 시장의 수요는 넘쳐났지만, 현지 금융 기관은 발전 초기 상태였다. 이때 시드니 지점은 전통적인 무역 금융 업무와 위안화 국제 결제 업무를 적절하게 합친 그룹 연계형 상품을 새로 출시하였고, 위안화 국제 결제 업무를 발전시키는 새로운 길을 열었다.

1. 새롭게 개척한 이중 통화 신용장

외채 규모는 중국의 특색 있는 금융 관리 지표다. 중국 국가외환관리국의 정의에 따르면 외채는 중국 내 기관, 단체, 기업, 사업 단위, 금융 기관이 해외 국제 금융 조직, 외국 정부, 금융 기관, 기업에 대해서 계약성 상환 의무를 다해야 하는 채무를 가리킨다.

신용장은 국제 결제 중에서 가장 많이 사용되는 결제 방식 중의 하나이고, 신용장의 지불 기한이 90일을 초과할 때는 단기 외채 지표에 의해서 관리된다. 실무 과정에서 수입 고객은 성수기에 주문서가 밀려들 때 지불 기한이 90일이 넘는 기한부 신용장 개설을 희망하지만 외채 규모가 충분하지 않으면 개설할 수 없다.

'이중 통화 신용장'은 그룹 고객이 3개월 이상의 기한부 신용장을 원할 때 외채 한도가 부족한 문제를 해결할 수 있는 효과적인 수단이다. 구체적으로 설명하면 수출상과 수입상이 외화로 신용장을 결제하기로 약정했을 때, 국내의 신청인이 국내 지점에 위탁해 대외적으로 같은 가치를 가진 위안화 신용장을 개설하고, 다시 해외 지점을 통해 수익자에 대해서 간접 개설한 외화 신용장이다. 신용장 결제 때는 국내 지점이 해외 지점에 위안화를 지불하면 해외 지점이 수익자에게 외화를 지불한다. 이중 통화 신용장은 공상은행 그룹의 막강한 시스템을 등에 업고 출시되었고, 시드니 지점은 국내외 지점과 서로 협력하면서 이익의 공유를 통해 고객의 니즈를 만족시키는 동시에 국내외 지점의 수익 창출 경로도 개척했다.

이중 통화 상품은 국내외 기관의 위안화 및 국제 결제 업무량을 확대시키는 것 외에 쌍방의 대출 안배를 통해서 고객에게 해당 기한의 국제 위안화 대출, 매입 외환 등의 상품을 제공하고, 구조적인 조합을 통해서 고객의 대출 수요를 만족시켰다.

시장의 움직임에 순응하고 적극적으로 혁신하는 것은 시드니 지점이 업무를 발전시키는 영구불변의 원동력이다. 성장의 기회를 기다리며 수시로 준비하면 좋은 시기를 놓치지 않는다. 2011년 9월에 시드니 지점은 업무상 국내 지점과 소통하다가 국내 지점의 한 국제 결제 고객이 대량의 달러 기한부 신용장을 개설하고 싶지만 외채 한도의 문제로 개설하지 못해 국내 지점이 좋은 기회를 놓칠까 걱정한다는 소식을 접했다.

시드니 지점은 상황을 자세히 분석한 뒤에 국내 지점에 시드니 지점에서 리스크 관리 위원회의 심사를 통과한 이중 통화 신용장 업무를 추천했다. 소통 끝에 해당 기업은 테스트하는 마음으로 국내 지점을 통해서 위안화 신용장을 개설했다. 시드니 지점은 국내 지점이 개설한 위안화 신용장을 기초로 달러 기한부 신용장을 간접 개설했다. 신청에서 신용장 개설까지 단 하루도 걸리지 않았고, 신용장 만기 지급 때는 고객의 필요에 따라서 이중 통화 신용장에 달러 대출을 제공하기도 했다. 높은 효율의 서비스, 수요에 부합하는 상품, 저비용의 대출은 고객에게 높은 평가를 받았고, 오래지 않아 이 기업은 비슷한 모든 업무를 이중 통화 신용장 형식으로 개설하여 국내 지점의 큰 국제 결제 고객이 되었다.

이중 통화 신용장 업무를 시작한 후 시드니 지점은 새 고객인 수출입 기업의 정보를 수집한 자료에서 이들 기업이 전국 각지에서 온 것을 발견했다. 그룹 연계형 상품을 통해서 공상은행 중국 내 지점은 업무량을 늘리고 수익 창출 채널을 개척했으며, 고객의 다양한 필요를 만족시키는 동시에 국내외 연계 시스템의 가치를 높였다.

산과 물이 겹쳐 길이 없을 것 같아도 버드나무 짙은 그늘에 꽃이 활짝 핀 또 하나의 마을이 나타나게 마련이다. 이중 통화 신용장은 공상은행 무역 결제 영역의 혁신적인 브랜드 상품이 되었다. 고객에게 효과적인 해결 방안을 제공하는 동시에 정책적 장애를 합리적으로 뛰어넘을 수 있게 잘 설계된 이 상품은 고객에게 긍정적인 성취감을 주었고, 직원들에게는 동기 부여의 촉매제 역할을 했다.

2. 독창적인 위안화 신용장 외화 대출

혁신은 은행에 이익을 주기도 하지만 새로운 문제를 만들기도 한다. 상품 혁신의 진정한 의미는 단순히 수요에 기초한 일회성 혁신에 머무르지 않고 새로 나타난 문제를 개선하는 과정에서 비슷한 문제들을 지속적으로 개선해 '재혁신'을 이어가는 것이다.

국제 위안화 신용장은 시드니 지점의 국제 무역 결제 영역의 히트 상품이다. 국제 위안화 신용장은 다음과 같은 몇 가지 특징이 있다.

1. 무역 결제를 할 때 통화를 다양하게 선택할 수 있고, 중국 기업이 환율 변동에 따른 리스크를 효과적으로 피할 수 있다.
2. 수출입 시 대금을 주고받을 때 환전할 필요가 없어 환전 비용이 발생하지 않는다.
3. 수출입 시 환전할 필요가 없어 복잡한 단계와 절차를 피할 수 있다.
4. 수출환급 절차가 더 간편하고, 프로세스도 더 빠르며, 신고한 통화 종류와 환급된 통화 종류가 일치해서 환 손실을 피할 수 있다.
5. 고객이 각종 무역 금융을 편리하게 처리해서 별도의 재무 부담을 질 필요가 없고, 글로벌 그룹이 그룹의 자금을 유연하고 효과적으로 관리하도록 돕는다.

이상의 특징으로 국제 위안화 신용장은 중국과 거래하는 기업들에게 더 큰 환영을 받았다. 하지만 오스트레일리아에서 이 상품을 판매하는 과정에서 시드니 지점은 새로운 문제를 만났다. 지점의 현지 고객 중에는 중국계의 무역형 기업이 있다. 이들 기업의 주요 기능은 중국의 모기업과 오스트레일리아, 뉴질랜드 지역의 공급상 사이에서 중개 역할을 하며 모기업을 위해서 단체로 상품을 구매하는 것인데, 주로 양모와 면화 등의 농산품을 구매한다.

고객과 접촉하는 과정에서 시드니 지점은 외채 한도, 처리 프로세스, 가격 결정 방식, 환율 리스크 회피 등의 각종 요소로 인해 일부 고객의 모기업이 국제 위안화 신용장 결제 방식을 원한다는 사실을 알게 되었다. 하지만 위안화 결제 방식이 양쪽 모두에게 많은 편리함과 혜택을 줌에도 불구하고 현지 고객은 여전히 국제 위안화 신용장에 대한 걱정을 떨치지 못했다.

양모 무역을 예로 들자. 양모는 오스트레일리아에서 판매자 시장에 속하고, 생산된 양모의 86%는 공개 경매를 통해서 판매된다. 오스트레일리아는 주요 3개 지역에 양모를 파는 다섯 곳의 경매 센터가 있는데, 북부 지역의 시드니와 뉴캐슬, 남쪽 지역의 멜버른과 론서스턴, 서쪽 지역의 프리맨틀이 그곳이다. 대부분의 양모 무역 회사는 할인 판매 시즌에 양모를 사기 위해서 거래 시장에 장기적으로 머문다. 오스트레일리아에서 양모를 거래할 때, 가격을 결정하고 결제하는 주요 통화는 달러다. 그래서 수출 기업은 위안화를 사용하면 수입상의 상품 대금과 양모 공급상에 지불할 비용의 통화 종류가 일치하지 않아 재무 비용과 잠재적인 리스크가 생길까 걱정한다.

양모를 판매하는 시즌은 해마다 7월에 시작해 이듬해 6월에 끝난다. 크리스마스 때 3주의 휴가 기간, 6월 말에 3주의 휴가 기간, 부활절 때 1주의 휴가 기간을 제외하고 총 45주 동안 지역마다 평균 1주일에 이틀씩 판매하는데, 판매는 6월에 미리 정한 판매 일정표에 따라서 진행된다. 주마다 판매되는 횟수와 규모는 판매 센터가 예상하는 양모의 공급량에 따라 달라지고, 공급상은 거래가 성사되고 5~10 작업일 안에 대금을 치를 것을 요구한다. 앞에서 설명한 것처럼 수입 기업이 은행에 개설한 신용장의 지불 기한은 기본적으로 180일 정도이고, 수출 기업은 양모를 운송할 때 모든 서류를 준비한 뒤 은행에 무역 금융을 신청해 자금의 유동성을 해결한다. 하지만 위안화의 금리가 상대적으로 높아서 고객이 별로 원하지 않는다.

이상의 두 가지 문제에 대해서 시드니 지점은 고객과 소통하며 해결 방안을 적극적으로 찾았다. 어떻게 하면 수입 기업이 연지급 위안화 신용장을 개설하는 동시에 수출 기업이 위안화 신용장을 통한 낮은 비용으로 대출을 받을 수 있을까? 자세한 연구와 내부 토론 끝에 시드니 지점은 '이중 통화 대출통'을 출시했다. '이중 통화 대출통'은 '위안화 신용장 달러 대출' 상품이고, 국제 위안화 기한부 신용장, 달러 수출 할인, 원금 결제 기한부 외환 신용장의 세 부분으로 구성되었다. 시드니 지점은 국내 지점이 수입 고객을 위해서 시드니 지점을 통지 은행과 매입 은행으로 지정한 위안화 신용장을 받으면 자본 참여나 리스크 참여 방식에 따라서 달러로 대출금을 수출상에게 지불한다. 그러면 국내 지점은 대출 만기가 돌아왔을 때 위안화 지불 신용장에 의한 대출금을 시드니 지점이 수출 기업과 약정한 환율과 금리에 따라서 계산한 뒤에 시드니 지점에 달러로 상환해야 한다.

많은 고객들은 업무가 진행된 뒤에 대금을 입출금할 때 통화 종류가 일치하지 않는 문제와 자금의 유동성 문제가 완벽하게 해결되었다고 말했다. 이 상품을 이용하면 달러의 금리는 상대적으로 낮고, 위안화는 계속 절상되어 만기가 돌아와 달러와 위안화를 사고 팔 때 대출 비용을 크게 줄일 수 있다.

지금까지 시드니 지점은 독특한 대출 결제 방식을 자원, 면방직, 유아 식품 등의 기타 무역 영역까지 확대하여 많은 고객들로부터 호평을 받았다.

옛 속담에 흐르는 물은 썩지 않고, 여닫는 문지도리는 좀이 먹지 않는다고 했다. 상품을 혁신하는 과정에서 시드니 지점은 시대와 함께 나아가는 동시에 능동적인 개념을 상품 설계와 유기적으로 결합하여 상품의 한계를 없애고, 수시로 새롭게 변화하며 혁신을 실행에 옮겼다.

4장

남다른 DNA
与众不同的 DNA

2013년 3월, 브릭스 5개국 정상들은 남아프리카공화국 더반에서 제5차 정상회담을 열고 브릭스 국가의 외화 저장고라 할 수 있는 브릭스 국가 개발은행 설립 계획을 논의했다. 이날 어떤 매체는 '브릭스은행'의 설립을 세계 금융 구조를 뒤흔들고 금융 게임의 규칙을 새로 정하는 것이라고 평가했는가 하면, 글로벌 금융 시장의 주목을 받고 있는 위안화의 국제화에 다시 한 번 국제 사회의 이목이 쏠렸다.

중국의 열두 번째 5개년 계획(2011~2015년)의 명확한 목표는 위안화의 국제화다. 지금까지 중국은 전 세계 경제에서 주도적인 영향력을 발휘했고, 위안화는 이미 전 세계에서 가장 안정적인 통화 중의 하나가 되었다. 다시 말해서 위안화의 국제화는 이미 큰 추세가 되었다. 2012년에 국제 위안화 업무가 눈부시게 발전하자 더 많은 사람들이 위안화의 이로움과 폐단을 주목하기 시작했고, 각종 문제점을 들어 논쟁하던 분위기도 위안화가 가져다 줄 잠재적인 기회를 잡기 위해서 위안화의 혁신적인 발걸음을 뒤쫓는 분위기로 바뀌었다.

금융 기관은 금융 시장과 서비스 경제를 발전시킬 중요한 사명을 가졌다. 위안화의 국제화 흐름이 빨라지자 채권 시장, 국제 무역, 대형 상품, 투자와 대출 영역에서 위안화로 결제하는 거래가 늘었고, 위안화 국제 업무 거래량도 지속적으로 증가하여 위안화 관련 상품이 큰 주목을 받고 있다. 따라서 역외 은행은 위안화 국제화 과정에서 책임을 회피하지 말고 중요한 역할을 맡아야 한다.

위안화의 전면적인 사용은 공상은행의 국제화 전략에서 가장 중요한 핵심 중의 하나다. 오스트레일리아에 진출한 공상은행의 교두보인 시드니 지점은 줄곧 공상은행의 발전 전략 노선을 따랐고, 국제 위안화 업무를 실행하는 과정에서도 지점만의 개성을 발휘했다.

1. 전례 없는 기회를 만나다

시드니 지점은 위안화 업무를 발전시키는 과정에서 좋은 기회를 만났다. 하지만 기회가 찾아와도 기회를 볼 줄 아는 혜안이 없어 시장과 고객에게 접근하는 전략을 세우지 않고 적극적으로 행동하지 않으면 기회는 수포로 돌아간다. 위안화의 국제화는 다음과 같은 과정을 지나왔다.

- 1993년. 8개 주변 국가 및 지역의 중앙은행과 '국제 무역 본위 화폐 결제 협약'을 체결했다.
- 2003년. 인민은행이 각각 홍콩과 마카오 은행에 개인 위안화 결제 업무를 개설

했다.

- 2008년. 12개 국가 및 지역과 통화 호환 협약이 체결되었다. 협약 규모는 8,412 억 위안이다. 같은 해에 국무원 상무회의는 광둥과 창장 삼각주 지역, 홍콩과 마 카오 지역, 광시와 윈난의 화물 무역에서 위안화 결제 업무를 시범 운영했다.

- 2009년 7월. 상하이, 광저우, 선전, 주하이, 둥관의 5개 도시에서 국제 무역 위안 화 결제가 시범적으로 운영된 뒤에 국제 무역 위안화 결제 관리 방법이 발표되 고 정식으로 국제 위안화 결제가 시작되었다.

- 2010년 6월. 국제 무역 위안화 결제 시범 지역이 20개 도시로 확대되고, 해외 결제지도 모든 국가와 지역으로 확대되었다.

- 2010년 8월. 관련 해외 지점이 중국 은행간 채권 시장에 투자하는 것이 허가되 고, 위안화 투자 경로도 순조롭게 열렸다.

- 2010년 11월. 해외 지점이 국내 은행에 위안화 결제 계정을 신청할 수 있고, 법 에 따라서 국제 위안화 업무를 시작했다.

- 2010년 12월. 인민은행 등 6대 위원회 연합이 67,359개 기업이 수출 무역 위안 화 결제 시범 운영에 참여하는 것을 허가했다. 이후 참여 기업은 67,724개로 늘 었다.

- 2011년 1월. '해외 직접 투자 위안화 결제 관리 방법(중국 인민은행 공고 [2011] 제1호)'이 발표되고, 은행권 금융 기관과 국내 지점이 해외 직접 투자 위안화 결 제 업무를 시작했다.

- 2011년 8월. 중국 내 세 번째 지역에서 국제 무역 위안화 결제를 시범 운영한 뒤 에 전국으로 확대하였다.

- 2011년 10월. 인민은행은 '외상 직접 투자 위안화 결제 업무 관리 방법'을 발표 하고 위안화의 국제적인 사용을 확대했다.

- 2012년. 런던 딤섬 본드 마켓을 시작으로 위안화 증권 환매 거래가 유럽에서 시

작되었고, 미국은 위안화를 기준으로 하는 3개의 상장지수펀드ETF를 출시했다. 국제금융공사IFC는 5억 위안의 역외 딤섬 채권을 발행해 룩셈부르크 증시에 상장했다.

지난 20년 동안의 위안화 정책과 발전 과정을 돌아보면 2010년부터 국제 위안화 업무가 중국 안팎에서 빠르게 발전한 것을 알 수 있다. 「중국 인민은행 통화 정책 집행 보고」의 자료에 따르면 2009년에 국제 무역 위안화 결제액은 35억8천만 위안에 불과했다. 하지만 2010년에 국제 무역 위안화 누적 결제액은 5,063억4천만 위안으로 증가했고, 2011년에 은행이 처리한 국제 무역 위안화 누적 결제액은 2조8백억 위안으로 전년 대비 3.1배 늘었다. 2012년에 국제 무역 위안화 누적 결제액은 2조9,400억 위안으로 전년도의 2조8백억 위안에 비해 41.3% 증가했다.

국제 무역 위안화 결제 업무는 발전 과정에서 다음과 같은 특징을 보였다.

첫째, 위안화 결제액이 연간 수출입 총액에서 차지하는 비중이 크게 늘어 10%에 달했다. 둘째, 국제 무역 위안화 결제는 이미 화물 무역 및 서비스 무역 등의 경제 영역에서 대외 투자 및 외상 직접 투자 등의 자본 영역으로 확대되었고, 결제 규모가 차지하는 비중도 빠르게 늘었다. 국제 무역 위안화 결제 업무는 이미 양적 발전을 넘어 질적 발전을 이루었고, 위안화 무역 결제의 실용성과 편리성은 세계 각지의 무역 참여자들에게 긍정적인 평가를 얻었다.

국제 위안화 업무를 처리하는 공상은행은 뛰어난 위안화 서비스 능력이 있고, 완벽한 국제 위안화 업무 상품 라인을 보유했으며, 무역·서비스·무역 금융·채권 판매 등 광범위한 영역에서 세계 최초의 국제 위안화 신용장, 세계 최초의 국제 위안화 전 과정 은행 결제, 세계 최초의 위안화 무역 금융, 세계 최초의 위안화 자본 결제, 세계 최초의 해외 위안화 대출, 세계 최초의 위안화 - 루블 해외 외환 시장 상장 등의 '최고' 기록을 낳았다.

이밖에 공상은행은 완벽한 국제 위안화 상품 시스템을 구축해서 기존의 국제 위안화 업무 상품을 토대로 '공상은행 국제통'이라는 브랜드를 만들고, 결제 시스템을 토대로 융합 금융, 재테크 등의 국제 위안화 업무 상품을 만들었으며, 위안화 계정 금융, 채권 대리 결제 및 거래, 위안화 매매 등의 세트 상품을 만들어 위안화 업무에서 뛰어난 능력을 유감없이 발휘했다.

시드니 지점은 2010년에 국제 위안화 업무에 관한 장기 발전 계획을 세우고, 위안화 업무를 주요 핵심 사업 중의 하나로 정했다. 이밖에 무역 통화 및 역외 위안화 시장의 급속한 발전, 공상은행 그룹의 뛰어난 위안화 업무 능력은 시드니 지점의 국제 위안화 업무를 발전시키는 토대가 되었다. 주어진 상황을 잘 이용할 줄 알면 기회를 흘려보내지 않고 꼭 잡을 수 있는데, 이 점도 시드니 지점의 위안화 업무 발전을 이끌었다.

2. 위안화 국제화의 바람을 타고 순항하다

시드니 지점의 국제 위안화 업무는 2010년에 시작되었다. 2010년 11월에 시드니 지점은 첫 번째 국제 위안화 기업 계정을 개설하고 나서 처음으로 위안화를 송금했다. 금액이 큰 업무는 아니지만 처음으로 위안화를 해외에 송금한 업무라서 참고할 수 있는 데이터도 없었고, 상품·프로세스, 처리 방식 등 모든 것이 새로웠다. 돈을 순조롭게 송금하기 위해서 시드니 지점은 계정에 있는 돈을 이체할 것인지 확인하는가 하면 결제 경로를 바로잡고, 결제 요구와 보고 양식을 파악하는 한편으로 고객에게 무역 관련 자료의 제공을 요구했다. 법적인 부분도 검사하고, 수납 은행과 적극적으로 연락해 수취인과 사전에 소통하는 등 다방면으로 세심하게 준비했다. 보낸 돈이 수취인 계좌에 들어간 것을 확인하고 감격에 겨워 지점 직원들이 팔짝팔짝 뛰던 모습이 지금도 눈에 선하다.

2011년에 위안화 국제 무역 결제가 중국에서 전면 개방되었다. 시드니 지점은 위안화가 절상되는 좋은 분위기를 타고 위안화 현지 결산과 무역 금융 업무를 추진해 2011년 업무 발전 계획에서 위안화의 국제화를 업무의 새로운 성장 포인트로 정했다. 그리고 시장 발굴, 상품 혁신, 상품의 품질 향상을 통해서 업무를 발전시켰다. 중국 당국에서 위안화 관련 정책을 계속 발표하자 시드니 지점의 국제 위안화 업무 성장 속도도 빨라졌다.

시드니 지점은 줄곧 유리한 시장 환경 속에서 새로운 것을 창조했다. 비록 직원들은 날마다 긴장되고 바빴지만, 업무를 학습하고 지식을 쌓는 일에 소홀하지 않았다. 자신의 업무를 숙지하지 못하면 제때 시장에서 새로운 소식을 파악할 수 없고, 업무 지식을 향상시키지 않으면 직원으로서 마땅한 전문 소양을 갖추지 못해 뛰어난 서비스를 제공할 수 없다. 시드니 지점은 업무를 처리하는 과정에서 수시로 경험과 느낀 점을 공유했는데, 이것은 시드니 지점이 낡은 것을 버리고 새로운 것을 추구하는 원동력이자 새로운 상품을 창조적으로 발굴하여 서비스의 가치를 높이는 중요한 수단이 되었다.

경험이 많아지면 역량이 커지는 것처럼 1년 여 동안의 발전 과정을 거친 시드니 지점의 위안화 업무는 최초의 해외 송금에서 위안화 결제, 위안화 대출, 위안화 예금 등의 상품으로 발전했고, 위안화 상품 라인도 어느 정도 규모가 갖추어졌다.

2012년은 위안화 국제 업무가 가장 왕성하게 발전한 시기다. 업무량이나 상품의 다양화 측면에서 국제 위안화 업무는 새로운 단계에 진입했고, 위안화와 외화를 결합한 혁신적인 상품은 위안화 업무의 새로운 자랑이 되었다.

많은 대기업, 특히 업무가 세분화된 기업의 직원들에게 "다른 부서는 무슨 일을 합니까?"라고 물으면 대부분 "글쎄요. 잘 모릅니다."라고 대답한다. 물론 직원이라고 해서 회사의 모든 면을 다 알아야 하는 것은 아니다. 하지만 시드니 지점이 혁신적인 상품을 개발하고 줄줄이 출시한 것은 전 부서가 서로 밀접하게 협력한 것과 무관하지 않다. 모든 부서가 서로 귀를 닫고 소통하지 않을 때, 어떤 결과가 생길지는 굳이 설명하지 않아도 알 것이다.

시드니 지점은 부서 간의 일상적인 교류 외에 새로운 상품과 프로세스를 개발하거나 업무에 새로운 동향이 있을 때마다 모든 부서가 적극적으로 교류하며 학습했고, 각자 전문적인 입장에서 의견을 제시했다. 직원들이 학습하고 교류할 때는 회의실에 빈 좌석이 없어서 사무실 의자를 가져와 듣기도 했다. 서로의 업무와 시장에 출시할 상품에 대한 이해를 통해서 부서 간의 소통은 더욱 원활해졌다.

시드니 지점의 가장 큰 특색은 국제 위안화 신상품이 모두 위안화와 외화가 결합된 구조적 상품이라는 점이다. 지점의 각 부서가 서로 단결하고 협력한 결과 국제 위안화 상품 라인은 점점 더 다양해졌다.

국제 위안화 업무는 독특한 장점 때문에 각종 어려움을 극복하고 공상은행 해외 신 시장 개척의 선봉에 서는 중임을 맡았다. 시드니 지점이 바람을 타고 닻을 올리는 순간부터 파도를 타고 원항하기까지 역외 위안화 업무는 무에서 유를 창조하고, 작은 것을 크게 키우고, 단일 상품을 다양한 구조적 상품으로 만드는 고속 성장의 길을 걸었다.

3. 남반구에서 차별화된 위안화 브랜드를 만들다

남반구에서 가장 큰 국가인 오스트레일리아는 풍부한 천연자원과 독특한 자연환경을 가졌다. 북반구의 오랜 역사를 가진 동양 국가에서 온 중국인 눈에 오스트레일리아는 익숙한 사물에 대한 인식을 깨뜨려 주는 독특한 국가다. 예를 들어, 오스트레일리아는 남극과 북극, 여름과 겨울이 북반구와 정반대이고, 유칼립투스를 먹는 코알라와 앞으로만 뛸 수 있고 뒤로는 가지 못하는 캥거루와 에뮤가 있으며, 사면이 바다이고, 국토의 70%가 비가 내리지 않는 건조한 지역이다. 또한 동식물의 품종이 다양하고, 국토의 35%가 사막으로 뒤덮였다.

이처럼 북반구와 다른 매력은 중국인들에게 오스트레일리아의 매력으로 다가왔고, 시드니 지점은 남들과 다른 상품 브랜드와 서비스를 만들어 오스트레일리아 사람들에게 다가갔다. 2012년 초에 시드니 지점은 샹그릴라 호텔에서 처음으로 국제 위안화 업무 설명회를 열었다. 설명회를 준비할 때 지점장은 이렇게 말했다.

"이번 설명회에 참석한 기업 관계자들에게 위안화 업무라면 바로 ICBC를 떠올리고, 해결할 수 없는 위안화 관련 문제가 있어도 바로 ICBC를 떠올리고, '역내 위안화 업무는 ICBC가 최고야. 역외 위안화 업무도 역시 IBCB가 최고야!'라는 인상을 주면 이번 설명회는 성공입니다."

이것은 시드니 지점이 국제 위안화 업무를 발전시키는 과정에서 줄곧 고수한 이념이고, '브랜드, 혁신, 서비스'는 시드니 지점 국제 위안화 업무의 차별화된 장점이다.

국제 무역 위안화 결제는 기업에 편리함을 주고, 금융 서비스의 새로운 영역을 개척했으며, 편리한 무역 투자를 촉진했다. 또한 기업을 위해서 수출입 비용을 낮춘 것은 은행업과 위안화의 국제 사회 진출에 더 큰 발전 기회를 가져왔다. 중국과 오스트레일리아의 무역 관계가 깊어지자 무역액도 해마다 큰 폭으로 증가했고, 위안화 업무는 중국이 오스트레일리아의 최대 수출 파트너인 관계로 오스트레일리아 시장에서 빠르게 발전했다.

시드니 지점은 국제 위안화 업무를 홍보할 때 고객층을 세분해서 맞춤형 마케팅을 실시했고, 기업의 몸에 딱 맞는 위안화 국제 결제 및 대출 상품을 추천했다. 예를 들어, 개인 고객은 '결제 전 위안화 송금'을, 현지의 기관 고객은 '위안화 역외 결제'를, 기업 고객은 '역외 위안화 상품 및 재테크 조합'을, 역내 기관은 '국내외 연계 이중 통화 시리즈 상품'을 추천했다. 오스트레일리아 사람들은 "There is no perfect world(완벽한 세상은 없다)."라는 말로 세상의 모든 일이 완벽할 수 없다고 자주 말한다. 하지만 시드니 지점은 오스트레일리아에서 위안화 업무의 '완벽한 세계'를 만들었고, 고객의 니즈를 최대한 만족시키기 위해서 최선을 다하는 동시에 문제점이 나타날 때마다 지속적으로 개선했다.

위안화 업무는 정책성이 강하다. 그래서 시드니 지점은 위안화 업무를 발전시키는 과정에서 수시로 정책의 동향을 주시하고, 시장의 변화에 따라서 신상품을 적절히 출시하여 고객의 니즈를 만족시켰다. 고객의 니즈는 계속해서 변했고, 상품에 대한 기대도 끊임없이 높아졌다. 시드니 지점은 고객의 니즈와 기대를 채찍질 삼아 국제 위안화와 외화 신상품을 열심히 개발하고 새로운 위안화 결제 대출 서비스를 제공했다.

구체적으로 설명하면 이중 통화 신용장 업무를 전개하는 동시에 거시적인 환경의 변화에 맞게 '이중 통화 해외 대지급통', '이중 통화 대출통', '이중 견질 신용장' 등의 위안화와 외화를 결합한 혁신적인 상품을 출시하고, 국내외 환율 차이에 따라서 '환 업무통', '역환 업무통'이라는 무역 송금 상품을 만들었다. 이러한 혁신적인 노력은 시드니 지점의 국제 위안화 결제 및 대출 업무량을 늘리고, 상품의 종류를 풍부하게 만들어 결과적으로 고객에게 더 좋은 서비스로 돌아갔다.

중국 내의 기업과 긴밀하게 무역하는 현지 기업을 위해서 시드니 지점은 공상은행의 장점을 충분히 발휘하고, 국내외 지점의 업무와 연계하여 기업의 니즈에 맞는 전방적위적인 금융 서비스를 제공했다. 또한 고객의 니즈를 충분히 이해한 상황에서 고객의 거래, 물류, 자금 연결 프로세스를 분석하여 서비스의 가치를 높였다. 예를 들어, 통화의 종류에 따라서 대출 수익이 어떻게 달라지는지를 예측한 후 국내외 지점과 연계해 기업 고객에게 원스톱 서비스를 제공하는 한편, 위안화 결제 및 대출 상품을 위한 자금 서비스를 제공했다. 시드니 지점은 무역 대출 상품 및 국제 위안화 업무를 통해서 현지 기업과 서로 협력하는 동시에 현지 시장에서 위안화 업무의 영향력을 서서히 높여 나갔다.

"조국을 등에 업고 남태평양을 바라보라."라는 말은 시드니 지점에 대한 중국과 공상은행의 응원이자, 시드니 지점의 지리적 위치와 경영 포지션을 설명해 준다. 기회와 도전이 병존하는 새로운 환경에서 시드니 지점은 지속적으로 내부 잠재력을 발굴하고, 협력의 기회와 수익 모델을 창조했다. 시장 친화적이고 혁신적인 서비스를 제공하는 금융 브랜드로서의 이미지를 확장해 간다면, 시드니 지점의 국제 위안화 업무는 오스트레일리아에서 특별한 이야기를 계속 써내려 갈 것이다.

4. 파도가 일면 구름을 타라

2013년 4월 8일, 줄리아 길러드 (전)오스트레일리아 총리는 오스트레일리아와 중국이 '통화 직접 환전 협약'을 체결함으로써 4월 10일부터 위안화와 호주 달러를 직접 태환(兌換, 환전)할 수 있다고 발표했다. 중국은 오스트레일리아의 최대 무역 파트너다. 따라서 이 협약으로 오스트레일리아와 중국의 기업간 무역 비용은 크게 낮아질 것이다. 호주 달러는 미국 달러와 엔화에 이어 위안화와 직접 환전할 수 있는 세 번째 통화가 되었고, 이는 오스트레일리아에 있는 중국계 은행에 더 많은 발전 기회가 생길 수 있음을 의미한다. 이를 좀 더 구체적으로 살펴보면 다음과 같다.

첫째, 호주 달러와 위안화 직접 환전은 호주 달러와 위안화의 거래 비용을 크게 낮춰 양국이 통화를 교환할 때 매매 가격 차이가 크게 줄어들 것이다. 지금까지 은행간 시장에서 호주 달러와 위안화를 환전할 때 달러가 매개가 되었다. 하지만 위안화와 호주 달러를 직접 환전하면 달러로 바꾸는 비용을 줄일 수 있다. 또한 장기적으로는 중국과 오스트레일리아의 무역 기업은 환율에 따른 이점과 편리함도 누리고, 무역 비용도 아낄 수 있다.

중국과 오스트레일리아 간의 무역은 서로 보완적인 성격이 강하다. 중국은 오스트레일리아의 석유와 광산물에 대한 수요가 크고, 오스트레일리아는 중국의 경공업 제품, 의류 방직, 화학제품 등에 대한 수요가 크다. 따라서 위안화가 가격 결정 및 결제 통화가 되면 무한한 잠재적 기회가 생길 것이다.

둘째, 호주 달러와 위안화 직접 환전은 양국의 무역 관계 강화에 도움이 된다. 이론적으로 직접 환전은 양국의 무역 기업에 거래의 편리함을 주고, 미국 달러가 아닌 위안화나 호주 달러를 결제 통화로 선택할 수 있다. 물론 국제 무역에서 어느 한쪽이 일방적으로 결제 통화를 선택할 수 없지만, 대체로 오스트레일리아 기업은 위안화 사용에 개방적이다.

투자 영역에서 중국과 오스트레일리아는 서로 중요한 투자 파트너다. 2012년 말까지 중국이 허가한 오스트레일리아의 대중 투자 프로젝트는 약 1만 건이고, 누적 투자액은 72억 달러다. 중국 기업이 오스트레일리아에 투자하는 금액도 계속해서 증가하는 추세다. 2012년 말까지 중국이 오스트레일리아의 비금융 분야에 투자한 금액은 130억 달러가 넘고, 전체 투자액은 400억 달러에 달한다. 오스트레일리아는 이미 중국 기업의 중요한 투자국이 되었다. 지난 10년 동안 중국과 오스트레일리아의 무역액은 연평균 28% 규모로 증가함에 따라 중국은 오스트레일리아의 가장 큰 수출국이자 수입국이 되었다.

호주 달러와 위안화의 직접 환전은 오스트레일리아 기업의 환율 리스크를 크게 낮추는 것은 물론, 거래 비용을 절약하는데 도움이 된다. ANZ 은행이 실시한 '향후 위안화 결제 횟수를 늘릴 의향이 있는가?'라는 설문 조사에서 48%의 기업은 '그렇다', 40%의 기업은 '고려 중'이라고 대답했다. 일부 오스트레일리아 기업은 이미 중국 기업과 위안화 결제를 논의하고 있다. 에너지원 수입의 큰손인 중국과 에너지원 수출의 큰손인 오스트레일리아가 달러로 고정된 가격 결정 방식을 버리고 위안화나 호주 달러로 결제하면 달러 변동에 따른 환율 리스크를 효과적으로 줄일 수 있다. 이 시도는 독특하지만 의미는 매우 깊다.

셋째, 호주 달러와 위안화 직접 환전은 개인에게도 이익이다. 달러를 거치지 않고 위안화와 호주 달러를 직접 환전할 경우 중국인이 오스트레일리아에 유학이나 여행을 갔을 때, 카드 결제 등의 비용이 줄어든다. 2012년에 오스트레일리아는 중국 유학생들이 선호하는 국가에 뽑혔는데, 한동안 침체기였다가 다시 안정적인 추세로 중국 유학생들에게 인기 높은 국가가 되었다. 관련 자료에 따르면, 2012년 7월 1일에서 12월 31일까지 오스트레일리아 유학 비자를 신청한 중국 유학생 수는 14,748 명으로 전년 동기 대비 18.3% 늘었고, 그 가운데 비자가 발급된 것은 14,083건으로 전년 동기 대비 13.5% 늘었다. 전문가들은 2012년 하반기의 성장률(13.5%)로 미루어 볼 때, 2013년에 오스트레일리아로 향하는 중국 유학생은 3만5천~4만 명 정도가 될 것으로 예상한다. 따라서 양국의 통화 직접 환전은 양국 국민의 왕래와 교류에 도움이 된다.

넷째, 호주 달러와 위안화 직접 환전은 오스트레일리아 역외 위안화 시장 형성에 유리하다. 호주 달러와 위안화의 직접 환전 실시에 따라서 오스트레일리아의 상업 은행은 위안화 접수를 거부할 수 없게 되었다. 더욱이 위안화 절상이 예상되어 오스트레일리아 기업 및 개인도 더 많은 위안화를 보유할 것이다. 시장의 발전에 힘입어 중국 인민은행이 오스트레일리아에 위안화 결제 은행을 설립할 계획이어서 오스트레일리아에 위안화 역외 시장이 형성될 가능성도 있다.

2013년 4월 12일에 오스트레일리아 재정부와 연방준비은행이 공동 개최한 위안화 무역 및 투자 회의가 시드니 인터컨티넨탈에서 열렸다. 이 자리에서 은행들과 기업계 대표들은 위안화 무역 결제 및 투자 등의 영역에서 협력 관계를 더 강화하기로 결정했다. 오스트레일리아는 국제 위안화 업무를 매우 중시하는데, 정부 또는 위안화와 직접적으로 관계 있는 금융 기관은 국제 위안화 업무에 대해서 논의하는 과도기를 거쳐 이해하고 사용하는 단계에 이르렀다. 앞으로 중국 대륙이나 해외 시장에서 위안화 투자와 금융은 오스트레일리아 기업이 중국과 비즈니스를 전개할 때, 매우 중요한 요소로 작용하게 될 것이다.

오스트레일리아의 상업 은행은 이미 역외 위안화 시장에 참여했고, 아시아에 있는 오스트레일리아 상업 은행도 고객에게 위안화 상품과 서비스를 제공하고 있으며, 오스트레일리아 4대 상업 은행도 홍콩 시장에서 맹활약하고 있다. 비록 오스트레일리아 현지에서 국제 위안화 상품과 서비스를 제공하는 금융 기관은 많지 않지만, 앞으로 위안화가 가져다 줄 잠재적인 기회를 잡는 것은 물론 시장에서의 지위를 강화하기 위해서 현지 은행들은 국제 위안화 영역에서 치열하게 경쟁할 것이다.

이제 막 날갯짓을 시작한 시드니 지점에게 2013년은 국제 위안화 업무 발전에 중요한 해였다. 특히 경제 규모가 큰 오스트레일리아 시장에서 국제 위안화 업무가 추세적으로 발전하는 것은 시드니 지점의 위안화 업무 발전에 전례 없는 기회인 동시에 거대한 도전으로 다가올 것이다.

향후 업무 발전 과정에서 시드니 지점은 변함없이 '혁신' 전략을 실행해서 업무를 혁신하고, 위안화 상품 라인을 확대하고, 현지에 맞는 더 높은 수준의 서비스를 제공할 것이다. 또한 국제 위안화 업무의 선두 주자로서의 우세를 유지하고, 국제 위안화 업무에 관한 한 최고 은행이 되어 남반구에서 국제 금융 교류의 교두보가 될 것이다.

6부
정보기술 전략
科技立行战略

'일찍 투자하고 장기적으로 이익을 얻어라.' 이는 시드니 지점이 추진하는 정보기술 전략의 원칙이다. 오스트레일리아는 정보기술 시스템의 응용도가 매우 높다. 일찍이 금융 업무에 첨단 과학기술을 도입하기 위해 독립적인 정보기술 단체를 조직했고, 업무 시스템 개발과 운영 능력을 강화해서 업무 시스템에 적용하는 것을 매우 중시한다. '일찍 투자하고 장기적으로 이익을 얻는' 경영 이념에 따라 시드니 지점은 시스템에 과학기술을 도입하여 지점의 안정적 발전을 위한 안전장치를 마련했다.

　시드니 지점은 정식으로 영업을 시작하기 전부터 '신용 관리 2002 시스템CM2002'을 가동했고, 뒤이어 공상은행 해외 지점 중에서 처음으로 FOVA 시스템과 인터넷 뱅킹을 실시했으며, 오스트레일리아에서 처음으로 글로벌 신용 관리 시스템GCMS과 금융 시장 관리 플랫폼FMBM을 만들고, 처음으로 자금 세탁 방지 감독 플랫폼을 만들었다. 이밖에도 서류 업무 처리 시스템FDOC과 송금 조사 관리 시스템RMTS을 만들어 업무 처리의 효율성을 크게 높였다. 또한 CS1/CS2/CS4의 현지 결제 시스템과 채권 결제 시스템으로 대표되는 시리즈 시스템을 적용했으며, 업무 보고 시스템SBRS을 자체 개발해 보고의 자동화 수준을 효율적으로 높임으로써 많은 인적 자원의 효율성을 높였다.

서비스에 과학기술을 도입하라
银行服务, 科技先行

현대 금융 산업의 지속적인 발전과 치열한 경쟁, 줄줄이 출시되는 신상품과 서비스, 나날이 엄격해지는 법률 환경과 감독 규정으로 은행 설립의 문턱이 높아지고 있다. 은행 업무는 더 이상 100년 전의 '수표 한 다발, 장부 한 권'처럼 간단하지 않다. 엄격한 요구 조건에 맞는 명확한 운영 원칙이 있어야 하는 것은 물론이고, 인터넷 홈페이지 관리부터 은행 업무 처리, 각종 리스크 감독, 경영 상황 분석까지 하려면 견고한 네트워크와 시스템의 뒷받침이 필요하다.

오스트레일리아는 남반구의 몇 안 되는 선진국 중 하나다. 금융 시장의 안정성은 금융 감독 시스템과 밀접하게 관계되어 있는데, 오스트레일리아의 금융 감독 시스템은 '바젤협정'에 따라서 감독 원칙이 정해졌다. 오스트레일리아에서 은행 서비스를 제공하려면 먼저 오스트레일리아 건전성감독청에서 발급하는 정식 예금 기관 영업 허가증과 오스트레일리아 증권투자위원회에서 발급하는 금융 서비스 허가증Financial Service Licence이 필요하다. 두 허가증을 비교할 때 예금 기관 영업 허가증을 발급 받기가 더 어렵고 진입 문턱도 높다. 오스트레일리아 건전성감독청은 '정식 예금 기관 심사 지도 원칙ADI Authorisation Guideline'에서 영업성 기관 설립에 대해 정보 회계 시스템은 현지 법인이나 지점의 모든 거래 및 약정에 관한 최신 기록을 보존해야 하고, 경영진은 업무 상황 및 관련 리스크를 지속적으로 정확하게 이해해야 한다고 규정했다. 구체적으로 설명하면 오스트레일리아 건전성감독청은 현지 법인이나 지점의 정보 회계 시스템에 대해서 관련 법규 및 감독 관리 규정이 요구하는 모든 데이터를 즉시 정확하게 생성할 것을 요구하고, 정보 회계 시스템의 핵심 내용, 요컨대 시스템의 완전성과 안정성, 업무에 지속적으로 적용되는지 여부를 평가한다. 관례에 따르면 오스트레일리아 건전성감독청은 신청인의 업무 범위, 업무량 등의 요소를 결합해 앞의 내용에 대한 현장 조사 및 회계 처리 추적 테스트를 진행하여 모든 조건이 감독 규정을 충실하게 만족시키는지를 확인한다.

이밖에 오스트레일리아 건전성감독청은 '자본금 요건, 주주권 비례 제한 및 주주에 대한 요건, 조직 구조와 경영진, 리스크 관리와 내부 통제 시스템, 내·외부 심사, 모국의 감독 관리'라는 6개 부문에 대한 기준을 제시해 영업 허가증을 발급할 때 현지 시장에서 개업할 수 있는 수준의 보편적인 기준에 도달할 것을 요구한다. 간단히 말해서 장소, 자금, 인원, 제도, 시스템을 제대로 갖춰야 한다. 이 중에서 시스템 확충은 지점을 설립할 때 광범위한 범위에 걸쳐 가장 심혈을 기울인 작업 중의 하나다.

중국공상은행은 2002년에 데이터베이스를 완성한 뒤로 줄곧 전 세계 최우수 IT 은행이 되기 위해서 노력했고, 2005년에 과학기술을 세계 선진 은행 수준으로 적용한 새로운 역외 핵심 업무 시스템을 구축해 마카오 지점에 도입했다. 당시에 준비팀은 과학기술이 은행의 상품 서비스, 업무 처리 능력, 고객 체험, 업무 프로세스, 리스크 관리 수준, 국제화 개척 등의 향상에 중요하게 작용한다는 것을 깊이 인식했다. 오스트레일리아 건전성감독청으로부터 영업 허가증을 받으려면 반드시 시스템과 미래의 업무 발전을 긴밀하게 결합하는 것이 필요하다.

1. 핵심은 현지화

IT 시스템 구축, 영업 허가증 신청, 개업 준비 등 시드니 지점은 설립 과정에서 과학기술 작업을 포함해 각 부문에서 전체적인 작업 계획을 세웠다([그림 6-1] 참고).

[그림 6-1] 프로세스 구축 작업 과정

정책적 준비는 준비 팀이 오스트레일리아의 법률과 금융 감독 제도를 이해하고 파악해서 향후 3개년 업무 발전 계획과 지점의 업무 관련 제도 등의 수립을 가리킨다. 비록 모든 면을 빈틈없이 고려하는 것은 어

렵지만, 정책적 준비는 지점 설립을 위한 가장 기초적인 작업이다.

기술 관련 직원이든 업무 관련 직원이든 준비 팀은 초기 단계에서 모든 일은 시작하기가 어렵다는 말의 진정한 의미를 느꼈다. 중국 내 각 공상은행 지점에서 선발된 전문가들로 구성된 준비 팀은 정책적 준비 단계에서 관련 자료와 현지의 제도 및 감독 규정을 이해하고 파악하는 데 많은 시간을 할애했다. 또한 고객 인터뷰, 자료 조사, 설립 신청 법률 자문 등의 방식으로 현지 시장 환경과 잠재 고객의 수요를 파악하여 시드니 지점의 3개년 발전 계획을 정리했다.

그와 동시에 법률과 감독 규정에 근거해서 실제 상황에 맞는 미래의 관리 구조, 부서 간의 분업 및 업무 관련 규정 등을 수립했다. 또한 준비 팀은 시드니 지점의 이전 단계인 시드니 대표소의 노력으로 많은 자료를 수집했다. 그러나 이들 자료의 정보량이 워낙 방대해서 상당한 노력을 기울일 수밖에 없었고, 3개월의 노력 끝에 시드니 지점의 전체적인 구조와 제도에 관한 자료를 완성하여 오스트레일리아 건전성감독청의 심사를 맡았다.

[사례] 핵심 업무 시스템의 유형 선택

정책적 준비가 진전되자 은행 업무에 적합한 시스템을 선택하는 일이 급선무가 되었다. 당시에 공상은행 그룹이 시드니 지점에 추천한 핵심 업무 시스템은 두 가지다. 첫 번째는 공상은행이 자체 개발해 마카오에서 시행 중인 차세대 해외

ONOVA(2008년에 FOVA로 변경됨) 시스템이고, 두 번째는 MISYS 기업의 MIDAS/TI 시스템이다. 두 시스템의 기능은 초기 단계의 서비스 수요를 만족시키는 공통점이 있지만 서로 다른 특징이 있다.

해외 ONOVA 시스템은 공상은행이 대형 플랫폼에 기반을 두고 자체 개발한 차세대 핵심 은행 시스템이다. 소매와 도매 업무의 기능을 갖추었고, 2007년에 마카오 지점에 처음으로 투입되어 성공적으로 운영 중이다. 해외 ONOVA 시스템은 업무 처리 능력, 운영의 안전성, 상품과 서비스의 확장성 면에서 매우 우수하지만 거래의 편의성 및 업무 확장성은 MIDAS/TI 시스템에 비해 떨어진다. 해외 ONOVA 시스템의 운영은 공상은행 데이터 센터(상하이)에서 책임진다.

MIDAS 시스템은 MISYS 기업이 출시한 소형 플랫폼에 기반을 둔 은행 핵심 업무 처리 시스템이다. 도매 업무 처리 위주의 기능을 가져서 중소형 은행에서 많이 쓰인다. 당시에 전 세계 100여 개 이상의 은행에서 운영된 경험이 있고, 오스트레일리아에서도 여러 은행이 이 시스템을 핵심 시스템으로 사용했다. 2007년까지 MIDAS 시스템은 홍콩, 런던, 도쿄 등의 금융 중심 도시에 설립된 7개의 공상은행 해외 지점에서 성공적으로 운영되었다. 공상은행 그룹의 방안에 따라서 MIDAS 시스템은 공상은행 해외 데이터 센터에서 각 지점에 서비스 된다. 하지만 MIDAS 시스템은 해외 ONOVA 시스템에 비해 비용이 많이 들고 후기 확장성이 떨어지는 단점이 있다. 시드니 지점의 준비 팀은 이 같은 상황에 대해서 다음과 같이 분석했다.

1. 해외 ONOVA 시스템과 MIDAS 시스템은 기능상 개업 초기에 지점의 업무 처리 니즈를 만족시킨다.
2. 데이터 센터(상하이)와 해외 데이터 센터의 서비스 수준은 과학기술 서비스에 대한 오스트레일리아 건전성감독청의 관리 요구를 만족시킨다.
3. 해외 ONOVA 시스템은 운영의 안정성과 확장성이 최대 장점이지만, 성공적인 운영 경험이 적은 것이 문제다. 오스트레일리아에서 적용하려면 적어도 두 번 이상의 시스템 개선이 필요해 시간이 오래 걸린다.
4. MIDAS 시스템의 최대 장점은 오스트레일리아 현지 운영 경험이 풍부해서

시드니 지점에 빨리 적용할 수 있고, 오스트레일리아 건전성감독청의 인정을 받은 것이다. 하지만 향후 은행 상품의 서비스를 확장할 때 MISYS 기업의 제한을 받는 단점이 있고, MIDAS 시스템을 해외 ONOVA 시스템으로 대체하려는 그룹의 향후 계획과도 충돌한다.

준비 업무의 과중, 준비 시간의 부족, 오스트레일리아 건전성감독청의 수준 높은 요구 사항 등을 고려해 불필요한 리스크를 줄이고, 각종 요소를 충분히 이용해서 영업 허가증을 조기에 취득하고, 시스템을 완성하기 위해서 준비 팀은 공상은행 그룹과 반복적인 토론을 벌인 끝에 MIDAS 시스템을 지점의 핵심 업무 시스템으로 최종 결정했다.

시스템 구축 측면에서 준비 팀의 구성원은 대부분 중국 출신이라서 중국의 방대한 시스템에 익숙하지만, 이 시스템을 중소형 은행의 시스템에 접목시킨 경험이 없다. 그래서 준비 팀은 국제 거래 회계 시스템(Modular International Dealing and Accounting System, MIDAS)의 기능을 빨리 숙지하기 위해서 바쁜 와중에도 3주 동안 MIDAS 시스템 전문가를 초청해 이 시스템의 모든 업무 기능을 자세히 배우고 처음으로 시스템을 가동했다.

준비 팀은 시스템의 기능을 기본적으로 이해한 후 3개년 업무 발전 계획의 지침에 따라서 대표소 시절에 파악한 오스트레일리아의 특색 있는 금융 서비스와 법률 감독 요건을 서로 결합해 Eleven AM 은행간 단기 대출 상품에 가입하고, TFN(Tax File Number) 이자세 처리 등의 시스템을 현지에 맞게 개선했다. 또한 현지 결제 시스템과 국제 SWIFT 조직에 가입했다. 향후 업무의 순조로운 운영을 위해서 준비 팀은 오스트레일리아 결제 협회APCA에 현지 어음 결제 시스템APCS, 대규모 전자 결제 시템BECS, 호주 달러 실시간 결제 시스템HVCS에 가입하고, 오스트레일리아 증권거래소ASX의 Austraclear 증권 결제 회원에 가입했으며, 현지 SWIFT 조직에 회원 자격 신청을 하고, 오스트레일리아 준비은행에 은행 간 전자 결제 계정ESA을 신청했다. 이밖에 공상은행 그룹의 IT 전문가들과 함께 MIDAS 시스템에 맞추어 TI 국제 결제 시스템, CM 2002 대출 관리 시스템, SWIFT 결제 시스템, ORF 보고 시스템간 정보 교환 및 회계 업무 처리 방식을 설계했다.

준비 팀의 현지화 작업은 시스템의 변수를 현지에 맞게 고치고 새로운 시스템 모듈을 구매하는 두 가지 방식을 통해서 해결되었다. 준비 팀은 오스트레일리아의 은행 감독 시스템과 회계 시스템이 영국과 비슷한 점을 고려하고, 공상은행 런던 현지 법인의 기본 시스템 변수와 상품

[그림 6-2] 시드니 지점의 업무 시스템 구조도

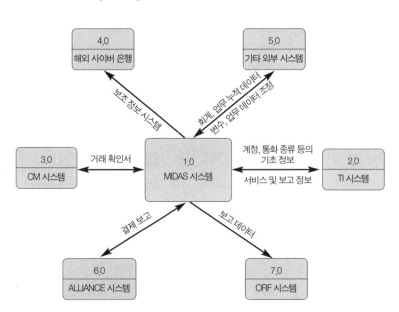

변수를 참고하여 상품과 기능 분류에 근거한 수만 가지 변수 중에서 회계 처리 변수와 리스크 통제 변수를 정밀하게 대조하고 수정했다. 준비 팀의 시스템 구축 방안은 공상은행 그룹에서 좋은 반응을 얻어 새로운 기능의 모듈 구매에 관한 논의가 빠르게 전개되었고, 상품을 시범 사용하는 방식을 거쳐 초기 시스템에 적용되었다.

시스템 부서의 방안에 따라서 MIDAS 시스템의 기계 및 운영은 본점의 해외 데이터 센터가 책임지고, 상하이에 시스템 재난 복구 환경을 구축했다. 준비 팀은 중국에서 시드니까지 국제 전용 전화선을 연결하려면 홍콩, 싱가포르 등지를 거쳐야 하는 점을 발견하고 현지의 네트워크 서비스 업체들을 만나 문제를 해결했다. 광활한 국토에 비해 인구가 적은 오스트레일리아는 중국에 비해 인터넷 인프라가 떨어진다. 일반적으로 디지털 가입자 회선DSL의 경우 중국은 신청하고 이튿날이면 개통되지만, 오스트레일리아는 3~4주가 걸린다.

준비 팀은 영업지가 정해진 후에 가장 먼저 국제 전용 전화선 설치 작업에 들어갔지만 국제 전용 전화선 설치 작업은 비용이 많이 들고 시간이 오래 걸려 공상은행 그룹의 보안 요구에 부합하는 가상 사설망VPN 설치 작업도 동시에 시작하여 일정에 맞추어 보안 시스템을 완성했다. 지점의 국제 전용 전화선과 현지의 핵심 네트워크는 신청 후 3개월 만에 예정대로 완성되어 시스템의 정식 가동을 위한 기본적인 준비를 마쳤다.

준비 팀이 미처 예상하지 못했던 상황은 오스트레일리아 건전성감독청이 감독 보고서를 요구한 것이다. 현지에는 감독 보고에 관한 상업 소프트웨어가 없지만 데이터와 업무에 대한 요구 수준이 높아 준비 팀은 감독 보고서 개발을 핵심 업무로 삼고 작업을 시작했다. 설립 신청 과정에서 지점은 오스트레일리아 건전성감독청의 요구 조건(신청인은 개업 조건을 만족시켜야 ADI 정식 예금 기관 영업 허가증을 받을 수 있다.)은 업무 시스템 외에 오스트레일리아 건전성감독청으로부터 영업 허가 심사를 받는 기간에 40여 장의 감독 보고서를 완성하라는 것으로 이해했고, 이것은 가뜩이나 바쁜 준비 팀에게 매우 중요한 임무가 생긴 것을 의미했다.

뒤늦게 요구 조건을 이해한 준비 팀은 즉시 회의를 소집하고 빽빽한 시간표에 새로운 작업 스케줄을 추가했다. 준비 팀은 시간을 쪼개어 감독 보고서에 대한 필요와 논리 관계를 정리했고, 기술 요원은 시스템 데이터베이스의 논리 관계, 시스템 출력 서류 및 개발 기술에 대해서 연구하기 시작했다. 시스템이 채 완성되지 않았고, 업무 데이터와 감독 보고 데이터의 통계 논리가 아직 완전하게 파악되지 않은 상황에서 기술 전문가들은 개발 작업을 조기에 완료하기 위해서 본점에 개발 전문가 긴급 파견을 요청했다.

지적 소유권의 이유로 MIDAS 시스템의 서류 형식, 데이터베이스의 구조 및 논리는 준비 팀에게 개방되지 않아 연구 작업은 MISYS 기업의 기술 지원을 받지 못했다. 준비 팀의 기술 전문가들은 본점 개발센터 전문가들과 함께 기본적인 논리 분석과 반복적인 테스트를 통해서 주요 업무의 데이터 및 관계를 정리하고 현지 감독 보고서 기술에서 가장 중요한 단계를 돌파했다.

여러 종류의 감독 보고서 중에서 금리 리스크, 유동성 리스크, 시장 리스크 감독 보고서는 가장 까다롭다. 이들 보고서는 시드니 지점이 선택한 리스크 관리 모형과 밀접하게 관계되어 있고, 공상은행 그룹 내부의 리스크 관리 모형을 참고하지 않았으며, 데이터원이 많고 통계 관계도 복잡해서 일반 보고서보다 기술적으로 표현하기가 더 어렵다. 준비 팀은 영업 허가 신청 진도에 맞추기 위해서 보고서에 대한 오스트레일리아 건전성감독청의 구체적인 요구를 이해한 뒤에 반복적인 토론을 거쳐 손으로 적은 장부의 데이터와 시스템 생성 변수에 기반을 둔 간단한 모형을 설계해 보고서 개발 작업을 순조롭게 완성했다.

2. 모든 직원이 참여한 테스트와 교육

완성된 시스템은 UAT 테스트에 참여해 현지 상품 프로세스에 따라서 현장에 적합하도록 개선되었다. 그리고 이렇게 해서 기존에 참고했던 모델보다 기능 면에서 거대한 변화가 생긴 시스템은 기술 전문가들이 필요한 기능을 모두 갖추었는지 확인한 후 마지막으로 금융 당국의 확인을 받았다.

이밖에 준비 팀은 기본적으로 시스템에 대한 교육을 받았지만, 시간이 부족한 관계로 시스템 전반에 대해 자세히 이해하지 못해서 시스템 매뉴얼에 변수를 설정했다. 이때 기술 전문가들은 설정된 변수가 업무를 처리할 때 계획대로 처리되는지를 테스트하면서 시스템 기능이 예상했던 기능과 차이가 나면 새로 조정했다.

시스템은 기술 전문가들의 요구를 만족시키는 것은 물론이고 오스트레일리아 건전성감독청의 심사를 통과해야 하기 때문에 준비 팀은 시스템의 테스트 결과를 매우 중시했다. 준비 팀은 시스템의 프로세스와 오스트레일리아 건전성감독청의 준비 작업에 대한 요구를 결합해 포괄적인 테스트, 시스템 테스트, 고객 테스트의 3단계 테스트 계획을 세우고 각 단계마다 도달해야 하는 목표를 정했다. 또한 각 단계의 목표에 따라서 업무 라인 및 시스템의 기능 모듈을 결합하고, 구체적인 테스트 항목과 테스트 시간표를 만들었다. 기술 전문가들은 항목마다 테스트 요점을 명확하게 적은 뒤에 모든 항목을 다시 총정리해서 각 단계의 시스템 온라인 운영 계획을 세웠다.

이러한 모든 단계의 테스트를 마친 뒤에는 테스트 결과를 기록하고 종합해서 정식으로 테스트 보고서를 만들었다. 오스트레일리아 건전성 감독청의 시스템 검사를 받기 위해서 준비 팀은 모든 단계의 테스트 사례 뒷면에 시스템 테스트 화면을 첨부했다.

시간과 인력의 한계, 현지 감독 제도에 대한 이해가 부족하여 감독 보고서와 리스크 관리 보고서의 시스템 개발은 준비 팀이 MIDAS 시스템을 충분히 이해한 뒤에야 본격적으로 시작할 수 있었다. 그로 인해 전

[그림 6-3] MIDAS 시스템 테스트 화면

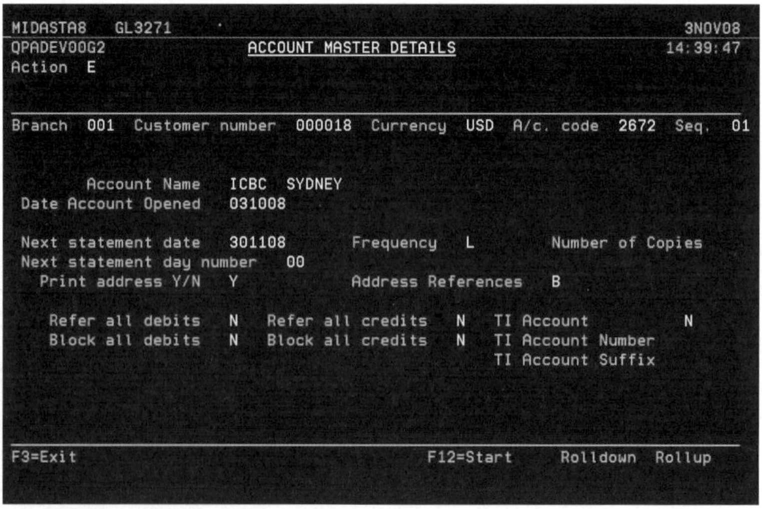

```
MIDASTA8   GL3271     ·                                        3NOV08
QPADEV00G2             ACCOUNT MASTER DETAILS                  14:39:47
Action  E


Branch  001  Customer number  000018  Currency  USD  A/c. code  2672  Seq.  01


         Account Name    ICBC  SYDNEY
Date Account Opened      031008

Next statement date      301108      Frequency   L         Number of Copies
Next statement day number   00
  Print address Y/N    Y              Address References    B

    Refer all debits    N   Refer all credits   N   TI Account           N
    Block all debits    N   Block all credits   N   TI Account Number
                                                     TI Account Suffix



F3=Exit                                   F12=Start    Rolldown  Rollup
```

체적으로 MIDAS 시스템의 완성은 조금 늦어졌다. 준비 팀은 3단계 테스트 외에 전문적인 감독 보고서 테스트도 실시했다.

시스템에 대한 이해가 부족한 부분을 사전에 보충하기 위해 준비 팀은 시스템 테스트에 전 직원을 참여시켜 테스트와 교육을 동시에 진행하면서 원하는 효과를 얻으려고 했다. 하지만 실제 과정에서 여러 항목의 테스트가 동시에 진행되는 바람에 계획한 효과를 얻을 수 없었고, 심하게는 업무 효율이 떨어졌다. 그러자 준비 팀은 시스템 테스트 관련 건의 사항을 들은 뒤에 시드니 현지 작업을 잠시 중단하고, 모든 핵심 인원이 상하이 데이터 센터를 방문해 한 달 동안 작업에 집중하기로 결정했다.

상하이 데이터 센터 방문에서 집중적으로 다루어진 것은 시스템의 주요 모순이다. 본점의 협조를 통해서 준비 팀은 본점의 해외 데이터 센터와 본점 개발 센터 직원들로 구성된 20여 명 규모의 현장 작업 팀을 공동으로 조직했다. 현장 작업 팀은 집중 테스트, 집중 개발, 현장 토론과 수정 등의 방식을 통해서 한 달 동안 핵심 시스템의 사용자 수용 테스트와 회귀 테스트를 하고, 감독 보고서 개발과 테스트 작업을 완성해 시스템 구축의 중요한 돌파구를 마련했다.

각 부서의 의견과 테스트 결과를 종합한 준비 팀은 시스템에 필요한 업무 기능과 상품 기능을 모두 갖추었고, 시스템의 업무 처리 및 리스크 관리 수준이 만족할 정도에 도달했다고 판단했다. 한 달 후 시드니 지점의 핵심 시스템 및 감독 보고서의 기술성, 시스템 구축의 핵심 업무가 순조롭게 완성되었다.

3. 회계 처리 추적 시스템 테스트

관례에 따르면 설립 신청 과정에서 서류 심사와 서면 질의응답 단계를 통과하면 오스트레일리아 건전성감독청은 현장 검사 실시와 회계 처리 추적 시스템 테스트를 요구한다. 중요한 아웃소싱 서비스는 오스트레일리아 건전성감독청도 아웃소싱 방식으로 현장 검사를 진행한다. 현장 검사와 회계 처리 추적 시스템 테스트는 오스트레일리아 건전성감독청이 영업 허가증을 발급하기 전에 준비 작업에 대해서 일회성으로 진행하고, 검사 결과는 영업 허가증 발급에 관한 오스트레일리아 건전성감독청의 최종 결론에 직접적으로 영향을 준다.

현장 검사의 핵심은 신청인의 관리 시스템, 특히 리스크 관리 시스템의 준비 상황, 업무 시작 준비 상황, 직원의 준비 상황, 업무 지속성의 개선 사항, 감독 보고서의 개선 상황, 중요 아웃소싱 서비스의 준비 상황 등 관리 시스템 전반을 판단하는 것이다. 회계 처리 추적 시스템의 핵심은 정식 예금 기관 업무 시스템의 완성도를 이해하고, 결합 시스템 업무 프로세스의 명확성 및 합리성, 업무 처리 프로세스의 리스크 관리 정도를 파악하는 것이다.

오스트레일리아 건전성감독청의 현장 검사와 회계 처리 추적 시스템 테스트는 범위가 광범위하고 검사 시간이 짧으며, 일회성이라서 중간에 실수가 생기면 지점에 대한 영업 허가증 발급이 늦어지고, 심하게는 지점에 불리한 결정이 내려진다. 따라서 준비 팀은 검사 전에 반드시 오스트레일리아 건전성감독청이 집중해서 보게 될 모든 준비 작업을 완성해야 했다.

준비 팀은 예전에 대형 시스템을 구축한 경험이 있지만, 회계 처리 추적 시스템을 만드는 것은 처음이었다. 오스트레일리아 건전성감독청은 정식 설립 신청 요건에 회계 처리 추적 시스템에 대한 설명은 없지만 현장 검사 때 간단하게 살핀다. 따라서 준비 팀은 설립 신청 고문의 건의와 사전 시스템 구축 과정에서 쌓은 테스트 경험을 결합해 상품의 종류, 규정과 제도, 업무 운영 프로세스, 리스크 관리 요점에 따른 회계 처리 추적 방식을 정했다. 그런 다음 오스트레일리아 건전성감독청에 제출한 업무 관리 제도 및 시스템 사용자에 근거해서 모든 상품과 서비스 업무의 운영 프로세스를 다시 수립하거나 갱신하고, 업무 프로세스의 중요한 단계에서 리스크 통제 조치에 대한 주석을 달았다.

　오스트레일리아 건전성감독청은 약속대로 현장 검사를 실시했다. 현장 검사 팀은 전체적인 준비 과정에 대한 보고를 들은 뒤에 정식으로 회계 처리 추적 시스템 테스트를 시작했고, 시드니 지점 준비 팀은 주요 상품과 서비스를 소개했다. 먼저 준비 팀이 업무 처리 시스템의 기능 및 업무 처리 프로세스에 대해서 간단하게 소개하자 입력, 대조, 권한 부여, 사후 감독 등을 담당하는 직원들이 업무 신청 자료를 효과적으로 검사하고 독립적으로 확인, 검토하는 등의 작업을 완벽하게 시연해 보였다.

　회계 처리 추적 시스템 테스트에서 준비 팀은 감독 보고서의 전 과정 및 데이터의 정확성을 대조해서 보여주었고, 인위적으로 통제하는 부분의 효과적인 관리와 정기적인 평가에 대해 소개했다. 현장에서 보여줄 수 없는 부분, 예컨대 긴급 상황에서 지점의 시스템이 복구되는 것은 업무의 지속성과 결합해 원상 복구되는 과정을 자세히 설명하고, 현장에서 검사 팀의 질문에 대답했다.

현장 검사가 끝난 후 오스트레일리아 건전성감독청은 준비 팀의 업무 처리 시스템과 리스크 관리 프로세스가 통일성이 있고, 업무 시스템이 리스크 통제 수단으로 충분하다고 평가했다. 이로써 준비 팀은 영업 허가증을 받기 위한 중요한 전투에서 승리하였고, 오스트레일리아 건전성감독청의 현장 검사를 무사히 통과했다.

4. 시범 운영은 자신에게 보여주는 것

심사를 마친 후 오스트레일리아 건전성감독청은 2008년 5월에 시드니 지점 준비 팀에 정식 예금 기관 영업 허가증을 발급했고, 6월에는 오스트레일리아 증권투자위원회가 금융 서비스 허가증을 발급했다. 하지만 고객에게 우수하고 효율적인 서비스를 제공하기 위해서 시드니 지점은 영업 허가증을 받은 뒤에도 한동안 시범 운영을 해서 사용자 경험과 업무 경험을 쌓는 한편, 지점의 업무 처리 능력과 시스템 운영 수준을 높이기 위해 노력했다.

시드니 지점은 3개월의 시범 운영을 거쳐 2008년 9월에 시스템 구축 및 시범 운영에 아름다운 마침표를 찍고 정식으로 개업했다. 설립 신청에서 금융 서비스 영업 허가증을 받기까지 거의 1년 반 정도가 걸렸다. 이 기간에 수행한 준비 작업은 평평한 땅에 새 집을 짓는 것과 같았고, 설계도 구상에서 시공, 인테리어 작업까지 공상은행 그룹의 강력한 지원 및 준비 팀의 세심한 구상과 열정의 땀방울이 미치지 않은 곳이 없다.

오스트레일리아 건전성감독청은 최근에 새로 설립된 정식 예금 기관 중에서 시드니 지점이 가장 뛰어나다며 시드니 지점의 준비 작업을 매우 높게 평가했다. 공상은행의 설립 신청 작업은 중국계 은행에 대한 현지 감독 기관의 인상을 긍정적으로 바꾸어 다른 중국계 은행들이 오스트레일리아에 진출해 순조롭게 뿌리내릴 수 있는 좋은 토대를 마련했다.

일찍 투자하고 오랫동안 이익을 얻어라
早投入, 長受益

1. MIDAS에서 FOVA까지

시드니 지점은 업무를 시작한 후 1년 동안 빠르게 발전했지만, 애당초 MIDAS 시스템을 선택할 때 예상되었던 문제들이 하나둘 드러나기 시작했다. 지적 재산권 문제로 이 시스템의 구조가 지점에 개방되지 않자 공상은행 그룹은 이 시스템의 장점을 장기적으로 충분히 이용하기 위해서 지난 몇 년 동안 유지한 기초적인 틀을 토대로 새로운 상품을 개발했다. 그런데 차별화 작업을 거친 시스템은 지점에서 직접 사용할 수 없을 정도로 여러 면에서 MIDAS 시스템의 최신판과 눈에 띄게 달라졌다.

결국 핵심 시스템의 기본 구조를 파악하지 못하는 상황에서 본점이 자체 개발한 상품과 서비스는 제한될 수밖에 없었고, 결과적으로 이 상황은 현지 은행들이 보편적으로 제공하는 인터넷 뱅킹 기능 제한, 현지 결제 시스템과의 연결 제한, 핵심 업무 시스템과 본점의 리스크 관리 시스템과의 연결 제한, 감독 보고서와 관리 보고서의 정확성 부족으로 이어졌다. 때문에 공상은행은 해외 발전 전략을 위해서 자체 개발한 차세대 핵심 은행 시스템인 FOVA 시스템(기존 ONOVA 시스템)을 마카오, 도쿄, 서울 등지에 연이어 도입하고 대규모 확장 조건을 갖춰 FOVA시스템 시대를 앞당겼다.

겉만 보면 시드니 지점이 핵심 은행 시스템을 간단하게 결정한 것 같다. 사실 핵심 시스템의 변경은 모든 업무 처리 프로세스의 변화, 관리 모델의 변화, 부서 기능의 변화를 일으킬 정도로 은행 전체에 영향을 주는 조치라서 대부분의 은행은 핵심 시스템을 5~10년 이상 안정적으로 운영한다. 하지만 시드니 지점은 시장 개척 업무에 쏟아 부을 열정의 일부를 시스템 변경에 쏟아 부어 초기 업무 발전에 영향을 받았다.

시드니 지점 경영진은 각 부문의 상황을 정밀하게 분석한 후 다음과 같은 점을 지적했다.

① 구 시스템을 설치한지 얼마 안 된 것은 단점이자 장점이다. 아직 지점의 업무 처리 프로세스가 공고한 수준이 아니고, 업무량도 그리 많지 않으며, 감독 심사 기준도 더 이상은 없다. 또한 각 부서에는 시스템 구축 경험이 풍부한 노련한 직원들이 있다. 특히 지점의 기술부 책임자는 시드니로 파견되기 전에 FOVA 시스템의 핵심 개발자 중 한 명이어서 이 시스템에 대해서 잘 알았다. MIDAS 시스템에서 FOVA 시스템으로 넘어갈 때 지점은 이 점을 충분히 고려해서 FOVA의 확장성으로 상품의 경쟁력을 높였다.

② FOVA 시스템과 중국 내 NOVA 시스템을 서로 연계할 수 있다. 본점은 향후 그룹의 해외 지점과 업무 처리 플랫폼을 통일할 계획인데,

FOVA 시스템을 사용하면 지점은 국내외적으로 연계된 시스템을 통해서 그룹의 우수한 서비스를 이용할 수 있다.

깊은 고민 끝에 시드니 지점의 경영진은 최대한 빨리 핵심 시스템을 바꾸고 조기에 투자해 오랫동안 이익을 얻는 전략을 수립했고, 이 전략은 뒤이어 몇 년 동안 지점의 시스템 구축 작업을 주도했다. 지점의 중점적인 투자는 업무 시스템을 조기에 구축 및 개선할 수 있었고, 지점의 성장에 든든한 버팀목이 되었다.

FOVA 시스템 준비와 구축 과정은 MIDAS 시스템의 구축 과정과 거의 비슷하지만, 눈에 띄게 다른 특징이 몇 가지 있다. 분석, 변수 관리, 데이터 이행이 그것이다.

시스템 구축의 범위를 명확히 하기 위해서 본점의 국제 업무부와 정보 기술부는 프로젝트 가동 단계에서 지점이 초기에 선정한 업무 범위에 근거해 10여 명으로 구성된 기술 및 업무 분야 전문가 팀을 시드니 지점에 보냈다. 이들 전문가와 지점의 업무부, 기술부는 2주에 걸쳐 지점의 시스템 사용 현황, FOVA 시스템의 실행 방식을 비교하여 분석 보고서를 만들었다. 분석을 통해서 본점과 지점은 MIDAS 시스템을 FOVA 시스템으로 완전히 대체하고, 분석 보고서와 업무 요구서를 정리해 시스템 교체의 기초를 닦았다.

변수 설정 작업은 FOVA 시스템 구축의 핵심 작업이다. FOVA 시스템은 국제 결제와 무역 금융, 자금 업무, 채권 투자 업무 등의 기능을 포함한 전통적인 상업 은행의 각종 기능을 제공한다. 기존의 MIDAS 시스템에 비해 기능이 풍부한 것은 백오피스Back Office 처리가 더 복잡한 것을 의미한다. 따라서 FOVA 시스템을 위한 변수 관리 시스템을 전문적으로 개발해 변수를 만드는 방법과 검사 도구를 제공했는데, 지점이 사용하는 모든 기능을 제공하기 위해서 10만여 개의 변수가 설정되었다. 당시에 FOVA 시스템은 유럽 경제 선진국에서 성공적으로 실행된 경험이 없었기 때문에, 시드니 지점은 MIDAS 시스템을 구축할 때처럼 참고로 삼을 롤모델이 없었다. 그러자 시드니 지점은 난관을 극복하기 위해서 FOVA 시스템에 익숙한 기술자가 주도하고 회계 직원들이 공동으로 참여한 변수 관리 팀을 만들었다.

쉬운 문제부터 처리하는 원칙에 따라서 변수 관리 팀은 시간, 기관 설치 등 지점의 가장 기본적인 변수를 정한 뒤에 '상품 설정 - 재무 처리 설정 - 금리 처리 - 수수료 설정 - 금리 설정 - 매개물과 경로 설정'의 순서에 따라서 각 항목의 변수를 설정했다. 업무 프로세스 통제 변수를 설정할 때 변수 관리 팀은 본점의 업무 규범, 지점의 프로세스와 타 은행의 사례를 충분히 고려해 새로운 프로세스의 합리성과 유효성을 확보했다. 비록 시드니 지점은 첫 번째 변수를 설정할 때 3개월의 시간을 소모했지만, 작업을 꼼꼼하게 해서 뒤이어 테스트를 하거나 업무에 적용할 때 크게 조정할 필요가 없었다. 꼼꼼한 작업은 시드니 FOVA 시스템의 품질을 높이는 기초가 되었다.

데이터 이행 작업은 시스템 가동 단계에서 가장 중요하고, 성공 여부는 FOVA 시스템의 최종적인 가동에 직접적으로 영향을 준다. 업무 데이터 이행은 주말에 단 하루 동안 이루어졌지만, 순조로운 진행을 위해서 시스템 테스트 단계부터 3개월 동안 준비했다. 시드니 지점은 시스템을 가동하는 날에 MIDAS 보고서와 데이터 서류에 따라서 계정, 고객, 상품, 감가상각 등의 데이터를 정리했고, 본점에서 제공한 실행 수단을 통해서 기본적인 논리를 대조한 뒤에 데이터 센터가 채택한 기술을 FOVA

시스템에 도입했다.

시스템을 각 영역의 업무에 도입한 뒤에는 실질적인 이행 작업에서 예상치 못한 상황이 발생하는 것을 줄이기 위해 데이터 이행의 정확성을 보장하고, 관련 직원들은 연이어 세 번씩 모의 테스트를 했다. 이와 동시에 각 부서는 모의 테스트 상황에 따라서 데이터 이행에 대한 지침을 자세히 작성하고, 이행 작업의 모든 구체적인 내용, 예컨대 책임자는 누구이고, 얼마의 시간을 걸쳐 이행 작업을 완성했는지 등을 구체적이고 명확하게 규정했다. 그리고 2009년 8월 2일에 FOVA 시스템은 데이터 이행 작업을 순조롭게 마쳤으며, 시드니 지점에서 가동되었다.

2008년 말부터 9개월 동안 시드니 지점 경영진은 업무를 발전시키는 동시에 FOVA 시스템의 품질을 높였고, 공상은행 해외 지점 중에서 가장 먼저 FOVA 시스템을 완성하는 기록을 세웠다. 같은 기간에 개업한 공상은행 해외 지점들 중에서 가장 먼저 FOVA 시스템을 사용한 시드니 지점은 대량의 건의 사항을 본점에 보냈고, 본점에서 후기 FOVA 시스템을 구축하고 확장할 때 반영되었다. 시스템 구축 작업에서 본점은 시종일관 지원을 아끼지 않았고, 지점 내 핵심 조직의 관리 능력, 업무 처리 능력도 충분히 검증했다. 이렇게 검증된 지점의 관리 능력은 훗날 시스템을 개선할 때 도움이 되었다.

MIDAS 시스템에 비해 FOVA 시스템은 인터넷 뱅킹 서비스, 현지 어음 결제 시스템과 자금 결제 시스템의 연결, 국내외 일체화된 기술 플랫폼, 고도로 집중된 어음 처리 업무, 고도로 자동화된 감독 보고와 관리 보고 시스템 등 좀 더 풍부한 상품 기능을 제공했다. 또한 시스템의 안정성, 안전 관리, 업무에 대한 연속적인 관리 등의 수준도 더 선진적으로 개선되었다. 당시에 시간과 자원의 제한으로 FOVA 시스템은 영문으로 번역되지 않았지만, 본점과 지점의 지속적인 노력으로 나중에 번역되었다.

FOVA 시스템은 업무 부서의 완벽한 테스트를 거친 뒤에 정식으로 가동되었다. 하지만 이것이 곧 시스템 구축의 종료를 의미하지 않았다. 사실상 실패하면 안 되는 시드니 지점의 핵심 은행 시스템은 가동 뒤에 기업의 요구를 잘 만족시켰고, 직원들이 이 시스템을 잘 파악했는지 또 FOVA 은행 시스템에 대한 데이터 센터의 운영 서비스가 지점의 고효율적인 관리에 도움이 되는지는 구체적인 운영 과정을 통해서 답을 얻어야 했다.

준비 기간의 시범 운영과 달리 FOVA 시스템은 정식으로 가동되기 전에 지점이 이미 업무를 시작해서 시범 운영을 할 수 없었다. 때문에 FOVA 시스템을 가동할 때 지점은 다음과 같은 방법으로 3개월 동안 기존의 시스템과 새로운 시스템을 동시에 가동하기로 결정했다.

1. 지점의 기술부와 데이터 센터는 실시간으로 신구 시스템의 대량 거래에 대한 정상 처리 작업을 지원했다.
2. 날마다 업무가 끝난 뒤에 업무 부서는 해외 기업과 결제 시스템의 실질적인 데이터 교환과 자금 결제 외에 그날의 거래를 구 업무 시스템에 다시 한 번 입력했다.
3. 감독 부서와 리스크 관리부는 날마다 신구 시스템의 회계 업무 처리 상황과 리스크 지표를 관리 감독했다.

3개월의 병행 운영이 끝난 뒤에 FOVA 시스템은 업무 처리 수요를 만족시키는 동시에 각 영역의 리스크를 완벽하게 통제했다. 지점의 리스크 관리 위원회는 심의 끝에 업무 운영 보고와 FOVA 시스템의 운영 보고가 일치하다고 판단했고, FOVA 시스템이 가동 조건에 완벽하게 도달하였으므로 지점의 FOVA 시범 운영 프로젝트를 정식으로 마감한다고 발표했다.

2. 결제 플랫폼의 전면 자동화

은행의 자금 결제 시스템은 사람의 혈관과 같고, 각종 업무가 만드는 자금 흐름은 모세혈관 속의 혈액과 같아서 최종적으로 혈관에 모여 심장으로 흘러들어간다. 고효율적으로 운영되는 결제 플랫폼은 건강한 심장과 혈관처럼 은행의 서비스를 원활하게 만든다.

오스트레일리아의 결제 수단은 대부분 오스트레일리아 지불시스템협회에서 관리한다. 이 협회는 형식상 유한책임공사이고, 이사회 구성원은 주주 은행, 건축상조협회, 신용협동사, 오스트레일리아 준비은행(Reserve Bank of Australia, RBA)이다. 오스트레일리아 지불시스템협회의 지불 수단은 수표, 계좌 입금, 카드·ATM·POS, 실시간 거액 결제, 현금 등이다. 발전의 필요에 따라서 지점은 개업 초기에 오스트레일리아의 어음 결제 시스템, 대량의 전자 결제 시스템('직접 과금 시스템'이라 불리기도 함) 및 실시간 거액 결제 시스템에 가입했다.

어음 결제 시스템은 수표 및 기타 종이 재질의 지불 수단을 처리하

[그림 6-4] 오스트레일리아 지불시스템협회 소개

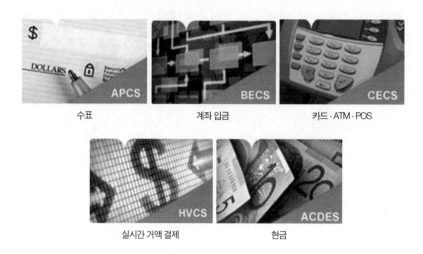

수표	계좌 입금	카드·ATM·POS
APCS	BECS	CECS

실시간 거액 결제 (HVCS)　　현금 (ACDES)

고, 시드니 지점은 이 결제 시스템에 2급 회원 자격을 신청했다. 규정에 따르면 1급 회원은 서로 어음 교환과 자금 결제를 할 수 있지만 2급 회원의 수표 교환과 자금 결제는 1급 회원을 거쳐야 한다. 지점은 비교 끝에 현지 오스트레일리아 국민은행을 지점의 1급 결제 거래 은행으로 선정했다. 대량의 전자 결제 시스템은 금융기관 회원 간에 직접 차변과 직접 대변 거래를 포함한 직접 과금 기능을 지원하고, 저녁마다 회원 간에 거래된 대량의 자금과 차액을 처리한다. 어음 결제 시스템과 마찬가지로 지점은 대량의 전자 결제 시스템의 2급 회원이고, 오스트레일리아 국민은행을 통해서 자금을 결제한다. 실시간 거액 결제 시스템은 모든 회원들이 오스트레일리아 준비은행에 전자 결제 계정을 개설해 실시간 결제를 진행할 것을 요구한다. 이 시스템은 SWIFT의 FIN-Copy 서비스 기반이고, Y 모델을 통해서 통신한다. A 회원이 B 회원에게 지불 명령을 내릴 때 FIN-Copy 서비스는 SWIFT 네트워크를 통해서 결제 요구 보고서를 오스트레일리아 준비은행의 정보 교환 시스템RITS에 보낸다. 그러면 RITS는 A, B 회원의 전자 결제 계정을 통해서 실시간으로 결제한 뒤에 FIN-Copy에 영수증을 보내고, FIN-Copy는 영수증을 받은 뒤에 이미 처리된 지불 명령 보고서를 수취 은행에 발송한다.

개업 초기에 사용한 MIDAS 은행 시스템의 비개방적이고 업그레이드가 어려운 제한 때문에 시드니 지점은 현지 결제 시스템을 내부 업무 처리 프로세스와 연결했어도 데이터를 고효율적으로 교환하거나 자금을 자동적으로 결제할 방법이 없었다. 정식으로 개업한 뒤에도 수표, 현지 계좌 이체, 해외 송금, 자금 시장 단기 대출 등의 서비스와 거래는 2개 또는 그 이상의 시스템에 중복으로 입력해서 처리하는 경우가 많아 운영 리스크가 높고, 통제가 어려우며 결제 효율도 떨어졌다. 그러자 지점은 FOVA 시스템 구축 기회를 이용해 고도로 자동화된 자금 결제 프로세스를 만들기로 결정했다.

시드니 지점 기술부 직원들은 FOVA 시스템의 수표 업무 처리 기능을 자세히 분석하고, 오스트레일리아 국민은행의 수표 결제 거래 은행 서비스의 모든 서비스 조항과 처리 내용을 꼼꼼하게 읽었다. 또한 3일에 한 번씩 수표가 처리되는 특징에 따라서 각각 T일, T+1일, T+3일의 각종 업무 상황에 대해서 분석한 결과 지점은 T일의 창구에서 제출된 거래에 기초해서 모든 프로세스를 자동화하기로 결정했다. T일에 창구 거래가 끝나고 직원들이 수표를 교환하면 당일에 은행 업무 시스템은 자동으로 회계 처리하고, T+1에 거래 은행과 수표 교환 관련 데이터를 교환하고, 데이터 교환 정보에 기초해서 자금을 자동 결제한다. 만약에 T+3일에 거래 은행이 지불 거절 거래 정보를 보내면 에러가 생겨 업무가 자동으로 처리되지 않지만, 지불 거절 거래 정보가 나타나지 않으면 잔금이 입금된다.

시드니 지점 기술부 직원들은 업무부 직원들과 함께 새로 설계한 프로세스에 기반을 둔 FOVA 시스템의 수표 처리 기능에 변수를 설정하는가 하면 새로운 현지 결제 플랫폼을 개발했다. 또한 데이터 교환의 자동화, 자금 결제의 자동화 기능을 제공했으며, 수표 거래에 에러가 발생하면 자동으로 회계 처리하고 에러를 보고했다. 지점의 영업망이 좁아서 수표가 대부분 오스트레일리아 국민은행을 통해서 입금되자 기술부 직원들은 수표에 기입된 정보를 전자화해서 교환하고, 거래 입력, 회계 처리, 결제의 모든 과정을 자동화했다.

대량의 전자 결제 시스템은 시드니 지점이 참여한 3개의 자금 결제 시스템 중에서 고객 서비스와 가장 밀접하게 관계되어 있다. 오스트레일리아 현지 고객이 가장 많이 사용하는 오스트레일리아 역내 타 은행 계좌 이체 서비스EFT, 고지서 지불 서비스BPAY, 기업의 대량 지불, 대량의 임금 지불 서비스, 공제 서비스는 모두 대량의 전자 결제 방식을 통해서 결제된다. 이들 거래는 당시에 전부 수작업으로 처리되었는데, FOVA 시스템에 오스트레일리아 지불시스템협회가 요구하는 기업의 전자 장부에 대한 관리 기능이 없어서 기업의 공제 거래를 심사하고 대량의 계좌 이체로 임금을 지불하는 거래는 모두 인력으로 처리되었다.

그러자 기술부 직원들은 분석을 통해서 핵심 은행 시스템에 고객 거래와 사용자 관리 기능을 새로 추가하고, 현지 결제 플랫폼에서 데이터 자동 교환과 자금 결제를 처리하는 방안을 수립했다. 수표 거래 처리와 마찬가지로 이 방안도 고객이 타 은행에서 돈이나 공제금을 지불하는 거래를 개선하고, 거래의 전 과정을 자동화 처리했다.

거액의 실시간 결제 시스템은 주로 은행 간에 거액의 자금을 결제할 때 사용되는 단기 대출, 신디케이트론 거래의 주요 결제 모델이며, 지점이 본점과 현지 타 은행에 호주 달러를 송금하는 주요 경로다. 이 시스템은 향후 지점이 호주 달러 결제 센터로 발전하는 것에 중요한 의미가 있다. 이 시스템이 사용하는 Fin-Copy 표지 보고는 일종의 비정기적인 202 보고이고, 특수한 격식과 보고 방식이 있다.

시드니 지점 기술부 직원들은 본점의 전문가들과 함께 3,000장에 가까운 기술 서류를 읽고 업무 처리의 모든 기술을 파악했다. 핵심 은행의 기존 거래와 대조한 뒤에 지점은 새로운 핵심 은행 시스템 위주의 업무 플랫폼, SWIFT 시스템 위주의 통신 플랫폼 집중 처리 모델을 설계하고, 거래 방법, 회계 처리, 자금 결제를 새로운 핵심 은행 시스템에 집중시켰다.

또한 이 모델을 이용해서 업무 부서와 함께 고도로 자동화된 호주 달러 결제 보고 직통 처리 방식(Straight Through Processing, STP)을 설계했다. 예를 들어 지점은 본점이 보낸 오스트레일리아 타행의 표준 202 보고를 받으면 핵심 시스템을 통해서 논리적으로 판단해 직통 처리 요구에 부합하는 보고를 자동으로 Fin-Copy 보고로 전환하고, SWIFT를 통해서 거액의 실시간 결제 시스템을 가동해 후속 처리를 하는 동시에 시스템을 자동으로 완성하고 본점의 자금을 결제했다. 직통 처리 요구에 부합하지 않는 보고서는 인공 처리 대열에 보내져 수취 은행이나 중간 은행의 정보를 보충하고 다시 대조를 거친 뒤에 핵심 시스템에 의해서 결제가 완성된다.

업무 처리와 자금 결제의 자동화는 시드니 지점이 리스크 통제를 완화해도 되는 것을 의미하지 않는다. 오히려 업무의 자동화는 리스크 통제에 대한 더 높은 수준의 즉시성과 유효성을 요구한다. 결제 시스템의 설계와 개발 과정에서 기술부 직원들은 엄격한 업무 처리 규칙에 따라서 거래의 권한을 확인하는데, 자동화 처리에서 중요한 것은 대량의 리스크 통제 조치다.

시드니 지점은 거액의 자금 거래에 대한 별도의 처리를 설계했다. 수표 결제와 대량의 전자 결제에서 지불 거절과 에러가 발생할 경우를 대비해서 담당 직원이 제때 대조하고 처리할 수 있는 사고 보고서를 개발하고, 업무 부서가 결제 계정, 지급 준비 계좌의 작업 흐름을 날마다 감시하는 규정을 만들었다. 또한 자금 세탁 방지 수단을 개발해 업무부가 의심스러운 거래를 즉시 분석해 감독 기관에 정기 보고를 할 수 있게 하고, 자금 세탁 방지 기능과 고객의 거래 분석 기능을 핵심 시스템에 추가했다.

FOVA 시스템 구축 속도에 맞추어 시드니 지점의 현지 결제 시스템은 업무 부서의 검수를 받고 순조롭게 가동되었다. 새로운 결제 시스템은 수표 결제, 전자 결제, 거액의 자금 결제를 전자동으로 처리했고, 하루 평균 업무 처리 능력도 100배 이상 높아졌다. 수표 업무 취급 네트워크도 한 곳에서 거래 은행까지 포함한 1,000개 정도로 확대해 시드니 지점의 호주 달러 결제 센터 설립을 위한 튼튼한 기초가 되었다. 지점의 결제 업무부는 절감된 업무 운영 인력을 업무 처리 프로세스를 대조하는 작업에 투입했고, 재무부, 리스크 관리부, 후 감독 부서는 새로운 보고서를 이용해 운영 리스크와 유동성 리스크의 관리 수준을 크게 높였다.

결제 시스템을 구축하며 개발한 대량의 임금 지불 기능, 대량의 정기적인 대리 수취 기능 등은 은행의 상품과 서비스를 풍부하게 만들었고, 고효율적인 자금 결제는 전자 은행의 온라인 수표 서비스, 온라인 지불 수취 서비스, BPAY 수취 업무에 좋은 토대가 되었다. 다시 말해서 결제 시스템의 구축은 시드니 지점이 FOVA 시스템을 가동해서 얻은 가장 직접적인 수확이고, 은행의 업무 처리에 과학기술을 적용한 좋은 사례이다.

3. 지점의 플랫폼에서 전 세계의 플랫폼으로

시드니 지점은 개업 후 지난 5년 동안 영업 허가증 심사를 받았고, MIDAS 시스템을 구축하고 나서 단기간에 다시 FOVA 시스템을 구축했다. 이 모든 조치는 당시 상황에서 정확한 선택이었다. 영업 허가 신청 단계에서 오스트레일리아 건전성감독청이 인정하지 않은 핵심 은행 시스템을 사용하면 영업 허가증 발급에 불필요한 리스크가 생기고, 심하게는 그 이유로 영업 허가증을 못 받을 수도 있어 준비 팀의 어깨가 무거웠다.

시스템 구축 계획에 따라서 시드니 지점은 FOVA 시스템 가동을 앞당겼고, 이전의 작업 경험을 이용해서 시스템 구축 작업의 효율을 최대한 높이고 중복적인 작업을 줄였다. FOVA 시스템의 조기 가동은 시드니 지점의 상품 라인을 더욱 풍부하게 만들었고, 업무 처리 효율, 감독 보고의 자동화, 업무 관리 수준 및 리스크 관리 수준을 크게 높였다. 업무부는 FOVA 시스템의 장점을 이용하고 모든 에너지를 업무 확장에 투입해 지점의 업무 규모와 영업 이익이 해마다 2배씩 늘었다.

'일찍 투자하고 오랫동안 이익을 얻는' 전략에 따라서 FOVA 시스템을 완성한 뒤에 시드니 지점은 계속해서 인터넷 뱅킹 시스템, 글로벌 신용 관리 시스템, 글로벌 금융 시장 관리 시스템 등의 중대한 시스템 구축 작업을 완성했고, 빠른 발전을 위해서 막강한 과학기술 자원을 투입했다.

[사례] **공상은행 해외 지점 중 최초로 FMBM을 적용하다**

금융 시장 거래 관리 플랫폼FMBM은 공상은행 본점이 사용하는 주요 거래 플랫폼이다. 이 플랫폼은 외환, 통화 시장, 채권 및 파생 상품 거래 등 여러 영역의 금융 시장 거래 업무를 관리하고, 한도를 통제하고, 거래를 기록하고, 데이터를 분석하고, 시장 가치 등을 평가한다. 시드니 지점이 당시에 사용한 금융 시장 관리 시스템은 SUMMIT 시스템이고, 백오피스에 거래 기록과 보고 결제 기능을 제공했다. FMBM 시스템은 SUMMIT 시스템에 비해 다음과 같은 특징이 있다.

1. 프론트오피스 시스템과 백오피스 시스템을 분리한다.
2. FMBM 시스템의 신용 관리와 한도 통제 기능은 거래 대상의 한도를 효과적으로 통제한다.
3. FMBM 시스템의 거래 기록과 데이터 통계 기능은 거래 기록, 추심, 통계를 더 간결하고 편리하게 만든다.
4. FMBM 시스템의 시장 가치 평가 기능은 파생 상품의 시장 리스크를 통제하기에 더 편리하다.
5. 지점의 핵심 시스템인 FOVA 시스템과 거래, 결제 기능이 연결되었다.

하지만 FMBM 시스템은 공상은행의 국내 업무 처리에 기반을 둔 시스템이고, 업무 프로세스가 복잡해서 해외 지점에 적용된 사례가 없다.

조기에 투자하고 오랫동안 이익을 얻는다는 경영진의 이념에 따라서 시드니 지점은 해외 지점 중에서 가장 먼저 FMBM 시스템을 사용하겠다고 본점에 적극적으로 신청해서 본점의 지지를 받았다. 2011년 하반기에 시드니 지점은 금융 시장 거래 관리 플랫폼을 정식으로 가동하고 해외 확장에 나섰고, 본점의 지도를 받으며 업무 연구, 시스템 수요 예측, 기능 평가, 시스템 테스트 등 각 단계의 작업을 완성해 시스템 가동에 좋은 토대가 되었다.

2012년 8월 13일에 본점의 금융 시장부와 정보 기술부로 구성된 기술팀이 시드니 현장에 도착했다. 시드니 지점의 재무 시장부와 기술팀은 10일 연속 계속된 작업 끝에 시스템 가동 작업을 완성했다. 시스템은 정상적으로 잘 작동되었다. 새로운 시스템의 사용은 지점의 자금 거래 업무 처리 능력과 효율을 크게 높였고, 자금 거래 업무 프로세스를 통제하고 시장 리스크 관리를 강화했다.

시드니 지점은 공상은행의 해외 지점 중에서 가장 먼저 FMBM 시스템을 가동한 첫 번째 수익자가 되어 다른 해외 지점에 소중한 경험을 널리 알렸다. 더 중요한 점은 공상은행 그룹은 시드니 시점의 FMBM 시스템 가동을 통해서 금융 시장 업무의 해외 일체화 관리를 시작해 과학기술이 업무의 발전을 이끄는 사례를 남겼다.

1990년대부터 중국 내에서 데이터를 모으기 시작한 공상은행은 10여 년의 노력 끝에 업무 처리 시스템, 리스크 관리 시스템, 결정과 내부 관리 시스템 등을 통일하고, 집약적이고 고효율적인 업무 운영 관리 모델을 만들었다. 해외 지점의 일원인 시드니 지점은 FOVA 시스템을 만들어 서비스 능력을 강화하고 그룹의 글로벌 일체화 바람에 동참했다. 시드니 지점은 시스템 운영의 집중, 집중 개발 방식을 통해서 공상은행 그룹의 네트워크와 뛰어난 과학기술에 기반을 둔 안정적이고 믿을 수 있는 고객 서비스를 제공하고, 동일한 업무 처리 시스템을 이용해서 서류 심사, 회계 처리, 고객 통지 등의 작업을 본점의 서류 센터에 집중시켰다.

또한 현지화 작업에 집중해 시장을 개척하고 고객과 친밀한 관계를 쌓았다. 본점은 국내외 핵심 은행 시스템이 연결된 장점을 이용해서 기업의 외화 현금 관리, 개인의 해외 계좌 관리, 빠른 송금 등의 중요한 상품을 출시하고, 전 세계적으로 통일된 신용 리스크 관리 플랫폼을 만들었으며, 유동성 리스크 관리 및 실적 평가 등의 시스템도 개발했다. 업무 처리, 과학기술 서비스, 리스크 관리와 결정을 집중하는 글로벌 일체화 작업은 이미 결실을 보고 있다.

뱅킹 앳 홈 Banking@Home 시대
拥抱Banking@Home的时代

은행은 결제 자동화 단계와 ATM 서비스 단계를 거쳐 인터넷 뱅킹 서비스 단계로 발전했다. 이제 인터넷 뱅킹 서비스는 모든 은행의 필수 서비스가 되었다.

시드니 지점은 2009년 10월에 정식으로 인터넷 뱅킹을 시작하였고, 5년 동안의 업무 확장과 관련 부서의 적극적인 협조를 통해서 빠르게 고객을 확보했다. 또한 신상품을 개발해 인터넷 뱅킹 발전에 새로운 활력을 불어넣었다. 2012년 말까지 기업 고객의 60%를 차지하는 100곳 이상의 기업 고객이 시드니 지점에 인터넷 뱅킹 서비스를 신청했다. 한 해에 기업 고객이 인터넷을 통해서 거래하는 횟수는 5만 건이 넘고, 거래 누적액도 1억5천만 달러에 달하며, 고객의 평균 거래량과 거래 금액도 모두 기대 이상으로 빠르게 발전했다.

대부분의 기업은 시드니 지점의 인터넷 뱅킹을 중요한 은행 서비스 플랫폼으로 정했고, 인터넷 뱅킹 서비스에 대한 목표 고객층의 인식도 크게 높아졌다. 인터넷 뱅킹 업무의 확대는 예금 결제, 국제 현금 관리, 국제 결산 등의 관련 업무를 빠르게 발전시키는 동시에 업무량을 2배로 늘리는데 중요하게 작용했다.

1. 인터넷 뱅킹 서비스로 경쟁 우위에 서다

인터넷 뱅킹 서비스는 전 세계에서 유독 오스트레일리아에서 수용도가 가장 높은 서비스이고, 오스트레일리아에서 가장 사랑 받는 인터넷 활동 중의 하나다. 관련 통계에 따르면 75% 이상의 은행 고객이 인터넷 뱅킹이나 모바일 뱅킹을 사용하고, 60여 곳의 은행 중에서 절대 다수의 은행이 고객에게 인터넷 뱅킹, 텔레뱅킹, ATM, POS(EFTPOS) 등의 서비스를 제공한다. 특히 최근에 스마트폰과 와이파이 기술의 출현으로 주류 은행은 기능이 풍부한 스마트폰 뱅킹 서비스를 출시했다.

공상은행은 일찍이 1990년대에 인터넷 뱅킹 서비스가 미래의 은행 서비스에서 차지할 중요성을 인식하고 2000년 2월에 기업을 위한 인터넷 뱅킹 서비스를, 8월에 개인을 위한 인터넷 뱅킹 서비스를 정식으로 시작했다. 뒤이어 텔레뱅킹, 모바일 뱅킹, SMS 뱅킹, 스마트폰의 어플리케이션을 이용한 뱅킹, 멀티 브라우저를 지원하는 인터넷 뱅킹 등의 서비스를 시작해 중국에서 앞 다투어 여러 종류의 인터넷 뱅킹 서비스를 제공하는 상업 은행 중의 한 곳이 되었다.

최근에도 공상은행의 인터넷 뱅킹 서비스는 여전히 발전 추세를 유지하고 있다. 안정적인 시스템, 풍부한 기능, 편리한 사용자 인터페이스, 세심한 서비스, 선진 기술, 방대한 고객층은 동업종에서 공상은행의 인터넷 뱅킹 서비스를 우월한 지위에 올려놓았고, 중국에서 가장 사랑 받는 인터넷 뱅킹 서비스 중의 하나로 만들었다.

시드니 지점은 오스트레일리아에서 뛰어난 품질의 인터넷 뱅킹 서비스를 제공해야만 경쟁적 우위를 가질 수 있다고 판단했다. 인터넷 뱅킹 서비스는 현지 은행들을 추월할 수 있는 중요한 수단이다. 따라서 시드니 지점은 인터넷 뱅킹 서비스를 안정적으로 제공하기 위해서 핵심 시스템을 업그레이드하고, 지점의 인터넷 사이트를 개설했다. 향후 몇 년 동안의 주요 업무 발전 계획과 지점망 확장 계획을 종합적으로 고려한 뒤에 시드니 지점은 인터넷 뱅킹 발전 3단계 전략을 수립했다.

인터넷 뱅킹 업무 발전 초기에 시드니 지점은 인터넷 사이트를 개설하고 계좌 관리 기능과 송금 서비스 기능 제공을 초기 목표로 삼았다. 이 단계에서 지점의 인터넷 뱅킹 서비스는 기능 면에서 주류 은행에 크게 떨어졌지만, 자체적인 서비스 능력을 크게 키웠고, 공상은행 그룹의 수준 높은 인터넷 뱅킹 서비스와 소비자의 높은 만족도, 현지 기업에 적합한 안전 기능을 제공하는 등의 장점을 이용해 업무 범위를 넓혔다.

두 번째 단계에서 지점은 지속적인 상품 개발을 통해서 현지 주요 은행과 기본적으로 일치하는 인터넷 뱅킹 서비스를 제공했다. 이 단계에서는 오스트레일리아의 은행에서 보편적으로 제공하는 전자 청구 지불 시스템과 전자 보통예금E-Saver 같은 기업 고객을 위한 경쟁력 있는 맞춤형 상품을 기업의 외화 현금 관리 일체화 서비스와 연결해 오스트레일리아에서 필요한 인터넷 뱅킹 기능을 모두 갖추고 글로벌 종합 서비스 능력이 뛰어난 경쟁력 있는 서비스 플랫폼으로 만들었다. 또한 지점은 업무 확장 계획에 따라서 오스트레일리아 현지에 맞는 업무 처리 프로세스와 리스크 관리 모델을 만들었다.

세 번째 단계에서는 주류 서비스 제공자를 뒤쫓는 자에서 주류 서비스 제공자로 역할이 바뀌었고, 시드니 지점의 완벽한 서비스와 공상은행 그룹의 글로벌 일체화 서비스에 힘입어 지점의 핵심 경쟁력이 높아졌다. 기업을 위한 인터넷 뱅킹의 주요 업무 지표는 현지 주류 은행 수준에 도달했고, 제공하는 서비스도 인터넷 뱅킹, 텔레뱅킹, 모바일 뱅킹, ATM, POS 등의 업무로 확대했다.

명확한 계획에 따라서 시드니 지점은 FOVA 시스템 구축 단계에서 기업을 위한 인터넷 뱅킹과 인터넷 사이트를 만들기로 결정하고, 2009년에 기술 개발에 들어가 10월부터 기업을 위한 인터넷 뱅킹 서비스를 전면적으로 제공하기 시작했다. 그 결과 시드니 지점은 다양한 영업 방식을 통해서 기능의 부족함을 우수한 서비스로 보충했고, 많은 기업 고객들이 지점의 인터넷 뱅킹 서비스에 익숙해졌다.

2. 동시에 여러 가지 문제를 극복하다

1년에 걸친 시스템 구축 과정을 거쳐 시드니 지점의 인터넷 뱅킹 시스템이 순조롭게 완성되었다. 이 시스템은 고객에게 계좌 관리, 수표 지불, 현지 계좌 이체, 국제 송금, 환전 등 업무 확장에 좋은 기능을 갖췄다. 시드니 지점은 히트 상품과 서비스에 대한 관념을 수립하고 다양한 방식으로 인지도와 수용도를 높여 인터넷 뱅킹의 우수한 서비스 이미지를 유지했다.

정식으로 업무를 시작하기 전에 지점은 전담 부서를 위해서 직원들을 위한 교육 자료를 만들고 여러 차례에 걸쳐 다양한 교육을 실시했다. 교육이 끝난 뒤에는 시험을 봐서 문제를 발견하고, 맞춤형 강화 교육을 실시하여 인터넷 뱅킹 기능과 업무 프로세스를 완전히 이해하도록 했다. 일상적인 경영 과정에서 시드니 지점은 유익한 전통도 형성했는데, 인터넷 뱅킹 시스템의 기능을 업그레이드하기 전이나 본점이 업무 교육을 실시할 때 즉시 팀을 만들어 전문적인 교육을 실시했다. 맞춤형 교육을 통해서 지점은 인터넷 뱅킹 업무에 대한 전담 부서의 이해를 강화하고, 고객을 대할 때의 전문적인 이미지를 유지했으며, 시드니 지점의 인터넷 뱅킹에 대한 고객의 신뢰를 높였다.

시스템 구축 정도에 따라서 시드니 지점은 소규모 시범 운영과 전면적인 추진 단계를 정했다. 소규모 시범 운영 단계 때는 지점과 밀접한 관계가 있는 2곳의 기업 고객을 시범 운영에 참여토록 하여 긍정적인 반응을 얻었다. 이 기간에 지점은 시범 운영에 초청된 기업 고객에게 현장 교육을 진행하고, 고객이 인터넷 뱅킹을 하는 중에 부딪히는 문제에 대해서 설명하며 각종 의견을 적극적으로 모았다.

또한 내부적으로 짧은 시범 운영을 마친 뒤에 정식으로 인터넷 뱅킹을 통해서 소요 경비 계정의 관리와 지불을 시작했다. 인터넷 뱅킹 팀은 수집한 고객의 의견에 근거해서 인터넷 뱅킹의 영문 홈페이지를 오스트레일리아 현지 사정에 맞게 개선하고, 모든 기능에 대해서 영문으로 된 도움말을 만들어 사용자의 편의성을 높였다. 전담 부서도 이 과정에서 고객 판매 경험과 사용자 지원 경험을 쌓았다.

[그림 6-5] 공상은행 시드니 지점에서 개최한 인터넷 뱅킹 설명회 현장

　인터넷 뱅킹 서비스를 전면적으로 실시하기 전에 시드니 지점은 은행의 모든 기업 고객에게 자세한 분석을 제공해 기존 고객에 대한 중점적인 마케팅 및 잠재 고객에 대한 마케팅을 결합한 종합적인 홍보 방안을 만들었다. 먼저 기존 고객은 인터넷 뱅킹 부서 책임자가 마케팅하고, 잠재 고객은 인터넷 뱅킹 주관 부서가 지점의 인기 상품과 결합한 고객 맞춤형 마케팅 방안을 만들어 필요한 기능을 부각시켰다. 일부 중요 고객은 인터넷 뱅킹 담당 직원이 직접 찾아가 마케팅을 했다.

　목표 고객과의 소통을 더욱 강화하기 위해서 시드니 지점은 2010년 11월 10일에 록스의 보리쇼펜 호텔에서 '공상은행 바바리안 나이트ICBC Bavarian Night'라는 인터넷 뱅킹 설명회 겸 시드니 지점 설립 2주년 기념 행사를 열고 고객들에게 정식 출시된 인터넷 뱅킹 서비스를 널리 알렸다. 독일의 바바리안 분위기를 풍기는 요리와 맥주 외에 저녁 만찬 때 저명한 밴드인 'Om Pa Pa'가 라이브 공연을 했고, 맥주 마시기, 노래 자랑,

인터넷 뱅킹 관련 퀴즈 등 여러 이벤트를 열어 한껏 고조된 분위기에서 설명회를 성공적으로 마쳤다.

이 설명회는 80개 기업에서 130여 명의 내빈들이 참석했는데, 모두 지점의 기존 고객과 잠재 고객이었다. 이번 활동으로 시드니 지점은 고객과의 관계를 강화하는 동시에 기대했던 홍보 효과도 얻었다. 또한 현장에 참석한 20여 개 기업은 인터넷 뱅킹 상품에 대해서 더 자세히 알아보기로 약속했다. 이 기간에 시드니 지점은 「오스트레일리안 차이니즈 데일리」, 「오스트레일리안 뉴 익스프레스 데일리」 등 화교들의 주요 매체를 통해서 상품을 대대적으로 홍보했다.

상품 설명회와 신문 매체를 통해 집중 홍보한 시기에 시드니 지점은 홍보팀을 조직해 고객을 찾아가는 활동을 벌였다. 비록 당시는 연말 휴가가 절정을 지난 상태였지만, 10여 개 이상의 기업이 인터넷 뱅킹 신청서를 접수함으로써 시드니 지점 인터넷 뱅킹 업무의 성공적인 시작을 알렸다.

3. 우수한 서비스는 기분 좋은 체험에서 시작된다

인터넷 뱅킹은 공상은행의 브랜드 상품과 서비스 중의 하나다. 시드니 지점은 인터넷 뱅킹 서비스를 실시한 뒤에 히트 상품과 브랜드 서비스에 대한 개념을 수립하고 다양한 방식으로 고객의 인지도와 수용도를 높여 지점의 우수한 서비스 이미지를 유지했다.

초기에 시드니 지점의 인터넷 뱅킹은 계좌 관리, 계좌 이체, 환전 등의 기능을 제공했지만 현지 주류 은행의 인터넷 뱅킹에 비해 기능 면에서 떨어졌다. 이런 상황에서 어떻게 하면 좋은 서비스 이미지를 만들 수 있을지를 고민한 지점은 실제 상황에 맞게 사소하지만 세심하고 특색 있는 서비스로 부족함을 보완해 고객 체험을 향상시키고, 좋은 기업 이미지를 얻어 기대했던 효과를 얻었다.

여기에서 사소하지만 세심한 서비스는 시드니 지점이 출시한 인터넷 뱅킹의 기능을 가리킨다. 비록 지점의 인터넷 뱅킹 서비스는 기능은 적지만 기존의 기능을 더욱 편리하게 만들면 고객들에게 유익한 경험을 제공하고 좋은 인상을 남길 수 있다. 그렇게 함으로써 고객들이 시드니 지점의 인터넷 뱅킹 서비스를 이용하는 습관을 갖게 할 수 있다.

이를 위해 시드니 지점은 인터넷 뱅킹에 관한 업무의 전 과정을 분석해서 품질을 강화하고, 시스템을 가동하기 전에 여러 번의 테스트를 거쳐 고객들의 의견을 들었다. 그리고 고객들의 의견을 시스템에 빠르게 반영해 업무 처리의 효율을 높이고, 인터넷 뱅킹을 이용할 때 고객의 편의성을 높였다. 인터넷 뱅킹을 출시하고 새로운 기능을 홍보할 때는 엄격한 원칙에 따라서 품질을 유지하는 한편, 지점 내부의 만족도가 높은 상황에서 다시 한 번 시스템의 편의성과 안정성을 높여 고객들이 만족스러운 체험 기회를 갖도록 했다.

시드니 지점의 인터넷 뱅킹 업무에 대한 인지도와 신뢰는 고객들을 직접 만나는 프론트오피스 직원들이 지점의 상품을 소개하는 과정에게 고객들에게 전해진다. 때문에 상품을 홍보하기 전에 지점은 프론트오피스 직원들에게 전용 교육 자료를 배포하고, 수차례에 걸쳐 다양한 교육을 진행했으며, 교육이 끝난 뒤에는 테스트를 실시해 문제가 발견되면 그에 맞는 강화 교육을 실시해 인터넷 뱅킹의 기능과 업무 프로세스를 정확하게 이해시켰다.

인터넷 뱅킹 서비스를 출시한 뒤에는 시스템을 업그레이드할 때마다 업무 교육을 진행하고 인터넷 뱅킹 업무 관련 매뉴얼을 갱신해 직원들을 교육시켰다. 신입 직원에게 인터넷 뱅킹 업무를 교육시키는 것은 매우 중요한데, 맞춤형 교육을 통해서 직원은 인터넷 뱅킹 업무의 장점을 더 깊게 이해할 수 있으며, 고객들이 자주 겪는 문제를 파악해 고객 앞에서 전문가적인 이미지를 유지하고 공상은행의 인터넷 뱅킹 서비스에 대한 고객의 신뢰를 높일 수 있다.

해외 핵심 은행 시스템의 일체화로 지점의 인터넷 뱅킹 시스템은 물리적 구조와 시스템 운영 과정에서 공상은행 국내 지점의 인터넷 뱅킹 업무 시스템과 완전하게 일치했다. 공상은행의 인터넷 뱅킹은 다중의 보안 장치와 국제적인 선진 기술이 적용되어 안전하고 믿을 수 있다.

시드니 지점은 시스템에 1,024개의 인증서 보안 장치, 128개의 SSL 보안 장치, 홈페이지 보안 제어 장치를 설치했다. 또한 목표 고객인 기업 고객이 자금을 안전하게 사용하고 싶어 하고, 인터넷 뱅킹을 이용하는 지점이 고정되어 있다는 특징을 파악했다. 또한 기타 오스트레일리아 은행의 보안 통제 조치와 비교해 시드니 지점의 인터넷 뱅킹 서비스의 장점을 고객이 직관적으로 파악하도록 만들어 지점의 인터넷 뱅킹 이용 환경에 대한 신뢰를 높였다.

하지만 안정성 때문에 생긴 또 다른 문제는 고객이 인증서 드라이브를 설치하고 인증서를 관리하는 것인데, 나이가 많은 고객에게 이것은 어려운 일이다. 이런 상황을 고려해 지점은 공상은행 본점의 경험을 참고해 지점에서 인터넷 뱅킹 서비스를 신청한 기업 고객을 위해서 현장에서 교육을 실시하는 것으로 이 문제를 효과적으로 해결했다. 또한 새로운 고객을 위해서 인터넷 뱅킹에서 자주 쓰이는 기능과 중요한 문제를 결합한 '인터넷 뱅킹 입문 매뉴얼'을 제작하고, 홈페이지에서 주요 기능에 대한 교육을 실시해 고객의 편의를 도왔다.

시드니 지점은 다른 은행에 비해 기능 면에서 조금 떨어지는 인터넷 뱅킹 기능을 보완하기 위해서 현지 기업의 업무 습관에 맞도록 고문 변호사를 통해서 팩스로 기업의 업무 신청을 받고, 예비 서명을 대조하는 처리 방식을 통해서 심사와 처리 프로세스를 완성하고 인터넷 뱅킹의 부족한 기능을 보완했다. 고객이 인터넷 뱅킹을 개설할 때 일대일로 서비스하는 것 외에도 고객을 적극적으로 방문해 고객의 사용 현황을 이해하고 고객이 사용에 어려움을 겪는 문제를 해결할 수 있도록 도왔다. 동시에 지점 내에 서비스 센터를 설치하고 질문 책임제를 도입해 고객의 문의를 처음 받은 직원이 내부와 협의해 고객이 문제를 해결할 수 있도록 끝까지 도왔다.

이밖에 시드니 지점은 다양한 방법을 동원해서 고객 체험을 개선하고 좋은 효과를 얻었다. 요컨대 영업장에 은행 체험 기계를 설치해 고객이 계좌를 개설하고 바로 체험할 수 있도록 했고, 정기적인 행사를 통해서 인터넷 뱅킹 상품을 홍보하고 새로 변동된 사항이 있으면 수수료를 낮추는 방식으로 고객의 인터넷 뱅킹 사용 습관을 유도했다.

각종 방식을 종합적으로 이용해서 시드니 지점은 다른 은행에 비해 인터넷 뱅킹의 기능이 떨어지는 상황에서 기존의 기능을 개선하고 서비스를 강화하여 잠재 고객을 효과적으로 유인하는 한편, 고정 고객의 수를 확장했다. 시드니 지점의 우수한 인터넷 뱅킹 서비스는 점차 고객들에게 인정을 받았다. 그 결과 서비스를 출시한지 3년 만에 고객 수와 거래량이 2배로 증가하였고, 고객 유입도와 1인당 거래량이 현지 시장의 평균 수준으로 빠르게 상승했다.

4. 핵심은 상품의 경쟁력이다

인터넷 뱅킹은 은행 서비스의 중요한 수단이다. 현재 오스트레일리아의 거의 모든 은행들이 인터넷 뱅킹, 모바일 뱅킹, 텔레뱅킹, ATM·POS 은행 서비스 등을 보편적으로 제공한다. 그럼 시드니 지점은 어떻게 무수한 경쟁 은행들을 뚫고 두각을 나타냈을까? 시드니 지점은 탁월해지기 위해서 중국계 은행, 국제적인 외국계 은행, 오스트레일리아의 대형 은행들과 비교 작업을 벌였고, 이 과정을 통해서 상품의 종류는 부족하지만 서비스는 세계적인 수준인 점을 명확하게 인식하고 상품 경쟁력을 강화하기 위한 방안을 만들었다.

FOVA 시스템 구축 단계에서 지점은 인터넷 뱅킹의 발전을 사전에 염두에 두고 핵심 역량을 오스트레일리아 수표 결제, 인터넷 대량 결제와 거액의 실시간 결제의 전면 자동화 결제 시스템에 집중해 인터넷 뱅킹 플랫폼에 기반을 둔 오스트레일리아 내 계좌 이체 기능, 수표 업무 처리 기능, 현지 계정의 사용 모델을 설계했다. 이러한 준비 기간을 거친 지점은 초기에 계좌 조회, 계좌 이체, 송금, 대출 계좌 관리, 수표 조회, 외환 매매 등의 풍부한 기능을 제공했고, 이것은 오스트레일리아 주류 은행의 지불 결제 서비스와 같다.

이와 동시에 시드니 지점은 계속해서 상품을 개선하고 기능을 풍부하게 만들어 경쟁력을 높였다. 먼저 지금까지의 경험을 분석하고 업무의 특징과 시장의 수요를 종합해 전자 예금 계좌, 기업 재무 관리, 전자 청구 지불 등의 현지 특색을 가진 신상품과 신기능의 서비스를 만들었다. 전자 청구 지불 기능을 예로 들면 BPAY는 오스트레일리아 시장의 주요 납부 플랫폼이다.

자세한 시장 조사와 내부 토론 끝에 시드니 지점은 전자 청구 지불 업무를 확장하는 것이 중간 수익을 늘리고 지점의 이미지와 고객 체험을 높이는데 중요한 작용을 한다고 생각했다. 지점은 곧바로 자료를 정리하고 본점 개발 센터에 전자 청구 지불 기능 개발을 요청했고, 1년여의 적극적인 노력 끝에 시스템을 순조롭게 완성하고 정식으로 BPAY 업무 자격 인증을 통과했다. 이로써 시드니 지점은 오스트레일리아에서 전자 청구 지불 업무와 수령 업무를 동시에 진행하는 최초의 중국계 은행이 되었다.

외국계 은행이 업무를 놓고 현지 은행과 전면 경쟁하려는 것은 현실에 맞지 않다는 생각이다. 충분한 고려 끝에 시드니 지점은 세계적인 지점망과 다양한 고객층을 확보한 공상은행의 이점을 이용해서 국제 현금 관리, 빠른 송금 등의 중요 기능을 돌파구로 삼았다. 이들 기능은 '저격수'라 불러도 될 정도로 현지 주요 경쟁 상대의 시스템 기능보다 새롭고 뛰어났다. 시드니 지점은 신제품을 완성한 후 기업을 위한 인터넷 뱅킹의 기능을 주요 경쟁 상대와 일치하는 수준으로 빠르게 끌어올림으로써 경쟁 상대의 뒤를 쫓는 추적자에서 평등하게 경쟁하는 자로 역할이 바뀌었다.

시드니 지점은 기업을 위한 인터넷 뱅킹 상품을 강화하는 동시에 개인 업무 상품을 발전시키기 위해서 상품 사용과 관리 경험을 적극적으로 홍보했다. 비록 도매 은행 영업 허가증을 받은 관계로 시드니 지점은 기업을 위한 인터넷 뱅킹만 널리 보급했지만, 개인 업무의 니즈를 고려해서 개인 업무 상품 개발에 들어갔다. 그리고 빠른 시일 안에 기업과 개인이 같이 쓸 수 있는 인터넷 뱅킹 상품을 출시할 계획이다. 시드니 지점이 개발하는 개인 해외 계좌 관리, 개인 전자 예금 계좌, 일회성 전자 비밀 번호 생성, 24시간 텔레뱅킹 등의 서비스는 향후 개인용 인터넷 뱅킹 출시를 위한 밑바탕이자 현지 시장을 개척하고 서비스 수준을 높이는 날카로운 무기가 될 것이다.

5년의 노력 끝에 시드니 지점은 경쟁이 치열한 현지 시장에서 인터넷 뱅킹 업무의 발걸음을 내디뎠다. 앞으로도 지점은 인터넷 뱅킹 업무를 강화하는 동시에 업무 확장의 발걸음을 재촉할 것이며, 안정적인 상품과 서비스로 고객을 확보하고 인터넷 뱅킹을 '업무 확장의 도구'로 삼아 시드니 지점의 업무를 종합적으로 발전시킬 것이다.

흔들림 없는 기술 리스크 통제
不可动摇的科技风险控制

어떤 의미에서 은행을 경영하는 것은 리스크를 경영하는 것과 같다. 오스트레일리아 건전성감독청은 신용 리스크, 시장 리스크, 유동성 리스크, 운영 리스크, 기술 리스크를 은행의 5대 리스크라 부르고, 은행의 리스크 관리를 매우 중요하게 여긴다. 특히 기술 리스크는 다른 리스크들과 밀접하게 관계되어 있는 특수한 리스크라서 오스트레일리아 건전성감독청은 이것을 은행 활동의 핵심적인 기초로 여기고 은행이 설립되는 초기부터 집중적으로 관심을 갖는다.

오스트레일리아 건전성감독청은 '정식 예금 기관 심사 비준 지도 원칙'에서 리스크 관리와 내부 통제 시스템에 대해 신청인은 반드시 현지 법인이나 지점의 경영 리스크 시스템을 충분하고 적절하게 감시하고, 적절한 제도와 프로세스로 신용 리스크, 시장 리스크, 유동성 리스크, 운영 리스크를 관리할 것을 명확하게 밝혔다. 리스크를 충분하고 완벽하게 통제하려면 과학기술의 뒷받침이 필요하다.

정보와 회계 시스템 부문에서 오스트레일리아 건전성감독청은 업무 및 회계 처리의 정확성과 즉시성, 업무 프로세스와 시스템이 결합된 리스크 통제, 감독 보고의 즉시성과 정확성, 정보의 안전성, 업무의 연속성, 정보기술 서비스의 업무 위탁 관리 등 각 부문의 업무에 대해서 중점적으로 관심을 갖는다.

원칙적인 감독을 기본으로 하는 오스트레일리아 건전성감독청은 정보기술 리스크 관리에 대한 완벽한 규정이나 지침이 없어 정보기술 리스크를 관리할 때 '정보 안전 리스크 관리 지침(Management of Security Risk in Information and Information Techknowledge. PPG 234)', '업무의 지속성 관리 심사 감독 표준(Business Continuity Management. APS 232)', '서비스 업무 위탁 심사 감독 표준(Outsourcing. APS 231)' 등의 감독 제도를 참고하고, 구체적인 감독은 은행 업종의 국제 표준을 참고한다.

정보기술 리스크 관리 감독에 관한 구체적인 표준이 없는 관계로 시드니 지점은 설립할 때 어려움을 겪었다. 하지만 설립 신청 시 겪은 어려움으로 지점의 경영진은 정보기술 리스크를 다중 시스템으로 관리해야 한다는 것을 알게 되었다. 지점은 중국 은행감독관리위원회의 '상업 은행 정보기술 리스크 관리 지침'을 참고해 기술부 및 기타 관련 부서를 첫 번째 방어 라인으로, 리스크 준법 감시부를 두 번째 방어 라인으로, 내·외부 회계 감사부를 세 번째 방어 라인으로 삼는 리스크 관리 시스템을 구축했다. 또한 정보의 안전성을 핵심으로 하고, 업무의 지속적인 관리를 기초로 하며, 정보기술의 업무 위탁 관리를 수단으로 하는 제도 시스템과 리스크 관리 조치를 만들었다.

1. 정보 보안은 아무리 강조해도 지나치지 않다

은행은 고객의 개인 정보와 재무 정보를 파악하는 특수한 경영 기관이라서 정보기술 리스크를 관리할 때 정보를 안전하게 관리하는 것이 매우 중요하다. 오스트레일리아 건전성감독청은 PPG 234 '정보 및 정보 보안 관리 지침'에서 정보를 안전하게 잘 관리해야 하는 6대 영역으로 정보 보안 관리 체계, 사용자의 보안 의식, 접근 통제, 정보 자산의 주기적인 관리, 보안 통제와 긴급 처리, 정보의 보안에 대한 보고와 평가 및 감사를 규정했다. 또한 오스트레일리아 건전성감독청은 ISO27001 정보 안전 관리 국제 표준을 참고해 정식 예금 기관이 다른 금융 기관들과 수시로 소통하며 정보를 선진적이고 안전하게 관리할 것을 요구한다.

시드니 지점은 시스템 구축 단계에서 시스템의 안정적인 통제 수단을 통해서 정보의 안전을 보장했고, 업무를 명확하게 나눈 뒤에 '꼭 알아야 하는 최소한의 정보' 원칙에 따라서 직책과 일치하는 아이디를 부여하고 사용자의 권한을 엄격하게 제한했다. 또한 공상은행 그룹의 해외 지점 중에서 중국의 엄격한 정보 보안 수단을 일찍이 응용했고, 내·외부 망을 물리적으로 분리시켰으며, 네트워크의 노출 정도를 테스트하는 독립적인 안전 평가 수단을 만들어 정보 유출 리스크를 크게 낮추었다.

이밖에 클라이언트에 안전 조치를 취하는가 하면 내부 망에 진입할 때 강제 인증을 실시하기도 하고, 서버의 허점을 정기적으로 관리하는가 하면 메일 서버에 필터를 설치하고, 모바일 기억 소자 사용을 엄격하게 통제하는 제도도 만들었다. 특히 세무국이 개인의 세번RFN 입력, 조회, 수정에 대한 전 과정을 엄격하게 기록하고 관리하라는 요구에 맞추어 지점은 온라인 거래 및 감사 보고서를 단독으로 설계해 이 특수한 규정을 충분히 만족시켰다.

시드니 지점은 경영진의 지원을 받으며 보안 수단을 만들어 보안 관리에 힘썼으며, 자체적인 발전 규모에 부합하는 정보 보안 관리 시스템을 만들어 오스트레일리아 감독 당국으로부터 좋은 평가를 얻었다.

2. 재난 발생 시 업무의 연속성을 유지하는 방법

업무의 연속적인 운영에 관한 오스트레일리아 건전성감독청의 규정은 '업무 지속성 관리 심사 감독 표준(APS 232)', '리스크 평가와 업무 지속성 관리 지침(AGN 232)', '전국 전염병 리스크 계획 및 관리 지침(PPG 233)'이 있다. APS 232는 다음과 같은 내용을 요구한다.

정식 예금 기관은 반드시 업무의 연속성 리스크 및 통제 조치를 전체적인 리스크 관리에 포함시키고, 전체적인 입장에서 중요한 업무의 기능, 자원, 기초 설비를 정해 이들 업무의 기능, 자원, 기초 설비가 파괴되었을 때 생길 중요한 영향에 대비해야 하며, 모든 중요 업무의 기능, 자원, 기초 설비의 파괴로 생긴 실질적인 영향을 평가해 적절한 회복 전략을 세우고 모든 자원을 원래 위치로 되돌려 파괴의 영향을 줄여야 한다.

또한 반드시 중요 업무 기능 회복에 필요한 모든 조치와 정보를 포함한 업무의 연속성 계획을 세우고, 경영진은 반드시 해마다 업무 지속성 계획을 내·외부적으로 정기 심사를 해야 하며, 예금자의 이익에 심각한 영향을 주는 사건이 발생했을 때는 24시간 안에 오스트레일리아 건전성감독청에 신고해야 한다. AGN 232는 예금 기관은 업무 지속성 계획을 세울 때 반드시 재난 시 재해 복구 서비스 제공자에게 긴급 상황이나 재난 상황이 발생했을 때를 대비해 처리 조치를 만들 것을 요구한다. '전국 전염병 리스크 계획 및 관리 지침'은 금융 기관에게 전국에 전염병이 돌 때를 대비한 계획을 세우도록 요구한다.

9.11 사건 이후에 오스트레일리아 건전성감독청은 업무 운영의 지속성을 매우 중시해서 정식 예금 기관에게 반드시 현지에 재난 센터를 세우고 각종 스트레스 테스트를 자주 실시할 것을 요구한다. 또한 새로 설립 신청을 하는 금융 기관에 영업 허가증을 발급하기 전에 업무 운영의 지속성 계획과 재난 상황을 대비한 기초 작업을 완성할 것을 요구하고, 정식 금융 기관과 상품의 발전 정도에 따라서 업무 지속성 관리 방법을 갱신할 것을 요구한다. 또한 상품 계획 단계부터 업무 지속성 관리 방법을 강구하고, 실무 과정에서 관련 상황이 바뀔 때마다 개선해야 한다.

지점은 준비 단계부터 비교적 완벽한 업무 지속성 운영 시스템을 만들었다. 본점의 데이터 센터, 현지 업무 시스템 등의 핵심 시스템에 대해서 지점은 본점과 체결한 정보기술 운영 서비스 약정을 이용해 데이터 센터의 업무 지속성 운영 관리 작업을 지점의 일상 관리 작업 내용에 포함시켰다. 지점은 본점과 동일한 업무 지속성 계획에 따라서 데이터 센터가 조직한 각종 재난 긴급 훈련에 적극적으로 참여해 데이터 센터 작업의 효율성을 확보했다. 그리고 현지의 실제 상황을 토대로 '업무의 지속적인 운영 및 재난 복구 계획', '업무 지속성 운영 프로세스', '전국 전염병 리스크 계획 및 관리' 등의 제도를 만들어 지속적으로 개선했다.

시드니 지점은 시드니 교외의 세인트 레너드에 위치한 데이터 및 재난 서비스 회사의 기초 설비를 이용해 재난 센터를 만들어 긴급 상황일 때 데이터, 네트워크, 중요 프로그램을 신속하게 복구할 수 있는 종합적인 재해 복구 능력을 갖추었다. 또한 해마다 두 차례씩 재난 훈련을 실시해 데이터 센터와 지점의 본부에 재난이 발생했을 때를 대비한 방안과 각 부서의 유기적인 협력을 검증한다.

업무의 지속성 관리는 재난 관리는 물론이고 영업 장소의 비상 대응 능력도 포함된다. 지점은 주 영업 장소에서 다양한 비상 대응 조치를 정하고 효율적인 시스템 및 전문 훈련을 받은 기술팀을 조직했다. 또한 기계실의 전원, 핵심 서버, 네트워크 설비에 대해서 비상용 설비를 준비하고, 본점의 데이터 센터와 함께 이들 설비 운영에 대한 실시간 감독 시스템을 구축했으며, 주요 현지 시스템과 핵심 네트워크에 대한 명확한 비상 대응 방안을 세우고, 이들 방안에 대해서 정기적으로 훈련했다.

기초 설비를 완벽하게 갖추면 긴급 상황에도 효과적으로 대처할 수 있다. 2009년에 시드니 시의 주요 케이블이 끊어지고 비상용 케이블마저 고장이 나서 장시간 정전이 된 사건이 일어났다. 이때 시드니 지점을 포함한 소수의 금융 기관은 예상치 못한 사고에도 업무를 정상적으로 운영해 금융 당국과 다른 금융 기관들로부터 좋은 평가를 받았다.

지점 확장과 응용 시스템 증가에 맞추어 시드니 지점도 비상 재해 복구 방안을 갱신하고 모든 지점에 대해서 비상 재해 복구 방안을 만들었다. 먼저 업무 영향을 분석하고 응용 시스템의 장점을 평가해서 핵심 응용 시스템 회복의 높은 효율성과 확장성을 확보하고, 업무량과 인원 수가 늘어남에 따라 재난 대비 네트워크와 사무실을 확대하고 본점과 효과적인 비상 협력 체계를 수립했다. 시드시 지점은 개업한 후 지금까지 해마다 모든 부서의 직원들과 신입 직원들을 대상으로 불시에 재난 대비 테스트를 진행하는 전통이 있는데, 이를 통해서 긴급 조치 능력과 재난 대비 능력을 키웠다.

은행의 업무 지속성 관리는 기술부의 일일 뿐만 아니라, 은행의 모든 부서가 비상 상황 시 업무를 담당하고, 통지를 전달하고, 내·외부와 연락하고, 직원들이 재난 대비 센터를 방문하고, 업무를 특별 처리하고, 재난 시 영업 활동에 필요한 필기구를 준비하는 것에는 각 부서의 협동 심과 세심한 대응책, 엄격한 집행이 필요하다. 또한 업무 영향 분석은 업무 지속성 관리의 기본 작업이고, 주로 은행의 종합적인 업무 발전, 법률 환경 등의 비정보기술적인 요소를 통해서 자원이 제한적인 상황일 때 업무의 회복률을 향상시킨다. 그리고 전염병이 확산될 때를 대비한 비상 대응 시스템의 본질은 인력 자원을 배치하는 것이다.

3. 리스크가 많은 업무 위탁

오스트레일리아 건전성감독청은 업무 위탁에 대해서 다음과 같은 전문적인 감독 규정을 만들었다. 먼저 정식 예금 기관은 반드시 주요 업무 활동 위탁에 대한 관리 제도를 만들어야 하고, 반드시 위탁한 중요 업무 활동을 충분히 감독해야 하며, 중요 업무 활동 서비스를 제공하는 것에 대한 법률적인 계약서가 반드시 있어야 한다. 해외에서 중요 업무 활동을 위탁할 때는 사전에 오스트레일리아 건전성감독청의 의견을 구하고, 업무 위탁을 실시할 때 오스트레일리아 건정성감독청에 정식으로 알려야 한다.

나아가 오스트레일리아 건전성감독청은 중요 업무 활동을 정식 예금 기관의 운영에 영향을 주거나 정식 예금 기관의 효과적인 리스크 관리에 영향을 주는 활동으로 정의한다. 눈에 띄게 영향을 주는 주요 고려 요소는 다음과 같다.

업무 위탁이 일정한 기간 동안 재무, 운영, 평판에 따른 영향을 책임 질 수 없을 때, 업무 위탁 비용이 전체 자본금에 비례할 때, 업무 위탁 서비스 측이 책임을 이행할 수 없어 대체할 수 있는 서비스 업자를 찾거나 자체적으로 업무 활동을 마칠 때, 정식 예금 기관의 감독 요구에 영향을 줄 때, 고객과 제3자 기관에 손실이 생겼을 때, 정식 예금 기관과 업무 위탁 측 관계에 영향이 생겼을 때다. 특히 오스트레일리아 건전성감독청은 제3자가 금융 기관의 감사 활동에 종사할 경우 반드시 중요 업무 활동에 넣을 것을 명확하게 규정했다.

정식 예금 기관의 업무 위탁 관리 제도에 대해서 오스트레일리아 건전성감독청은 정식 예금 기관은 반드시 이사회의 허가를 받은 위탁 관리 제도로 위탁 활동을 관리하고 적당한 관리 체계를 만들며, 외국계 은행 지점은 반드시 해외의 오스트레일리아 담당 총책임자(SOOA)의 허가를 받도록 요구한다. 정식 예금 기관은 여전히 업무 위탁 서비스를 감독할 책임이 있고, 업무 위탁에 대한 관리 제도를 충분히 이해해야 하며, 리스크 관리 체계는 반드시 업무 위탁에 따른 리스크를 효과적으로 관리하고, 업무 위탁 제공자를 오스트레일리아 역외 중요 업무 활동에 포함시켜야 한다.

이밖에 오스트레일리아 건전성감독청은 정식 예금 기관이 업무를 위탁하기 전의 상황에 대해서 평가하고, 위탁 과정의 효율적인 통제, 위탁 활동에 대한 긴급 처리에 대해서도 규정했으며, 업무 위탁의 협력 내용에 대해서도 자세하게 규정했다. 또한 정식 예금 기관의 업무 위탁 제공자를 방문해 리스크 관리를 요구하고, 업무 위탁에 대한 감사도 강제로 요구한다.

준비 단계에서 개업 초기의 계획을 세운 준비 팀은 세심한 고려 끝에 자금 결제, 데이터 저장소 구축, 재해 복구 서비스, 시스템 운영의 네가지 중요한 업무 위탁 서비스를 정했다.

네 가지 업무 위탁 중에서 핵심 시스템 운영 서비스는 본점의 향후 계획에 따라서 본점의 데이터 센터에서 제공한다. 데이터 센터와 지점은 공상은행 그룹의 조직이라서 동일한 영향을 받지만 데이터 센터는 서비스 제공 지점이 오스트레일리아 역외이다. 더욱이 오스트레일리아 건전성감독청은 데이터 센터의 작업이 공상은행의 의견 및 기타 지점의 영향을 더 많이 받는 점을 고려해 지점에 데이터 센터와 정식으로 시스템 운영 서비스 계약을 체결하고, 서비스 내용 및 서비스 기준을 분명하게 정하고, 데이터 센터가 제공하는 시스템 운영 서비스를 현지의 업무 위탁 리스크 관리 내용에 포함시킬 것을 요구했다.

준비 팀은 자문 과정을 거친 뒤에 데이터 센터가 다른 해외 지점들과 서비스 계약을 체결한 적이 있지만 영문으로 된 계약서가 없어 현지에서 사용할 수 없고, 계약서의 형식과 내용이 완전하지 않아 오스트레일리아 건전성감독청의 요구에 부합하지 않는 점을 발견했다. 따라서 데이터 센터와 함께 짧은 시간 안에 오스트레일리아 건정성감독청의 요구에 맞는 새로운 서비스 계약을 맺고, 본점의 내부 심사부에 데이터 센터의 이전 운영 작업 및 지점과 데이터 센터의 최근 준비 작업에 대한 전문적인 감사를 맡겨 오스트레일리아 건전성감독청의 우려를 말끔히 씻

어내고, 영업 허가증 심사 때 업무 위탁 작업에 대한 검사를 순조롭게 통과했다.

시스템 운영 서비스와 달리 시드니 현지의 데이터 저장소 및 재난 대비 서비스는 지점이 주도했다. 특히 이 두 가지 작업은 업무의 지속적인 운영이 핵심 서비스이고, 오스트레일리아 건전성감독청이 이 작업을 금융 서비스 허가증을 발급 받기 위한 전제 조건이라고 명확하게 규정할 정도로 매우 중요하다. 때문에 시드니 지점은 처음부터 오스트레일리아 건전성감독청의 엄격한 감독 규정에 따라서 이 두 가지 작업을 효과적으로 관리할 필요가 있었다. 시드니 지점은 자문을 통해서 오스트레일리아 중소형 금융 기관이 보편적으로 데이터 저장소를 외지에 건설하고 재난 대비 서비스를 위탁하며, 영업 장소의 상황에 따라서 두 가지 서비스를 다 위탁하기도 하는 점을 이해했다.

시장 조사 방식을 통해서 지점은 현지 주류 서비스 제공자들의 기본적인 정보를 수집한 후 3개 업체에 경쟁 입찰 의향서를 보내 긍정적인 반응을 얻었다. 그리고 나서 몇 번의 협상 과정에서 서비스 품질, 자격, 시장 명성, 계약 조항 등의 요소를 종합적으로 비교한 끝에 Vault Central과 Interactive를 시드니 지점의 데이터 저장소와 재난 대비 서비스 제공자로 선정하고 금융 서비스 영업 허가증을 받을 수 있는 수준의 서비스 조건을 갖추기로 계약했다. 데이터 저장소는 디스크 저장 서비스와 디스크 전송 서비스를 가리키고, 재난 대비 서비스는 재난 대비 전용 기계실을 제공하고, 선진적인 서비스와 비례 분배의 원칙에 따라서 지점이 재난에 처했을 때 사무실, 컴퓨터, 통신 설비의 시스템을 빠르게 복구하는 업무 운영 서비스를 가리킨다.

일상적인 운영 단계에 진입한 뒤에는 정기적인 서비스 보고 외에 본점의 데이터 센터, 현지 외주 업체와 정기적인 미팅 시스템을 만들었다. 일대일 소통을 통해서 지점은 외주 업체의 최근 동태를 파악하고, 이것이 지점의 서비스 품질에 어떤 영향을 주었는지 평가해 잠재된 부정적인 영향을 발견하면 외주 업체에 즉시 통보했다.

또한 해마다 정기적으로 현지 외주 업체의 작업 현장을 점검해 서비스 품질의 안전성과 신뢰성을 확인하고, 재난 대비 훈련을 통해서 서비스 기능을 검증했다. 지점의 업무 위탁 이용 부서는 수집한 정보를 토대로 정기적으로 리스크를 평가한 후 지점의 관리부와 리스크 관리 위원회에 보고했다. 예를 들어 IronMountains가 VaultCentral을 인수하자 지점은 즉시 IronMountains의 현황을 파악하고 변동 사항을 지점의 리스크 관리 위원회, 오스트레일리아 건전성감독청에 보고했다. 해외 데이터 센터를 상하이로 이전한 뒤에는 상하이 데이터 센터와 다시 계약을 체결해 시스템 운영 서비스 수준을 협의했다.

개업 후 5년간 업무 위탁의 범위가 계속 확대되는 동안에 지점의 관련 부서는 감독 요구와 지점의 제도를 엄격하게 지키고 업무 위탁 리스크 관리를 잘해서 감독 기관으로부터 긍정적인 평가를 받았다. 주목할 점은 시드니 지점의 업무 위탁 관리 작업은 여러 부문에서 본점의 위탁 관리를 개선시켜 공상은행 그룹의 국제화 발걸음에 긍정적인 효과를 주었다.

4. 정보기술에 대한 감사와 감독 관리

시드니 지점이 획득한 영업 허가증은 외국계 은행 지점의 영업 허가증이다. 이 영업 허가증을 가진 글로벌 은행은 정보기술에 대한 리스크 관리의 전문성이 부족하고 본점에 비해 정보기술 역량과 심사 역량이 크게 떨어지는 점을 고려해서 본점의 정보기술 리스크 관리 시스템과 동일한 시스템을 쓰는 경향이 있다. 하지만 자기자본비율과 기업 지배 구조 등의 부문을 제외하고 오스트레일리아 건전성감독청은 오스트레일리아에 있는 외국계 은행의 호주 지점과 현지 법인에 대해서 정보기술 리스크 관리를 서로 일치시킬 것을 요구한다. 이것은 정보기술부의 자체적인 리스크 관리로는 부족해서 이중, 삼중의 정보기술 리스크 관리 시스템을 구축해야 하고, 내·외부 감사부는 정보기술 리스크 평가 작업을 정기 감사 계획에 편입시켜야 하는 것을 의미한다.

은행이 새로 설립될 때 오스트레일리아 건전성감독청은 개업 몇 년 전부터 은행의 준비 과정에 특별히 관심을 가지는데, 정기적인 전화 소통 외에 해마다 현장 검사를 실시하고 리스크 관리 상황을 평가하며, 영업 허가증을 받은 것도 더 엄격한 관리 감독을 위한 시작 단계에 불과하다.

시드니 지점이 영업 허가증을 받고 1년여의 시간이 지난 뒤인 2010년에 오스트레일리아 건전성감독청은 지점의 정보기술에 대한 첫 번째 전문 검사를 실시했다. 이때는 지점이 FOVA 시스템을 가동한지 얼마 되지 않았을 때다. 지점은 1년여 동안 전력을 다해 새로운 은행 시스템을 만들었고, 이 시스템이 안정적으로 운영되어 각 부서의 업무가 원활하게 돌아갔다. 하지만 영업 허가증을 받고 처음으로 진행된 검사에서 오스트레일리아 건전성감독청은 지점의 예상과 달리 여러 분야에서 개선할 점을 지적했다.

알고 보니 오스트레일리아 건전성감독청은 정보기술 리스크 관리가 제대로 이루어지고, 정보기술이 업무를 제대로 이끄는지를 중점적으로 점검했다. 하지만 시드니 지점 정보기술부는 지난 1년여 동안 업무 시스템 구축 작업에 모든 심혈을 기울인 나머지 정보의 보안, 재난 대비, 정보기술 서비스 위탁 관리 등에 소홀했다. 원래 계획에 따르면 여러 관리 조치와 기초 설비를 마련해야 했지만 완벽하게 마련되지 않았거나 아예 마련조차 안한 것이 많았다.

오스트레일리아 건전성감독청은 기초 설비에 속하는 정보기술 시스템에 변화가 생기면 각종 리스크 관리 작업에 변화된 사항을 즉시 반영해서 관련 작업을 동시에 완성시킬 것을 요구했고, 지점이 관련 작업을 진행 중인 것을 알지만 여전히 미완성된 작업들을 지적하며 끊임없이 리스크 관리 강화를 엄격하게 요구했다.

이번 검사에서 알게 된 사실은 비록 시드니 지점이 획득한 것은 외국계 은행 지점의 영업 허가증이지만 오스트레일리아 건전성감독청은 지점과 현지 법인에 동일한 정보기술 리스크 관리를 요구한다. 또한 지점이 정보기술부와 기타 관련 부서를 첫 번째 방어 라인으로, 리스크 준법 관리부를 두 번째 방어 라인으로, 감사부를 세 번째 방어 라인으로 하는 완벽한 정보기술 관리 시스템을 갖추어 정보기술 리스크를 일상적으로 관리하고, 독립적이고 효과적으로 점검해서 제 기능을 제대로 발휘시킬 것을 요구했다.

개업 초기에 시드니 지점의 목표는 시장을 개척하고 현지에 뿌리를 내리는 것이었다. 하지만 새로 설립한 기관은 정보기술부를 포함해 전 직원의 수가 그리 많지 않아 완벽한 정보기술 리스크 관리 시스템을 만들기에는 직원의 규모와 전문적인 능력이 크게 제한적이다. 때문에 지점은 정보기술 리스크 관리 작업을 공상은행 그룹의 정보기술 리스크 시스템과 통일시키고, 본점의 정보기술 리스크 관리팀과 회계 심사부의 도움을 받아 이 작업을 완성했다. 이것은 여러 국가와 지역에서 자주 쓰이는 방법이라서 오스트레일리아 건전성감독청의 금융 감독 조례와 충돌하지 않는다.

하지만 오스트레일리아 건전성감독청의 이번 검사는 지점에 자체적인 지배 구조와 효과적인 정보기술 리스크 관리 시스템을 만들라는 매우 명확한 메시지를 주었다. 정보의 보안 측면에서 오스트레일리아 건전성감독청은 반드시 현지에 독립적인 정보 보호 최고 책임자를 정하고, 정보 보호 제도에 대해서 정기적이고 독립적으로 평가하며, 현지에서 감사 작업을 구체적이고 깊이 있게 할 것을 명확하게 요구했다.

모든 검사가 끝난 뒤에 시드니 지점은 정보 보안 관련 조치를 발 빠르게 마련했고, 공상은행 그룹의 지원을 받아 중요 업무 시스템과 재난 대비 시스템을 테스트하고, 데이터 센터의 정보기술 위탁 업무의 효율성을 개선했다. 동시에 현지의 정보기술 리스크 관리 시스템을 강화하고, 정보 보호 최고 책임자를 임명했으며, 정보기술의 감사 모델을 본점과 결합했다. 오스트레일리아 건전성감독청의 실질적인 요구를 정확하게 이해하고 개선하는 작업은 2010년 말에 모두 완성되었다.

정보기술 전문 검사가 끝나고 다른 리스크에 대한 전문 검사가 진행될 때도 오스트레일리아 건전성감독청은 각종 방식과 경로를 통해서 지점의 정보기술 리스크 관리 상황을 검검했다. 2012년 말에 다시 한 번 진행된 정보기술 리스크 관리 검사에서 오스트레일리아 건전성감독청

은 지점의 정보기술 리스크 관리에 문제가 없다는 보기 드믄 긍정적인
의견을 주었다.

오스트레일리아 건전성감독청과 교류하는 과정에서 시드니 지점은
비록 오스트레일리아 건전성감독청이 원칙에 입각해서 감독하지만 구체
적인 감독 과정에서 국제 표준, 업계 표준 및 최고 사례를 대량으로 참고
한다는 점을 이해했다. 따라서 실무 과정에서 국제적으로 통용되는 방법
을 따르고 선진 금융 기관과 교류하는 것이 좋다. 어떤 구체적인 문제가
생겼을 때 현지 금융 당국과 본점이 요구하는 것이 서로 일치하지 않을
수 있는데, 이때 지점은 본점과 소통을 강화하고 본점의 지지를 얻어 이
문제를 특수하게 처리했다. 본점은 시스템 운영과 소프트웨어 연구 개발
이 집중적으로 이루어지는 곳이라서 이런 상황에 대처한 경험이 많다.

7부
자산 확충 전략
资产发展战略

안전성, 유동성, 수익성은 상업 은행이 추구하는 세 가지 원칙이다. 안정적으로 경영되는 상업 은행은 안전성과 유동성이 확보된 상황에서 최대의 수익을 추구한다. 중국계 은행의 국제화 발걸음이 빨라지자 경제적 효과를 높이는 것은 모든 상업 은행의 관심사가 되었다. 금융 기업인 상업 은행은 일반 기업과 마찬가지로 최대 수익을 추구하는 것이 경영 목표다. 해외에 설립된 중국계 은행의 지점 역시 수익 추구가 첫 번째 경영 목표다.

수익의 증가는 자산의 증가와 뗄 수 없는 관계라고 할 수 있다. 전통적인 수익 모델을 따르는 상업 은행은 대부분 금리 차에서 수익을 얻는 데 예금, 대출 규모 확대, 자산 증가는 중국계 상업 은행에 눈부신 실적을 안겨 주는 주요 원천이다. 상업 은행의 해외 지점은 지점망, 인력, 시스템, 영업 허가증 등 여러 요인의 제한을 받아 창조적인 수익 모델을 만들기가 어렵다. 이는 해외 지점은 앞으로도 상당 기간 자산 확충에 무게를 두고 수익 창출을 위해 노력해야 하는 것을 의미하고, 특히 상호 작용하는 고객 관계, 신용 자산의 현지화를 이루어야 한다. 또한 자산을 확충하는 초기 단계에서는 고객을 발굴하고, 팀을 구성하고, 시장을 개척하는 일에 온 힘을 쏟음으로써 자산을 안정적으로 키우는 동시에 수익을 지속적으로 높여야 한다.

지난 5년의 경영 과정을 돌아볼 때, 공상은행 시드니 지점이 자산을 확충한 방향은 크게 세 갈래로 나뉜다.

첫 번째는 혁신적인 조직 이념에 따라서 리스크 관리부를 핵심으로 마케팅 팀을 구성하고, 현지 시장에서 상대적으로 리스크가 낮은 대형 프로젝트를 개척했으며, 신디케이트 방식으로 현지에서 자산을 키우는 데 성공했다.

두 번째는 경영의 현지화 원칙에 따라서 기업 업무 기능을 강화하고, 오스트레일리아에 진출한 중국계 기업 고객과 현지 대기업을 영업 대상으로 삼아 고객 수와 대출액을 2배로 늘리는 좋은 실적을 거두었다.

세 번째는 프론트오피스의 영업부를 개편하고, 기존의 기업 업무 외에 구조화 금융 전문 팀을 구성해 자원, 인프라, 자산 등의 구조화 금융을 발전시킴으로써 지점의 시장 경쟁력을 효과적으로 높였다.

그럼 이상의 3단계에 대해서 구체적으로 알아보자.

혁신적인 조직

: 신디케이트론 대출을 시작하다
创新型组织 : 打响银团融资第一枪

어느 곳이든 조직마다 구성원들의 습관적인 사고방식이 있다. 예를 들어 은행의 조직 구조에서 '프론트오피스(Front office : 직접적으로 고객을 응대하고, 마케팅과 서비스를 담당. 고객이 은행에 갔을 때 주로 접하는 직원과 부서는 프론트오피스에 해당함), 미들오피스(Middle office : 거시적인 시장 환경과 은행 내부의 자원을 분석하고 각종 업무 발전 정책과 전략을 세워 미들오피스에 전문적인 관리 지침을 제공하고 리스크 통제를 함. 상품 개발, 인력 자원, 전략 등의 관리를 포함함), 백오피스(Back office : 업무와 거래를 지원하고, 회계 및 재무 처리, IT 기술 지원, 대출 허가 작업을 집중적으로 처리함)'는 불변의 법칙이다. 하지만 새로 설립한 중국계 은행의 해외 지점이 기본적인 리스크 관리 구조를 구축할 때 가장 먼저 직면하는 문제는 어떻게 리스크를 '관리'하느냐가 아니라 어떻게 자산을 '얻어' 생존하느냐다. 이 단계에서 낯선 외부 환경, 부족한 고객층, 인적 자원의 열세, 경험 부족, 적응 부족 등의 불리한 요소를 가진 시드니 지점은 관리 전략을 수립할 때, 형식적인 관리 모델에서 벗어나 조직을 혁신하고, 장점을 모아 모순점을 해결하는데 초점을 맞추었다.

시드니 지점의 경영진은 설립 초기에 리스크 관리부가 리스크 통제를 잘하고, 대출 규정을 잘 이해하고, 인적 자원을 효율적으로 배치하는 장점이 있다는 것을 알고 대담한 마케팅을 시도했다. 경영진은 현지 시장에서 '선구자'가 되어 리스크가 상대적으로 낮은 기회를 적극적으로 찾았고, 현지 자산을 개척하였으며, 오스트레일리아에서 가장 특색 있는 민관 합작 경영(Public and Private Partnership, PPP) 신디케이트론을 통해 처음으로 신용 대출을 시작했다.

1. 바꾸면 새로워진다 : 혁신형 조직

2008년 9월 23일, 공상은행 시드니 지점은 현지에서 개업식을 열고 정식으로 오스트레일리아에 존재를 알렸다. 짧은 환희와 흥분의 시간이 지나고 시드니 지점은 경험하지 못했던 어려운 문제에 부딪혔다. 유동성 위기로 은행들이 제 몸 사리기 바빠 대출을 꺼리고, 기업들은 돈을 구하지 못해 전전긍긍하는 상황에서 제 위치를 찾기가 어려웠던 것이다.

금융 시장은 유동성 위기에 휩싸여 한 치 앞도 내다보기 어려웠다. 이런 상황에서 시드니 지점은 안개가 걷히고 해가 뜰 때까지 기다렸다가 업무를 시작할 것인지, 늪에 빠진 상황에서 질척거리는 작은 길이라도 개척할 것인지를 두고 고민했다. 또 길을 개척해도 큰 나무의 그늘 밑에 있을 것인지, 다시 말해서 공상은행 그룹에 기대어 대지급 업무를 할 것인지, 아니면 한쪽은 그룹에 기대고 다른 한쪽은 자기 힘에 기대어 현지에서 장기적인 이익을 가져다 줄 기회를 찾아야 하는지도 문제였다.

전체 직원이 20명도 안 되는 젊은 조직인 시드니 지점은 거듭된 연구 분석 끝에 새로운 길을 개척하기로 결정했다. 위기의 시대이지만 리스크를 피해서 기회를 잡고, 현지에서 지속적으로 성장할 수 있는 업무의 원천을 찾기로 결정한 것이다. 이후 시드니 지점은 자체 전략에 따라서 리스크 관리부에 새로운 기능을 부여해 현지 시장의 마케팅 선구자로 만들었다.

왜 리스크 관리부를 선택했을까?

이 결정은 신용 관리의 일반적인 원칙, 즉 프론트오피스, 미들오피스, 백오피스를 분리하지 않으면 리스크를 관리하기가 어렵다는 일반적인 원칙에 어긋난다. 하지만 그 당시 환경에서 리스크를 관리하는 동시에 시장 기능을 확보하는 것은 다음과 같은 이유로 가장 좋은 선택이었다.

첫째, 준비하는 전 과정을 경험했다. 지점의 영업 허가증 신청 작업은 향후 은행 경영의 모든 면과 관계가 있지만 금융 당국이 가장 관심을 갖는 쪽은 리스크 관리다. 따라서 설립 신청 과정에서 리스크 관리의 중요성은 아무리 강조해도 지나치지 않았다. 전통적인 신용 리스크와 시장 리스크에서 끊임없이 발전하는 운영 리스크와 가장 관심을 많이 받는 유동성 리스크까지 시드니 지점은 오스트레일리아 건전성감독청과 소통하는 과정에서 리스크 관리를 개선하고 리스크 선호도를 명확히 했다.

이 과정에서 리스크 관리부 직원들은 현지 시장의 리스크를 파악하는 동시에 공상은행 그룹의 발전 전략을 높은 수준으로 신속하게 성장시켰다.

둘째, 공상은행 그룹의 리스크 선호와 대출 프로세스에 익숙해졌다. 개업 초기에 해외 지점의 권한은 매우 적다. 주어진 권한 안에서 수행할 수 있는 업무는 소액 대출이지만, 잠재적인 리스크가 커서 수익의 원천으로는 적합하지 않다. 때문에 현지 시장에 진입할 때 시드니 지점은 공상은행 그룹의 리스크 선호와 대출 프로세스에 익숙해질 필요가 있었다. 그리고 그룹의 신용 리스크 선호에 부합하는 큰 틀에서 리스크를 통제하고, 수익성이 높은 현지 업무를 찾고, 본점과 원활한 소통 관계를 유지하고, 본점의 동의를 얻은 뒤에 자체적인 신용 자산을 형성했다.

이와 관련해서 리스크 관리부는 공상은행 그룹 내의 신용 정책과 관리 방법을 잘 알고 있었으며, 대출 신청과 심사, 허가 프로세스에 대해서도 충분히 이해하고 있었다. 이러한 배경은 공상은행 그룹의 요구에 부합하는 대출 신청 양식의 수준을 보장할 수 있어서 대출의 효율과 통과율을 높일 수 있었다.

셋째, 인원 배치에 유리한 조건을 제공한다. 개업 초기에 리스크 관리부는 3명으로 구성되었는데, 1명은 본점 신용 관리부에서 파견된 직원이고, 2명은 현지 금융 시장 출신 애널리스트였다. 현지 직원 중 1명은 신용 리스크 분석을 책임지고, 다른 1명은 운영 및 유동성 리스크 관리를 책임졌다. 리스크 관리를 담당하는 부지점장은 현지 은행에서 근무한 경험이 있어 현지 시장의 흐름을 잘 알고, 오랫동안 현지 주류 은행들과 좋은 관계를 유지했다. 리스크 관리부의 인력 배치는 마케팅과 업무 확장에 큰 힘이 되었다.

마지막으로 은행 설립 준비가 끝나고 리스크 관리 체계도 기본적으로 완성되었지만, 생존의 원천인 자산이 부족했다. 자산이 없는 상태에서 리스크를 관리하는 것은 목표 없이 배를 항해하는 것과 같아서 자산을 형성하는 것이 시급한 문제가 되었다. 전체 직원이 20명도 안 되고, 부서도 6개밖에 없는 단출한 상황에서 형식적인 관리만 해서는 시장에서 자리를 잡기가 어렵다. 따라서 각 부서의 장점을 충분히 이용하고, 조직 구조를 혁신적으로 설계하는 동시에 업무 프로세스와 기능을 나눔으로써 현지 시장에 안정적으로 뿌리를 내릴 필요가 있었다.

어떻게 하면 조직을 혁신적으로 구성할 수 있을까?

모든 조직은 제도의 뒷받침이 필요하다. 혁신적인 조직도 예외는 아니다. 조직을 설계할 때는 기능을 합리적으로 분담하고, 직책과 제도 등도 고려해야 한다. 다시 말해서 다음과 같은 특징을 고려해야 한다.

첫째, 기능을 합리적으로 나눈다. 리스크 관리부 외에 지점은 마케팅 업무를 담당하는 2개의 부서가 있는데, 시장부와 무역금융부가 그것이다. 기능은 원칙적으로 서로 겹치지 않아서 각 부서의 장점이 발휘되었다. 마케팅 포지션은 시장부가 현지 중국계 기업의 마케팅을 책임지고 무역 금융 상품 등의 형식을 통해서 현지의 중국계 기업과 신용 관계를 형성했다. 그리고 무역금융부가 공상은행간, 현지 은행간 업무에 중점을 두고 수입 대금, 수출 대출, 현지 은행간 리스크 참여 대출 등의 상품을 통해서 업무 확장의 경로를 마련했다. 리스크부는 현지 업무와 신디케이트론을 통해서 현지의 우수한 신용 자산을 안정적으로 확장하고, 현지에서 지명도를 높여 안정적인 업무 플랫폼을 만들었다.

둘째, 부서를 효과적으로 조직한다. 시드니 지점은 배경, 지식, 마케팅 능력 등이 서로 다른 3명의 직원들을 하나의 마케팅 팀으로 만들었다. 이 팀은 미들오피스 부지점장(외국 국적), 리스크부 부장(해외 파견자), 시니어 애널리스트(화교)로 구성되었으며, 각자 자신이 맡은 일(시장 마케팅, 본점과의 협조 업무, 대출 분석)을 수행했다. 구체적으로 설명하면 부지점장이 시장에서 정보를 얻으면 마케팅 팀과 지점장이 공동으로 업무 리스크를 분석했다. 그리고 초기 심사를 통과하면 리스크부 부장과 시니어 애널리스트가 각각 중문과 영문으로 된 대출 신청 보고서 초안을 만들었다. 리스크부 책임자는 프로젝트 추천, 질의응답, 본점의 심사 조건을 준비하는 등 본점과의 소통을 책임졌다. 지점이 대출 심사를 할 때, 리스크부는 대출 심사 회의를 주도하고 본점과 지점 차원의 리스크와 업무의 준법성을 파악했다.

셋째, 본점은 힘 있는 미들오피스가 되었다. 지점의 입장에서 생각할 때 지점의 미들오피스는 프론트오피스의 기능을 인수했지만 목표는 현지에서 대형 프로젝트 대출 및 신디케이트론 대출을 하는 것이고, 이것은 지점의 권한을 벗어난 업무였다. 때문에 최종 심사 때 여전히 본점의 미들오피스 기능을 강화할 필요가 있었다. 공상은행은 지난 20여 년 동안 발전하며 강력한 리스크 관리 팀을 만들었고, 일회성 업무 심사에 대한 규범화된 프로세스로 안정적인 리스크 관리 기반을 구축했다. 따라서 본점의 리스크 분석과 통제력의 도움을 빌리면 본점과 동일한 리스크 관리 체계 안에서 대출 업무의 리스크를 효과적으로 관리할 수 있다. 시드니 지점은 리스크 관리부와 본점의 미들오피스 협력을 통해서 본점에 새로운 시장을 추천해 본점의 인정과 지원을 얻고 원활한 소통 플랫폼을 만들었다.

혁신적인 조직을 구성한 뒤에 시드니 지점이 한 일은 현지 업무 확장의 돌파구를 찾는 것이었다. 시점은 현지 시장에 대한 전면적인 조사와 분석을 통해서 선진적이고, 리스크가 통제되고, 수익성이 높은 오스트레일리아의 PPP 프로젝트 대출 시장에 눈길을 돌렸다. 몇 개월 동안 본점과 협력하며 적극적으로 마케팅을 한 끝에 2009년 초에 그 당시 오스트레일리아에서 가장 큰 PPP 프로젝트인 빅토리아 주 해수담수화 공장 건설에 참여해 중국계 은행으로는 유일하게 12개국의 지명도 있는 프로젝트 참여 은행이 되었다. 이 프로젝트는 2009년에 아시아태평양지역 최고의 프로젝트 파이낸싱으로 평가 받았다.

시드니 지점은 왜 현지에서 자산 확장 목표의 첫걸음으로 PPP 시장을 선택했을까? 오스트레일리아 PPP 시장의 특징과 장점에 대해서 간략하게 알아보자.

2. 첫 번째 도전 – PPP 시장

PPP 대출이란?

PPP(Public-Private Partnerships)는 민관 합작 경영, 즉 공공 부문과 민간 부문의 협력 관계를 가리킨다. PPP는 전통적으로 공공 부문이 책임지는 프로젝트의 상품 또는 서비스와 민간의 자금, 기술, 경험을 융합시킨다. 이러한 운영 모델의 기원은 일찍이 1880년대의 미국으로 거슬러 올라간다. 당시에 미국 정부와 민간 조직은 서로의 자원을 재배치하고 자원 사용의 효율을 높여 서로의 목적과 이익을 함께 나누었다. 이후 선진국과 개발도상국이 PPP 모델을 교통, 전력, 수도, 폐기물 처리, 통신 네트워크, 학교, 병원 등의 영역으로까지 광범위하게 도입함으로써 PPP 모델은 전 세계에서 가장 선호하는 공공 프로젝트 관리 모델 중의 하나가 되었다.

PPP 모델은 고품질, 핵심적 위치에 있는 기본적인 프로젝트에 적용된다. 민간 투자자에게 프로젝트 지출 구조는 크게 세 부분으로 나뉜다. 첫 번째는 자본 투입과 운영비용이다. 프로젝트 초반에 민간 투자자들은 정부로부터 프로젝트의 건설권과 운영권을 얻기 위해서 자본을 투입한다. 두 번째는 건설비용이다. 프로젝트 건설비용을 지불해 프로젝트를 일정대로 완성시킨다. 세 번째는 재무비용이다. 프로젝트를 운영한 뒤에 현금 흐름이 생기면 선순위채와 후순위채를 포함한 초기의 채무에 대해서 원금과 이자를 갚는다.

프로젝트 수입은 크게 두 부분에서 생긴다. 첫 번째는 프로젝트의 서비스 제공자에게 지불되는 비용인데, 학교를 예로 들면 학비 및 기타 관련 수입이다. 두 번째는 정부나 제3자가 주는 고정적인 보조금이다.

일반적으로 PPP의 대출 구조 설계는 오른쪽의 [그림 7-1]과 같다.

일반적인 프로젝트 대출처럼 PPP 프로젝트도 특수 목적 회사SPV를 설립하고, 프로젝트 사업자Procurer는 명의를 통해서 프로젝트 자산에 대한 모든 권한과 운영권을 소유한다. SPV는 건설 하도급업자Construction Contractors, 프로젝트 운영자Operators, 채권자Debt Financier, 자본 투자자

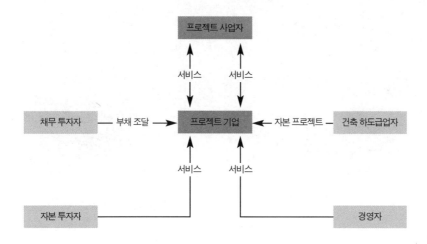

[그림 7-1] PPP 대출 구조 설계도

프로젝트 사업자

서비스   서비스

채무 투자자 — 부채 조달 → 프로젝트 기업 ← 자본 프로젝트 — 건축 하도급업자

서비스   서비스

자본 투자자   경영자

Equity Investors 등과 관계가 있다. 주목할 점은 프로젝트 사업자는 비록 투자자이지만 프로젝트 자본에서 차지하는 비중이 반드시 높지는 않다. PPP의 주요 투자자는 기금, 보험, 투자 은행, 외국 정부 소유의 투자 회사, 정책성 은행 등이다. 채권자를 순위로 나누면 상업 은행으로 대표되는 고급 채권자 외에 기금, 투자 기업, 외국 정부가 지배 주주인 정책성 은행 등의 후순위 채권자도 있다.

전통적인 의미의 정부 투자 프로젝트에 비해 PPP 모델은 몇 가지 눈에 띄는 장점이 있다.

첫째, 뒤의 [그림 7-2]에서 PPP 모델은 프로젝트 완공 전에 정부가 어떤 돈도 지불할 필요가 없어 자금 부담을 줄일 수 있고, 공사 기간에 리스크를 피할 수 있다. 프로젝트를 완공한 뒤에 프로젝트 사업자는 이 영역의 전문 기업이 되어 프로젝트의 운영 효율을 높이고, 불필요한 비용이나 불분명한 직책으로 인해 생기는 갈등을 없앤다.

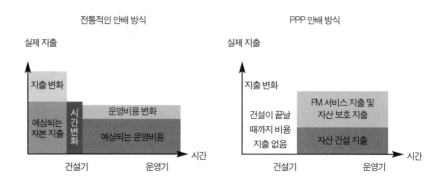

[그림 7-2] PPP 방식

전통적인 안배 방식

실제 지출

지출 변화

예상되는 자본 지출

시간 변화

운영비용 변화

예상되는 운영비용

시간

건설기　　　운영기

PPP 안배 방식

실제 지출

지출 변화

건설이 끝날 때까지 비용 지출 없음

FM 서비스 지출 및 자산 보호 지출

자산 건설 지출

시간

건설기　　　운영기

　　둘째, 경쟁 입찰이 공개적이고 투명하며, 민관의 협력 관계가 좋다. PPP 프로젝트는 공개 경쟁 입찰 방식을 쓰고, 잠재적인 프로젝트 사업자들로 컨소시엄을 구성하며, 프로젝트 건설 운영 방안, 자금 조달자, 참여 의향이 있는 은행 및 하도급업자 등의 정보를 정부에 제출해 여러 번의 심사를 거쳐 2~3곳의 컨소시엄이 최종 경쟁 입찰에 참여한다. 선정할 때 정부는 주로 업무 경험, 건설 자본, 조달된 자금에 대한 신뢰성, 프로젝트 수익 등을 판단하고, 모든 과정은 투명하고 공개적이며, 경험이 풍부하고 효율적인 컨소시엄이 건설과 운영을 진행해 프로젝트에 든든한 힘이 된다.

　　셋째, 리스크가 낮고, 은행의 통제와 관리에 도움이 된다. PPP 프로젝트 시장에서 은행은 매우 중요한 역할을 맡는다. PPP 프로젝트의 레버리지율은 80~85% 수준, 많게는 90%에 달하고, 자금은 주로 은행 대출을 통해서 조달한다. 은행은 PPP 프로젝트에서 투자를 많이 한 관계로 발언권이 가장 세다. 대출은 5~10개 은행이 공동으로 조직한 은행단이 제공하는데, 은행은 프로젝트 재무 통제 지표를 설정하고, 수취 계좌에 대한 통제와 저당권을 갖는다. 이밖에 PPP 프로젝트는 학교나 병원처럼 정부에 필요한 중요 기반시설이므로 완공 후 시장 수요 측면에서 정부가 이 서비스의 정상적인 운영을 보장한다.

넷째, PPP 협력 모델은 다양하다. '설계 - 건설(DB)'은 사기업이 정부 부처의 성능 요구에 따라서 기초 설비를 설계하고 건설하는 것이다. 주로 고정 가격 방식을 쓰고, 비용이 초과 지출되는 리스크는 사기업이 책임진다.

'경영 - 보호(O&M)'는 협력 계약에 따라서 사기업이 일정한 시간 동안 공공 기관의 자산을 경영한다. 이때 자산의 모든 권한은 공공 기관에게 있다.

'설계 - 건설 - 대출 - 경영(DBFO)'은 사기업이 장기간 계약 조건의 설계를 빌리고 대출을 받아 새로운 기초 설비를 건설한다. 설비는 대여 기간 안에는 사기업이 경영할 수 있지만, 대여 기간이 끝나면 정부 부처에 돌아간다.

'건설 - 소유 - 경영(BOO)'은 정부 협의와 현행 법규의 제한으로 사회 공익 설비를 개인 대출로 건설하고 영구적인 소유권을 갖고 경영한다.

'건설 - 소유 - 경영 - 이전(BOOT)'은 특허 경영권에 따라서 사기업이 보장된 기간 동안 대출, 설계, 건설 단계를 거치고 어떤 시설(사용료를 받음)을 경영하다가 독점 사용 기간이 끝나면 모든 권한을 정부 부처에 이전한다.

'구매 - 건설 -경영(BBO)'은 고정 자산의 업그레이드 및 독점 사용 기간에 경영하는 계약 조건에서 정부의 고정 자산을 사기업이나 정부 기관에 이전하고, 이전할 때까지 계약을 통해서 정부가 고정 자산을 통제한다.

[표 7-1] PPP 모델 리스크 전이 상황

리스크	전통 P	전통 D	D&C P	D&C D	DBM P	DBM D	DMC P	DMC D	DBFMC P	DBFMC D	BOOT P	BOOT D	BOO P	BOO D
설계	∨		∨		∨		∨		∨		∨			∨
건설		∨	∨		∨		∨		∨		∨			∨
보호	∨			∨			∨		∨		∨			∨
운영	∨			∨	∨			∨	∨		∨			∨
대출	∨			∨	∨		∨		∨		∨			∨
소유권	∨			∨	∨		∨				∨	∨	∨	∨
사용	∨			∨			∨		∨					∨

* P는 프로젝트 사업자, D는 위탁업자를 나타낸다.

모든 유형의 PPP에서 프로젝트 사업자나 하도급업자는 하나 또는 여러 개의 리스크를 관리한다. 각종 PPP 모델에서 리스크가 전이되는 상황은 [표 7-1]과 같다.

오스트레일리아의 PPP 대출 시장

오스트레일리아 PPP 시장은 정부의 AAA 신용 등급, 건전한 법률 환경, 완벽한 입찰 제도 등의 우위로 이미 영국 다음으로 발달했고, 오스트레일리아 연방 정부와 주 정부 모두 이 시장에서 20년 이상의 운영 경험이 있다. 오스트레일리아 정부는 PPP 모델을 통해서 철도, 도로, 병원, 교도소 등의 기초 설비와 공익 설비를 성공적으로 건설하고, 풍부한 경험을 쌓았다.

오스트레일리아는 두 종류의 정부, 즉 연방 정부(중앙 정부)와 주 정부

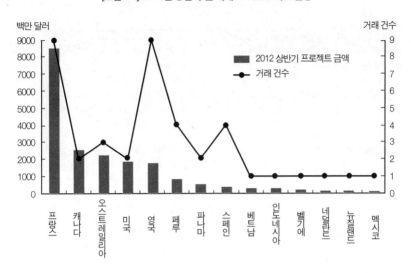

[그림 7-3] 2012년 상반기 전 세계 PPP 프로젝트 현황

백만 달러 / 거래 건수

9000 / 9
8000 / 8
7000 / 7
6000 / 6
5000 / 5
4000 / 4
3000 / 3
2000 / 2
1000 / 1
0 / 0

2012 상반기 프로젝트 금액
거래 건수

프랑스 캐나다 오스트레일리아 미국 영국 페루 파나마 스페인 베트남 인도네시아 벨기에 네덜란드 뉴질랜드 멕시코

* 자료: 「인프라 스트럭처 저널」

(지방 정부)가 있고, 뉴사우스웨일스 주NSW, 퀸즐랜드 주QLD, 사우스오스트
레일리아 주SA, 빅토리아 주VIC, 웨스턴오스트레일리아 주WA의 6개 주가
있다. 퀸즐랜드 주와 뉴사우스웨일스 주의 S&P 신용 등급이 AA+인 것을
제외하고, 오스트레일리아 및 기타 주 정부의 신용 등급은 모두 AAA이다.

PPP 모델은 연방 정부와 주 정부가 핵심적인 기초 설비 프로젝트를
진행할 때 광범위하게 쓰이는데, 이 중에서 경험이 가장 풍부하고 관리
를 효율적으로 하는 곳은 멜버른이 있는 빅토리아 주 정부다.

오스트레일리아 PPP 시장은 매우 활기차다. 「인프라 스트럭처 저
널」 자료에 따르면 2012년 상반기 아시아태평양 지역 PPP 프로젝트의
총투자액인 30억 달러에서 오스트레일리아 시장이 차지한 투자액은 20
억 달러([그림 7-3] 참고)를 넘었다. 전 세계에서 프랑스 다음으로 캐나다와

[표 7-2] 2012년 오스트레일리아 현지 주요 PPP 프로젝트 현황

프로젝트 명칭	프로젝트 진도
뉴사우스웨일스 주 Airds Bradbury 재생 프로젝트	의향서 발표 시점 : 2012년 3월
뉴사우스웨일스 주 서북 철도 프로젝트	의향서 발표 시점 : 2012년 12월 수요 건의서 제출 마감일 : 2013년 2분기 최종 계약일 : 2014년 3분기
뉴사우스웨일스 주 시드니 엔터테인먼트 센터 프로젝트	수요 건의서 제출 마감일 : 2012년 8월 낙찰 발표일 : 2012년 12월
퀸즐랜드 선샤인코스트 대학 병원 프로젝트	의향서 모집 발표 시점 : 2011년 4월 재무 마감일 : 2013년 초
빅토리아 주 뉴 벤디고 프로젝트	의향서 모집 발표 시점 : 2012년 5월 계약 마감일 : 2013년 1분기
빅토리아 주 레이븐 교도소 프로젝트	의향서 모집 발표 시점 : 2013년
웨스턴오스트레일리아 주 우이페수트 체육관 프로젝트	의향서 모집 발표 시점 : 2012년 12월

함께 두 번째로 많은 수준이다.

[표 7-2]에서 2012년 오스트레일리아 시장의 PPP 프로젝트는 주로 교통, 병원, 회의 센터 등의 영역에서 진행되었다.

앞에서 설명한 것처럼 PPP 프로젝트 참여자는 주로 은행, 건설 시행사 등이다. 오스트레일리아 시장에서 PPP 프로젝트에 주도적으로 참여하는 기업들은 오른쪽의 [표 7-3]과 같다.

[표 7-3] 2012년 오스트레일리아 PPP 시장 주요 참여 기업 리스트

계약 종류	기업 명칭
ALL	Macquarie Capital
	ABN Amro
	Babcock and Brown
	Westpac
	CBA
	Plenary
D&C	Leighton Contractors
	John Holland
	Thiess
	Hansen Yuncken
	Abigroup
	Multiples
	Baulderstone
	Watpac
	Bovis Lend Lease
O&M	Spottless Group
	United Group
	ISS
	Transfield

3. 현지 자산 시장의 문을 열다

왜 PPP 프로젝트 대출에 참여했는가?

평온한 것처럼 보이는 시장에도 실은 많은 리스크와 함정들이 존재

한다. 이때 조심성이 부족해 첫걸음을 잘못 내디디면 함정에 빠져 아름다운 비전이 있는 길이 아니라 어려움이 도사리는 길을 걷게 된다. 새로 설립한 해외 지점은 한 번의 부실 대출로도 향후 몇 년 동안의 이익이 사라질 수도 있고, 악성 부채로 현지 감독 당국의 조사를 받을 수도 있으며, 통제 불능의 업무 때문에 모든 상품의 취급 권한에 영향이 생길 수도 있다.

따라서 현지 시장에 진입할 때 가장 중요한 점은 '리스크 통제'다. 시드니 지점은 분석과 평가를 통해서 보이지도 않고 만져지지도 않는 리스크를 충분히 인지할 수 있는 유형의 시스템으로 만들었고, 공상은행 그룹과 동일한 수준에서 리스크 통제가 가능한지 판단하고 과감하게 지점의 방침을 결정했다.

안정성 외에 자산의 수익성도 매우 중요하다. 시드니 지점 직원들은 "리스크를 효과적으로 통제할 때 최대의 수익을 얻을 수 있다."라고 자주 말하는데, 비록 리스크와 수익은 서로 모순되는 개념이지만 균형이 잡히면 제한된 자원을 합리적으로 이용할 수 있다.

2009년은 금융계에 매우 거센 폭풍이 불었던 해다. 전 세계 금융 시스템 곳곳에서 리스크가 출현했고, 유동성 리스크는 전통적인 신용 리스크 수준을 뛰어넘어 모든 시장 참여자들이 주목하는 문제가 되었다. 적어도 2009년은 '현금이 왕이다!'라는 말이 진리였다. 시드니 지점은 지속적인 수익을 얻을 수 있는 업무를 찾다가 오스트레일리아에서 현지 4대 은행과 굴지의 글로벌 대형 은행이 독점하는 PPP 대출 시장에서 기회를 찾았다. 시장에 대한 적극적인 연구와 이해를 통해서 시드니 지점은 외국계 은행이 현지 시장에 진입하기에 가장 좋은 경로가 PPP 대출 시장이라는 점을 발견한 것이다.

먼저 PPP 대출 시장은 리스크가 통제되는 안전한 곳이다. 일반적인 프로젝트 대출과 PPP 프로젝트의 가장 큰 차이점은 PPP 프로젝트는 수요 리스크Demand Risk가 정부나 정부 기관에 의해서 통제되고, 정부의 재정 능력, 현지의 법률 환경, 프로젝트의 운영 시스템이 중요한 고려 요소다. PPP 프로젝트에 대한 분석 및 오스트레일리아 시장에 대한 시나리오 분석을 통해서 시드니 지점은 오스트레일리아의 국가 신용 등급이 AAA이고, 각 주의 신용 등급도 AA+ 이상이라서 국가 리스크가 상대적으로 낮고, 정부의 채무 구조도 합리적이어서 채무 이행 능력도 우수하다는 점을 발견했다.

또한 법률 환경도 건전할 뿐만 아니라 PPP 경쟁 입찰 제도도 완벽하며, 이미 여러 해 동안 발전을 거듭해 PPP 시장이 규범화되었고 성숙하다. 2008년 11월 28일, 오스트레일리아 연방 정부는 '국가 민관 합작 경영 정책과 지침National Public Private Partnership Policy and Guidelines'을 발표해 세계 최초로 PPP 법규를 가진 국가가 되었다. 따라서 주 정부는 PPP 모델을 운영할 때 반드시 이 지침을 따라야 한다.

PPP 프로젝트의 장점은 무엇인가?

PPP 프로젝트는 프로젝트 대출의 일종이다. 프로젝트 평가, 구조 설계, 대출 조항, 운영 관리 등의 부문에서 프로젝트 대출과 공통점이 많고, 리스크 통제 부문에서 다음과 같은 몇 가지 장점이 있다.

첫째, PPP 방식을 통해서 진행되는 프로젝트는 철도, 교량, 병원, 학교 등 연방 정부 또는 주 정부의 핵심 기초 설비 건설 프로젝트다. 따라서 건설 사업자, 투자자, 운영자 등을 선택할 때 경쟁 입찰 방식을 채택하고, 입찰자들의 신용도, 능력, 경험 등에 대해서 종합적으로 평가한다. 대체로 이런 프로젝트를 진행하는 기업은 능력이 뛰어나다. 한창 건설 중일 때는 건설 사업자의 모기업이 연대 책임 보증을 서고, 신용 등급이 A 또는 그 이상인 은행이 이행 보증서를 작성하며, 건설 사업자가 일정한 비율에 따라서 계약 금액을 분담해 프로젝트의 리스크를 효율적으로 낮춘다.

둘째, 프로젝트 대출 구조에 따라서 엄격하게 설계되고, D&C(Design and Construction), O&M(Operating and Maintenance) 등의 핵심 계약에 따라서 법률상 채권을 서면으로 명확히 한다. 은행은 부채 상환 비율DSCR, 기어링 레이쇼(Gearing Ratio : 은행의 총자본에 대한 자기자본의 비율) 같은 일반적인 프로젝트 대출 재무 통제 지표의 제한을 받는 것 외에 공사 연장이나 초과 지출로 프로젝트를 사전에 중단시킬 수 있는 대출권, 보험 회사·보증서·프로젝트 건설 사업자 등을 통해 손실을 보상할 수 있는 권리, 프로젝트 자산 등을 처리할 수 있는 권리가 있다.

셋째, 프로젝트 공사가 끝나고 완공 검사까지 마친 뒤에는 전문 기업이 프로젝트를 맡아 관리하고, 프로젝트의 수입원은 정부가 갖는다. 이때 수입원과 시장의 수요는 직접적인 관계가 없다. 일반적으로 이런 종류의 프로젝트는 서비스를 제공하는 프로젝트와 공익을 위한 프로젝트로 나뉜다. 철도, 병원처럼 서비스를 제공하는 프로젝트는 정부가 고정 비용을 지불하는 것 외에 운영을 통해서 기타 수익을 얻을 수 있다. 이때 은행에 대한 원금과 이자 상환은 정부가 지불하는 '고정 비용 부분Security Payment'으로 이루어진다. 교도소, 군사 시설 같은 또 다른 종류의 프로젝트는 정부가 모든 비용을 지원하고, 기타 수입원이 없다. 하지만 어느 종류의 프로젝트든 은행은 안전하게 원금과 이자를 받을 수 있다.

넷째, PPP 대출 시장에 진입하는 것은 시장에서 지명도를 높이는 지름길이다. 일반적인 프로젝트에 비해 PPP 프로젝트는 대출 금액이 크고, 시장의 영향력이 강하며, 현지의 주류 은행이 주도하는 특징이 있어 새로운 시장 진입자에게 가장 좋은 홍보 플랫폼이 된다. 금융 시장에 폭풍우가 몰아치기 전에 PPP 프로젝트는 중국계 은행에게 문을 자주 열어 주지 않아 중국계 은행이 1급 시장(주식 시장)에 직접 참여하는 것이 거의 불가능했다. 하지만 2008년에 위기가 줄줄이 폭발한 뒤에 전 세계 금융 시장에 유동성 리스크가 불거지고 자금 비용이 빠르게 올라가자 PPP 프로젝트는 대출 금액이 크고 기한이 긴 특징 때문에 전례 없는 타격을 받았다.

시드니 지점은 설립 후 성대한 개업식을 치렀고, 나날이 전 세계 금융 시장에서 위상을 높이는 공상은행 브랜드의 영향력에 힘입어 'PPP 프로젝트'라는 낯선 시장에 진입했다. 현지 유명 투자 은행인 맥쿼리 은행은 시드니 지점을 직접 방문해 해수담수화 공장, 고속도로, 병원, 항만, 교량, 철도 등의 각종 대형 인프라 건설 프로젝트를 추천했다.

이후 시드니 지점은 밤낮으로 신디케이트론 추천회, 프로젝트 실지 조사, 신디케이트론 조항 토론회, 법률 조항 토론회 등을 쫓아다니는가 하면 본점의 신디케이트론 전문 팀과 직접적으로 소통하며 프로젝트의 경쟁 입찰, 계약 수정, 자금 결제 등의 모든 단계에 대해서 함께 의논했다. 이 시기에 맥쿼리 은행, 스코틀랜드 왕립은행 등 현지 시장에서 높은 점유율을 가진 투자 은행들은 여러 상업 은행에 프로젝트를 추천하고 신디케이트론 참여 은행을 조직했다. 그리고 신디케이트론에 참여한 시드니 지점은 현지 주류 4대 은행인 ANZ 은행, NAB, 연방은행, 웨스트팩 은행 및 HSBC, 시티은행, BNP 파리바, 미쓰이스미토모은행, 도쿄미쓰비시은행 등 이 분야에서 활약하는 글로벌 은행들과 어깨를 나란히 했다.

대출 조항을 토론할 때는 Freehills, Allens, Clayton Utz, King &Wood Mallesons, MinterElison, Ashurst Australia, Corrs Chambers Westgarth, Norton Rose 등 오스트레일리아 10대 로펌의 도움을 받았고, 프로젝트 사업자는 Leighton, John Holland, Thiess, Abigroup 등 현지에서 지명도가 높은 건설 회사였다.

PPP 프로젝트는 시드니 지점이 지명도와 브랜드 효과를 높이고, 현지에 안정적으로 뿌리 내릴 수 있도록 '한 쪽 문'을 열어주었고, 현지에서 자산을 확충할 수 있는 좋은 플랫폼이 되었다. 이후 공상은행ICBC은 현지 시장에서 빠르게 인정을 받고 자신의 위치를 공고히 했다.

다섯째, PPP 대출 시장은 수익성이 매우 크다. 수익은 은행을 발전시키는 원천이다. 특히 해외 지점은 자금 조달 능력이 떨어지고, 비용이 많이 들기 때문에 제한된 자원으로 높은 수익을 얻는 전략을 세우는 것이 매우 중요하다. 앞에서 설명한 것처럼 PPP 프로젝트는 대출 금액이 크고 기한이 긴 특징이 있어서 금리와 요금률에 따른 이익이 어마어마하다. PPP 프로젝트는 정부로부터 막강한 지원을 받아 일반 프로젝트의 스프레드에 못 미치지만, 정부가 수요 리스크를 책임지고 계약 위반 리스크가 매우 낮아 리스크에 비해 돌아오는 이익이 매우 크다.

특히 2008~2010년에 미국의 서브 프라임 모기지 위기가 금융계에 폭풍을 일으켰을 때, 오스트레일리아 금융 시장은 미국과 영국처럼 심각한 수준은 아니지만 그래도 상당 부분 영향을 받았다. 현지 은행들은 속속 통화를 축소하고, 일부 외국계 은행들도 시장에서 자금을 거두어들이거나 아예 오스트레일리아에서 철수해 현지 시장에 유동성이 부족했다.

장기 대형 프로젝트의 경우 자금 조달 경로가 좁고 비용도 많이 드는데, PPP 프로젝트도 예외는 아니다. 시장에 유동성 리스크가 불거진 상황에서 채무 규모가 큰 프로젝트를 진행하면 부담이 커져 신용 리스크는 두 번째 순위로 물러나고 유동성 리스크가 급부상한다. 이런 상황에서 PPP 프로젝트 대출을 주도하면 역사적인 기록이 될 정도로 스프레드가 커진다. 당시에 7년 기한의 PPP 프로젝트 스프레드는 350~400bps이고, 연평균 대출 비용은 25~30bps 사이라서 수익성이 가장 높은 투자 경로 중의 하나였다.

[사례] 오스트레일리아 최대 PPP 프로젝트 대출에 참여하다

어느 월요일 아침. 여느 때처럼 부지점장인 제라드는 일찍부터 사무실에 출근해 컴퓨터를 켜고 금융 시장의 최신 뉴스를 읽었다. 이때 갑자기 책상 위에서 전화벨이 울렸다. 전화한 사람은 맥쿼리 은행의 인프라 집행이사인 시에브였다. 그는 빅토리아 주 정부가 멜버른 해수담수화 공장 건설 프로젝트를 추진 중인데, 오스트레일리아에서 최대 규모의 해수담수화 공장을 지을 것이라서 자금 조달 규모도 거대하다고 말했다.

통화를 마친 제라드는 지점장실에 가서 모든 상황을 보고했다. 해외에서 다년간 실전 경험을 쌓아 안목이 예리한 지점장은 리스크부의 책임자인 수잔과 고급 애널리스트인 켈리를 불러 신속하게 내부 회의를 열었다. 1시간 반 남짓 회의를 진행한 끝에 본점의 지원을 적극 받아 PPP 프로젝트 대출에 전력을 다하기로 결정했다.

이후 9개월 동안 시드니 지점은 본점 영업부와 하나가 되어 마케팅을 하고, 프로젝트의 전체 상황, 리스크, 운영성에 대해서 전면 분석했다. 또한 신디케이트 론 참여 은행들 중에서 공동 선도 역할을 맡아 오스트레일리아 해수담수화 공장 건설 프로젝트 대출에 성공적으로 참여했다. 이 프로젝트 대출의 규모가 매우 큰 점을 고려해 지점과 본점은 리스크 대출 참여 형식으로 3천만 호주 달러를 분담했다.

이 프로젝트 대출은 「아시아 금융(Finance Asia)」에서 '올해 최고의 프로젝트 대출', 「국제 프로젝트 대출(Project Finance International)」에서 '아시아태평양 지역 올해 최고의 PPP 대출', 「국제 대출 평론(International Financing Review)」에서 '오스트레일리아 뉴질랜드 지역 최고의 대출'이라는 호평을 받았다. 공상은행은 이 프로젝트의 선도 은행 중에서 유일한 중국계 은행이었고, 시드니 지점은 이 프로젝트 대출의 성공으로 현지 PPP 시장에 성공적으로 진입했다.

1. 프로젝트의 배경

빅토리아 주 정부의 해수담수화 프로젝트는 오스트레일리아 최대 해수담수화 프로젝트이자, 그해 오스트레일리아 최대의 민관 합작 경영(PPP) 프로젝트였다. 수자원 고갈 및 수요량 증가의 영향을 받아 2006년에 빅토리아 주 정부는 '중앙 지구 물 공급 전략'을 발표하고, 인구 상승으로 물 수요량은 증가하는데 비해 기후 변화로 물 공급량이 부족해진 문제를 해결하기 위해서 해수담수화 공장을 지어 향후 멜버른 물 수요량의 30%를 생활용수로 제공하겠다고 밝혔다.

2008년 6월에 빅토리아 주 정부는 해수담수화 프로젝트 경쟁 입찰 작업을 가동해 투자액으로 41억 호주 달러를 모았는데, 이 중에서 32억 호주 달러가 은행 대출이었다. 프로젝트는 경쟁 입찰 방식으로 진행되었고, 최종적으로 아쿠아슈어와 배스워터가 낙찰되었다. 그 당시 금융 시장은 심각한 유동성 리스크의 영향을 받았고, 투자액이 어마어마해서 이 프로젝트가 순조롭게 자금을 조달할 수 있느냐는 각계의 관심거리가 되었다.

공상은행은 2009년 초에 프로젝트 재무 및 금융 고문인 맥쿼리 은행의 초청을 받아 아쿠아슈어의 경쟁 입찰에 참여했다.

프로젝트 내용은 빅토리아 주 온타기 부근의 264헥타르 부지에 오스트레일리아 최대 규모의 해수담수화 공장을 건설하는 것이다. 구체적으로 설명하면 수도관과 전기 공급 시스템을 설치해서 연간 1,500억 리터, 많게는 2,000억 리터까지 물을 생산하고, 독점적으로 경영할 수 있는 기간 동안 프로젝트 설비를 운영하고 보수해야 한다. 공장이 완공되면 프로젝트 기업은 빅토리아 주 정부와 체결한 27년 기한의 담수 공급 계약에 따라서 멜버른과 빅토리아 주의 기타 지역에서 생활용수 부족 문제를 해결하고, 독점적으로 경영할 수 있는 기한이 지나면 해수담수화 설비는 주 정부에 반환되어 주 정부가 경영 방식을 결정한다.

이 프로젝트는 S&P와 무디스에서 가장 높은 신용등급(AAA/Aaa)을 받은 빅토리아 주 정부가 입찰자를 모집해 실력이 뛰어난 프랑스의 수에즈환경 그룹 및 자회사인 데그몽트 사, 오스트레일리아 레이톤 홀딩스의 자회사인 티에스, 맥쿼리 은행이 구성한 아쿠아슈어와 베올리아 워터, 오스트레일리아 기업인 존 홀랜드, 네덜란드 은행인 ABN 암로가 구성한 배스워터가 최종 경쟁에 올랐다. 그리고 2009년 7월에 공상은행이 속한 아쿠아슈어가 이 프로젝트의 독점 경영권을 얻었다.

아쿠아슈어의 프로젝트 참여 은행에는 오스트레일리아 국민은행, 웨스트팩 은행, 맥쿼리 은행, 산탄데르 은행, 빌바오비스카야 아르헨타리아 은행, 덱시아 은행, HSBC, 공상은행, 인테사상파올로, 미즈노실업은행, 미쓰이스미토모은행, 도쿄미쓰비시은행 등 12개 글로벌 은행이 속했고, 이후에 참여 은행이 30개까지 늘어났다. 이 중에서 공상은행은 전체 투자액에서 1억 호주 달러를 분담했다. 신디케이트론 대출은 컨소시엄이 프로젝트의 설계, 건설, 고용, 대출, 운영, 유지, 지불을 할 수 있도록 돕는 동시에 시설의 가용성을 확보했고, 프로젝트의 모든 비용, 자산 보호 비용, 채무의 원금과 이자 상환, 자본 투자 수익 등을 보장했다. 이 프로젝트 대출에 참여한 은행들은 2009년 초부터 대출이 끝날 때까지 9개월 동안 현지 시장에서 막강한 영향력을 행사했다.

2. 컨소시엄 상황

이 프로젝트 파이낸싱 구조는 투자자가 출자해서 세운 프로젝트 홀딩스 (Project Holding Co,)와 프로젝트 홀딩스가 지정한 신탁인이 세운 파이낸스 홀딩스(Finance Holding Co,)로 구성되었다. 경쟁 입찰한 컨소시엄 중 한 곳인 아쿠아슈어는 프랑스의 수에즈환경 및 이곳의 자회사인 데그몽트 사, 오스트레일리아의 레이톤 홀딩스의 자회사인 티에스, 재무와 대출 부문 고문인 맥쿼리 은행으로 구성되었다. 이 중에서 프로젝트 투자자인 수에즈환경과 오스트레일리아의 티에스 및 기타 투자 기금 등은 전체 투자액의 14.25%인 5억8,600만 호주 달러의 투자액을 모았다.

수에즈환경은 프랑스에서 환경 서비스를 제공하는 대형 전문 기업이고, 수자원 개발, 폐기물 처리 및 회수와 이용 등의 영역에서 수년간 국제적인 경험을 쌓았다. 총 62,000명의 직원들이 근무 중이고, 환경 서비스 분야를 개척한 것으로 유명하며, 전 세계에서 해수담수화 관련 경험이 가장 풍부하다. 2007년에 수에즈환경의 매출 수익은 120억 달러에 달했다.

데그몽트 사는 1939년에 설립되었고, 수에즈환경이 완전 출자한 회사이자 그룹에서 해수담수화 프로젝트를 책임지는 주요 자회사다. 해수담수화 공장 운영 부문에 경험이 풍부하고, 역삼투 기술 해수담수화 시장에서 점유율이 가장 높으며, 하루에 1억 리터의 담수를 생산한다. 설립 후 60여 년 동안 전 세계 70여 개 국가에서 250개 이상의 해수담수화 공장을 세웠고, 1973년에 세계 최초로 역삼투압 방식의 해수담수화 공장을 건설했다. 현재 직원은 3,700명이고, 2007년에 9억5,400만 달러의 매출 수익을 얻었다. 데그몽트 사는 오스트레일리아에서 해수담수화 공장을 건설한 경험이 있는 유일한 국제 기업인데, 2006년에 세워진 퍼스의 해수담수화 공장은 데그몽트 사 오스트레일리아 법인이 설계와 시공을 책임졌다.

데그몽트 법인은 데크몽트 사가 오스트레일리아에 설립한 완전 출자 자회사이고, 오스트레일리아의 모든 해수담수화 프로젝트의 건설과 운영을 책임진다. 그래서 이번 프로젝트에도 데그몽트 법인이 참여했다. 데그몽트 법인은 오스트레일리아와 뉴질랜드의 여러 PPP 프로젝트에 참여했는데, 2006년에 퍼스 해수담수화 프로젝트에 참여해 2007년에 전 세계 수자원 지혜상을 받았다. 또 뉴사우스웨일스 주의 주요 수자원 PPP 프로젝트인 시드니 수처리 공장의 설계와 건설을 맡아 1996년부터 시드니 생활용수의 76%를 공급하고 있다.

티에스는 레이톤 홀딩스의 완전 출자 자회사다. 레이톤 홀딩스는 오스트레일리아에서 가장 큰 글로벌 건축 그룹 중의 하나이고, 신용등급은 무디스와 S&P 각각 Baa1과 BBB이다. 오스트레일리아 증시에 상장되었고, 시가총액은 약 75억 호주 달러다.

티에스는 1933년에 세워진 국제적인 건축 회사로서 종합 공사, 터널 공사, 갱도, 기타 기초 설비 프로젝트를 시공한 경험이 있고, 주로 오스트레일리아, 동남아, 태평양 지역에서 활동한다. 티에스는 멜버른의 철도 건설과 브리스번의 공항 철도 등 오스트레일리아에서 대형 공사를 많이 했고, 현재 오스트레일리아에서 가장 성공한 D&C(Design and Construction) 건축 사업자 중의 한 곳이다.

티에스 서비스는 오스트레일리아에서 20년 넘게 운영 중인 티에스의 완전 출자 자회사다. 오스트레일리아에서 가장 혁신적인 이념을 가진 서비스 업체이고, 특히 환경 분야의 프로젝트에 강하며, 수자원, 폐수 처리, 유리, 전기 에너지 등 운영 범위도 광범위하다. 티에스 서비스는 직원들의 전문성이 뛰어나고 경험이 풍부하여 기초 설비 건설 분야에서 뛰어난 실적을 거두었다.

3. 프로젝트 개황

이번 프로젝트의 계획은 성숙한 역삼투 기술로 오스트레일리아에서 가장 큰 해수담수화 공장을 지어 빅토리아 주의 생활용수 부족 문제를 해결하는 것이다. 이 과정에는 프로젝트의 전체적인 설계, 건설, 대출, 운영, 보수 등의 내용이 포함된다. 공사가 끝나면 프로젝트를 주도한 기업은 주 정부와 물 공급량, 공급 기한, 특수 보상 등의 주요 요소를 고려한 장기 담수 공급 계약을 맺고 안정적으로 이익을 얻는다.

프로젝트 내용은 연간 용량이 150GL, 많게는 200GL까지 되는 해수담수화 공장을 짓는 것이고, 건설 내용은 공장 및 기타 설비를 짓는 것이다. 즉 빅토리아 주의 온타기에 역삼투 방식의 해수담수화 처리 공장을 건설하고, 여기에 염분이 많은 해수를 여과하고 다시 바다로 내보내는 터널과 멜버른까지 이어지는 85킬로미터 길이의 수도관과 72킬로미터 길이의 전기 공급선을 연결하고, 프로젝트 운영 기간에 재생해서 쓸 수 있는 전기 에너지를 구입하는 것이다. 건설 기한은 2.75년이다. 프로젝트는 2012년 6월에 정식으로 준공했고, 수질 테스트에서 합격한 뒤에 담수를 생산해 정부의 물 공급 시스템에 공급했다. 계약된 담수 공급 기간은 27년이다.

프로젝트 기업은 건설기와 운영기에 따라서 각각 D&C(Design and Construction) 협의와 O&M(Operation and Maintenance) 협의를 맺는다. 이것은 대형 프로젝트를 건설할 때 반드시 맺어야 하는 기본적인 계약이다.

D&C 계약은 입구와 출구, 즉 해수가 들어가는 터널과 여과망, 여과 후 고염도의 해수를 내보내는 관을 건설하는 것이고, 운송과 관리를 위해서 양수장, 도관, 수질 샘플 추출장, 전압 조정 펌프를 건설한다. 해수 담수화 공장의 건설에는 역삼투 기술이 적용된 공장, 양수기, 예비 처리 시스템, 수원지 건설도 포함된다. 기타 설비로는 배수 장치, 토목 공사, 주변 도로, 간단한 설비가 있다.

O&M 계약은 날마다 수처리를 통제하는 것이다. 해수가 담수화처리 되었다가 단계마다 배출되는 작업에는 35명의 현장 전문 요원 배치, 핵심 시스템의 확보, 중요 조건 준비, 즉각적인 보수와 교환이 포함된다. 일상적인 유지와 관리 측면에선 여과기 및 기타 부품을 청소하고, 중요 부품을 새 것으로 바꾸고 보수하는 작업이 포함된다. 생산 중지와 관련해선 해수의 품질이 떨어지면 임시적 또는 장기적으로 물 생산 처리를 중단해야 한다.

주목할 점은 담수 공급과 생산 및 판매 모델 설계가 매우 독특한 것이다. 입찰 공고에 따르면 앞으로 설립되는 프로젝트 기업은 빅토리아 주 정부와 30년 기한의 물 공급 협약을 체결해야 한다(2009년 9월부터). 프로젝트 기업이 담수를 생산하면 주 정부가 책임지고 구매해야 하는데, 주 정부는 매월 물 값 및 관련 비용을 다음과 같이 지불한다.

1. 물 구매에 대한 보장 지불(WSP) : 매월 고정 자산의 유지, 채무와 투자 수익 등을 포함한 담수 공장의 경영 비용을 지불한다.
2. 담수 사용에 대한 지불(WUP) : 달마다 담수가 공급된 것에 대해 지불한다. 즉 실질적으로 공급된 물의 1GL당 가변 비용과 전기 구매 비용이 포함된 6개 단위의 고정 비용을 지불한다.
3. 생산 중지/생산 재개 지불(S/RP) : 만약에 공장이 생산을 중단하면 정부는 생산이 중단되었다가 재개될 때까지의 모든 비용을 지불한다.

구체적인 운영 모델을 살펴보면, 빅토리아 주 정부는 해마다 담수를 생산하기 3개월 전에 프로젝트 회사에 담수의 총 수요량을 통지하는데, 물이 풍부한 시기(8~11월)는 매월 전체 수요량의 12의 1을 넘지 않는 범위에서 물을 생산하도록 규정했다. 연간 물 공급량은 0GL, 50GL, 75GL, 100GL, 125GL, 150GL의 6개 단위로 나눴고, 해마다 마지막 3개월에는 이듬해의 계획을 통지했다. 프로젝트 회사는 정부의 계획에 따라서 물을 생산했고, 매월 주 정부에서 받은 비용으로 운영비, 채무, 투자 수익 등을 지불했다.

프로젝트 투자와 자금 조달원 부문에서 프로젝트에 총 투자된 금액은 41억 1,300만 호주 달러다. 이 중에서 고정 자산에 대한 투자는 전체의 77.93%를 차지하는 32억534만 호주 달러이고, 전기 평가와 재무비용은 전체의 18.64%를 차지하는 7억6,668만 호주 달러다. 프로젝트 자금원 중에서 자본금은 5억8,622만 호주 달러로 전체의 14.25%를 차지하고, 후순위채는 1억 호주 달러, SPI 전력망 구매 금액은 1억9,200만 호주 달러(전력망 공사가 끝나면 입금된다), 신디케이트론은 32억3,503만 호주 달러로 전체 자금원의 78.65%를 차지했다. 프로젝트 최저 부채 상환 보장 비율은 1.25이다.

신디케이트론의 주요 대출 조항은 다음과 같다.

대출인	프로젝트 대출 회사(Finance Co.)
대출 유형	클럽식 신디케이트론
대출 목적	빅토리아 주의 해수담수화 프로젝트 대출
대출 금액	32억3,500만 호주 달러
기한	7년
상환 분배	0 ~ 2.75년(프로젝트 건설기) : 이자비용의 자본화
	2.75 ~ 3.25년(건설기 후 6개월) : 기한대로 이자 상환
	3.25 ~ 5년 : 기한대로 원금과 이자 상환
	6년 : 원금과 이자 상환에 현금 흐름의 80% 사용
	7년 : 원금과 이자 상환에 현금 흐름의 100% 사용
사전 상환 사건	중지, 보험 손해배상 청구, 자산 매각, 현금 이체
금리	3개월 BBSY + 300bps(시장 중지 조항 포함)
약정 수수료	50%의 대출 금리 스프레드(150bps)
사전 구매비	200BP
보증	아쿠아슈어 프로젝트 그룹 산하의 모든 기업의 담보와 재대출 리스크는 주 정부가 보증한다.
담보	프로젝트 건설 공정
	프로젝트 그룹이 보유한 지분을 담보로 설정한다.
재무 통제 지표	채무 상환 보장 비율(위약 통제선) : 1.05
	채무 상환 보장 비율(제한된 분배 통제선) : 1.10
금리	100% 스와프를 통한 확정(프로젝트 회사와 대출 회사간)
세무	128F 조례를 따른다.
은행 법률 고문	Mallesons Stephen Jaques 로펌
사업자 법률 고문	Hyder Consulting Pty Ltd. 로펌
보험 고문	Marsh Pty Ltd.

4. 리스크 분석

프로젝트 대출에 대한 전면적인 분석을 끝낸 후 프로젝트 대출의 주요 리스크 포인트와 완화 요소가 매우 분명해졌다.

(1) 프로젝트 완공 리스크 : 이 프로젝트는 건설 중에는 빅토리아 주 정부의 담보

가 없어 프로젝트 완공 리스크가 존재한다. 하지만 완화할 수 있는 요소와 조치가 있다.

첫 번째, 프로젝트 업주는 이 영역에서 풍부한 경험과 계약 이행 능력이 있다. 특히 수에즈환경은 환경 보호와 개발을 함께 하는 전 세계 유일의 대형 그룹이다. 2006년에 퍼스에 건설된 해수담수화 공장 건설도 이 그룹의 오스트레일리아 법인이 주도했고, 주주로서 공사를 성공적으로 마쳤다.

두 번째, 이 프로젝트는 빅토리아 주의 경제와 주민을 위한 전략적 계획 중의 하나다. 프로젝트 부지 선정, 용지, 환경 평가 등에서 모두 빅토리아 주 정부의 긍정적인 지지를 얻었고, 30곳에 가까운 오스트레일리아 현지 은행과 외국계 은행들의 적극적인 참여를 이끌어냈다. 프로젝트의 건설은 매우 충실하게 진행되었고, 건설에 적용된 역삼투 기술은 이미 다년간의 경험이 있어 성숙했다.

세 번째, 이 프로젝트의 건설 사업자 외에 다른 참여 기업들도 모두 자신들의 영역에서 전문적인 기술이 있어 실전 경험이 풍부하고 계약 이행 능력도 뛰어나다.

네 번째, 프로젝트가 진행 중일 때의 완공 리스크는 주요 투자자의 모기업인 레이톤 홀딩스와 수에즈환경이 보증한다. 두 그룹은 다년간 이 분야에 종사한 경험과 실력이 있어 프로젝트 건설 리스크를 크게 낮췄다.

다섯 번째, 프로젝트가 진행되기 전에 미리 여러 항목의 보장 조치를 만들어 이 부분의 리스크를 완화한다.

(2) **프로젝트 운영 리스크** : 프로젝트의 유효 기간(건설기 포함)은 30년이고, 운영 기간이 길어서 운영 리스크가 존재했다. 이 리스크를 완화할 수 있는 주요 요소와 조치는 다음과 같다.

먼저 프로젝트 사업자는 이 분야에서 다양한 운영 경험이 있어야 한다. 수에즈환경 및 산하 기업은 전 세계에서 250개의 역삼투 기술 해수담수화 공장을 건설했고, 해수담수화 시장에서 점유율이 높으며, 지금도 기업이 잘 운영되고 있다.

다음으로 프로젝트 운영 리스크는 주요 투자자인 모기업 레이톤 홀딩스와 수에즈환경이 공동으로 보장해야 한다. 두 그룹은 다년간의 종사 경험과 실력이 있어 이 프로젝트를 정상적으로 운영할 수 있다.

마지막으로 프로젝트를 진행하기 전에 임시 또는 장기로 생산이 중단되었을 때 보상금 및 긴급 조치 같은 여러 항목의 보장 조치를 만들어 리스크를 낮춰야 한다.

(3) 채무 상환 능력 리스크 : 이 프로젝트는 대출 규모가 크고 기한이 길어서 채무 상환 리스크가 존재한다. 리스크를 완화할 수 있는 주요 요인과 조치는 다음과 같다.

첫째, 프로젝트 기업과 빅토리아 주 정부는 27년에 달하는 물 공급 계약을 맺었고, 정부가 물을 공급하고 사용하는 것에 대한 비용 지불을 보장하기 때문에 안정적으로 이익을 얻을 수 있다. 이 중에서 채무 상환은 물 공급에 대한 비용 지불을 포함한다. 다시 말해서 기후가 좋아져서 담수 수요량이 제로 상태로 떨어지면 은행의 채무를 정부가 무조건 지불한다. 프로젝트 회사는 요구에 따라서 프로젝트 시설을 유지 보수한다.

둘째, 빅토리아 주 정부는 신용도가 좋고, 채무 수준이 낮다. S&P와 무디스의 신용 등급도 연방 정부와 같은 AAA다. 채무 수준을 분석하면 2001년에 주 정부의 채무 수준은 주 총생산(GSP)의 6.1%이고, 이 채무 수준은 2008년에 5.2%로 더 낮아졌다.

(4) 재대출 리스크 : 이 프로젝트의 운영 기간은 30년이고, 대출의 원금과 이자는 프로젝트가 끝나기 2년 전인 28년까지 분할 상환한다. 대출 기한은 7년인데, 7년째에 시장의 변수로 재대출 리스크가 발생하면 주 정부가 두 가지 방식으로 리스크를 책임진다.

첫 번째는 3년 기한의 보증서를 써서 3년 안에 프로젝트가 성공적으로 재대출을 할 수 있게 돕고, 재대출에 실패하면 10년째에 정부가 프로젝트를 모두 사들이고 남아 있는 채무와 관련 비용도 지불한다.

두 번째는 재대출 리스크가 출현했을 때 정부가 7년째에 이 프로젝트를 구매하고 남아 있는 모든 채무와 관련 비용을 상환한다.

(5) 자금 조달 리스크 : 이 프로젝트의 자금은 대부분 은행을 통해서 약 32억 호주 달러를 모았기 때문에 자금 조달 리스크가 존재한다. 실제 상황을 분석할 때 두 컨소시엄에는 각각 10여 개의 오스트레일리아 현지 은행과 외국계 은행들이 참여

했는데, 은행들이 대출에 참여하려는 의향이 강해서 컨소시엄의 능력 외에 각 은행들의 PPP 프로젝트의 성질과 빅토리아 주 정부의 재무 능력을 중점적으로 살폈다. 경쟁 입찰을 하기 전에 은행은 반드시 보증서를 쓰고 자금을 확보해야 한다. 또한 경쟁 입찰 원칙에 따라서 하나의 컨소시엄만 탄생한 것은 또 다른 신디케이트론은 대출 방면에서 두 번째 순위로 밀려나는 것을 의미한다. 두 번째 순위로 밀려난 신디케이트론은 대출액이 애초에 모으려고 한 금액보다 작으면 부족한 부분은 신디케이트론 방식으로 또 다른 신디케이트론을 통해서 얻을 수 있다.

5. 왜 빅토리아 주 해수담수화 프로젝트에 참여했는가?

이 프로젝트는 시드니 지점이 현지 주류 시장에 참여할 수 있는 절호의 기회였다.

첫째, 일반적인 프로젝트 대출에 비해 PPP 프로젝트는 정부의 재정 지출로 비용이 지불되어 수요 리스크(Demand Risk)가 없다. 외부 시장 환경이 불안해도 신용 시장을 개척하고 안정적으로 발전하는 것은 모든 은행의 첫 번째 목표이자 공상은행이 오스트레일리아에서 추구하는 발전 전략이다.

둘째, 정부가 배경에 있는 핵심 인프라 프로젝트에 대출과 투자를 하는 것은 공상은행의 핵심 전략 중의 하나다. 오스트레일리아 연방 정부와 주 정부는 이 시장을 20년 이상 운영한 경험이 있다. 비록 금융 위기가 오스트레일리아 자본 시장에 어느 정도 영향을 주었지만 경제 시스템에 준 타격은 제한적이라서 오스트레일리아는 계속해서 AAA 신용 등급을 유지했다. 민관 합작 경영 프로젝트에서 빅토리아 주 정부는 성공적인 운영 경험을 가지고 있다.

셋째, 이 프로젝트는 참여 기업들이 모두 경험이 풍부해서 운영 과정에서 생길 수 있는 리스크를 통제할 수 있고, 공상은행의 리스크 관리에도 부합한다. 아쿠아슈어의 컨소시엄은 업계 선두 주자인 프랑스의 수에즈환경과 이곳의 자회사인 데그몽트 사, 오스트레일리아 최대 건축 회사인 레이톤 홀딩스와 이곳의 자회사인 티에스, 오스트레일리아 최대 투자 은행인 맥쿼리 은행으로 구성되었다. 프랑스 수에즈환경은 전 세계에서 유일하게 환경 서비스 분야의 유명 기업인 동시에 해수담수화 영역에서 경험이 가장 풍부한 대기업 중 한 곳이다. 이곳의 자회사인 데그몽트 사는 1939년에 설립되었고, 그룹에서 주로 해수담수화 프로젝트를 진행해 운영 경험이 풍부하다. 현재 전 세계 역삼투 기술 해수담수화 시장에서 점유율이 가장 높은 기업이다. 데그몽트 사는 설립 후 지난 60여 년 동안 70여 개 국가에서 250개 이상의 해수담수화 공장을 건설했다. 1973년에 세계 최초로 지은 역삼투 기술 담수화 공장도 데그몽트 사의 작품이다. 이 프로젝트는 경험이 풍부한 이들 기업의 참여로 운영 리스크가 효율적으로 낮아졌다.

넷째, 공상은행이 현지에서 지명도를 높이고 현지 신디케이트론 시장 업무를 개척하는데 도움이 되었다. 공상은행은 현지에서 개업한지 얼마 안 된 외국계 은행이지만 대형 PPP 프로젝트 신디케이트론에 참여해 시장에서 빠르게 지명도를 높였고, 이후 신디케이트론 영역에서 수익성이 높은 상업적 기회를 잡을 수 있는 기틀을 마련했다.

빅토리아 주 해수담수화 공장 프로젝트는 당시에 고유동성 리스크 압력이 컸지만 대형 신디케이트론 프로젝트 파이낸싱에 성공했고, 전 세계 30여 개 글로벌 은행의 적극적인 참여를 이끌어냈으며, 기획 단계부터 자금 조달 종료까지 9개월 동안 현지 시장에서 막강한 영향력을 행사했다. 시드니 지점도 이 기회를 효과적으로 이용하여 현지 시장에서 인정을 받았을 뿐만 아니라, 공상은행의 높아진 국제적 위상을 증명했다.

이후 시드니 지점은 오스트레일리아 최대 유통 기업인 울워스, 최대 천연가스 오일 그룹인 우드사이드의 대형 신디케이트론 대출, 최대 물류 유통 기업인 웨스트필드, 멜버른의 페닌슐라 고속도로, 사우스오스트레일리아 주의 애들레이드 왕립 병원 신디케이트론 등 특색 있는 대출 시장에서 적극적으로 활약하여 오스트레일리아에서 공상은행의 위상을 높였다.

4. HSBC가 아니라 ICBC

시드니 지점은 오스트레일리아에 개업하고 얼마 지나지 않아 파티, 상인 연합회, 전문적인 연구 토론회와 같은 몇몇 은행간 교류 행사에 초대를 받았다. 하지만 당시에 현지 시장에서 공상은행의 브랜드 인지도가 낮았기 때문에 이런 상황이 자주 발생했다.

A : Hi, where are you from?

B : ICBC.

A : Oh, HSBC?

B : No, ICBC, Industrial and Commercial Bank of China.

A : Oh, gotta, Bank of China.

......

이런 난감한 상황이 발생했을 때 공상은행의 위상이 중국과 오스트레일리아에서 하늘과 땅만큼 차이가 나서 씁쓸했다. 따라서 해외로 진출한 은행은 가장 먼저 현지 시장에 자신들을 알리고 브랜드 효과를 높여야 한다.

포지션을 잡고 성장을 거듭하다

오스트레일리아의 안정적인 정치 환경과 선진적인 금융 시장은 현지 신디케이트론을 빠르게 발전시켰다. 그 결과 신디케이트론은 현지 금융 시장에서 가장 중요한 대출 방식이 되었고, 심지어 채권과 주식 대출 규모를 뛰어넘었다. 모두가 아는 것처럼 오스트레일리아는 자원이 풍부하다. 석유와 천연가스, 납, 니켈 등의 매장량이 세계에서 가장 많으며, 보크사이트와 알루미나 등을 생산해서 수출한다. 이렇게 풍부한 천연 자원은 신디케이트론에 무한한 발전 기회를 가져다주었다.

신디케이트론은 현지의 인프라 건설을 지원하고, 산업의 발전 속도를 높이고, 인수 합병을 촉진하는 등 매우 중요한 효과를 발휘했고, 수익이 높은 것에 비해 리스크가 낮고 구조도 유연해서 전 세계 주류 은행의 참여를 이끌었다. 비록 세계 경제는 미국 서브 프라임 모기지 위기의 영향을 받았지만 오스트레일리아 신디케이트론 시장은 여전히 40.9%의 고속 성장을 이루었고, 신디케이트론 총액도 1,000억 달러에 접근했다. 신디케이트론은 전통적인 기업 대출, 인수 합병, 레버리지 금융, 구조조정, 프로젝트 대출, 클럽론, 중개와 예비 등의 용도가 있고, 업종 분포에 따라서 금융, 민관 합작 경영의 인프라 건설, 제조업, 부동산업 등에 필요하다.

신디케이트론은 현지 시장에 진입할 수 있는 기회이기 때문에 시장에서 지명도를 빠르게 높일 수 있고, 다른 은행들과의 관계를 좁힐 수도 있으며, 현지 시장의 대출 관례를 이해하고 경험을 쌓을 수도 있다. 시드니 지점은 신디케이트론을 통해서 처음으로 우수한 자산을 확충했다. 신디케이트론에 참여하는 것은 의심할 것도 없이 '성장'의 지름길이다.

불과 1년 동안의 발전과 노력으로 시드니 지점은 신디케이트론 분야에서 좋은 성적을 거두었다. 개업 후 1년이 채 되지 않은 2009년 7월 말까지 신디케이트론에 참여한 금액을 미국 달러로 환산하면 2억3,400만 달러에 달한다. 이것은 지점 신용 자산 총액의 79%를 차지한다. 상품 분포 측면에서 생각할 때 신디케이트론을 통한 자산 확충 몇 가지 특징이 있다.

첫째, 현지 신디케이트론 시장에 발을 들여놓아야 한다. 2억3,400만 달러의 신디케이트론 대출액에서 2천만 달러는 역외 신디케이트론이고, 나머지 91%는 현지 신디케이트론이다.

둘째, 각 분야의 선두 기업을 눈여겨보고 다양한 업종에 종사하는 고객층을 보유해야 한다. 시드니 지점의 기존 신디케이트론 고객은 오스트레일리아의 1위 항공사인 콴타스항공, 오스트레일리아 최대 유통 마트인 울워스, 오스트레일리아 최대 천연가스 오일 기업인 우드사이드처럼 국제적으로 지명도가 높고 현지 시장에서 점유율이 높다. 지금도 시드니 지점은 오스트레일리아 최대 물류 기업인 웨스트필드와 최대 주류 기업인 포스터 등의 신디케이트론 프로젝트를 적극적으로 진행 중이다.

셋째, 민관 합작 경영PPP 프로젝트 대출 시장을 적극적으로 개척한다. 앞에서 설명한 것처럼 오스트레일리아 PPP 시장은 정부의 AAA 신용 등급, 건전한 법률 환경, 완벽한 경쟁 입찰제도 등의 장점이 있다. 오스트레일리아는 1970년에 미국과 영국에서 PPP 시장이 열린 이후 세계에서 두 번째로 PPP 시장을 열었다. 오스트레일리아 연방 정부와 주 정부는 20년 이상 이 시장을 운영한 경험이 있다. 시드니 지점은 오스트레일리아 최대 PPP인 빅토리아 주 해수담수화 프로젝트 대출에 성공적으로 참여한 뒤에 멜버른의 페닌슐라 고속도로, 뉴사우스웨일스 주의 뉴캐슬 콜 항구, 애들레이드 병원 등 일련의 핵심 인프라 건설 프로젝트에도 적극적으로 참여했다.

넷째, 기한을 합리적으로 선택하고 수익이 높은 프로젝트를 선택한다. 초기에 시드니 지점의 신디케이트론은 3년 중기 대출에 집중되었고,

전체 대출 비중의 76%를 차지했으며, 신디케이트론 평균 70bps의 신청 비용과 200bps의 금리 차 수익을 얻었다. 영업을 시작한지 6개월 만에 지점의 신디케이트론 상품 누적 수익은 400만 호주 달러에 근접했다. 이 중에서 이자 수익은 약 300만 호주 달러이고, 수수료 수입은 100만 호주 달러에 달한다.

본점의 글로벌 전략 아래 성장하다

시드니 지점이 현지 시장에서 빠르게 성장한 것은 공상은행의 국제화 경영 전략과 무관하지 않다.

공상은행은 전 세계에서 시가총액이 가장 큰 은행이다. 시드니 지점을 설립하고 이듬해 중기 보고 때 이미 공상은행의 자산 규모는 1조 6,766억 달러, 예금액은 1조3,978억 달러, 대출액은 7,971억 달러에 달했고, 6개월 동안의 영업이익은 217억 달러, 세후 수익은 98억 달러였다. 1999년부터 공상은행은 줄곧 「포브스」가 선정한 500대 기업에 선정되었고, 「글로벌 파이낸스」, 「뱅커스Bankers」, 「더 아시안 뱅커」 등의 유력 매체에서 '아시아 최고의 은행', '중국 최고의 은행'으로 평가 받았다. 국제 신용 평가사 중에서 공상은행의 장기 신용 등급을 무디스는 A1, S&P는 A-로 평가했다. 2009년부터 공상은행은 '전 세계 최고의 고수익 은행'이라는 타이틀을 차지하고 있다.

공상은행은 중국색이 짙고, 90% 이상의 수익을 중국에서 얻는다. 21세기에 진입하고, 특히 2005년에 주식회사로 바뀐 후 공상은행은 344만 개의 기업 고객과 수많은 개인 고객, 다년간 중국에서 쌓은 업무 경험과 역량, 16,230곳에 달하는 중국 내 지점망과 선진적인 정보 기술로 유지되는 종합적인 업무 시스템을 바탕으로 국제적이고 종합적인 경영 발전 전략을 적극적으로 추진했다.

2007년에 공상은행은 남아프리카 스탠다드 은행 지분 20%와 성홍誠興은행 지분 79%를 순조롭게 인수했고, 2008년에 시드니 지점, 뉴욕 지점, 공상은행 중동, 도하 지점 등의 해외 지점을 연이어 설립했다. 홍콩에 설립된 '공상은행 국제주주유한공사'는 홍콩 증권선물 감독 위원회로부터 투자 은행 영업 허가증을 받고 독자적인 투자 은행 플랫폼을 구축했다. 뒤이어 공상은행은 캐나다의 동아시아은행과 태국의 ACL 은행을 인수하는 등 계속해서 지점망을 넓혀 전 세계에서 지점망이 가장 넓은 중국계 은행이 되었다.

공상은행은 지점의 국제화를 추구하는 동시에 업무의 국제화도 매우 중시했다. 2005년 말에 본점 영업부(지금의 회사 2부)는 국제 신디케이트론 팀을 조직하고 국제 신디케이트론 시장 개척에 열정을 쏟았다. 내부 운영 모델에서 본점과 지점은 '글로벌 팀' 형식으로 공동 마케팅을 진행했고, 중요한 프로젝트는 아예 본점이 직접 대출 방안을 설계하고 협상했다. 이렇게 전문적인 상품 경영 시스템은 업무 프로세스의 개선과 업무의 발전을 크게 촉진했다. 짧은 4년 동안 공상은행은 아시아, 유럽, 미국, 아프리카로 신속하게 진출했고, 중국의 석유 개발 회사인 CNOOC, 두바이 정부, 영국의 에너지 기업인 BP, 독일의 화학 기업인 바스프, 월마트, 제너럴일렉트릭, 보츠나와 발전소, 니시다 등 245건 139억 달러에 달하는 국제 신디케이트론 대출을 진행했다. 또한 순환 대출, 정기 대출, 인수 퍼실리티, 프로젝트 대출 및 이슬람 금융 등 에너지원, 제조업, 상업 및 인프라 설비 등 여러 업종의 상품을 취급했다.

이러한 우세를 등에 업고 시드니 지점은 오스트레일리아 시장에서 빠르게 성장했다. 2008년 9월에 시드니 지점이 개업할 때 공상은행의 오스트레일리아 국제 신디케이트론 대출 업무는 제로 상태였다. 하지만 시드니 지점과 본점 국제 신디케이트론 팀의 공동 노력으로 개업 후 6개월이라는 짧은 기간에 공상은행 국제 신디케이트론 업무는 오스트레일리아에서 첫 발을 내딛고 영향력 있는 현지의 신디케이트론 대출에 정식으로 참여했으며, 일부는 이미 건설 단계에 진입해 결실을 맺고 있다. 공상은행은 오스트레일리아의 고객, 금융 기관과 밀접한 관계를 맺기를 원했고, 공상은행 국제 신디케이트론 팀과 시드니 지점은 고객에게 개성 있는 금융과 종합적인 서비스를 제공할 능력이 있다.

실력으로 브랜드 이미지를 높이다

좋은 기회를 잡기 위해서 현지 시장에서 공상은행의 평판과 위상을 공고히 하는 것은 국제 신디케이트론의 또 다른 상품 개발에 좋은 기초가 된다. 2009년 10월 2일. 시드니가 한창 봄일 때 공상은행은 시드니 지점 설립 1주년을 맞아 시드니의 포시즌스 호텔에서 국제 신디케이트론 설명회를 성대하게 열었다. 이 자리에는 오스트레일리아 국민은행NAB, ANZ 은행, 연방은행, 웨스트팩 은행, 맥쿼리 은행, HSBC, 골드만삭스, JP모건 등 20개 이상의 현지 및 국제적인 금융 기관에서 50여 명의 신디케이트론 전문 인사들이 모였다..또한 오스트레일리아 연방은행 신디케이트론 시장부의 책임자인 Cathy Yuncken과 아시아태평양 지역 대출시장협회APLMA 회장인 Cavin Chappell 등 요직에 있는 인사들도 참여해 자리를 빛냈다. 본점의 국제 신디케이트론 대표단도 설명회에 참석해 '협력 강화와 상생'이라는 주제의 연설을 했고, 시드니 지점을 대표해서 지점장이 인사말을 했다.

중국계 은행이 오스트레일리아에서 대규모 설명회를 연 것은 이번이 처음이었다. 이 활동으로 공상은행의 브랜드는 현지에서 더 유명해졌고, 현지 시장에 진입한지 얼마 되지 않아 단기간에 시장에 적응해 상업적 기회를 얻은 것은 물론 전 세계 최대 상업 은행의 역량과 시장 지배력을 갖춤으로써 신디케이트론 영역에서 주류 은행들과 협력할 수 있는 기회를 얻었다. 공상은행은 실질적인 행동으로 현지 시장에 '우리는 HSBC가 아니라 ICBC!'라는 메시지를 알렸다.

2010년 말에 시드니 지점의 신용 자산은 12억 달러를 넘었고, 신디케이트론도 4억 달러를 넘었다. 부실 채권은 없는 반면에 누적 수익은 1,250만 호주 달러에 달해 시드니 지점의 기초 자산을 튼튼하게 만들었다. 이밖에 시드니 지점은 리스크 관리부를 단일 기능으로 통합하기로 결정했다. 다시 말해서 시장 마케팅 겸 리스크 통제 기능에서 전통적인 리스크 관리 기능으로 회귀해 더 이상 시장 마케팅 작업을 하지 않고 각종 리스크 관리에만 집중한 것이다. 또한 신용 리스크 관리를 강화하는 동시에 운영 리스크와 시장 리스크의 관리 수준을 더욱 높이고, 유동성 리스크 관리 역시 더욱 강화했다.

첫 번째 충성 고객, 첫 번째 일반 대출
第一次亲密接触, 首笔双边贷款

　　신디케이트론 프로젝트 업무의 시작은 시드니 지점이 안정적인 기초 자산을 확충하는 동시에 현지화 경영 전략을 전면적으로 실행에 옮기고, 자산 업무를 지속적으로 발전시킬 수 있는 대문을 연 것이나 마찬가지다. 오스트레일리아 금융 시장과 현지 기업도 이 시장을 통해서 공상은행을 알았고, 입소문이 나서 지점의 일반 대출Bilateral Loan 업무 확장에 긍정적인 영향을 주었다.

　　민관 합작 경영 신디케이트론 대출 프로젝트를 통해서 얻은 경험으로 시드니 지점은 '허리'가 튼튼해졌고, 시장 개척 효과도 나타났다. 시드니 지점은 시종일관 대출 고객 관계의 중요성을 분명하게 인식했다. 지점의 리스크 기능을 하나로 통합하고 리스크 관리를 전면 강화하면서 시장 마케팅 전략에도 큰 변화가 생겼다. 처음에 현지 신디케이트론 프로젝트를 통해서 시장에 적응하고, 공상은행의 지명도를 높이는 발전 방식에서 신디케이트론을 통해서 고객 중심의 업무 방식과 고객 관계를 추진하는 방식의 마케팅 전략으로 바뀐 것이다.

고객은 은행의 근본이다. 따라서 업무의 지속적이고 종합적인 발전을 위해서 고객 관계 강화를 꾸준히 추진해야 한다. 이유는 이렇다.

첫째, 고객은 친밀도와 충성도가 높아서 은행 업무의 원천이 될 수 있고, 여러 종류의 상품을 종합적으로 판매할 수 있다. 둘째, 대출 고객은 공헌도가 높다. 대출은 물론이고 일상적인 예금, 결제, 외환 거래 등 기타 파생 업무도 주로 대출 은행을 통해서 처리되어 은행의 전체적인 수익을 효과적으로 높일 수 있다. 셋째, 대출은 은행의 판매 가치 사슬에서 최고봉을 차지하고 최대의 수익을 실현하도록 돕는다.

이밖에 고객은 은행의 장기 협력 파트너다. 은행과 고객의 관계가 고정되면 최종적으로 '사랑과 나눔(Care and Share)'이 있는 상생의 목적을 실현할 수 있다.

시대에 따라서 변하고 현지화를 이루는 것은 시드니 지점의 대출 업무 발전에 대한 중요한 지침이다. 업무 발전 시기에 따라서 고객의 성질, 업종의 차이, 대출 수요의 다양성, 리스크 감수 능력의 차이 등을 고려하여 지점이 고객의 몸에 딱 맞는 대출 방안을 만들고, 각종 마케팅 수단과 전략을 통해서 독특한 장점을 표현하면 시장의 경쟁이 격렬해도 지점에 적합한 고객을 만날 수 있다. 이때 주목할 점은 고객 선택과 상품 소개 방면에서 반드시 '떼거리 효과'를 피해야 한다는 것이다. 그렇지 않고 맹목적으로 따라가면 악성 경쟁을 피할 수 없다. 고객을 선택할 때 중국계 은행의 해외 지점은 두 부류의 고객에게 주목할 필요가 있다.

첫 번째는 본점이 장기적으로 육성한 핵심 그룹 기업이다. 본점이 다년간 쌓은 고객 자원을 충분히 이용하고, 오스트레일리아에 진출한 중국계 기업을 목표로 삼으며, 담보와 대출, 무역 금융, 환율, 금리 스와프 등을 통해서 최대한 일찍 대출 업무의 돌파구를 마련해야 한다.

두 번째는 현지 주요 업종의 선두 기업이다. 선두 기업 고객에게 해외 지점은 신디케이트론 방식으로 존재감을 알리고, 업무 관계를 맺은 뒤에 최대한 선두 기업의 핵심 업무 영역에서 거래의 돌파구를 마련해야 한다. 선두 기업과의 고객 관계 강화는 지점을 지속적으로 발전시키는 자산의 원천이 된다.

1. 시작하자마자 얻은 성과

은행이 고객과 양자 협력 관계를 맺을 때 마케팅을 빼놓을 수 없다. 하지만 마케팅은 고객에게 식사를 대접하는 것처럼 간단한 일이 아니다. 현대 상업 은행은 반드시 고객 중심의 경영 원칙을 수립해야 하고, 조직 구조, 업무 프로세스, 상품 설계, 서비스 수단, 신용, 평판 등을 통해서 우수한 고객을 유치해야 한다.

고객 관계 관리(CRM - Customer Relationship Management) 개념은 일찍이 미국의 저명한 자문 회사인 가트너 그룹에 의해서 형성되었다. 고객 관계 관리는 일대일 고객 관계 이념을 기초로 기업과 고객의 관계를 개선하는 새로운 유형의 관리 시스템을 가리킨다. 은행은 고객 베이스를 구축할 필요가 있고, 고객의 니즈를 잘 이해하고 몸에 딱 맞는 개성 있는 금융 서비스를 제공해야 하며, 고객과 지속적이고 신뢰할 수 있는 관계를 형성해야 한다. 시드니 지점은 시장 개척과 고객과의 관계 강화를 위해 다음과 같은 3단계 전략을 실천했다.

1단계 : 마케팅 원칙

현대 금융 시장에 맞는 정확한 마케팅 원칙을 세운다. 시장 경쟁의 성패는 기업의 마케팅에 달렸지만 중국 상업 은행의 마케팅 활동에는 여전히 낡은 개념이 존재한다. 예를 들어, 마케팅을 세일즈와 같은 것으로 여기고, 적극적으로 고객을 발굴하지 않고 고객이 찾아오기를 기다리며, 마케팅의 개념을 잘못 이해해 광고를 하고 관련자들에게 식사를 대접하며 관계를 형성하려고 한다.

낡은 마케팅은 포지션을 판매 중심으로 잡아 기회가 있으면 그때그때 상품을 팔려고 한다. 이에 비해 현대 마케팅은 시장 지향적이고, 경제적 이익을 얻는 것이 목표이며, 고객의 니즈를 매우 중요하게 생각한다. 현대 마케팅은 결코 탁상공론을 하지 않고 반드시 실제 상황에 맞는 전략을 세우고, 은행의 상품 판매 활동에 지침이 된다.

2단계 : 시장을 공략하는 목표 설정

목표를 명확히 정하고, 시장을 깊이 있게 연구하며, 고객의 수요를 정확하게 파악한다. 중국의 상업 은행은 전통적으로 시장을 전체적으로 연구하고 영업과 다를 바 없는 전략을 세운다. 만약에 모든 시장을 목표 시장으로 삼으면 가장 좋은 마케팅 효과를 얻을 수 없다. 상업 은행은 마케팅 전략을 세울 때 먼저 목표 시장을 연구하고, 현지의 경제적 특징, 시장 상황, 고객의 심리와 행위 등의 차이를 이해하고 시장을 세분화해 자신들에게 적합한 고객층을 목표 시장으로 선택해야 한다.

은행의 시장 조사가 부족하면 고객층의 수요와 정보를 정확하게 파악할 수 없고, 시장을 세분화하지 않으면 포지션이 애매하고 방향을 잃어서 시장에 상품을 출시하기 어렵다. 은행은 반드시 고객의 입장에서 생각하고, 고객 맞춤형 상품과 서비스 방안을 만들어야 한다.

3단계 : 마케팅 시스템 구축

효율을 중시하고 완벽한 시장 마케팅 시스템을 만든다. 조직 구조는 은행의 마케팅 활동에서 중요한 부분이고, 기업의 시장 마케팅 전략을 효과적으로 실행하기 위한 전제 조건이다. 선진 글로벌 은행들은 대부분 고객층마다 서로 다른 기능을 가진 부서를 만들어 마케팅을 한다. 은행은 상품을 개발할 때 시장의 수요와 고객의 정보를 토대로 상품을 설계하고, 비용과 이익을 합리적으로 고려해야 하며, 개성 있는 대출 상품으로 고객을 유치해야 한다. 은행의 대외 창구인 투자상담사는 고객을 보호하고, 금융 상품을 혁신적으로 조합해 고객 맞춤형 대출 상품을 만들 필요가 있다. 상품을 개발하는 것과 판매하는 것은 시장 마케팅 조직을 구성하는 상호 보완적인 양대 기둥이다.

2009년은 시드니 지점에게 완벽한 '경영의 한 해'였다. 시드니 지점은 대출 고객 시장 개척 방면에서 중국계 기업 위주의 시장 마케팅 전략을 수립하고, 당시에 중국이 중국계 기업의 해외 진출을 독려하는 기회를 이용해 고객의 수요를 탐구하기 위해서 명단제, 기업제 등의 다양한 방안을 수립하는 노력 끝에 마침내 첫 번째 일반 대출 업무 기회를 잡는 데 성공했다.

시드니 지점의 고객인 N 기업이 속한 그룹은 중국 산둥성 최대의 알루미늄 제품 생산 기지이자 최대 방직 제품 수출 기업이다. 사업 범위는 비철금속, 방직 제품, 부동산 등 여러 영역에 달하고, 공상은행과 전략적 협력 관계에 있다. N 기업은 이 그룹이 오스트레일리아에 완전 출자한 회사다. 글로벌 시장의 영향력 확대와 자원 보장 측면에서 이 그룹은 '해외 진출'의 필요성을 느꼈는데, 오스트레일리아는 자원이 풍부하고, 인프라와 시스템이 완벽해서 자연스럽게 이 그룹의 투자 일번지가 되었다.

몇 년 동안 N 기업은 오스트레일리아에서 안정적으로 운영되었고, 광산, 농업, 부동산 등의 영역에 광범위하게 투자하였으며, 많은 수익을 올림으로써 해외로 진출한 중국 민영 기업 중에서 오스트레일리아 투자에 성공한 모범 기업이 되었다. 또한 N 기업은 경영이 안정적이고 신용도 좋아서 현지 중국계 은행과 주류 은행들이 서로 유치하기 위해서 적극적으로 경쟁하는 핵심 고객이다.

시드니 지점도 개업 초기에 N 기업을 유치하기 위해 시스템 마케팅을 펼쳤다. 첫 번째로 지점은 공상은행의 고객 관계를 등에 업고 본점이 국제 업무를 대대적으로 발전시키려는 좋은 기회를 이용해 오스트레일리아에 있는 다른 공상은행 지점들과 함께 국제 업무를 개척하기 위해 연계 마케팅을 실시하면서 상품 서비스를 강화해 새로운 기회를 만들었다. 두 번째로 시드니 지점은 개업 이후 여러 차례 N 기업을 방문하고 이 기업을 위한 마케팅을 실시해 협력 관계를 지속할 수 있는 토대를 마련했다. 특히 2009년 초에 시드니 지점은 이 그룹이 오스트레일리아에서 석탄, 철광석, 비철금속 등 여러 특색 있는 업종에서 광범위하게 사업을 전개한다는 소식을 듣고 무역 금융, 자금 대출, 현금 관리, 투자 자문 등의 서비스 방안을 수차례 제시하며 신뢰를 쌓았다.

사실 경영 초기에 N 기업은 시드니 지점과 협력하는 것을 매우 불안해했다. 일단 시드니 지점이 개업한지 얼마 안 되었기 때문에 오스트레일리아에 먼저 진출한 다른 중국계 은행에 비해 특별한 점이 없고, 그저 은행 상품을 팔고 예금 고객을 유치하려는 것으로 생각했다. 또한 N 기업은 현지 주류 은행들과 이미 좋은 협력 관계를 맺었고, 현지 은행의 상품과 직원들이 더 뛰어나다고 생각했다.

하지만 장기적인 접촉과 소통 끝에 N 기업은 서서히 시드니 지점에 대한 생각을 바꿨다. 시드니 지점은 N 기업의 경영 모델을 세심하게 이해하고 그들이 필요로 하는 점을 귀담아 들어 전문적이고 서비스 정신이 강한 팀을 만들었다. 이 팀은 N 기업의 입장에서 생각하고 N 기업이 필요로 하는 업무를 제공해 신뢰를 얻었고, 서로에 대한 신뢰가 깊어지자 협력의 기회도 서서히 늘어났다.

2009년에 세계 경제가 얼어붙고 리스크 회피 현상이 확산되자 달러 자금 시장의 가격이 계속 상승하고, 호주 달러와 미국 달러의 환율이 요동쳤다. 이때 N 기업은 그룹 본부에서 투자 명목으로 받은 2,500만 달러 현금 때문에 안절부절못했는데, 그룹이 준 돈은 미국 달러지만 N 기업이 프로젝트 투자에 지불해야 하는 돈은 호주 달러였다. 당시에 호주 달러의 환율은 변동성이 심해서 직접 환전하면 매우 큰 환율 리스크가 생기고, 다음에 더 좋은 조건으로 환전할 수 있는 기회를 잃었다.

시드니 지점은 N 기업의 고민을 듣고 유동성 자금 대출과 선물환 계약을 결합한 대출 방안을 설계했고, 고객은 미국 달러 예금을 담보로 지점에서 호주 달러를 대출 받았다. 또한 대출 계약서에 선물환 계약 관련 조항을 넣어 환율이 적절할 때 고객이 지점과 선물환 거래를 해서 환율 비용을 최종 확정하고, 선물 거래 시작일을 기산일로 하여 달러 예금에 대한 담보를 풀고 지점에서 대출 받은 호주 달러를 갚았다. 이렇게 해서 고객은 호주 달러에 대한 수요를 해결하는 동시에 자체적인 판단에 따라서 적절한 기회에 환율 리스크를 확정하는 일거양득의 효과를 얻었다.

이밖에 시드니 지점은 계속해서 고객에게 세계 경제 환경, 오스트레일리아의 경제 상황, 호주 달러 환율에 영향을 주는 요소 등에 관한 정보를 제공하는가 하면 고객의 최종 결정을 돕기 위해서 종합적이고 세심한 분석 자료도 제공했다. 시드니 지점의 서비스에 매우 만족한 N 기업은 기타 관련 업무도 시드니 지점에 위탁하기로 결정했다. 이후 다른 중국계 은행들도 시드니 지점의 마케팅 방법을 따라서 중국계 기업에 유사한 상품 서비스를 제공하기 시작했다.

N 기업에 필요한 업무를 제공한 뒤에 시드니 지점은 고객과 지속적으로 소통하며 대출의 유효성에 대한 요구가 매우 높은 민영 기업의 특성을 이해했다. 당시에 N 기업은 어떤 공급 업체와 구매 계약을 맺었는데, 이 계약을 실행하지 않으면 이 업체와 관계가 나빠지고 심하게는 그룹의 연간 경영 실적에도 불리한 영향이 생길 수 있었다. 그러자 시드니 지점은 경쟁 상대와 '가격전'을 벌이는 불리한 상황을 피하기 위해서 곧바로 행동에 들어가 대출 승인과 기타 관련 내부 프로세스를 완성하고 변호사와 연장 근무를 하며 계약서를 만들었다. 결국 전문성과 성실함으로 고객을 감동시킨 시드니 지점은 가격을 낮게 제시한 다른 중국계 은행들을 제치고 고객으로부터 업무 위탁을 받았다. 이후 시드니 지점은 이틀 만에 계좌를 개설하고, 자금 조달과 담보 설정, 대출금 지불 등의 효율성이 높은 서비스를 제공해 고객의 찬사를 받았다. 특히 시드니 지점은 전 세계가 불경기인 상황에서 어려운 업무를 빠르고 효율적으로 처리해 고객에게 깊은 인상을 심어 주었다.

차별화된 방법으로 고객의 어려움을 돕고, 고객의 가치를 높여 준 것을 계기로 N 기업은 시드니 지점과의 협력을 강화했고, 결국에는 지점의 일반 대출 제로 상태를 깨고 첫 번째 충성 고객이 되었다. 서로 협력 관계를 맺은 첫 해에 시드니 지점은 고객에게 총 1억 달러를 대출해 주고 일평균 3천만 달러의 예금액을 유치함으로써 고수익을 실현했다. 시드니 지점과 협력한 뒤에 이 고객이 속한 그룹도 공상은행과 전면적으로 협력하기 시작했다. 2012년에 이 그룹은 공상은행에서 5억 위안을 대출 받고 국제 업무, 자산 업무, 투자 업무, 귀금속 업무 등의 영역에서 맹활약하며 시장 점유율을 크게 높였다.

첫 번째 일반 대출 업무의 성공으로 시드니 지점은 N 기업처럼 오스트레일리아에 진출한 중국계 기업의 업무 구조, 대출 수요, 업무 선호 및 리스크 감수 능력 등을 이해했고, 고객의 업무 특징과 대출 방안의 설계 요점을 파악했다. 일반 대출 업무의 성공은 고객 지향적인 대출 마케팅 전략이 효과적이었음을 의미한다. 이 업무를 통해서 시드니 지점은 현지의 중국계 고객들에게 전문 은행으로서의 이미지를 심어 주었고, 일반 대출 업무에 대한 마케팅 작업도 정상 궤도에 올랐다. 이를 기반으로 시드니 지점은 전 과정을 추적하며 고객 개발 전략을 전방위적으로 실행에 옮겼고, 지속적으로 고객 관계 관리를 추진해 고객층을 넓히며 업무 구조를 개선했다.

2012년 말까지 시드니 지점은 130개 이상의 대기업 고객을 유치했다. 이것은 2009년에 비해 110개 기업이 증가한 것으로, 본점 전체 고객의 85%에 해당한다. 대기업 고객 중에는 오스트레일리아에서 성공한 주요 중국계 기업들도 있다. 일반 대출 잔액은 2009년에 약 5천만 달러에서 10억 달러로 빠르게 상승해 난 내表內 대출 자산 총액의 32%를 차지했다. 기업 예금도 빠르게 성장해서 5억 달러를 돌파했다.

이러한 눈부신 실적은 결코 우연히 이루어지지 않았다. 시드니 지점 마케팅 팀은 적극적으로 고객을 개척하며 진취적으로 일했고, 지점은 '고객 중심, 시장 지향적'인 마케팅 포지션을 정확하게 잡고 마케팅 방안을 효과적으로 실행했다.

2. 현지 기업도 ICBC를 필요로 하다

전 세계적으로 경쟁력과 성장성이 가장 좋은 글로벌 기업들은 상상 이상의 브랜드 파워, 선진적인 경영 이념, 엄격한 관리 모델 및 뛰어난 통제 시스템 외에 성공적인 현지화 발전 전략을 가졌다. 이들의 성공적인 경험은 공상은행의 국제화 발전 방향을 제시하고 한 가지 원리를 깨우쳐 주었다.

"우리는 세계를 향해 나아가는 동시에 현지 시장을 연구하고 현지 실정에 맞는 작업을 실시했다."

사실 현지화 전략은 중국계 은행들이 글로벌 경영을 실현하는 핵심 전략이요, 현지 시장에 뿌리를 내릴 수 있는 안전장치다.

중국계 은행의 국제화 과정은 해외 지점의 현지화가 강화되는 과정이었다. 공상은행 시드니 지점은 현지화 전략을 수립할 때 고객의 현지화, 상품의 현지화, 직원의 현지화를 고려한 종합적인 발전 전략을 짜고 현지 주류 경제에 자연스럽게 녹아들어 지점의 발전에 맞는 합리적이고 효과적인 마케팅 방식을 찾았다. 먼저 소통을 강화해서 좋은 기업이라는 이미지를 만들었다.

시드니 지점은 일상적인 경영에서 현지의 기업 문화, 시장의 룰, 산업 구조, 업종 분포, 법률, 세무 등의 이해를 매우 중시했고, 사회 공익 활동에 참여하는 방식을 통해서 좋은 기업이라는 이미지를 만들었다. 다음으로 주류 고객과의 협력을 통해서 상품의 영향력을 높였다. 시드니 지점은 주류 시장을 적극적으로 개척하고, 오스트레일리아 100대 기업과 각 분야의 선두 기업을 목표 고객으로 삼고 현지 고객의 기초를 구성했으며, 현지 주류 기업과 협력한 효과를 이용해서 자체적인 영향력과 전문성을 갖춘 은행으로서의 이미지를 계속해서 높였다. 또한 고객 문화의 차이를 이해하고 적극적으로 현지화를 실현했다.

시드니 지점은 시장 친화적이고, 현지의 문화를 따르고, 중국 출신이라는 당시로서는 가장 '핫Hot'한 시장의 요소를 이용해 현지 고객들의 관심을 얻었다. 그리고 현지에 맞는 팀과 판매 채널을 구축했다. 시드니 지점의 마케팅 고수들은 현지 주류 은행에서 마케팅을 해본 경험이 있어서 현지 고객의 대출 수요를 정확하게 알고 있었고, 현지 시장 참여자들과의 인맥도 매우 두터웠다. 현지에 맞는 마케팅 전략은 하루아침에 완성되지 않고 오랫동안 반복해서 다듬고 소화해야 한다. 시드니 지점은 끊임없는 노력으로 현지의 우수 기업을 개척해 부동산, 광업, 유통 등의 여러 영역에서 맹활약했다.

[사례 1]	현지의 경로를 통하면 비즈니스의 기회가 많아진다

　2013년 새해에 시드니 지점은 공업, 물류업, 부동산 개발 및 관리 관련 오스트레일리아 최대 그룹인 A 그룹과 성공적으로 대출 협력을 맺었다. 이 대출 업무는 2013년에 시드니 지점이 처음으로 진행하는 업무이자 당시에 지점이 처음으로 기업 대출에 참여하고 투자하는 것이라서 감회가 새로웠다.

　A 그룹은 오스트레일리아에서 가장 크고 전 세계에서 세 번째로 큰 공업, 물류업, 부동산 개발 및 관리 그룹이다. 오스트레일리아의 상장 기업 중에서 100대 기업에 들고, 총 자산은 80억 호주 달러, 순자산은 50억 호주 달러에 달하며, 수입원이 다양하고 안정적이어서 부채율이 낮고, S&P와 무디스의 신용등급은 각각 BBB와 Baa2로 안정적이다. 또한 A 그룹은 해외 시장에서 오랫동안 성장하여 일본, 중국(홍콩 포함) 및 유럽에 규모가 큰 운영 관리 시스템을 갖추었고, 북미 및 브라질 시장도 적극적으로 개척 중이다. 이번 대출은 국제 금융 기관, 특히 해외 시장의 대형 은행과 협력하고 싶어 했던 A 그룹의 염원과 니즈에 부합했다. 따라서 시드니 지점은 이번 대출을 통해서 A 그룹과 직접적인 중요 업무 관계를 맺었고,

공상은행이 향후에 중국 시장의 발전을 이끄는 주요 금융 기관이 될 수 있는 튼튼한 기틀을 마련했다.

이번 대출 업무는 시간이 매우 촉박했다. 더욱이 당시는 2012년 크리스마스 및 2013년 새해 휴가 기간이어서 지점은 각 부서가 적극적으로 협조해 3주도 안 되는 시간에 연구와 분석을 마치고 위원회에서 모든 프로세스에 대한 심사와 허가를 받아 고객을 크게 만족시킴으로써 시장에서 지점의 평판을 높였다. 이 업무의 성공적인 처리로 지점은 현지의 상장 기업 및 투자 기업에 전문적으로 대출 업무를 처리할 수 있는 능력을 보여주었고, 오스트레일리아 금융 시장에서 공상은행의 영향력을 높였다.

이 대출 업무를 처리하며 시드니 지점은 현지에서 마케팅 채널을 성공적으로 구축할 수 있는 정보를 얻었다. 선진적인 현지의 마케팅 채널은 은행이 가장 먼저 시장에서 정보를 얻고 업무의 기회를 잡는데 도움이 된다. 시드니 지점은 혼자 힘으로 고객원을 발굴하기가 어려운 것을 알고 현지 주류 금융 기관, 중개 구조, 언론 매체, 컨소시엄 등의 여러 채널을 통해서 시장 마케팅 효과를 2배로 올렸다. 동시에 현지의 전문 기업과 고효율적인 서비스로 시드니 지점은 제때에 비즈니스 기회를 잡고 현지의 선두 기업들을 고객으로 유치하는데 성공했다. 첫 번째 대출 협력 후 대출 업무는 외환 거래 및 중국 프로젝트 등의 영역으로 확장되었고, 지점과 기업의 관계도 더욱 깊어졌다.

[사례 2] 현지 팀의 우수한 업무 처리 능력

2013년 3월에 시드니 지점 산하의 퍼스 지점은 성공적인 마케팅으로 오스트레일리아 최대 유통 기업인 W 그룹과 무역 결제, 현금 관리 등에서 협력 관계를 맺었다. 이 그룹과 첫 번째 업무 회의를 한 뒤에 지점은 고객의 니즈를 적극적으로 이해했고, 이 그룹 산하 기업들의 무역 금융 수요를 분석하여 이 그룹의 자회사들과도 협력 관계를 맺어 현지 주류 고객에 대한 마케팅의 수준을 한 단계 높였다.

퍼스 지점은 업무를 처리할 때 무역 사슬을 적극적으로 개척하고 전 과정에서 시장 개발 전략을 적용해 시장에서 단계적으로 유리한 기회를 잡았다. 이후 마케팅 업무에서도 지점은 계속해서 현지화 경영을 하고 현지 주류 사회에서 공상은행 브랜드의 영향력을 적극적으로 이용해 중국과 웨스트오스트레일리아 주의 무역 거래를 이어주는 튼튼한 다리가 되었다.

이 사례에서 고객은 오스트레일리아에서 규모가 가장 크고 지명도가 가장 높은 종합적인 성격의 기업 그룹이고, 일찍이 현지 주류 은행들로부터 무수한 '러브콜'을 받았다. 또한 그룹에 자금이 많아서 지점 직원들이 마케팅 때문에 접촉했을 때도 예의상 만나주었다. 하지만 여러 번의 접촉을 통해서 고객은 지점의 전문 팀이 현지 시장에 대해서 잘 알뿐더러 진취적이고 혁신적이어서 무역 금융 등의 영역에서 그룹에 새로운 활기를 불어넣어 줄 수 있다는 점을 인식했다. 교류의 기회가 늘자 지점의 전문 팀도 상호 협력의 기회를 민첩하게 발굴하고 협력의 기회를 만들었다.

2012년 말까지 시드니 지점의 150여 기업 대출 고객 중에서 절반 이상은 오스트레일리아의 현지 고객이고, 대출 업무의 3분의 2도 오스트레일리아 현지의 핵심 고객과 우수 고객에게 집중되어 지점 업무에서 현지 고객들이 차지하는 비중이 크게 높아졌다. 최근에 시드니 지점은 빠르게 발전하는 동시에 자산 구조를 개선하여 현지 시장에서 경쟁력과 지속적인 발전 능력을 강화했다. 또한 대출 업무의 현지화 발전 목표에 따라서 지점은 현지 고객에 대한 마케팅을 강화해 고객층을 두텁게 만들고, 모범적인 대출 상품을 개발했으며, 시장 마케팅 및 프로세스 관리 시스템을 확장해 현지 대형 고객에 대한 마케팅의 새로운 돌파구를 마련했다.

오스트레일리아와 중국은 경제적으로 상호 보완성이 강하다. 중국은 오스트레일리아의 최대 수출 무역 파트너라서 대출 업무의 발전 전망이 밝다. 따라서 중국과 거래하는 오스트레일리아 기업을 현지 시장의 목표 고객층으로 삼고 접촉해서 협력의 기회를 만들고 목표 고객층을 확장해야 한다. 동시에 지점도 오스트레일리아에 있는 중국 상인협회, 오스트레일리아 무역위원회 등과 관계를 강화해 오스트레일리아에서 투자, 인수, 중개 업무를 하는 중국계 기업의 비즈니스 정보를 얻고, 이 정보를 업무 협력의 기회로 만들어야 한다.

3. 차별화를 위해 다양한 시도를 하다

오스트레일리아는 천연자원이 풍부하고, 경제가 발달했으며, 법 제도가 건전하고, 장기적으로 주요 공업 국가들에게 이상적인 원자재 공급지였다. 특히 2000년부터 오스트레일리아는 경제가 빠르게 발전하는 아시아태평양 지역에 대한 자원 수출을 늘렸다. 또한 수출 증가로 오스트레일리아 내 관련 인프라 건설 붐이 일어 오스트레일리아 연방 정부, 주 정부 및 지방 기업은 인프라 건설에 대한 투자를 늘렸고, 향후 3~5년 내에 인프라 투자에 대한 예산도 1,000억 호주 달러로 늘릴 예정이다. 이것은 '자원 은행'으로 거듭나고 싶어 하는 시드니 지점에게 매우 좋은 발전 기회로 작용할 것이다.

오스트레일리아의 자원 은행은 최근 10년 동안 자국의 풍부한 자원을 배경으로 광업 분야에서 가장 긴 번영기를 누렸고, 자원 분야의 번영은 2008년의 금융 위기도 오스트레일리아에서 몰아냈다. 따라서 오스트레일리아의 자원 산업은 오랫동안 식지 않을 화제가 될 것이고, 주요 자원 기업, 상업 은행, 투자 은행이 각축을 벌일 전쟁터가 될 것이다.

설립된 지 5년에 불과한 시드니 지점은 오스트레일리아 금융 시장에서 업무 규모와 직원 수 모두 '동생' 수준에 속하고, 은행간 경쟁에서도 결코 우위에 있지 않다. 따라서 시드니 지점에 어울리는 특색을 찾고, 현실 조건에 부합하며 현지 시장의 규칙을 지키는 길을 찾아야 한다. 사실 시드니 지점이 마케팅을 강화한 것도 현지 시장에 대한 세분화 전략을 실천하는 하나의 방식이었다. 시드니 지점은 오스트레일리아 시장에서 '중국계 은행'이 아니라 '외국계 은행'으로 포지션을 잡고 목표 고객층의 범위를 확대했다. 하지만 오스트레일리아 현지 자원과 에너지원 기업을 대상으로 마케팅을 할 때는 '중국 패'를 들고 중국 내 공상은행의 막강한 실력과 고객 네트워크를 기반으로 오스트레일리아 현지 은행, 미국, 유럽, 일본 은행들과 차별화된 포지션을 구축했다.

시드니 지점은 목표 시장을 '중국과 오스트레일리아', '오스트레일리아와 중국'의 두 플랫폼으로 세분화하고, 중국계 기업의 '진출'과 '진입'을 돕는 동시에 오스트레일리아 현지 기업의 진출도 도와 오스트레일리아에서 '중국 요소'를 곁들인 '중국 이야기'를 썼다. 시드니 지점은 동업 간에서 자기만의 위치를 찾는 것, 즉 '외국계 은행 + 중국 신분(foreign bank + Chinese identity)'을 찾는 것이 필요했다.

동시에 시드니 지점은 본점 플랫폼의 도움을 받아 오스트레일리아 시장에서 '자원 은행'으로서의 브랜드 이미지를 쌓고 광업, 금속, 원유, 천연가스, 신에너지, 농업 등의 천연자원과 에너지원 영역, 특히 광업 분

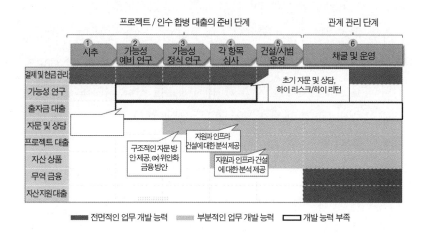

[그림 7-4] 프로젝트 관련 생명주기

야에서 활약했다. 브랜드 이미지를 쌓기 전에 시드니 지점은 현지 시장을 분석 연구하고, 자원 은행이 되는 전략적 틀을 짜서 광업의 생명 주기를 중심으로 하는 산업 사슬의 상품 시스템을 개발했다.

광업의 생명주기 세분화를 통해서 시드니 지점은 명확한 포지션을 찾고 단계별로 상품과 업무를 제공하는 동시에 프로젝트 대출, 기업 대출, 자산 대출, 상품 대출, 무역 금융, 중국식 재무 상담 등의 상품에 '중국적인 요소'를 더해 발언권과 경쟁력을 크게 높였다.

시드니 지점은 주로 광업, 원유, 천연가스, 농업, 신에너지원 영역에서 자원 은행으로서의 포지션을 개척하기 위해 먼저 현지 고객 네트워크를 만들고, 고객을 뉴사우스웨일스 주, 빅토리아 주, 웨스턴오스트레일리아 주·퀸즐랜드 주의 3개 구역으로 나누어 마케팅을 실시했다. 마케팅 방법을 구체적으로 설명하면 시드니 주변을 중심으로 530여 개 관련 기업 중에서 전화, 우편, 커뮤니티, 지인 추천 등의 다양한 방식을 통해서 50곳의 잠재 고객을 뽑아 100회 이상 전화 통화를 하고 우편물을 보냈으며, 자원 관련 포럼에도 스무 차례 이상 참석했다.

또한 몇 개월의 짧은 기간에 스무 곳이 넘는 대형 자원, 에너지원 고객, 예컨대 최대 광사 기업, 제2대 금광 기업, 양대 철강 기업, 3대 에너지 전력 기업, 3대 천연 오일 가스 기업, 최대 곡물 기업, 최대 소고기 기업 등과 일상적인 소통 관계를 형성했다. 이렇게 대형 기업과 관계를 형성하고 신뢰를 쌓는 것은 결코 쉬운 일이 아니다.

고객 관계를 확장하는 동시에 강화하려면 상품 개발과 설계 능력을 결합시켜야 한다. 2012년 한 해 동안 시드니 지점은 자원, 에너지원 등 6개 프로젝트의 경쟁 입찰에 응했고, 입찰 누적액도 10억 달러에 달하며, 익시스 액화 천연가스 프로젝트, 밀머란 석탄 화력 발전소 프로젝트, 워털루 풍력 발전 단지 프로젝트 등 10개 이상의 프로젝트에 대한 대출 상품을 설계했다. 부분적인 프로젝트의 성공은 시드니 지점의 신용 자산이 되었다. 다양한 대출 상품 시스템은 중형 자원 기업 및 가능성 예비 연구 단계의 자원 프로젝트에 틈새 대출, 선수금 대출, 총판권 대출 등의 다양한 상품을 10개 가까이 제공했는데, 여기에는 넥서스 천연 오일 가스, Roc 오일, KBL 광업 등이 포함된다. 시드니 지점은 다양한 상품을 연구 개발해 자원 은행으로서의 기틀을 마련했다.

전 세계 주요 투자 은행이 모인 오스트레일리아 금융 시장은 경쟁이 매우 치열하다. 차별적이고 독특한 전략으로 시장의 세분화를 실현하고, 처음부터 중국적 특색을 가졌던 시드니 지점은 본점의 막강한 역량과 광범위한 고객 네트워크를 등에 업고 오스트레일리아 현지 중소형 기업에 중국과 일체화된 재정 자문을 해주는 투자 상품을 출시했다. 2012년에 중국과 일체화된 재정 자문을 다섯 차례 실시한 것을 시작으로 지금까지 ENK 니켈광 프로젝트 등 총 30곳 이상의 자원 기업에 이 서비스를 제공했다. 또한 다른 투자 은행과 연합 방식으로 현지 시장에서 재정 자문 업무를 선보이고, 드릴 서치 천연 오일 가스 등에 이 서비스를 세 차례 제공해 재정 자문 비용으로 100만 호주 달러를 받았다.

이밖에 중국에 있는 공상은행 지점들과 오스트레일리아에 있는 공상은행 지점들과 연계해서 상품부와 협력했다. 또 다섯 차례에 걸쳐 오스트레일리아에 있는 중국계 기업에 인수 합병에 관한 자문을 해주고 5건의 경쟁 입찰 프로젝트에도 참여했는데, 그 금액이 약 7억 호주 달러에 달했다. 쟝메이 그룹이 투자한 하드락 탄광 프로젝트, 산샤 그룹이 투자한 스탁야드 풍력 발전 프로젝트 등이 여기에 속한다.

3장

경험 쌓기에서 꽃을 피우기까지
从"积累"到"盛放"

공상은행 그룹의 계획에 따라서 2012년까지 해외 지점 확충이 기본적으로 완성되자 각 지점들은 심화 과정으로 전략을 바꾸기 시작했다. 예를 들어 '나무 심기'에서 '뿌리 내리기'까지 했으니 '가지 뻗기', '지면에 고정되는' 단계까지 성장하는 것이다. 중국계 은행의 해외 지점에게 이 계획은 그룹의 국제화 전략과 동일한 지침이고, 각종 자원 요소와 업무를 현지에 맞게 독립적으로 발전시키는 것을 의미한다.

1. 뿌리를 깊게 내리고, 비가 오기 전에 창문을 수리하라

개업 후 몇 년 동안 고객과의 업무가 빠르게 늘자 시드니 지점은 더 높은 수준의 발전 단계로 나아갔다. 새로운 단계에서 지점은 차별화된 마케팅 전략을 내세우고 전통적인 무역 금융업, 운영 자금, 정기 대출, 소량의 부동산 담보 대출 등의 상품을 계속해서 개발하는 동시에 자원 은행, 인프라 금융, 재무 관리 등의 우수한 상품을 적극적으로 개발해 서비스 수준을 높이는 동시에 고객을 위해서 가치를 창조하고, 핵심 경쟁력과 업무의 수준을 높였다. 또한 업무 전략과 미래의 발전 방향을 바꾸는 한편 현지화·독립화·전문화의 원칙을 따랐으며, 2012년 3월에 프론트오피스 업무를 전략적으로 조정했다. 조정을 마치고 새롭게 태어난 구조화 금융부는 시드니 지점의 자산 확장 전략의 중심이 되어 전문적인 대출 플랫폼을 구축하는 중임을 맡았다.

반복적이고 세심한 고려 끝에 시드니 지점은 오스트레일리아 금융 시장의 특징을 반영하여 구조화 금융의 목표 시장을 현지 천연자원 산업과 관련 인프라로 설정한 후, 자원 프로젝트의 산업 사슬과 생명주기에 따라서 상품 시스템을 설계했다. 이때 자원 산업 사슬을 자원 프로젝트의 돌파구로 삼고 광산 기업과 광산 자원 프로젝트의 수요에 대한 포지션을 잡았다. '일체화된 중국식 재정 자문' 등의 투자 업무는 대출과 같은 부속 상품을 발전시켰고, 상품 시스템의 기본 구조는 '주주권Equity + 대출Debt + 대여Leasing', 즉 주주권·채권·물권이 삼위일체인 차별화된 자원 은행 시스템이다.

목표 시장을 명확하게 정한 뒤 시드니 지점은 어떻게 '병력'을 모아 '출격'할 것인지를 놓고 고민했다. 약함으로 강함을 제어하고, 소량으로 다량을 이기려면 반드시 병력을 모아 출격해야 하는데, 이것이 적을 이기는 병가의 고급 책략이다. 비즈니스는 전쟁터와 같다. 시드니 지점은 오스트레일리아 시장이 자원은 많지만 인프라가 부족한 특징을 이용해 사회 기반 시설Social Infrastructure을 돌파구로 삼아 현지 주류 금융 시장에

진입했고, 자원 은행Resource Banking을 활력소로 삼아 오스트레일리아의
자원, 인프라, 금융 시장에서 포지션을 잡았다.

2. 인프라 시장을 돌파구로 삼다

시드니 지점이 오스트레일리아 시장에 진입했을 때 금융 위기가 전
세계를 휩쓸어 오스트레일리아 시장도 여전히 불황이었지만, 현지 시장
에 진입하기에 더없이 좋은 시기이기도 했다. 물론 맹목적으로 진입한
것이 아니라 신중한 선택이었고, '전력질주'가 아니라 다른 사람을 따라
서 '걷는' 기분으로 진입했다.

신중한 고민 끝에 시드니 지점은 오스트레일리아의 인프라가 상대
적으로 낙후되어 다시 건설할 필요성이 있고, 일부 인프라 프로젝트는 주
정부의 전폭적인 지원을 받는다는 점에 착안해 인프라 시장을 돌파구로
삼기로 결정했다. 이후 시드니 지점은 오스트레일리아 현지 주류 인프라
대출 은행을 여러 번 찾아갔다. 하지만 이들 은행은 이전까지 중국계 은
행이 현지 인프라 프로젝트에 참여한 적이 없고, 시드니 지점에 대해서
잘 몰랐기 때문에 자금 능력까지 의심했다. 그러자 시드니 지점은 공상은
행의 대형 인프라 프로젝트 조직과 대출 능력을 소개해 이들 은행을 설득
하고 마침내 현지의 영향력 있는 대형 프로젝트 참여에 성공했다.

빅토리아 주의 해수담수화 프로젝트는 빅토리아 주의 첫 번째 대형
민관 합작 경영 프로젝트였다. 민관 합작 경영 프로젝트는 영국에서 탄

생했고, 영국과 미국은 이미 이 시장의 역사가 길다. 하지만 규모 면에서는 오스트레일리아의 인프라 시장이 앞선다. 사실 계약을 통해서 정부와 민영 투자 기업이 리스크를 분담하고 프로젝트를 건설, 운영, 유지하면 민영 투자 기업도 일정한 수익을 얻을 수 있다. 민관 합작 경영은 오스트레일리아 인프라 시장에서 이미 프로젝트의 생산성, 현금 흐름 등 여러 종류의 프로젝트로 발전했고, 정부와 민영 투자 기업은 프로젝트 단계마다 서로 다른 리스크와 수익을 분담한다.

지난 5년 동안 시드니 지점은 오스트레일리아 인프라 시장에서 조금씩 알려지기 시작했고, 참여한 입찰 경쟁 프로젝트도 많아졌다. 하지만 프로젝트를 주도하는 재단에 공상은행이 참여하지 않는 것은 문제였다. 재단의 비즈니스 구조가 정해지고 재무 담당 고문이 참여하면 자금이 더 많이 모이는 효과가 있다. 따라서 더 큰 효과를 발휘하려면 재단에서 지위를 높이고, 더 많은 경험을 참고하는 등 재단을 이끄는 인프라 투자 기금에 직접적으로 참여해 목적을 달성해야 한다.

시드니 지점은 영국을 선두로 전 세계 거의 모든 대형 인프라 투자 재단, 예컨대 북미의 연금 기금과 교원 기금으로 조성된 재단도 이미 오스트레일리아 시장에서 뿌리를 내리고 싹을 틔우고 있는 점을 발견했다. 이들 기금은 정부와의 관계도 좋아서 사전에 정부의 각종 투자 계획을 포착했고, 그 결과 오스트레일리아 인프라 영역에 정부의 인프라 계획부, 투자 기금, 건설 사업자, 재무 고문, 자문 회사, 자산 관리, 서비스 기업 등으로 구성된 하나의 그룹이 형성되었다. 시드니 지점은 인프라 투자 기금과 건설 사업자를 주요 목표로 삼고 각종 인프라 포럼과 회의에 참여해 최신 정보를 얻었다.

[사례] 뉴 벤디고 병원 프로젝트 마케팅

뉴 벤디고 병원 프로젝트는 빅토리아 주의 세 번째 도시인 벤디고 시에서 진행되었다. 2011년 12월에 빅토리아 주 정부는 2012~2022년 의료 정책을 제정해 빅토리아 주의 의료 건강 시스템을 완성하고 주민들의 의료 위생에 대한 수요를 만족시킬 계획을 세웠다.

뉴 벤디고 병원 프로젝트는 빅토리아 주 의료 정책의 중요한 부분이라서 9억5천만 호주 달러를 투자해 벤디고 및 주변 지역 주민들의 의료 수요를 만족시키고, 빅토리아 주의 중심 지역에 더 좋은 의료 서비스를 제공해 주변 지역 병원들의 의료 서비스 부담을 완화시켰다. 뉴 벤디고 병원 프로젝트는 벤디고 시, 나아가 빅토리아 주에 다음과 같은 중요한 의미가 있다.

- 벤디고 지역의 의료 서비스를 개선하여 질환의 발병률과 사망률을 낮춘다.
- 벤디고 지역에 지속적이고 친숙한 의료 시스템이 생기면 이 지역의 늘어나는 의료 수요를 만족시킬 수 있고, 지역의 독립적인 의료 서비스 수준이 높아지며, 환자의 만족도 및 감염률 등의 지표가 개선된다.
- 의료 서비스에 대한 주민들의 신뢰가 개선되고, 만족도가 높아져 기부금이 증가한다.
- 벤디고 지역에 의료 중계 센터가 들어서는 것은 인구 증가율, 실업률, 산업 투자 및 기타 경제 부문에 크게 공헌하는 것이다.

2012년 초에 빅토리아 주 정부가 주에서 세 번째로 큰 도시인 벤디고에 대형 병원을 재건축한다는 정보를 입수한 시드니 지점은 투자 기금을 알아보다가 최종적으로 영국의 존 랭 그룹을 선택했다. 존 랭 그룹은 100년의 역사를 지닌 기금 회사이고, 전 세계의 인프라 시장에서 전문적으로 활동하며, 1952년에 영국 증시에

508 7부 자산 확충 전략

상장되었다. 주로 유럽, 아프리카, 아시아태평양 지역 등에서 도로, 철도, 학교, 병원 등의 여러 공공 인프라 프로젝트를 진행했다. 지난 수십 년간 존 랭 그룹은 전 세계 75개 PPP 프로젝트에 성공적으로 참여해 프로젝트 협력사, 자산 관리사, 자산 투자자의 역할을 수행했다. 또한 의료 영역에서는 11개의 영국 공립병원, 3개의 캐나다 공립병원 및 40개 이상의 최신 의료 센터 건립 프로젝트를 맡았다.

존 랭 그룹은 오스트레일리아 인프라 시장에 진입한지 얼마 안 되었지만, 투자하기에 매우 좋은 시기였다. 시드니 지점은 이러한 정보를 근거로 존 랭 그룹을 방문해 오스트레일리아 인프라 시장과 민영 합작 경영 시스템을 소개하고, 이 부문에서 시드니 지점의 역량을 적극 홍보해 존 랭 그룹으로부터 높은 평가를 받았다.

존랭 그룹은 벤디고 병원 프로젝트 경쟁 입찰에 관심이 많았고, 시드니 지점과 협력하고 싶어 했다. 하지만 협력 은행을 선정하는 것이 매우 까다로웠는데, 재단이 형성되면 프로젝트의 규모가 크든 작든 핵심 은행은 6개를 넘으면 안 된다. 당시에 이 그룹과 접촉한 은행은 이미 10여 개가 넘었지만, 치열한 경쟁 끝에 5대 협력 선도 은행 중 하나로 시드니 지점이 선정되었다. 시드니 지점은 프로젝트의 인터 케어 재단에서 유일한 보험 담당 고문이 되어 보험 부문을 전면적으로 분석한 내용과 프로젝트의 기타 의견을 종합해서 선도 은행 대표로 프로젝트 기업, 재무 고문과 협상했다. 이것은 시드니 지점이 처음으로 민관 합작 경영 프로젝트 재단에 핵심 구성원으로 참여해 '상업 은행 + 투자 상품'을 제공한 것이다.

시드니 지점이 속한 인터 케어 재단의 구성원들은 풍부한 의료 건설 경험 및 운영 경험과 역량을 가졌다. 시드니 지점은 이런 자원을 충분히 이용해 각 구성원들의 서로 다른 의무와 책임을 합리적이고 효과적으로 나누어 빅토리아 주에 환자들이 관심을 가질만한 세계적이고 현대적인 병원을 제공하기 위해서 최선을 다했다. 존 랭 그룹 외에 기타 주요 구성원으로 건설 사업자인 티에스가 있다. 티에스는 레이톤 홀딩스의 완전 출자 회사이고, 레이톤 홀딩스는 오스트레일리아의 국제적인 개발 그룹이자 오스트레일리아에서 프로젝트를 선도하는 특화된 그룹이다. 또한 오스트레일리아에서 대형 공사를 많이 맡았는데, 대표적인 공사로는 멜버른의 철도와 브리스번의 공항 철도가 있다. 레이톤 홀딩스는 오스트레일리아에서 가장 성공한 개발 업체 중 하나다.

뒤이어 6개월 동안 시드니 지점은 인터 케어 재단의 다른 구성원들과 함께 작업하며 경쟁 입찰, 건설, 외주, 유지와 운영, 자금 조달 등 여러 부문에 대해서 회의를 했다. 시드니 지점은 거의 매일 평균 2~3시간씩 전화로 회의하며 병원 프로젝트 대출에 대해서 학습하는 소중한 경험을 했고, 특히 대형 인프라 프로젝트에서 공상은행의 독립적인 자금 조달 능력을 키웠다.

벤디고 병원 프로젝트 참여에 성공한 후 시드니 지점은 오스트레일리아 최대 개발 업체인 레이톤 홀딩스와 민관 합작 경영 프로젝트, 인프라 투자, 리스 금융 등 여러 분야에서 협력했다. 또한 영국의 유명한 인프라 기업인 엠버, 브룩필드와 관계를 맺고 퍼스 체육관 프로젝트에 중국 협력 파트너를 추천해 '중국적 요소'를 적극적으로 반영했다.

3. 안팎으로 협력해 최고의 효과를 얻다

세 번째 업무 분야는 자산 금융이다. 자원 은행과 인프라 업무를 개발하는 동시에 자산 분포의 다원화와 자산 부채 관리의 유연화를 실현하고, 시드니 지점만의 독자적인 금융 상품 개발 능력을 쌓기 위해 공상은행의 핵심 상품 라인에 관심을 가졌다. 오스트레일리아는 지난 몇 년 동안 주로 광산, 천연가스, 오일, 신에너지원 분야의 프로젝트 건설 붐이 일었다. 중형 프로젝트의 경우 기획에서 대출을 받기까지 적어도 2년의 시간이 걸리지만, 일단 성공하면 현지의 자원 시장과 금융 시장에서 큰 영향력을 갖게 된다. 또한 프로젝트의 선도 은행이 되면 구조화 금융 상품을 개발하고 설계하는 능력을 크게 높일 수 있고, 프로젝트 대출을 통해서 오스트레일리아의 큰손 고객들과 협력할 수 있다. 프로젝트 대출은 일반적인 대형 기업 고객을 대상으로 하는 대출보다 수익이 더 높다.

2012년에 시드니 지점은 비행기 대출 업무를 중점적으로 개척하며 대형 설비 리스 금융의 가능성을 검토했다. 그 결과 2012년에 HKAC 비행기에 대한 혼합 통화 리스 대출 프로젝트를 순조롭게 완성했다. 1억1천만 달러의 대출액 중에서 위안화의 비중은 5%이고, 이것은 시드니 지점이 처음으로 위안화를 이용해서 비행기 대출 프로젝트를 진행한 것이다. 이와 동시에 대출액이 5,500백만 달러가 넘는 비행기 리스 선수금 금융도 성공했고, 총 3,500만 달러가 든 아볼론 비행기 리스 프로젝트도 성공했다.

이밖에 네 번의 비행기 리스와 대출 프로젝트에서는 총 1억5천만 달러가 들었다. 설비 대여 대출 부문에서 2012년 상반기에 시드니 지점은 오스트레일리아 3대 철광석 생산 기업인 FMG의 자산 대여 금융 프로젝트에 참여했다. (이 대출금은 이미 2013년 초에 미리 전액 상환되었다.) 이러한 거래 구조에 따라서 시드니 지점은 광업 설비 대여를 설계했고, 타이위엔 콜커터, 매컬리스, BDO, Endeavour Fleet 등의 기업과 함께 오스트레일리아의 특색 있는 Novated Leasing 구조를 분석하고 설계했다. 시드니 지점의 구조화 금융 팀은 오스트레일리아 4대 은행의 자산금융 팀과 일상적으로 소통했고, 아시아태평양 지역에 있는 유럽, 미국 은행들의 자산금융 팀과도 협력 관계를 형성했다.

4. 새로운 생각으로 새로운 영역을 개척하다

모두가 아는 것처럼 오스트레일리아는 광업이 발달한 국가다. 하지만 곡물이 많이 생산되는 농업 국가이기도 하고, 에너지 산업이 발달한 환경 보호의 대국이기도 하다. 시드니 지점은 자원 업종이 서서히 조정기에 진입하자 경영 전략의 포지션을 바꾸고 오스트레일리아의 주요 기반 산업 중 하나인 농업 대출 및 재생 에너지 영역으로 눈을 돌려 비즈니스 기회를 개척했다.

2012년에는 6개월도 안 되는 짧은 기간에 농업 및 재생 에너지 부문에서 제로 실적을 깨고 20곳 이상의 대형 에너지 기업 및 농업 기업과 관계를 맺었다. 이 중에는 최대 곡물 기업인 Manildra, 최대 소고기 기업인 AACo, 오스트레일리아 3대 에너지원 전력 기업인 TRUenergy 등이 있고, 중장기 발전을 위해서 많은 업무를 기획하고 준비했다. 2012년에 시드니 지점은 6개의 신자원, 에너지원 경쟁 입찰에 응했는데, 경쟁 입찰의 누적 금액이 10억 달러에 달한다. 그 가운데 5건이 낙찰되었고, 낙찰 총액은 5억 달러다. 새로운 영역을 개척하는 것은 시드니 지점의 자산 분포를 개선하고 이윤을 높이는데 도움이 된다.

전통적인 업종에서 기회를 찾으려면 오랫동안 꼼꼼하게 준비해야 하는 것에 비해 새로운 영역에서 마케팅을 하는 것은 조직의 전문가 정신을 시험하는 것에 가깝다. 새로운 영역을 개척하는 것은 결코 쉽지 않다. 처음에 대형 고객을 방문했을 때 상대방은 공상은행을 모르거나 아예 공상은행이 오스트레일리아에서 영업 허가증을 받았는지조차 의심했다. 사실 이들 고객은 은행의 규모가 크든 작든 별로 신경 쓰지 않고 은행의 소프트 파워와 약속 이행 능력을 더 중시한다. 하지만 소프트 파워와 약속 이행 능력을 증명하려면 인내심과 세심한 홍보가 필요하다.

따라서 시드니 지점은 먼저 신디케이트론 참여를 통해서 우수한 서비스 능력과 반드시 약속을 이행하는 능력을 보여줌으로써 대형 고객들과 협력 관계를 맺었다. 이러한 작업은 모두 한두 달의 단기간이 아니라 연간 단위의 장기간에 걸쳐 끊임없이 노력해야 풍성한 열매를 맺을 수 있다.

[사례] **Manildra 그룹과 손잡고 농업 금융의 새로운 장을 열다**

2013년 새해가 되고 얼마 되지 않아 시드니 지점은 오스트레일리아 최대 곡물 가공 기업인 Manildra 그룹과 협력 관계를 맺고 곡물 분야에 대출을 제공해 오스트레일리아 농업 금융 영역에서 새로운 돌파구를 마련하고 새해부터 기분 좋은 출발을 했다.

2012년 하반기에 충분한 사전 조사와 연구를 마친 시드니 지점은 오스트레일리아의 농업 영역을 열심히 개척했고, 중국과 오스트레일리아의 글로벌 농업 협력, 농·목축업 가공, 벌크 상품의 수출입 무역을 3대 목표 시장으로 정하고 오스트레일리아 현지 시장에 '출하 후 대출'과 '출하 전 대출' 등의 대응 상품을 출시했다.

시드니 지점은 오스트레일리아 최대 곡물 가공 기업인 Manildra 그룹을 목표로 정했다. 이 기업을 처음 방문했을 때 CEO는 줄곧 ANZ 은행과 거래했고, 거의 모든 업무를 이 은행에서 처리한다고 밝혔다. 하지만 반복적인 설득 끝에 일부 금융 업무에 대한 자금을 시드니 지점을 통해서 조달하기로 결정했다. 시드니 지점은 Manildra 그룹의 3대 핵심 관계 은행에 속한 뒤에 ANZ 은행과 웨스트팩 은행 같은 오스트레일리아 현지의 대형 은행과 어깨를 나란히 하고 농업 금융 영역에서 한 자리를 차지했다.

시드니 지점은 신디케이트론을 통해서 Manildra 기업과 신뢰를 쌓는 동시에 소통 과정에서 이 기업이 해외 확장에 관심이 있는 점을 발견하고 중국 시장에서 홍보하는 기회를 빌려 기업의 경영진이 베이징 공상은행 본점을 방문해 전면적인 협력 관계를 맺도록 설득했다. 시드니 지점은 이 기업이 중문 홍보 자료를 제작하는 것과 일정을 기획하는 것을 도왔다. 중국행 이후 Manildra의 경영진은 시드니 지점의 농업 금융 전략 및 상품 설계 능력과 업무 능력을 높게 평가하고 금융 업무를 흔쾌히 공상은행에 맡겼다. 처음 접촉 후 대출 협력 관계를 맺기까지 9개월이 걸렸고, 이 성과는 직원들의 열정과 땀으로 이루어졌다.

Manildra 기업에 대한 성공적인 마케팅은 시드니 지점이 이미 오스트레일리아 현지 농업 시장을 성공적으로 개척했고, 현지 농업 금융 영역을 탐구하는 것에서 한 걸음 더 나아가 다양하고 현지화된 자원 은행 업무를 개척하는 새로운 장을 열었음을 상징한다. 하지만 도전은 아직 끝나지 않았다. 앞으로 남은 과제는 현지의 대기업과 구조적인 대출 협력 관계를 맺는 것이다.

공상은행의 신용에 힘입어 시드니 지점은 서비스 체인을 늘리는 동시에 은행과 기업의 협력 공간을 확장했다. 지금까지 시드니 지점이 추진한 '자원 은행', '인프라 은행' 등의 브랜드는 이미 오스트레일리아 시장에서 큰 나무로 성장했고, '중국 이야기'는 업무의 현지화, 팀의 전문화, 고객과 신디케이트론 네트워크 구축, 공상은행과 투자 은행의 연계 강화 등을 적극적으로 이끄는 작용을 했다. 여기에서 파생된 인수 합병 조직, 재무 고문, 리스크 관리 등의 고급 기술과 고부가가치의 업무 시스템은 시드니 지점의 서비스 수준을 크게 높이는 동시에 수익 구조를 개선했다.

5. 하나의 ICBC와 National Team

공상은행의 남태평양 지역 확장 요구에 따라서 시드니 지점은 개업 후 계획적이고 단계적으로 오스트레일리아와 뉴질랜드 지역의 업무 확장 속도를 높였다. 또한 이 지역의 주요 경제, 금융, 전 업종의 네트워크에 진출해 현지에서 운영되는 중국계 은행의 주도권을 잡고 '하나의 ICBC' 이념을 실현함으로써 공상은행의 영향력과 브랜드 효과를 높이고, 글로벌 은행이 되었다. 이러한 결과는 국제화 전략의 목표이자 시드니 지점이 추구했던 목표였다.

지난 5년 동안 시드니 지점이 걸어온 개척사는 '3부곡三部曲'으로 묘사할 수 있다.

1부는 웨스트오스트레일리아 편이다. 2011년 11월에 자원 은행으로 포지션을 잡은 퍼스 지점이 모두가 주목하는 상황에서 성대하게 문을 열었다. 당시에 영업이익은 837만 달러이고, 중간 업무 수입은 294만 달러로, 기대했던 성장 추세를 보였다.

2부는 빅토리아 주 편이다. 2012년 11월에는 1년여에 걸친 치밀한 준비 끝에 시드니 지점의 두 번째 2급 지점인 멜버른 지점이 첫 항해를 시작했다. 멜버른 지점은 개업 후 현지의 농업, 인프라, 의료 보건, 재생 에너지원 등의 분야에서 금융 서비스를 제공하는 동시에 공상은행의 선진적인 정보 기술 플랫폼과 그룹의 막강한 경영 네트워크를 기반으로 기업 업무, 구조 금융, 국제 결제, 무역 금융, 프로젝트 대출, 거래 자문 등의 전방적인 금융 상품을 제공했다. 이밖에도 오스트레일리아 현지의 자산가와 개인 고객들의 재테크 관리 수요에 부합하는 서비스를 중점적으로 제공했다. 멜버른 지점의 정식 개업은 공상은행이 오스트레일리아와 뉴질랜드 지역에서 펼친 전략이 성공했음을 의미하고, 앞으로 새로운 마케팅 채널을 개척하는 동시에 완벽한 서비스가 제공될 것임을 예고한다.

3부는 뉴질랜드 기관 개척 편이다. 최근에 뉴질랜드와 중국의 무역 관계가 밀접해지고 양국의 무역량이 해마다 빠르게 증가하자 양국은 2008년에 '자유 무역 협정'을 체결하고, 2011년에 '통화 스와프 협정'을 체결해 무역 협력에 새로운 동력을 불어넣었다. 2010년에 양국의 무역액은 전년 대비 20% 성장한 116억 뉴질랜드 달러이고, 중국은 3년 연속 뉴질랜드의 2대 교역국이 되었다. 하지만 지금까지 중국계 은행이 뉴질랜드에 진출하지 않은 것은 양국의 무역 협력 흐름에 맞지 않는다. 전 세계에서 가장 큰 중국인의 은행이자 중국 금융 정책의 중요한 집행 기관인 공상은행은 뉴질랜드에 영업 지점을 설립할 필요성을 느꼈고, 시장 조사를 통해 뉴질랜드에 현지 법인을 설립하는 방안을 세우고 본점의 허가를 받아 2013년에 정식으로 문을 열었다.

2013년 말이면 공상은행의 네트워크가 오스트레일리아와 뉴질랜드 전역을 커버할 것이다. 이렇게 되면 '하나의 ICBC'와 'National team' 전략이 완성되고, 두 지점망의 역량이 제대로 발휘되어 최대의 시너지 효과가 생길 것이다. 두 지역의 공상은행 지점이 하나의 목소리와 하나의 발로 움직이려면 장기적인 관점에서 선진 제도를 만들고, 실현 가능한 전략을 수립해야 한다.

먼저 '하나의 ICBC'와 'National Team'의 정의를 명확히 할 필요가 있다. 간단히 설명하면 국가대표팀의 전략이다. 팀의 구성원은 지역, 역사, 관심사, 성격이 모두 달라도 팀 전체를 위해서 서비스해야 하고, 팀의 목표와 방향을 위해서 노력해야 하며, 모든 구성원의 공헌은 조금도 손상되지 않고 성과에 반영되어야 한다. 제도가 선진적이면 팀을 이루는 구성원들의 차이가 용인되고, 이익이 서로 조화를 이루며, 미래에 새로운 구성원이 들어와도 개방적이고 수용적인 태도를 갖게 된다.

오스트레일리아와 뉴질랜드에 있는 공상은행 지점은 하나의 팀이므로 '남태평양 지역의 중심', '자원 은행의 중심', '남반구 위안화의 중심' 등의 거시적인 전략 포지션을 따르는 동시에 지역에 따라서 차별화된 상품을 출시하고, '국가대표팀'에 맞는 제도를 설계해야 한다. 또한 시드니를 금융 본부로 삼고, '퍼스의 자원 중심 + 멜버른의 인프라 중심 + 뉴질랜드의 농업 중심'의 삼위일체 시스템을 구축해야 한다. 그리고 상품 관리 부문에서는 퍼스와 멜버른을 일선 업무 팀으로 삼고, 시드니를 집중 관리 센터로 삼아 핵심 자산 발전 전략을 순조롭게 실시하며, '자원 프로젝트 + 중소형 기업 금융'의 특색 있는 상품을 끊임없이 개발하고 완성해야 한다.

앞으로 몇 년 내에 오스트레일리아와 뉴질랜드 지역의 업무와 제도가 완벽해지면 '국가대표팀'에 새로운 구성원이 합류하게 될 것이다. 또한 금융 상품이나 제도, 업무 분야 등에 맞춰 지점의 규모가 더 커지면 경영과 관리 구조가 수평적으로 변하고, 내부 프로세스가 더 유연해져야 하므로 현지화를 위해서 프로세스를 더 깊고 세심하게 연구해야 할 것이다.

8부
다문화 전략
多元文化战略

태평양과 인도양이 만나는 곳에 하나의 대륙이 있다. 아시아 혈통과 유럽의 분위기가 있고, 짙은 현대적인 색채와 오랜 역사의 토착 문명이 만나고, 200여 국가와 지역에서 온 이주민들이 햇빛과 해안을 감상하며 즐겁게 생활하는 곳, 그곳은 바로 오스트레일리아다. 2008년에 '공상은행'이라는 배가 처음 오스트레일리아에 도착했을 때, 배에서 내린 직원들은 이곳에서 풍성한 열매를 맺을 것이라는 확신을 가졌다. 개점 이후 시드니 지점은 적절한 진출 시기에 더해 현지 문화와 교류하며 성장할 수 있었고, 사람들과 조화를 이루는 다문화 전략은 '공상은행'이라는 배가 순풍을 타고 계속 나아가도록 도왔다.

지난 5년을 돌아보면, 시드니 지점은 걸음마를 배울 때부터 역량을 드러내기까지 '국제화'라는 세 글자를 구호나 꼬리표가 아니라 몸과 마음에 스며든 기질과 태도로 인식하고 실행에 옮겼다. 다문화 관리는 글로벌 기업을 지속적으로 발전시키는 선진적인 이념이자 기업의 국제화를 위해서 단련해야 하는 매우 중요한 '소프트 파워'다.

다문화 관리의 권위자인 찰스 햄튼 터너Charles Hampden-Turner 교수는 이렇게 말했다.

"전 세계의 신흥 기업 대부분은 문화적 토대가 부족한 '준마駿馬'에 비유할 수 있다. 반면에 성숙한 문화를 가진 글로벌 대형 기업은 '코끼리'에 비유할 수 있는데, 코끼리는 걸음마다 앞으로 나아간 발자국을 남긴다."

기업은 '준마' 단계에서 '코끼리' 단계로 변신하는 과정에서 앞으로 나아가지 못하면 성장이 멈춘다. 시드니 지점은 내부적으로 공상은행의 이념과 현지의 가치가 융합된 기업 문화를 바탕으로 다문화 관리팀을 육성했다. 이를 통해 조국을 가슴에 품고, 눈을 크게 뜨고 세계를 바라보며, 해외 시장에서 '가장 존경 받는 은행'에 부합하는 국제적인 이미지와 사회적인 책임감을 보여주기 위해 노력하고 있다.

1장

피어나라, 아카시아여
绽放吧, 金合欢

아카시아는 오스트레일리아를 상징하는 국화다. 오스트레일리아 국장國章 아랫부분에서도 아카시아 그림을 찾을 수 있다. 아카시아의 중국 명칭인 '허환合歡'은 우정과 각 민족이 사이좋게 지내는 것을 상징한다. 오스트레일리아는 '사람의 평등'을 매우 중시하는 국가여서 사람들이 서로 존중하

[그림 8-1] 평등과 우호를 상징하는 아카시아

고 우호적으로 지낸다. 이러한 문화적 특징에서 시드니 지점의 '우수해지고, 강해지고, 아끼고, 나누는' 핵심 가치관이 나왔고, 이를 토대로 사람이 근본인 문화를 만들었다.

1. 사장만큼 일 잘하는 직원

오스트레일리아는 지리상 상대적으로 독립적인 국가다. 비록 서유럽의 문화 시스템을 계승했지만, 사회의 다양성과 특수한 역사적 배경은 오스트레일리아 사람들을 독립적이고 언론의 자유와 평등한 인권을 중시하게 만들었다. 평등 사상은 이미 오스트레일리아 사람들 마음 깊숙이 자리 잡아 민족의 심리 의식을 이루는 중요한 구성 요소가 되었다.

오스트레일리아에서 자주 쓰이는 속담이 있다.

'직원이 사장만큼 일을 잘한다(Jack is as good as his master).' '태도가 겸손해서 다가가기가 쉽다(behave like one of the boys).' '키 큰 양귀비를 잘라라(cut the tall poppies).'

이들 속담은 부와 권력을 가진 자에게 겸손함을 유지하고, 특히 말과 행동을 하거나 다른 사람을 대할 때 우월감을 표현하지 말 것을 요구한다. 현지의 정부 관료와 기업가들은 자신이 '보통 사람'으로 보여지는 것을 영광으로 여기는데, 이를 통해서 오스트레일리아의 문화가 '평등'의 가치와 이념을 매우 중시한다는 것을 알 수 있다.

시드니 거리를 걷다 보면 오스트레일리아가 얼마나 여유롭고 편안한 곳인지를 느낄 수 있다. 자유로운 삶을 추구하는 이곳 사람들은 도시와 자연이 어우러진 아름다운 생활을 즐긴다. 날씨가 화창한 날의 해변은 서핑과 비치발리볼을 즐기는 사람들의 천국이 된다. 오스트레일리아 사람들은 선조들의 전철을 밟지 않기 위해 서로 존중하고 겸손하고 예의바르다. 버스정류장에서는 조급해하지 않으며, 노인이나 유모차를 미는 아기 엄마가 어려움을 겪으면 적극적으로 도움의 손길을 내민다. 버스에서 내릴 때도 기사에게 "수고하셨어요."라는 말을 잊지 않고, 출퇴근 시간에 사람들이 몰릴 때도 서로 밀지 않고 줄을 서서 버스를 탄다.

오스트레일리아에서 고용 관계도 평등의 연장선에 있어서 직원은 사장이 사업을 발전시키도록 돕고, 사장은 직원의 미래를 생각해 개인의 가치를 실현하도록 돕는다. 남자와 여자는 일할 때 똑같은 권리와 기회를 갖고, 택시기사나 청소부도 화이트칼라와 똑같이 존중받는다. 종족, 성별, 사회적 지위, 정치, 종교 등에 대해서 차별하는 것은 오스트레일리아에서 불법이고, 만약에 말이나 행동으로 무시당하거나 위압적인 느낌을 받으면 경찰이나 오스트레일리아 정부에 신고할 수 있다. 오스트레일리아 정부는 이런 문제를 매우 중시한다. 이런 점에서도 사람은 누구나 평등하다는 관념이 오스트레일리아 사람들의 의식 속에 깊숙이 스며든 것을 알 수 있다.

2. 우수해지고, 강해지고, 아끼고, 나누고

사회적 토양이 비옥한 곳에서는 기업이 잘 큰다. 시드니 지점은 처음부터 오스트레일리아의 문화적 특징에 맞추어 우수해지고, 강해지고, 아끼고, 나누는 것을 핵심 가치관으로 정했다. 이 중에서 우수해지고, 강해지는 것은 기업의 발전 목표이고, 아끼고, 나누는 것은 기업의 인문 정신이 진하게 배인 인간미를 나타낸다. 아끼는 것은 지점이 따뜻한 가정이 되어 직원들끼리 서로 관심을 갖고 평등하게 존중해주는 동시에 따

[그림 8-2] 한루이상 시드니 지점장(왼쪽)과 쟝젠칭 이사장(오른쪽)

뜻한 사회를 추구하고, 자신의 자리에서 사회적 책임을 다하는 것을 가리킨다. 나누는 것은 부와 영예를 나누고, 어려운 순간을 함께 지나고, 책임감과 주인의식을 버리지 않고, 기업이 현지 사회와 경영 성과를 함께 나누는 협력 정신을 가리킨다.

시드니 지점은 모토를 만들 때 '협력, 상생'을 인문 정신으로 정하려고 했으나 토론을 반복한 끝에 만장일치로 공상은행의 인본주의 가치관을 가장 잘 드러내고, 지점 개설 초기부터 이제까지 직원들이 동고동락하며 영예와 치욕을 함께 나누는데 필요한 '아끼는 것'과 '나누는 것'을 지점의 핵심 문화로 정하였고, 이 문화는 앞으로도 계속될 것이다.

시드니 지점 1층 회의실에 들어서면 가장 먼저 흰 벽에 쓰인 '우수해지고, 강해지고, 아끼고, 나누라'는 붉은 글씨가 눈에 들어온다. 이 말은 시드니 지점을 성장시킨 정신적인 원동력이자 지점 문화의 정수다.

시드니 지점이 신입 직원이나 회의를 위해 방문한 고객에게 이 말의 뜻을 소개할 때마다 사람들은 모두 감탄한다. 「오스트레일리언 뉴 익스프레스 데일리」의 책임자는 이 말에 오스트레일리아의 특색과 중국의 전통적인 문화 이념이 모두 들어있다고 말했다.

3. 인재를 쓰다

'사람은 누구나 평등하다'는 말과 '아끼고, 나누라'는 말은 사람과 사람의 상호 관계를 나타낸다. 제도는 유형의 것이라서 규정, 표준, 기율, 지표 등으로 나타내지만 제도가 이룰 수 없는 정신적인 측면은 문화가 적극적인 능동성을 발휘한다. 기업에 잘 정비된 제도와 강한 정신력이 있으면 기업 관리는 완벽해진다. 또한 다원화된 경영 조직에서 문화적 차이는 조직 관리를 방해하는 요소가 되지만, 적절한 방법을 취하면 이 차이는 새로운 생각과 힘을 만들어 낸다. 특히 인적 자원을 개발하거나 관리의 유연성을 높일 때, 문화의 고유한 특성은 거대한 협력 효과를 일으켜 인적 자원의 잠재력을 더욱 확대할 수 있다.

2차 세계대전이 끝나고 글로벌 경영을 할 때, 미국 기업은 번번이 좌절했지만 같은 시기에 해외로 진출한 일본 기업은 모든 면에서 순조로웠다. 일본은 조직을 효율적이고 혁신적으로 운영해 '종합상사'라는 새로운 유형의 기업 조직을 만들어 자국 내 중소기업의 해외 진출을 대대적으로 촉진했다. 구체적으로 설명하면 해외로 진출한 일본 기업은

[그림 8-3] 공상은행 시드니 지점 임직원

양카이성 공상은행장(둘째 줄 오른쪽에서 네 번째)과 왕리리 부은행장(둘째 줄 오른쪽에서 세 번째)

기존의 틀에 박힌 제도적 관리 방식이 아닌 조직의 목표, 취지, 신념, 가치 원칙 등 소프트적 요소를 더욱 중시하였다. 또한 제도의 손길이 닿지 않는 곳은 문화의 정신적인 힘으로 직원들을 감동시키고 경영의 모순점을 없앰으로써 국제 사회에서 성공했다.

다문화 관리 조직을 만들기 위해서 시드니 지점은 현지 인재 채용 전략을 고수해왔다. 국가, 종족, 인맥(꽌시)에 관계없이 실적으로 말하고 능력에 따라 중용하는 것이다. 시드니 지점은 1명의 현지 출신 부지점장 외에 현지에서 고용된 7명의 부서 책임자와 부책임자들이 있고, 이밖에 현지에서 고용되어 중요 직책까지 오른 중간관리자들도 많다. 이 시스템은 현지에서 고용된 직원들에게 바람직한 모델이 되었고, 공상은행의 공정한 인사 시스템에 개인적 발전의 열의를 느낀 직원들은 더욱 열심히 일한다.

시드니 지점은 직원 간에 문화의 평등함을 유지하기 위해 장점을 취하고 단점을 보완하며 서로 학습하는 분위기를 만들었고, 현지 직원들과 본점에서 파견한 직원들을 각 부서에 거의 비슷한 비율로 배치했다. 파견된 직원들은 현지 직원들과의 협력을 통해서 다문화 관리 능력을 키웠고, 현지 직원들은 기업 문화와 본점의 규범을 더욱 손쉽게 숙지하고 업무를 익히는 동시에 문화적 소속감을 가진 공상은행인이 되었다.

2012년 말에 시드니 지점의 총 직원 수는 연초보다 29명이 늘어나 88명이 되었다. 직원은 현지에서 채용된 사람들이 80%를 차지하고, 화교가 아닌 사람이 10명이다. 화교는 유럽, 오스트레일리아, 말레이시아, 스리랑카, 한국, 시리아, 베트남 등 출신이고, 나머지는 중국 대륙 및 홍콩, 마카오, 타이완 출신이다. 직원들은 나이, 경력, 지역, 문화 배경, 언어 등의 방면에서 우수하고, 다문화의 넓은 시야를 가지고 협력하는 팀을 만들었다.

4. 준비된 인재는 현명한 주인을 선택한다

중국 속담에 '훌륭한 새는 나무를 골라서 둥지를 튼다.'라는 말이 있다. 네덜란드 국적의 부지점장은 오직 재능만 보고 인재를 채용하는 지점의 이념에 딱 맞는 고급 인재였다. 지점의 평등하고 포용적인 문화에 매료된 그는 자신이 먼저 지점의 발전에 힘을 보태고 싶다고 밝혔다.

[그림 8-4] 시드니 지점 부지점장 제라드

그는 지점에 합류하는 날부터 긴박한 업무에 투입되었고, 지점도 그가 재능을 펼칠 수 있는 플랫폼을 제공했다.

시드니 지점은 설립 신청 때 대량의 영문 초안을 만들어 감독 기관에 보고해야 했는데, 여기에는 리스크 관리 정책, 자금 세탁 방지 관리 방법, 준법 감시 방법 등 현지 상황과 밀접하게 관련된 서류가 포함된다. 지점은 이 보고서의 질과 효율을 보장하는 동시에 신청 설립 비용을 아끼기 위해서 부지점장을 믿고 그에게 초안 작업을 맡겼다. 그러자 부지점장은 풍부한 현지 경험과 숙련된 업무 능력을 발휘해 지점 설립 신청에 크게 공헌했다. 2011년에 지점의 추천으로 그는 공상은행에서 심사하는 '중국공상은행 영예의 글로벌 직원'으로 선정되어 직접 본점에 가서 교육을 받았다. 시드니 지점에 보내는 메시지에 그는 이렇게 적었다.

"지금까지의 성공으로 시드니 지점의 미래에 더 많은 자신감을 갖게 되었습니다. 영원히 함께 하길……."

경영 과정에서 시드니 지점은 현지에서 채용된 직원들에게 폭넓은 재량권을 주어 풍부한 경험을 쌓게 했다. 예를 들어, 고객 업무를 처리할 때 지점은 현지 준법 감시인의 준법 경영, 자금 세탁 방지 방면의 뛰어난 능력을 적극적으로 발휘해 고객의 리스크를 더욱 방어적으로 통제했다. 한번은 어떤 기업의 업무 처리 과정에서 자금 세탁 방지 지침에 위배되는 기업 내부의 의심스러운 거래를 발견한 준법 감시인이 즉시 리스크 관리 위원회에 보고하고, 이 고객의 업무 처리를 즉각 중단시켜 리스크 사건이 발생하는 것을 막았다.

주목할 점은 시드니 지점에서 화교 출신이 아닌 직원들의 수가 현지 중국계 은행 수준을 뛰어넘었다는 것이다. 2012년 말에 지점의 비 화교 출신 직원은 전체의 15%인 10명이다. 시드니 지점에 다른 중국계 은행에서 근무한 경험이 있는 영국 국적의 직원이 1명 있는데, 그는 이렇게 말한다.

"공상은행 시드니 지점의 문화는 다른 중국계 은행과 매우 다르다. 이곳은 원하는 바를 분명히 말할 수 있고, 직원들의 건의와 의견에 경영진이 귀를 기울인다. 이런 문화는 모든 직원들을 지점에 공헌하고 싶도록 만드는 원동력이 된다. 나는 이곳에서 근무하는 것이 매우 기쁘다."

이것은 시드니 지점의 다문화 관리가 성공적으로 실현된 것을 의미한다. 지난 5년 동안 시드니 지점은 우수한 인재를 채용해 소프트 파워를 형성했고, 본점 차원에서도 글로벌 인재를 양성하는 동시에 그룹의 다문화 관리를 위해서 유익한 경험을 제공했다. 2011년에 시드니 지점은 우수 지점으로서 그룹 네트워크와 유익한 정보를 공유하고 있다.

5. 널리 인재를 모집하다

중국 속담에 '영웅은 귀천을 따지지 않는다.'라는 말이 있다. 현지 시장에서 시드니 지점을 발전시킬 수 있는 직원을 찾기 위해서 지점은 인재 채용 비용을 낮추는 동시에 여러 경로를 통해서 인재를 광범위하게 모집했다. 예컨대, 공개 채용 시장에서 인재를 뽑거나 헤드헌터 기업을 통해서 조건에 맞는 인재를 찾거나 현지 유명 대학 졸업생에게 단기 인턴 기회를 제공해서 우수한 인재이면 정식 직원으로 채용했다. 시드니 지점은 이런 경로를 통해서 여러 명의 인재를 찾는 동시에 직원들에게도 추천을 받았다. 이밖에 자기 추천이나 고객 추천도 직원을 채용하는 방식 중의 하나다.

진정으로 시드니 지점을 발전시킬 인재를 뽑기 위해서 지점은 후보자들을 엄격하게 심사했다. 지점의 모든 직원들은 이렇게 엄격한 채용 단계를 거쳐 선발되었다. 일반적으로 신입 직원들은 세 번의 면접과 자격 심사를 통과해야 정식 직원이 된다.

첫 번째 면접은 인사부 및 관련 부서에서 진행했고, 주로 후보자의 기본 소양, 취업 자격, 교육 배경, 언어 능력, 성격 등을 기본적으로 평가한다. 두 번째 면접은 부지점장, 부서의 책임자들이 참여해 전문 지식, 전문 기술, 관련 경험을 중점적으로 테스트한다. 세 번째 면접은 지점장이 진행하는 마지막 단계다. 이러한 면접 과정에서 지점의 인사부는 후보자들의 각종 자격증 및 업무 경력의 사실 여부를 심사하고, 현지 이민법에 저촉되지 않는 취업 자격을 중점적으로 심사한다.

6. 직원으로서의 꿈을 펼쳐라

직원들이 성취감을 느끼는 것은 시드니 지점의 가장 큰 특징이다. 지점은 정기적으로 직원 교육 강화 계획을 세우고 맞춤형 교육을 체계적으로 실시하였다. 새로 들어온 직원들에게 지점은 기본적인 수습 교육 과정과 입사 전 인턴 교육을 실시해 업무의 보조성과 발전 계획을 강화했고, 신입 직원들이 새로운 환경에 빨리 적응하도록 도왔다.

동시에 지점은 교육 방식을 적극적으로 혁신해 관련 부서 간 업무의 이해와 교류를 촉진하고, 업무 처리의 효율과 성과를 높였다. 교육 내용을 풍부하게 만들기 위해 전기 기술과 업무 교육을 실시하는 동시에 문화 교육도 강조해서 서로 다른 문화 간에 이해와 융합을 촉진시켰다. 예를 들어, 지점은 현지 직원들을 중국에 보내 교육을 시켜 업무의 소양을 높이고, 공상은행의 기업 문화에 대한 이해와 인식을 강화했다.

시드니 지점은 직원들이 여가 시간을 이용해 각종 업무 관련 전문 교육을 받거나 자격증 시험을 보도록 지원했고, 직원들의 시험 비용을 일부 보조하고 해마다 3일씩 유급 시험 휴가를 주었다. 이런 방법은 직원들이 적극적으로 학습하도록 도울뿐더러 업무 경쟁력을 높여 향후에 지점이 더 나은 서비스를 제공하는데 도움이 된다. 지점의 많은 직원들은 이렇게 학구적인 환경에서 전문적인 능력을 적극적으로 개발했고, 그 결과 공인회계사CPA, 국제 재무 분석사CFA 등 여러 자격증을 취득했다. 시드니 지점에서 회계 업무를 보는 한 직원은 이렇게 말한다.

"시드니 지점은 자격증을 가진 동료들이 많아서 일하면서 그들에게 여러 가지 전문 기술을 배우다가 제가 일하는 분야에서 본받고 싶은 롤

모델을 발견했어요. 그래서 열심히 노력했고, 일찌감치 자격증을 따서 업무 능력을 높일 수 있었어요."

시드니 지점은 직원들의 부서간 교류도 장려한다. 현재 5명의 직원들이 부서를 바꾸어 근무 중인데, 이 방법은 직원의 종합적인 업무 능력과 커리어를 향상시키는 것에도 중요하고, 부서 간의 교류와 협력에 도움이 된다.

서로 끌어 주고 밀어 주는 기업 문화는 오랜 시간에 걸쳐 배양되어야 한다. 시드니 지점은 학습형 조직을 만들기 위해서 도서관을 지었고, 직원들을 위해서 경제 관련 신문과 잡지를 정기 구독한다. 지점장을 선두로 지점의 모든 직원들이 예술, 문학, 경제, 역사, 공학 등에 관해 자발적으로 기증한 책은 150권이 넘고, 직원들은 책을 읽으며 서로의 생각을 주고받는다. 인터넷 시대지만 조용히 앉아서 책을 읽으면 능력도 키우고, 자신도 충전하고, 끊임없이 학습할 수 있다.

7. 모범을 보이고 열심히 전진하라

임금은 가장 효과적이고 가장 직접적인 격려 수단이다. 임금의 시장 경쟁력을 유지하기 위해서 시드니 지점은 직원들의 임금을 업계 수준으로 맞추었다. 초기에 임금에 대한 매력을 확보하기 위해서 지점은 신입 직원들의 연봉을 업계 수준을 참고해서 정하고, 해마다 업계의 임금 수준과 동향을 제때 파악해서 정기적으로 조정한다.

[그림 8-5] 시드니 지점의 경영진

시드니 지점은 시스템의 완벽성과 합리성을 중요하게 여긴다. 때문에 부서의 업적과 성과를 기초로 부서를 분석 관리했고, 각 부서를 위한 세부 매뉴얼을 만들었으며, 업적과 성과에 대한 과학적이고 차별적인 심사 방법을 설계했다. 또한 심사의 공정성도 중시해서 심사할 때 오로지 업적과 성과만 놓고 말하고, 심사 결과에 따라서 상여금을 지급하여 투명성을 높였다. 동시에 소통, 피드백, 지도를 중시해서 심사 결과를 제때 직원들에게 알려 직원들이 업적과 성과를 높이도록 도왔다.

시드니 지점은 동기 부여도 중시해서 내부 정보 플랫폼을 통해 솔선수범 사례를 홍보하여 좋은 효과를 얻었다. 예를 들어, 오스트레일리아의 유명한 경제 잡지인 「파이낸셜 리뷰」에서 ICBC를 'Mega ICBC(Mega International Commercial Bank, 타이완 조풍 국제 상업은행)'로 잘못 표기하자 어느 직원이 경영진에게 보고하고 잡지사에 연락해 정정을 요청했다. 비록 작은 일이지만 경영진은 공상은행 그룹의 공적인 이미지를 보호하는데 도움이 된다고 생각해 내부 정보 플랫폼을 통해서 이 사례를 홍보하고, 공상은행을 가족처럼 사랑하는 이 직원의 정신을 직원들이 본받도록 했다.

시드니 지점은 '지점장 상'을 만들고 구체적인 선정 방법까지 정했다. 이 상은 지점의 장점을 발굴하고 모범을 보인 직원에게 준다. 지점은 트로피를 만들어 매월 직원들이 모인 자리에서 지점장이 수여했고, 이 소식을 이메일이나 내부 정보 플랫폼 등의 방식으로 널리 알렸다. 어떤 직원은 자발적으로 소형 프로그램을 만들고 업무 효율을 높여 상을 받았는가 하면, 어떤 직원은 특색 있는 기업 문화 활동을 만들어서 상을 받았고, 어떤 직원은 열정적인 직업 정신으로 상을 받았다. 지점장 상은 직원들 사이에 자기 업무에 충실하고, 선진적인 기술을 배우고, 지점에 공헌하는 좋은 분위기를 만들었다.

아카시아는 많은 꽃들이 서로 모여 있는 모습이 아름답고 귀엽다. 아카시아는 약 1,300종이 있을 정도로 종류가 매우 다양한데, 그중에서 960종의 원산지가 오스트레일리아다. 해마다 꽃이 피는 계절이 돌아오면 아카시아 나무는 하얀 솜옷을 입은 선녀처럼 하늘하늘 춤추며 달콤하고 맑은 향기를 내뿜는다. 아카시아는 문화와 종족이 다른 사람들이 모여 서로 아끼고 존중하며 세운 아름다운 국가인 오스트레일리아를 상징한다.

국가의 정책은 철학이요, 행동이다.

"사방에서 모여든 동포들이여. 어려움과 즐거움을 함께 나누고, 힘을 내고 하나가 되어 전진하자. 아름다운 오스트레일리아여."

오스트레일리아의 국가처럼 오스트레일리아가 사회의 문화와 정신을 건설하는 과정은 민족의 자아를 뛰어넘어 다문화를 형성하고 발전시

키는 과정이었다. 이런 과정을 겪으며 '오스트레일리아'라는 젊은 국가
는 성숙하고, 아름답고, 생기로워졌다. 오스트레일리아의 평등 이념은
경쟁과 변화가 충만한 시대에도 사라지지 않고 오히려 더 많은 사람들
에게 높은 평가를 받을 것이며, 시드니 지점도 이 정신을 본받아 새로운
시대에 새로운 생기를 뿜어 낼 것이다.

전진하라 '캥거루' 국가여
前进吧, "袋鼠国"

시드니 지점의 다문화 관리는 글로벌 기업이 자신들이 활동하는 국가의 관리 방법을 수용하고, 이질적인 문화적 충돌을 기업의 독특한 문화로 승화시켜 탁월한 성과를 내는 관리 과정을 의미한다. 이때 경영자는 다문화를 탐구하고 서로 다른 문화 배경을 가진 직원들이 모두 지킬 수 있는 원칙을 만들어 기업의 잠재력과 가치를 최대한 발휘해야 한다.

지난 5년의 끊임없는 노력으로 시드니 지점의 문화는 어느덧 시스템을 갖추었고, 문화 활동도 시스템화되고 규율화되었다. 본점의 문화적 특징과 지점이나 현지 법인이 속한 해외의 현지 문화가 결합한 새로운 문화는 더 강한 생명력과 지속성이 있다. 시드니 지점도 이런 이론을 기초로 '문화'라는 무형의 자산을 기업의 핵심 경쟁력으로 전환시키기 위해 혁신적인 문화의 길에서 용감하게 나아가는 중이다.

1. 계속 전진하는 '캥거루' 국가

캥커루는 오스트레일리아를 상징하는 동물이다. 오스트레일리아에만 거주하는 캥거루는 뒤로는 못 가고 앞으로만 가는 특징이 있는데, 캥거루가 용감하게 앞만 보고 가는 정신을 오스트레일리아 사람들은 자랑스러워한다. 캥거루의 이미지는 오스트레일리아의 국장과 화폐 도안에 등장하는 것은 물론이고, 오스트레일리아 항공 기업의 로고에서도 볼 수 있다.

하지만 사람들에게 이렇게 사랑 받는 동물의 영문명에 흥미로운 역사가 숨어 있다는 것을 아는가? 200년 전에 영국의 탐험가 조셉 뱅크스는 오스트레일리아에 도착한 후 새로운 대륙에서 생활하는 앞다리는 짧고 뒷다리는 긴 동물을 발견했다. 그는 세계 곳곳에서 견문을 넓힌 탐험가였지만, 이렇게 이상하게 생긴 동물은 처음 봐서 호기심을 못 참고 현지 토착민들에게 이 동물의 이름을 물었다. 영어를 모르는 토착민들은 '모른다'는 의미로 "ganguru!"라고 말했지만 조셉 뱅크스는 이것을 이 동물의 이름으로 받아들였고, 이렇게 해서 캥거루의 영문명이 'kanga-roo'가 되었다. 이 이야기는 사실 오스트레일리아가 과거에 영국의 식민지였음을 말해 주기도 한다.

역사의 강을 거슬러 올라가면 오스트레일리아 원주민의 선조는 동남아 출신이고, 17세기 후반에 스페인, 포르투갈, 네덜란드, 프랑스의 일부 상인들이 향신료를 찾기 위해서 오스트레일리아에 왔다. 1770년에 영국의 항해가인 제임스 쿡 선장이 온 뒤에 영국은 오스트레일리아를 식민 통치하기 시작했고, 1850년대에 뉴사우스웨일스 주와 빅토리아 주에서 연이어 금광이 발견되자 유럽, 미주, 아시아에서 금을 좇는 사람들이 벌떼처럼 몰려와 오스트레일리아의 인구가 급증했다.

1945년 이후 세계 각지에서 600만 명이 넘는 이주민들이 오스트레일리아로 왔고, 이들은 민족에 관계없이 서로 도우며 풍요롭고 다양한 사회 문화를 만들었다. 오스트레일리아의 다양한 식문화만 봐도 이곳이 어떤 사회인지 짐작할 수 있다. 오스트레일리아는 세계 각지의 요리, 예컨대 프랑스식 코스 요리, 인도의 카레, 터기의 케밥, 일본의 초밥, 한국의 불고기가 모두 있다. 아침에 차이나타운을 가면 제대로 된 홍콩식 아침 식사를 할 수 있고, 점심 때 이탈리아인 거주 지역에 가면 맛있는 스파게티를 먹을 수 있고, 저녁 때 서큘러 선착장에서 바닷바람을 쐬며 오스트레일리아산 포도주를 마실 수 있는 등 식문화에 압도될 정도로 다양한 음식이 있다.

음식 외에 다양하고 특색 있는 축제에서도 오스트레일리아가 문화의 용광로인 것을 알 수 있다. 본다이 비치에서 거행되는 삼바 축제에서는 열정이 넘치는 삼바 춤과 카포에이라를 체험할 수 있고, 중국의 춘절에는 덩실덩실 용춤을 추는 사람들을 볼 수 있으며, 이탈리아의 명절에는 분장을 하고 노천 광장을 마음껏 누빌 수 있다.

오스트레일리아는 종교에 대해서도 매우 개방적이라서 천주교의 성당, 성공회의 교회, 힌두교, 시크교, 불교의 사원, 이슬람교의 모스크와 유대교의 회당 등이 있다. 특유의 역사적인 배경으로 오스트레일리아는 명실상부한 다문화 국가가 되었다. 오스트레일리아의 다양한 문화가 수놓은 화려한 불꽃은 시드니 지점의 다문화 관리에 큰 교훈을 주었다.

2. 판다가 캥거루를 만났을 때

오스트레일리아의 문화는 열악한 환경과 싸우는 이야기, 건장하고 대담하지만 평범한 사람들의 이야기 위에 성립되었기 때문에 공정한 경쟁이 핵심 정신이 되었다. 지금도 오스트레일리아는 여전히 원주민의 전통, 다양한 문화, 혁신적인 이념, 예술의 번영으로 자신들을 정의한다.

오스트레일리아의 '캥거루 문화'는 유럽·미국의 문화, 아시아의 문화가 존재한다. 하지만 두 문화는 서로 차이가 많기 때문에 경영자는 신중하게 접근할 필요가 있고, 다양한 문화 시스템을 만들어 문화가 서로 충돌하는 것을 막고 최대한 두 문화를 조화롭게 융합시켜야 한다. 문화적 충돌을 적극적으로 해결하고, 처음부터 서로의 차이를 받아들이고 다른 점에서 배울 점을 찾아 문화를 혁신적으로 융합하면 두 문화의 장점이 결합된 독특한 문화가 형성되어 서로 격려하며 발전할 수 있다.

경제의 세계화가 이루어지고 세계무대에서 중국의 정치와 경제 역량이 예전보다 높아지면서 중국 전통 문화의 영향력도 나날이 커지고 있다. 특히 오스트레일리아에 이주한 아시아 사람들의 새로운 면모는 기존의 아시아 사람들에 대한 현지인들의 편견마저 바꿔 놓았다. 시드니를 예로 들면, 많은 초등학교에서 중국어 수업을 제공하고, 고등학교에 공자 아카데미가 설립된 곳이 많으며, 용춤은 모두가 즐겨 보는 축제의 일부가 되었다. 이것은 양국의 문화 교류가 더욱 빈번하고 친밀한 방향으로 발전하는 것을 의미한다.

문화의 수용도가 커지고 문화적 충돌도 객관적으로 완화되면 두 문화의 교류와 협력이 더 깊어져 대화의 가능성도 높아진다. 따라서 경영진은 다문화를 이해하고, 서로 다른 문화적 배경을 가진 직원들이 함께 지킬 수 있는 행동 원칙을 만들어 기업의 잠재력과 가치를 최대한 끌어 올려야 한다.

시드니 지점은 다양한 국가와 지역에서 온 비화교 출신 직원들이 있어서 어느 특정한 문화에 맞춰 관리 방안을 만드는 것이 어려웠다. 따라서 비화교 출신 직원들에게 중국의 전통 문화와 공상은행의 기업 관리 모델을 이해시키는 동시에 화교 출신 직원들, 특히 중국에서 파견된 직원들에게 오스트레일리아의 다문화 특징과 현지 은행간 운영 관리 모델을 소개해 불필요한 마찰을 효과적으로 줄이고 서로 다른 문화의 장점을 취해 업무를 발전시켰다.

사실 중화 민족의 우수한 전통 이념 중에는 다문화 기업 관리에 적용할 수 있는 실천성이 강한 이념들이 많다. 예를 들어, 공자의 '인자애인(仁者愛人 : 어진 사람은 남을 사랑함)'은 관용적인 태도로 기업을 관리하는 것이고, '국가흥망 필부유책(國家興亡 匹夫有責 : 나라가 흥하고 망하는 것은 보통 사람에게도 책임이 있음)', '수신제가치국평천하(修身齊家治國平天下 : 몸을 닦고 가정을 안정시킨 후 나라를 다스리며 천하를 평정함)'는 끝임없이 노력해 자신의 꿈을 공동체의 미래와 통일시키는 것이다. 이러한 이념은 일하기 좋은 분위기를 만들고, 다문화 관리를 촉진하는데 도움이 된다. 따라서 시드니 지점은 직원들이 대가족 같은 공상은행의 따뜻한 품에 안겨 자아를 실현하고, 이상을 추구하며 능력을 키우고, 강해지고, 아끼고, 나누는 기업 문화를 만들었다. 이것은 중국의 전통 문화를 계승한 것이고, 더 나아가 해외에서 확대 발전시킨 것이다.

3. 천리 같은 지척에서 지척 같은 천리로

1980년대부터 전 세계적으로 각국의 기업들이 해외로 속속 진출해 업무의 영향력을 확대하며 최대의 이익을 얻기 시작했다. 하지만 많은 기업들이 거친 파도에 휩쓸려 전복되는 것을 통해서 경험과 교훈을 얻어야 한다. 프랑스의 푸조가 중국의 것이 되고, 벤큐의 지멘스 인수도 실패로 끝났다. 많은 기업이 국제화 과정에서 실패하는 이유의 80%는 다문화 관리에 대한 인식과 이해가 부족해서다. 다 같이 날마다 한 지붕 아래에서 일하지만 마음이 제각각이면 열정을 갖고 해외에 나갔어도 꿈을 이루지 못하고 빈손으로 돌아올 수밖에 없다. 안타깝게도 직원들의 몸이 지척에 있어도 서로 마음의 거리가 천리만큼 멀면 사업을 이루기가 어렵다.

시드니 지점이 찾은 것은 '서로 얼굴을 보고 웃어 천리 밖까지 미소를 번지게 하는' 관리 방식이다. 공상은행은 국제화 전략을 실시한지 20년이 되었고, 해외 지점은 1992년에 1호 지점을 낸 뒤에 빠르게 증가해 최근에는 400호에 근접했다. 이제는 전 세계 거의 모든 주요 금융 도시에서 별처럼 반짝이는 공상은행을 발견할 수 있다. 시드니 지점은 현지에서 뿌리를 내리고 꽃을 피우려면 업무의 운영 수준을 높이는 것은 기본이고, 공상은행의 좋은 전통을 본받고 여기에 현지의 문화를 결합해 다문화 관리 이념이 지점의 모든 발전 단계에 스며들도록 해야 한다는 것을 잘 안다.

천릿길도 한 걸음으로 시작되고, 9층의 높은 누대도 한 줌의 흙으로 시작된다. 기업의 문화는 끊임없이 노력할 때 아름다운 꽃을 피운다. 시드니 지점은 기업 문화를 관리하기 위해서 신입 직원이 들어오고 부서가 정해지면 공상은행의 배경과 지난 몇 년 동안 지점의 업적을 소개해 신입 직원이 지점의 문화와 가치관을 이해하도록 돕는다. 또한 중문과 영문으로 제작된 공상은행의 기업 문화를 소개하는 책자를 제공하고, 전문 강좌를 개설해 공상은행의 발전 과정과 기업 문화의 변천사, 직원들과 교류한 모범 사례를 소개해 공상은행의 문화에 대한 이해를 높이고, 직원들의 동질감과 소속감을 높인다.

홍보가 기업 문화를 만드는 중요한 수단이요, 투지를 불타오르게 하는 효과적인 수단이라면 실적은 기업 문화의 힘 있는 기둥이자 중요한 점검 기준이다. 시드니 지점은 공상은행 그룹의 실적을 발표해 직원들이 공상은행의 자랑스러운 업적과 시장에서의 위치를 더욱 직관적으로 느끼고, 그룹의 발전 전략을 이해하도록 도와 공상은행인으로서의 자부심과 명예감을 가지고 더욱 노력하게 만들었다.

이밖에 지점의 문화는 그룹의 문화와 현지의 문화가 결합한 산물이고, 지점의 전략은 지점 문화의 중요한 몸통이다. 따라서 지점은 내부 정보 플랫폼, 경영진 회의, 직원들의 모임 등을 통해서 지점의 문화와 전략을 홍보하고, 직원들이 지점의 발전 전략과 전망을 이해해서 높은 사명감과 실행력을 갖도록 도와야 한다.

4. 직원 간의 내부 소통을 강화하다

서로 아끼고 사랑하는 것은 사람을 근본으로 여기는 정신의 구체적인 표현이요, 사람들의 마음을 하나로 모으는 효과적인 수단이다. 기업에게 문화는 일종의 행위 습관이다. 시드니 지점은 직원들을 사랑하는 마음을 기업의 습관으로 만들고, 이 마음이 직원들의 일과 생활에 흐르게 해 봄바람에 흩날리는 이슬비처럼 모든 직원들의 영혼을 촉촉하게 적셨다. 지점은 직원의 생일마다 전 직원이 서명한 생일 축하 카드와 선물을 준비해 달마다 직원 모임을 가질 때 지점장이 직접 전달했다. 또한 직원이 자녀를 낳으면 출산 휴가 중인 여직원에게 별도의 축하금은 물론이고 꽃과 선물을 전달해 축하했다. 직원이 상을 당하면 장례식장에 대표를 파견해 문상했고, 중국에서 파견된 직원이 시드니에 처음 도착하면 공항에 마중을 나가고, 숙소를 마련해 주고, 은행 카드와 전화 카드 발급을 도왔다. 시드니 지점은 이렇게 사소한 행동으로 직원들에 대한 사랑을 소리 없이 전달했다.

또한 여직원들을 위해서 3월 8일 '여성의 날'이 되면 정성껏 작은 선물을 준비했다. 중국 사람들은 '여성의 날'을 모두 알지만 오스트레일리아는 이 날을 별로 중시하지 않아서 많은 직원들이 이 날을 잘 모른다. 시드니 지점의 모든 여직원에게 보내는 글에서 지점장은 이렇게 말했다.

"여러분은 시드니 지점 설립 이후 끊임없는 진보 정신과 어려움을 극복하는 정신으로 신여성의 기품을 보여주며 자기 분야의 전문가로 성장하셨습니다. 또한 지점의 발전을 이끄는 중요한 활력소가 되어 새로운 시대의 여성으로서 사회적 역할을 하셨습니다. 여러분이 시드니 지점의 직원인 것이 기쁘고 자랑스럽습니다……."

시드니 지점은 직원들과 일상적으로 소통하고 교류하는 것도 매우 중시했다. 그룹 차원이 회의가 끝나면 지점은 직원들과 간담회를 열고 각자의 생각을 말하도록 하여 제때 직원들의 속마음을 이해하고, 기업의 발전과 미래에 대한 견해를 서로 교환했다. 경영진도 비정기적으로 직원들과 교류하며 직원들의 목소리를 경청함으로써 직위에 관계없이 직원들이 서로의 마음을 이해하도록 해 지점 전체의 실행력을 높였다.

5. 떡, 월병, 종즈, 칠면조

시드니 지점은 오스트레일리아에서 기업 간의 거래를 이어주는 다리이자 문화의 중개자다. 기업 문화를 만들고 소통을 강화하기 위해서 지점은 연 초마다 문화 달력을 만들고, 달마다 주제에 걸맞은 활동을 정했다. 예를 들어, 3월은 시드니 지점이 정한 '환경 보호의 달'인데, 오스트레일리아의 환경 보호의 날, 지구의 날 및 물 절약의 날이 모두 3월에 있다. 이때 시드니 지점은 이메일을 통해서 전 직원에게 물을 절약하는 작은 팁을 전달하고, 3월의 주제에 맞는 잡초 뽑기, 쓰레기 줍기 등의 환경 보호 활동을 한다. 5월은 '건강 증진의 달'이다. 해마다 중국의 상회는 5월에 배드민턴 대회를 여는데, 시드니 지점은 이 기회를 빌려 모든 직원들이 연습할 수 있는 장소를 제공해 직원들이 일하는 틈틈이 운동할 수 있도록 지원했다. 또한 문화 달력에 중국과 서양의 기념일 및 지점의 중요 행사를 표시하고 다양한 형식으로 직원들을 축제에 참여시켰다.

해마다 춘절이 되면 시드니 지점은 전 직원과 함께 보낸다. 지점은 모두가 즐겁게 모인 자리에서 중국이 춘절을 기념하게 된 배경을 소개하는가 하면, 떡과 만두 같은 전통 음식을 선보여 해외에 있는 중국 직원들이 신년 분위기를 즐길 수 있도록 했다. 또한 외국 국적의 직원들에게는 중국 문화 수업을 제공해 다함께 집에 대한 그리움과 삶에 대한 열정을 느낄 수 있도록 했다. 중추절, 단오 등의 중요 명절에는 전통 식품을 구입해 직원 가족들과 함께 지점의 사랑을 나눈다.

[사례] **중국과 서양의 장점을 결합한 중추절 문화 강좌**

2012년 중추절에 시드니 지점은 전 직원에게 중추절에 관한 이야기, 즉 항아가 달에 도망간 이야기와 월병의 유래를 소개했다. 달에 대한 이해는 중국과 서양이 비슷하면서도 다르다. 1시간 동안 진행된 강좌에서 달에 관한 이야기가 줄줄이 나와 현지 직원들은 물론이고 중국 출신 직원들도 달에 대해서 재미있는 이야기를 많이 들었다.

"중국인들에게 달은 부드럽고 아름다운 모성을 상징하지만, 서양인들은 늑대 인간 같은 무서운 이야기와 연관 지어 생각합니다……."

강좌에 참석한 직원들은 이 대목에서 고개를 끄덕였고, 어느 영국 국적의 직원이 "확실히 서양에서는 보름달이 뜬 밤에 낭만을 떠올리긴 어려워요. 왠지 중국도 그날 칠흑처럼 어둡고 바람이 몰아치는 밤에 피 비린내 나는 일이 벌어질 것 같네요……."라고 말해 모두가 한바탕 웃음을 터뜨렸다. 똑같은 자연 현상이지만 중국과 서양은 서로 이해하는 것이 달라 소통의 창구를 통해서 서로 이해할 필요가 있다. 이런 면에서 시드니 지점의 문화 강좌는 있는 그대로의 현상을 논하며 서로의 차이를 인정하고, 소통의 통로를 찾고, 공통점부터 맞추어 나감으로써 서로 공통된 인식을 갖도록 돕는다.

크리스마스는 서양인에게 가장 중요한 기념일이다. 시드니 지점도 해마다 이때가 되면 단체 활동을 벌인다. 예를 들어, 2009년에 전 세계적인 불황으로 현지 대기업들도 크리스마스 연회를 취소했지만 시드니 지점은 흥겨운 축하 연회를 열어 직원들이 공상은행인으로서 대가족 같은 따뜻함과 자랑스러움을 느끼게 했다. 2011년에는 직원들을 위해 크리스마스와 연말을 축하하는 파티를 열었다. 파티 장소는 시드니 명소 중의 한 곳인 '피쉬 마켓'이다. 중국인, 외국인 직원들과 가족들이 한곳에 모인 자리에서 시드니 지점 지점장은 먼저 크리스마스 축하 인사를 했고, 뒤이어 한 해 동안 열심히 일한 모든 직원에게 감사의 마음을 표하며 새해에도 한 단계 더 발전하자고 말했다. 이밖에 직원들은 부서별로 재미있거나 감성적인 공연을 해서 박수갈채를 받았다. 외국 국적의 한 직원은 이렇게 말했다.

"공상은행 시드니 지점은 꼭 집처럼 따뜻하고 다양한 문화가 공존하는 매력이 있어요. 공상은행에서 일하는 것이 자랑스럽습니다."

[사례]　2012년, 당신은 행복하셨나요?

2012년 크리스마스에 시드니 지점은 특별히 '2012년, 당신은 행복하셨나요?'라는 주제로 사내 인터뷰를 진행해 다양한 대답을 들었다. 어떤 직원은 "아침마다 출근할 수 있어서 행복해요."라고 대답했는가 하면, 어떤 직원은 "2012년 한 해 동안 가족 모두 건강하고 지점의 일도 잘 풀려서 행복했어요."라고 대답했다. 비록 저마다 대답은 조금씩 달랐지만 대체로 자신의 행복과 지점의 행복을 서로 연관 지어 생각하는 경향이 있었다. 사실이 그렇다. 공상은행이라는 큰 가정이 안정되어야 작은 가정인 지점도 행복하고, 지점이 발전해야 직원들도 발전할 수 있지 않겠는가.

중국과 서양의 전통적인 기념일 외에 시드니 지점은 오스트레일리아의 특색 있는 활동도 잊지 않았다. 경마는 오스트레일리아에서 가장 특색 있는 문화 중의 하나이고, 1년에 한 번씩 멜버른에서 열리는 경마 축제는 현지 사람들에게 인기가 높다. 현지의 풍속을 존중하기 위해서 경마 축제가 열릴 때마다 시드니 지점 경영진은 직원들과 함께 경마를 구경하며 친목도 다지고 삶의 즐거움도 나눈다.

오스트레일리아에 살면서 기본적인 사교 예절을 모르는 것은 말이 안 된다. 시드니 지점은 중국 출신 직원들이 오스트레일리아의 풍속을 이해할 수 있도록 정기적으로 다양한 주제의 문화 강좌를 연다. 예를 들어, 오스트레일리아에서는 포도주를 자주 마시는데, 특히 비즈니스 모임에서 포도주 맛을 음미할 줄 아는 것은 기본적인 사교 예절이다. 그래서 시드니 지점은 포도주 시음 모임을 만들고 전문가를 초빙해 설명을 들으며 포도주를 즐기는 방법과 관련 지식을 배웠다.

직원들의 문화 배경, 사고방식, 생활 이념의 다원화, 차별화의 특징에 따라서 시드니 지점은 우수해지고, 강해지고, 아끼고, 나누는 기업 문화로 직원들의 마음을 하나로 모아 사기를 진작시켰다. 또한 다양한 문화를 자연스럽게 융합시켜 직원들의 단결력을 극대화했고, 직원들의 적극성과 창의력을 키우고, 동기 부여를 통해 열정적으로 일하도록 지원함으로써 미래를 바라보고 행동하는 핵심 가치와 이념을 만리타향인 오스트레일리아에서 뿌리를 내리고 싹을 틔웠다.

코끼리와 함께 춤을
与象共舞

코끼리는 진중하고 튼튼하고, 코끼리 사회는 분업이 명확하고 서로 사이좋게 지낸다. 사자와 호랑이는 사나운 맹수지만 웬만하면 코끼리를 사냥 대상으로 삼지 않고, 물이 극도로 부족한 건기에도 쉽게 코끼리의 수원을 침범하지 않는다. 이것이 큰 덩치를 가진 코끼리의 힘이요, 코끼리 무리가 가진 위협적인 힘이다.

기업이 비즈니스 환경에서 발전하는 것은 생태계에서 생존하고 번영하는 것과 같아서 먼저 자기 몸의 힘을 키우고, 다음으로 상권을 발전시켜야 한다. 다시 말해서 중국인들이 말하는 '사람들과의 조화'를 귀하게 여겨야 한다. 단합된 기업 문화와 팀워크를 가지려면 내부 관리를 잘하고, 현지 사회에서 인정받고 존중 받는 기업 이미지를 만드는 것이 필요하다.

기업은 직원들의 다양한 능력과 지혜를 넓게 포용하는 것은 물론이고, 서로 다른 문화적 배경을 가진 고객, 경쟁자, 관련 사회도 포용하여 현지 사회에 잘 녹아들어야 한다. 이런 의미에서 글로벌 경영은 현지의 토양에 뿌리를 잘 내리기 위해서 다른 기업들의 경험에서 배우고, 현지 기업과 상생하는 것, 즉 '코끼리 무리'와 함께 춤을 추는 것과 같다.

1. 상인 연합회 : 상생과 협력의 큰 무대

오스트레일리아는 상호 작용하는 비즈니스를 중시한다. 따라서 현지 주류 사회에 진입하려면 업무를 종적, 횡적으로 확장하는 동시에 진취적이고 포용적인 기업의 면모가 필요하다. 오스트레일리아에는 정부, 기업, 민간이 주최하는 다양한 상인 연합회가 있다. 상인 연합회는 각종 활동을 통해서 회원들에게 자원을 공유하고 협력할 수 있는 교류의 플랫폼을 제공하는 동시에 현지의 경제 발전과 경영 활동에 적극적으로 참여한다.

시드니 지점은 현지 업무를 발전시키기 위해서 포럼과 상인 연합회에 참가해 지명도를 높이고 좋은 평판을 얻었다. 지난 5년 동안 시드니 지점은 오스트레일리아 중국공상업위원회ACBC 및 오스트레일리아 중국총상회CCCA 등 현지에서 유명하고 규모가 큰 상인 연합회에 가입해 많은 비즈니스 기회를 얻고, 현지 상업계의 운영 방식과 습관에 익숙해졌다. 상인 연합회와의 인연으로 ICBC의 이름도 서서히 알려져 리오틴토, 울워스 등과 같은 현지의 큰 고객들이 시드니 지점에 협력의 문을 두드렸고, 이렇게 시드니 지점은 한 무대에서 코끼리와 함께 춤출 수 있는 새로운 시대에 접어들었다.

2009년은 시드니 지점이 갓 항해를 시작하고 시장에서의 영향력을 확대할 때다. 또한 중화인민공화국이 탄생한지 60주년이 되는 해라서 오스트레일리아 중국 총상회(CCCA)와 오스트레일리아 중국 공상업 위원회(ACBC)가 '오스트레일리아 중국 투자 포럼'을 열었다. 이 자리에는 장쥔사이 오스트레일리아 주재 중국 대사, 후샨 시드니 총영사, 로버트 제임스리 호크 전 오스트레일리아 총리 및 오스트레일리아와 중국 상업계에 종사하는 280여 명의 사람들이 참석했다. 포럼의 규모와 참석한 인사들의 면면을 볼 때, 이 포럼은 2009년에 가장 영향력 있는 활동 중의 하나였다.

특별 초청 귀빈인 시드니 지점 지점장은 중국계 은행으로서 어떻게 현지 사회에 적응했는가를 주제로 강연했다. 그는 공상은행이 책임감 있는 큰 은행이 되어 어떻게 중국과 오스트레일리아 양국에 금융 서비스를 제공했고, 중국과 오스트레일리아의 무역 투자가 경제 발전에 미치는 영향과 투자 전망 등에 대해 발표하여 현지 언론에서 긍정적인 반응을 얻었으며, 오스트레일리아 중문 신문에도 '책임감 있는 큰 은행이 되라'라는 제목으로 특별 보도되었다. 또한 오스트레일리아 ABC 방송과 「시드니 모닝 헤럴드」 등 여러 영문 매체에서도 지점장의 발언을 인용해 포럼에 대해 보도했다. 순식간에 '책임감 있는 큰 은행'은 시드니 지점의 특별한 표식이 되었고, 고객과 현지 사회에 깊은 인상을 남겼다.

2. 국제 CEO 포럼 : MBA 학교

오스트레일리아 현지 사회에 잘 녹아들려면 중국공상은행의 사회적 영향력을 강화하고, 브랜드의 지명도를 높여야 한다. 시드니 지점은 현지에서 영향력 있는 포럼과 활동에 적극적으로 참여했고, 강연, 연구, 파티 등의 각종 활동에서 오스트레일리아의 정계 요인, 상업계 리더와 상호 교류하며 시드니 지점이 성장할 수 있는 외부 환경을 만들었다.

국제 CEO 포럼은 모든 주제가 MBA 논제와 같아서 각계 핵심 인사들이 참여한 토론은 세미나처럼 모든 입장에서 주제에 대해 깊이 있게 분석한다. 2012년 8월 14~15일에 시드니 지점은 중국계 기업 중에 유일하게 초청을 받고 수도 캔버라에서 열린 포럼에 참석했다. 이 포럼에는 줄리아 길러드 오스트레일리아 전 총리와 여러 명의 장관, 야당 당수인 에버트와 제 1야당 내각의 재무장관 및 150여 개 기업의 CEO가 참석했다.

포럼의 주제는 '외국인 투자자와 정부 간의 대화'였다. 이것은 오스트레일리아 정부가 외국인 투자자를 위해서 개최한 가장 큰 규모의 대화였고, 목적은 오스트레일리아에 투자 의향이 있는 투자자들에게 오스트레일리아의 정치 경향, 경제 발전 추세 및 총체적인 투자 환경, 관련 정책 법규 등의 중요한 정보를 소개하는 것이다. 특히 외국 투자자들이 관심이 많은 광업 투자 정책, 호주 달러의 환율 영향, 각국과의 의존 관계 등에 대해서 질문을 받고 정부의 입장에서 설명했다.

학술계의 연구 이론은 경영자에게 참고의 의미가 있다. 멜버른 대학의 마크 릿슨 교수는 국제 CEO 포럼에서 "국제적으로 경쟁하려면 기업가는 브랜드 가치를 이해하고, 나아가 브랜드 안에서 살아야 한다."라고 말했다. 이 말을 간단하게 정리하면 '브랜드의 현금화'다. 거대한 가치의 잠재력을 경제적 이익으로 전환하면 브랜드에 생명력이 생긴다.

릿슨 교수의 말에 시드니 지점 경영진은 깊이 공감했다. 서로 비슷한 제품을 출시하고 격렬하게 경쟁하는 사회에서 브랜드는 경쟁자가 쉽게 모방할 수 없고, 상품에서 가장 잠재력이 큰 부분이다. 은행간 시장 경쟁, 특히 국제적인 대형 은행간 경쟁은 나날이 치열해지고, 형식도 단일 상품과 서비스 경쟁에서 브랜드 경쟁의 새로운 국면으로 바뀌었다. 사실 시드니 지점의 지난 5년간 발전 과정은 '공상은행'이라는 금가루를 칠한 간판을 오스트레일리아에 가져와 내용을 끝없이 풍부하게 만드는 과정이었고, 이론적 지침에 따라서 명확한 길을 걸으며 발전하는 과정이었다.

포럼에 초청을 받는 것은 시드니 지점이 지난 몇 년 동안 오스트레일리아 주류 사회에서 인정받았다는 것을 의미한다. 정치적인 포럼, 연구회 같은 주요 비즈니스 활동에 참여하고, 오스트레일리아의 정치 지도자, 핵심 인사들과 교류하면 오스트레일리아 현지의 경제 동향과 발전 추세를 가장 먼저 파악할 수 있고, 주류 사회에 공상은행이 적극적으로 활동하는 좋은 모습을 보여줄 수 있다.

3. 업계 포럼 : 자신을 보여주고 고객을 얻다

특정 업계의 포럼은 그 업계의 전문가와 교류하고 토론할 수 있는 기회를 준다. 업계의 포럼은 업무가 계속해서 늘어나는 시드니 지점이 시장 분석, 관련 프로젝트 대출, 개발 상황을 이해하도록 돕고, 비즈니스 기회를 잡는데 중요하게 작용했다.

[사례] 　오스트레일리아 에너지원 전략 포럼

오스트레일리아 에너지원 전략 포럼(The Energy State of the Nation 2012)은 오스트레일리아 정부가 해마다 에너지원 백서를 제정 및 수정하기 위해서 위탁한 에너지원 분야 주요 정책성 기관 및 대형 에너지원 기업 연합이 주관하는 국가 에너지원 전략과 정책에 관한 대규모 포럼이다. 이 포럼의 결론은 중요한 정책 참고 자료가 되어 오스트레일리아 정부의 새해 에너지원 백서에 반영된다.

2012년 3월에 시드니 지점 지점장은 오스트레일리아 국가 에너지원 전략 포럼 강연에서 공상은행의 자원 은행 업무와 글로벌 위안화 상품을 중점적으로 소개하고, 오스트레일리아 에너지원 시장과 정책의 개방성 및 글로벌 확장에 대해서 의견을 제시했다. 지점장의 강연은 참석자들에게 매우 큰 관심을 받았고, 일부 대형 에너지원 기업과 정책성 기관은 공상은행이 오스트레일리아와 중국의 무역 협력에서 본보기 역할을 하고, 현지화를 위한 노력에 대해 높이 평가하면서 자원 영역과 국제 위안화 영역에서 협력할 뜻을 밝혔다.

현지 은행들의 귀한 경험을 배우기 위해서 시드니 지점은 오스트레일리아 경제발전위원회CEDA가 주최한 인프라 건설 포럼 및 오스트레일리아 연방은행CBA이 개최한 천연가스 오일 업계 전망 토론회에도 참석했다. 현지 사회와 적극적으로 교류하는 것 외에 고객을 초청해 지점의 문화를 이해시켰다.

개업하고 2년째 되는 해에 시드니 지점은 신상품 홍보 및 개업 2주년 파티를 위해서 'ICBC Bavarian Night' 행사를 열었다. 이날 200여 명의 고객들이 참석해 시드니 지점을 축하했고, 중간에 공상은행 관련 퀴즈 풀기 행사를 통해 고객들이 지점에 대해서 알 수 있는 기회를 만들었다. 2011년 11월에 퍼스 지점을 개업할 당시에는 공상은행 그룹의 경영진들이 직접 퍼스에 와서 업무를 지도했다. 시드니 지점은 이 기회를 빌려 고객과 경영진이 만날 수 있는 자리를 만들어 고객과 공상은행의 협력 가능성을 크게 높였다. 이러한 활동은 현지 주류 언론에도 크게 보도되어 퍼스 지점의 마케팅 업무에 좋은 기회가 되었다.

새로운 물이 계속 흘러들면 물이 맑아지는 것처럼 새로운 통로와 플랫폼은 시드니 지점의 활력을 유지시키는 중요한 원천이다. '공상은행'이라는 브랜드가 주는 새로운 가치를 현지 시장에서 발휘하고, 이것을 다시 자금 조달과 시장 마케팅 등의 종합적인 실력으로 전환시키면 브랜드가 효과와 이익을 촉진하고, 효과와 이익이 다시 브랜드를 키우는 선순환이 일어난다.

2012년 8월에 시드니 지점은 오스트레일리아 연방은행(CBA)과 천연가스 오일 업계의 전망 토론회를 열었다. 토론회에서 양측은 아시아태평양 지역의 천연가스 오일 시장, 오스트레일리아 천연가스 오일 프로젝트 개발 현황 및 대출 추세에 대해서 토론했고, 최근에 시드니 지점이 분석한 천연가스 오일 프로젝트 협력 모델에 대해서 일치된 의견을 도출했다. 오스트레일리아 연방은행은 오스트레일리아에서 가장 큰 상업 은행 중의 하나이고, 대형 자원과 에너지원 분야의 도매 금융 업무 경험이 풍부해서 오스트레일리아 은행들 중에 진정한 '코끼리'라고 할 수 있다. 최근에 중국계 기업이 오스트레일리아 천연가스 오일 프로젝트에 대한 투자와 협력이 증가하자 연방은행은 중국 시장 및 천연가스 오일 업계에 더 큰 관심을 가졌다. 이것은 자원 은행 업무를 개척 중인 시드니 지점에게 좋은 소식이자 향후 양측의 깊이 있는 협력을 위해서도 좋은 소식이다.

4장

상아탑에 들어서다
走进象牙塔

　　개혁 개방을 하고 수십 년 동안 중국 경제는 급성장을 이루었고, 많은 우량 기업들이 글로벌 시장에 진출했다. 하지만 많은 외국인들, 특히 젊은 사람들의 중국 경제에 대한 인식은 여전히 계획 경제 시대에 머물러 있고, 중국 기업에 대한 기본적인 이해가 부족하다. 이러한 오해는 중국계 기업이 해외에서 협력 파트너를 찾고 업무 플랫폼을 구축하는데 방해가 된다.

　　따라서 오스트레일리아 현지에서, 특히 현지 젊은이들에게 중국 기업에 대한 긍정적인 이미지를 심어 주고, 중국의 발전 현황을 이해시키는 것은 오스트레일리아에서 뿌리를 내리고 싶어 하는 시드니 지점에게 중요한 책임이자 의무였다. 지난 5년 동안 시드니 지점은 현지 대학과 관계를 맺고 협력할 수 있는 기회를 줄곧 찾았다. 여기서 대학은 단순히 지식의 전당이 아니라 실천적인 지혜의 무대이고, 시드니 지점의 미래 고객과 직원의 발원지다. 또한 젊은이들에게 공상은행의 브랜드 이미지를 널리 알리고, 중국계 기업이 해외에서 이룬 성취와 미래 목표, 중국 기업의 발전 잠재력 및 젊은이들에게 제공할 발전의 기회를 이해시켜 시드니 지점과 함께 노력할 많은 인재들을 모았다.

1. 별은 지지만 지혜는 영원하다

모두가 아는 것처럼 시드니 대학은 오스트레일리아의 최고 대학으로 불릴 정도로 역사가 깊고 명예로운 대학이다. 유구한 역사와 눈에 띄는 성취는 시드니 대학에 '남반구의 옥스퍼드'라는 아름다운 별칭을 주었다. 대학 건물 앞에 서서 위를 바라보면 시드니 대학의 교훈이 라틴어로 새겨져 있다.

"Sidere mens eadem mutato." (별은 바뀌지만 지혜는 영원하다.)

이 말은 영국의 식민지에서 오스트레일리아가 되기까지 많은 것이 변했지만, 전통적인 영국식 대학 교육의 이념은 변하지 않고 남십자성이 비추는 대륙에서 끊임없이 이어지고 있는 것을 의미한다. 반기문 UN 사무총장 등 정치와 경제 분야의 주요 명사들도 가끔 이 대학에 초청되어 강연한다.

시드니 지점이 시행하는 인턴제도는 현지 대학생들로부터 뜨거운 관심을 받았다. 은행이라는 큰 교실에서 대학생들이 이론 지식을 실전에 적용하는 것은 향후 직장에 적응하는데 좋은 경험이 된다. 개업 이후 이미 100여 명의 대학생들이 지점에서 단기 인턴 생활을 했고, 이중에 많은 학생들이 인턴 생활을 마친 뒤에 사회에 나가 만족스러운 직장을 찾았다. 이를 두고 어떤 언론은 이렇게 평가했다.

"대학이 인재를 육성하는 주요 진지라면 기업은 인재의 실력을 검증하는 전장이다. 현재 많은 기업들은 대학생들에게 실습 기회를 주지 않고, 대학생들은 적응 훈련 없이 졸업 후 바로 사회에 진출해 업무를 제대로 수행하지 못한다. 이런 가운데 시드니 지점의 인턴제도는 많은 대학생들에게 취업 지침을 주고 직장에서 우여곡절을 덜 겪게……."

시드니 대학 학생회는 시드니 지점에서 실시하는 단기 인턴 프로젝트에 대해 문의하는 한편, 지점 관계자를 대학에 초청해서 강연회를 열고 질의응답 시간을 갖기도 했다.

[사례] 남반구의 옥스퍼드, 시드니 대학 학생들을 위한 강연

2012년 6월 1일, 시드니 지점 지점장은 시드니 대학의 초청을 받고 '중국과 오스트레일리아의 금융 발전 협력 기회와 도전' 이라는 주제로 강연을 했다. 시드니 주재 중국 총영사관 교육 팀의 홍펑 영사, 시드니 대학 국제 사무부 책임자, 시드니 대학 공자 아카데미 책임자, 오스트레일리아 금융계 전문 학자 및 뉴사우스웨일스 대학과 맥쿼리 대학에서 온 100여 명의 교수와 학생, 중국과 오스트레일리아 기업의 대표들이 모두 이 강연을 들었고, 신화사, 중신사 및 현지 언론도 이 강연에 대해서 보도했다.

강연은 미국 시인 로버트 프로스트의 시 '가지 않은 길'로 시작되었다.

I shall be telling this with a sigh,

Somewhere ages and ages hence;

Two roads diverged in a wood, and I,

I took the one less travelled by,

And that has made all the difference.

아름다운 시의 심오한 의미는 학생들의 깊은 흥미를 불러일으켰고, '평탄한 길과 사람들이 가지 않은 길 중에 난 후자를 선택하겠네……' 라는 지혜로운 시구는 상아탑의 학생들에게 많은 생각을 안겨주었다.

강연에서 지점장은 먼저 학생들에게 중국공상은행이 국제화 전략을 실행에 옮긴 이후 20년 동안 이룬 탁월한 성취를 소개하는 동시에 중국과 오스트레일리아가 수교를 맺은 지 40주년이 된 큰 배경에서 중국과 오스트레일리아 양국의 금융 기관간 협력 및 풍성한 결과, 특히 중국공상은행이 오스트레일리아에 진출한 뒤에 끊임없이 현지화 전략을 실시해 각 영역에서 눈에 띄게 발전한 점을 설명했다.

이밖에 시드니 지점이 경제에 대한 책임과 사회에 대한 책임을 다하고, 현지의 취업 문제를 적극적으로 해결하고, 환경 보호 사업을 하고, 사회 문화 활동에 적극 참여하고, 중국과 오스트레일리아의 무역 거래를 돕는 등 책임감 있는 글로벌 은행으로서의 이미지와 실제 사례도 소개했다. 강연이 끝난 후 시드니 대학 경제학

[그림 8-6] 시드니 지점 지점장이 학생들의 질문에 답변하고 있다.

과 교수는 이렇게 말했다.

"학자 같은 기업가의 강연이었고, 학생들에게 사회를 이해할 수 있는 문을 열어주는 동시에 학술 연구에 좋은 실천 사례를 제공했다. 특히 전 세계가 주목할 정도로 중국 경제가 발전했고, 중국과 오스트레일리아의 무역 거래가 빈번하게 이루어지는 상황에서 중국 기업가의 경험과 견해는 오스트레일리아 학생들에게 새로운 시각을 줄 것이다."

강연이 끝난 뒤에 지점장은 경제학자들과 핫 이슈에 대해서 토론하는가 하면, 학생들이 궁금해 하는 화제에 대해서 답변해 주었다. 어느 학생은 "이 강연을 좀 더 일찍 들었으면 졸업 논문 점수를 더 잘 받았을 것"이라고 말하며 안타까워했다.

2. 맥쿼리 대학과 손잡다

졸업식은 대학에서 가장 성대한 의식 중의 하나다. 일반적으로 대학은 사회 명사나 정치인을 초빙해 강연을 듣고, 강연자는 자신이 겪은 경험과 인생의 체험으로 젊은이들이 신념을 가지고 용감하게 전진해 자기만의 미래를 창조하라고 격려한다.

2012년 2월 5일, 시드니 지점 지점장은 맥쿼리 대학 졸업식 강연에서 자신의 인생 경험을 졸업생들과 나누고, 졸업생들이 늘 자신에게 솔직하고, 주어진 기회를 놓치지 말고, 시시각각 변하는 정보화 시대에서 자신이 추구하는 이상을 실현하라고 응원했다.

이상을 추구하고 수확한 것을 나눠라

시드니 지점 지점장은 맥쿼리 대학 졸업 강연에서 졸업생들과 함께 자신이 젊어서부터 걸어온 인생 경험을 나누었다. 그날 한 졸업생은 이렇게 말했다.

"한 번도 은행 업무를 접해본 적이 없고, 외국에 대해서도 전혀 몰랐던 소년이 세계 곳곳을 누비며 일하는 금융 기관의 리더가 되다니, 그의 인생에는 우리가 생각하고 배울 점이 있어요."

대학을 졸업하고 직업을 선택하는 부분에서 지점장은 시대와 함께 발전하고, 사회와 기업의 요구에 따라서 자신을 만들어야 한다고 조언했다. 기업은 인재를 선택할 때 가장 뛰어난 인재를 선택하지 않고 자신들에게 잘 맞는 인재를 선택하고, 오직 기업의 진보에 발걸음을 맞출 때 경쟁이 치열한 사회에서 살아남을 수 있다. 또한 지점장은 스스로 선택한 모든 기회도 소중히 여기라고 강조했다. 모두가 자신의 인생을 스스로 결정하는 사람이 되어야 하는데, 인생의 모든 선택은 성공으로 통하는 주춧돌이다. 현실에 만족해도 안 되고, 자포자기해서도 안 되며, 스스로 준비된 사람이 되어 인생에서 기회를 발견해야 한다. 강연이 끝난 뒤에 맥쿼리 대학 학장실에서 감사의 편지를 보내왔다. 내용은 이렇다.

"매우 감동적인 강연에 맥쿼리 대학 졸업생들이 많은 점을 느꼈을 것입니다. 다시 한 번 공상은행과 협력하고 싶습니다."

이러한 활동을 통해서 공상은행의 이미지도 좋아지고, 협력의 기회도 얻었다.

맥쿼리 대학은 오스트레일리아에서 교수들의 연구 수준이 높은 것으로 유명하고, 실용적인 인재를 키우는 목적에 맞게 금융, 보험 계리, 회계, 국제 무역 등 경제 금융 영역에서 높은 평가를 받고 있다. 2013년에 시드니 지점은 맥쿼리 대학과 함께 정식으로 다문화 관리 연구 등의 협

[그림 8-7] 시드니 대학 졸업식 강연 후 기념 촬영

시드니 지점 지점장(왼쪽에서 네 번째)과 맥쿼리 대학 교수들

력 프로젝트를 시작했다. 이 프로젝트는 맥쿼리 대학 교수와 연구원들이 오스트레일리아에 있는 중국계 기업에 대한 조사와 연구 및 공상은행의 경영 사례를 분석하는 것이다. 맥쿼리 대학은 공상은행의 관리 상태를 연구해 중국계 기업이 오스트레일리아에서 직면한 관리 문제와 전략 적응 능력 문제를 분석했고, 그 결과 서양의 관리 방법과 중국식 관리 방법 외에 새로운 관리 방법인 서양식과 중국식을 결합한 관리 방법이 중국계의 글로벌 기업 관리에 도움이 되는 것으로 나타났다.

맥쿼리 대학과 공동으로 과제 연구를 한 것은 지점 직원들의 능력을 한 단계 업그레이드시키는 효과적인 조치였다. 시드니 지점은 지점의 상황과 오스트레일리아 대학의 선진적인 이론 지식을 결합했고, 대학의 연구팀은 지점의 오스트레일리아 내 경영 상황을 분석하고 연구했다. 연구 결과는 중국에서 오스트레일리아로 진출한 많은 기업에 참고

자료로 제공되었고, 시드니 지점의 다문화 교육에 대한 의견이 더해져 맞춤형, 시스템형으로 업그레이드되었다.

모두가 아는 것처럼 영국, 미국, 독일, 일본 등의 국가가 세계적인 경제 대국이 된 것은 상품의 품질과 제품 구성이 좋은 것은 물론이고, 전 세계에 선진적인 문화와 경영 관리 이념 및 기법을 수출하기 때문이다. 미국의 제너럴일렉트릭과 일본의 도요타 등은 기업 문화를 확산시키는 선두 주자다.

기업 문화, 경영 철학, 경영 관리 기법의 미비는 중국계 기업에 대한 세계의 시선에도 영향을 주고, 중국 기업의 국제화 과정에도 영향을 준다. 비록 일부 중국계 기업은 이미 국제무대에서 자리를 굳건히 잡았지만, 향후 소프트파워의 역량 부족이 중국 기업의 국제화 발걸음을 가로막을 수 있다. 대학은 비단 지식의 전당이 아니라 실천적인 지혜의 무대다. 시드니 지점은 대학과 협력하고, 학생들과의 상호 작용을 통해서 소프트파워의 이론적 지지를 얻는 동시에 해외 시장에서 효과적인 소프트파워 구조를 갖추어 더 많은 기업에 소중한 경험을 제공해야 한다.

5장

보리 이삭을 들고 양의 등에 올라타다
手持麦穗骑羊背

모두가 아는 것처럼 오스트레일리아는 세계에서 자연 환경이 가장 아름다운 국가 중의 하나이고, 농업은 이곳의 경제를 발전시키는 중요 구성 요소다. 특히 목축업이 발달했는데, 오스트레일리아는 1인당 평균 5마리의 면양을 키울 정도로 전 세계에서 면양의 수가 가장 많다. 그래서 오스트레일리아는 '양이나 광석차를 타고, 손에 보리 이삭을 쥔 국가'로도 불린다.

1. 도시 속의 무릉도원

오스트레일리아에 있으면 이곳 사람들이 풀 한 포기, 나무 한 그루를 매우 사랑한다는 것을 알 수 있다. 붉은색 대지와 물에 씻어 놓은 듯

이 맑은 하늘, 그 위를 둥둥 떠다니는 구름, 그리고 산과 들에 있는 목장을 거닐면 바람을 타고 날아온 술 냄새를 맡을 수 있다. 그리고 원시 자연의 공원에 가면 들꽃이 화려하게 핀 들판을 볼 수 있으며, 푸른 잔디밭, 사람들로 넘쳐나는 해변, 나무를 돌보는 주민, 각종 풍경이나 그림은 기분을 상쾌하게 만드는 것이 꼭 무릉도원에 있는 것 같다.

오스트레일리아 최고의 대도시인 시드니는 거리가 깨끗하고, 공기가 맑으며, 하늘은 파랗다. 또한 각종 새 모양의 조각상을 연못, 거리, 지붕 곳곳에서 볼 수 있다. 아름다운 달링 하버에 가면 하얀 갈매기들이 날개를 펴고 배 주위를 돌거나 해안에서 쉬고, 블루 마운틴을 조용히 거닐면 형형색색의 앵무새들이 삼삼오오 가지에 앉아 안부를 묻는 것처럼 지저귄다. 도시에 사는 새들은 전혀 사람을 무서워하지 않고, 도시의 주인으로서 사람들과 함께 모든 것을 누린다. 오스트레일리아는 자연을 존중하고, 이 땅에서 나는 모든 생명을 보호한다.

오스트레일리아 원주민은 환경 보호 정신의 상징이다. 그들이 오스트레일리아 대륙에서 산 역사는 5만 년 전으로 거슬러 올라간다. 그들은 이곳의 풀과 나무, 돌과 산에 익숙하고, 언제 음식을 먹고 몸을 숨겨야 하는지, 어느 곳에서 땅을 자리삼아 쉬어도 되는지를 안다. 이곳 원주민은 5만 년 동안 땅과 하나가 되어 자신들의 이야기와 마음으로 스케치한 예술 작품을 만들었다.

오스트레일리아 기념품 가게에서 흔히 볼 수 있는 것은 원과 점으로 이뤄진 원주민들의 예술품, 컵, 카펫, 찻잔 세트 등이다. 원주민들은 생활에 필요한 모든 것을 점, 선, 원으로 장식하고, 그들이 배열한 점, 선, 원은 예술적인 그림이 된다. 그들의 그림은 아무렇게나 그린 것이 아니라 특수한 뜻이 있는데, 소용돌이 모양은 물의 구멍을 의미하고, 파도 모

[그림 8-8] 원주민이 조합한 점, 원, 선

양은 홍수와 태풍을 의미한다. 예술가들은 원주민의 작품을 점, 원, 선이 기묘하게 조합된 예술 형식으로 원주민이 생각하는 대자연을 표현한 것이라고 평가한다.

2. 오스트레일리아의 환경 입법

사실 하느님이 오스트레일리아 사람들에게 준 것은 신선계의 풍경이 아니다. 오스트레일리아는 구릉지가 많고, 사면이 바다로 둘러싸였으며, 중부 지역은 사막이라서 토지가 척박하고 비가 적게 내려 물이 부족하다. 이런 상황에서 정부는 환경을 보호하기 위해 법령을 제정하고 막대한 자금을 투입했다. 오스트레일리아는 일찍부터 환경 보호 개념을 추진한 국가 중의 하나로, 각종 환경 보호 관련법을 제정하여 시행하고 있다. 1970년에 빅토리아 주는 '환경보호법'을 발표했다. 오스트레일리아 연방 정부도 50건 이상의 환경보호법을 만들었는데, 여기에는 '환경 보호와 생물 다양성 보호법' 등과 같은 종합적인 입법, '멸종 위기 생물 보호법' 등과 같은 전문적인 입법, '공기 정화 법규' 등 20여 건의 행정 법규가 포함된다. 이밖에 각 주의 생태 환경 보호와 건설 법규는 100여 건에 달한다.

오스트레일리아의 환경보호법 집행은 매우 엄격하다. 개인이든 기업이든 정부 기관이든 환경보호법을 위반할 경우 법인은 많게는 100만 호주 달러의 벌금을 내고, 일반인은 25만 호주 달러의 벌금을 내야 하며, 직접 자연을 훼손한 사람은 7년 이상의 징역형에 처해진다. 오스트레일리아에서 나뭇가지를 정리하거나 베려면 관련 기관에서 허가를 받아야 하고, 동물을 학대할 경우에도 처벌을 받는다. 엄격한 환경 보호법 집행을 위해서 각 주에는 환경보호국 소속의 '환경 보호 경찰'이 있을 정도로 오스트레일리아 사회는 환경 보호를 매우 중시한다.

3. 오스트레일리아의 녹색 은행이 되다

전통적인 금융에 비해 '녹색 은행'의 가장 큰 특징은 인류 사회가 생존할 수 있는 환경이 주는 이익을 강조하고, 환경 보호와 자원의 합리적인 이용 여부를 금융 활동으로 환산해 준다. 또한 상업 대출을 통해서 각 경제 주체가 자연 생태계의 균형을 중시하고, 환경오염을 줄이며, 천연자원을 보호하여 인류 사회의 장기적인 이익 및 발전을 위해 공헌한다. 녹색 은행은 환경 보호, 생태계의 균형과 조화를 이루는 금융 활동을 중시하고, 최종적으로 경제와 인류 사회와 금융업이 지속적으로 발전하는 상생의 목적을 실현한다.

2011년에 '녹색 대출 실시 강령'의 지침에 따라서 공상은행 본점은 중대하고 민감한 프로젝트 및 민감한 업종의 사회 리스크 관리를 강화하는 동시에 전 세계 산업 구조의 조정 추세에 적극적으로 순응해 오염도가 높고, 유독 가스 배출 영역에 대한 대출 기준을 엄격하게 집행함으로써 환경을 오염시키는 공예와 낙후된 에너지 산업을 대출 영역에서 퇴출시키기로 결정했다. 이것은 앞으로 녹색 대출을 장기적으로 추진하겠다는 전략을 명확히 밝힌 것이고, 나아가 중국 최고, 세계 최고의 녹색 금융 기관이 되겠다는 발전 목표를 명확히 밝힌 것이다.

시드니 지점은 대출이라는 수단을 통해 경영 관리 부분에서 '녹색' 밸브를 엄격하게 관리하고 신용 자산을 확보해 오스트레일리아의 '녹색 은행'이 되었다. 실제 운영 과정에서 지점은 오스트레일리아의 환경 보호 표준을 신용 관리의 전 과정에 도입했다. 또한 녹색 대출의 기본 원칙을 지키기 위해 대출 조사, 심사, 허가, 계약 및 대출 후 관리에 관한 요구 사항을 명확히 제시하여 녹색 대출 관리를 모든 대출 프로세스에 적용시켰다. 특히 대출 허가 단계에서 지점은 '환경 보호 표결 제도'를 엄격하게 집행해 대출을 신청한 기업이 재무 지표가 좋고 높은 수준의 이익이 예상되어도 환경 보호 표준에 미치지 못하면 부결해서 환경 보호법 준수, 프로젝트 부지 선정, 오염물질 배출 및 자원 소모 방면의 환경 리스크를 철저하게 막았다. 또한 개점 이후 지점은 환경 보호, 에너지원 회수, 재생 에너지 프로젝트에 앞장서고 해수담수화 공정을 지지했으며, 현지 정부가 지원하는 태양광 에너지 주택 설치 작업에 참여하고 자원 기업의 환경 보호 업무를 처리했다.

환경 문제에 대한 각국 정부의 관심이 뜨거운 오늘날의 환경 보호 산업은 이미 발전 잠재력이 풍부한 신흥 산업이 되었다. 전 세계 환경 보호 산업의 시장 규모는 1992년의 2,500억 달러에서 2009년에 6,000억 달러를 기록하여 연평균 8%의 속도로 성장했다. 이것은 세계 경제의 성장률보다 훨씬 앞선 수치로, 환경 보호 산업은 전 세계 국가가 매우 중시하는 유망 산업이 되었다. 오스트레일리아 은행들은 이미 발 빠르게 움직여 여러 관련 영역에서 세계 선두의 위치를 차지했다.

예를 들어, 오스트레일리아 MECU 은행의 GO Green 자동차 대출은 세계가 인정한 성공적인 녹색 대출 상품으로서 오스트레일리아가 처음으로 자동차 배출 가스 검사를 요구한 대출이다. 이 대출 상품이 출시된 뒤에 이 은행의 자동차 대출은 크게 증가했고, 현지 시장에서 대환영을 받았다. 따라서 환경 보호 산업에 적극적으로 나서는 것은 시대의 발전에 순응하는 것이고, 녹색 대출을 적극적으로 추진하는 한편으로 대출 구조를 조정하는 것은 환경 보호 산업의 새로운 진지를 차지하는 중요한 전략적 조치다.

4. 환경 보호는 사소한 것에 달렸다

오스트레일리아 사람들은 일상적으로 자연을 보호한다. 크게는 환경 보호 입법으로 전 국민의 의식을 높이고, 작게는 잔디를 심고, 물과 전기를 아끼고, 자기 집 정원이나 집 앞에 각종 덩굴나무와 꽃을 심는다. 오스트레일리아 사람들은 유난히 수영을 좋아하지만 자원을 절약하기 위해서 아무 때나 수영장 물을 바꾸지 않고 정수제와 소독제를 써서 물을 충분히 이용한다. 이렇게 사소한 조치로 오스트레일리아 사람들이 환경 보호를 실천하고 조국에 대한 사랑을 실천하는 것은 모두가 본받을 점이다.

시드니 지점은 개업 이후 환경 보호 이념을 철저하게 실천했다. 처음부터 무서류, 저에너지, 고효율의 처리 원칙을 고수했고, 직원들의 절약 의식을 중시했으며, 사소한 곳부터 에너지를 절약하고 환경을 보호하는 문화를 만들었다. 예를 들어, 사무실의 서류는 모두 양면 인쇄지를 사용했는데, 지점이 쓰는 것은 태국의 QUALITY 브랜드의 인쇄지다. 이 인쇄지는 인공 목재로 만들어 산림 보호에 도움이 되고, 펄프도 염소가 포함되지 않은 표백 처리를 해서 인쇄를 해도 환경이 오염되지 않고 서류의 질에도 영향을 주지 않는다. 인쇄실에는 종이를 재사용할 수 있도록 종이 보관함을 설치했고, 문헌 자료나 기록부 등도 일률적으로 재사용했다. 다 쓴 인쇄기의 토너 카트리지는 모두 모아서 환경 보호 기관에 기증했다.

사무실에는 크고 작은 녹색 화분을 놓고, 벽에는 풍경을 그린 유화를 걸어 직원들이 일하면서도 자연을 느낄 수 있도록 했다. 또한 수시로 직원들에게 환경 보호 지식을 알렸다. 환경 보호는 사무실의 중요한 원칙이라서 사소한 부분에서도 환경 보호를 실천했다.

오스트레일리아는 적은 인구에 비해 국토가 광활해서 차를 타고 다니는 경우가 많은데, 지점의 직원들은 출퇴근을 할 때 되도록 대중교통 수단을 이용했고, 휴식 시간에 차를 마시거나 식사를 할 때 재사용이 되는 도시락이나 회사에 구비된 컵을 이용해 일회용품 사용을 줄였다. 설거지를 할 때도 세제 성분이 남지 않는 친환경 세제를 이용했고, 사무실의 모든 전등에는 에너지 절약 감응 장치가 설치되어서 사무실에 사람이 없으면 자동으로 꺼졌다. 직원들은 사무실을 나갈 때 컴퓨터 같은 전자 장비의 전원이 꺼졌는지 확인하고, 마지막으로 사무실을 나가는 직원은 수도꼭지가 잠겨 있는지, 전자 장비의 전원이 꺼졌는지 꼭 확인했다. 직원들은 갖가지 사소한 행동으로 중국계 기업인 시드니 지점의 오스트레일리아 사회에 대한 사랑과 존중을 몸소 실천했다.

5. 녹색 자원봉사자와 한 약속

시드니 지점은 평소에 직원들에게 환경 보호 지식을 널리 알리는가 하면 '녹색 자원봉사자'를 모집해 공원에서 잡초를 뽑고 해변의 쓰레기를 줍는 등의 공익 활동을 통해서 환경 보호에 대한 이해와 인식을 강화했다. 2012년 4월 28일에 시드니 지점은 「오스트레일리안 뉴 익스프레스 데일리」와 함께 환경 보호 활동을 벌였다. 장소는 경치가 아름다운 클룸 국립공원이고, 시드니 지점 직원들과 기타 현지 자원봉사자들로 구성된 40여 명이 공원 관리자의 안내를 받아 현지의 생태 환경을 파괴하는 외래 식물을 제거했다. 이러한 대외 활동으로 직원들은 시끄러운 도심을 벗어나 자연과 친해지는 동시에 야외에서 환경을 보호할 수 있는 방법을 배워 중국계 기업이 오스트레일리아 현지 사회에 융화되는 책임감과 사명감을 보였다.

활동 당일에 시드니 지점은 환경 보호 활동에 참여하는 모든 사람들에게 공상은행 로고가 새겨진 티셔츠와 모자를 제공했다. 3명의 공원 관리소 직원들도 참가자들에게 야외 전용 장갑, 가위, 모종삽 등의 잡초 제거 도구를 제공했다. 또한 공원 직원들은 생태계에 대한 외래종의 심각한 파괴성을 설명해 주었고, 외래 식물을 정확하게 분별해서 제거하는 방법을 알려 주었다.

공원 직원인 마타샤는 "야외 활동에서 가장 중요한 것은 안전이고, 거미나 모기에 물리지 않는 것이다. 잊지 말고 모기에 물리지 않는 약을 바르라."고 당부했다. 그러자 참가자들은 황급히 자신의 옷차림을 점검하더니 일부는 바지를 양말 속으로 집어넣고, 일부는 긴팔 외투를 입었다. 다들 이런 활동에 처음 참가하는 것 같았다. 준비를 마친 뒤에 봉사자들은 세 팀으로 나뉘어 산의 시작부, 중간부, 정상에서 잡초와 잡목을 뽑기 시작했고, 2시간 뒤에 수십 개의 포대자루가 모였다. 그러자 마타샤가 밝은 표정으로 말했다.

"공상은행 자원봉사자들은 최고예요. 정말 빨리 배우고, 일을 많이 하셨어요."

마타샤는 봉사자 전원에게 일일이 감사의 마음을 전하면서 다음 번 활동에도 꼭 참가해 달라고 말했다.

[그림 8-9] 오스트레일리아 현지 언론과 함께 한 녹색 자원 봉사 활동

공원에서 봉사활동을 할 때 놀러온 사람들 중에 몇몇 사람들이 다들 똑같은 옷을 입고 뭐하는 중이냐고 물었다. 환경 보호를 위해서 자원봉사 중이라고 대답했더니, 약속이라도 한 것처럼 고개를 끄덕이며 칭찬했다. 어떤 젊은 부부는 이곳에서 중국인이 환경 보호를 위해서 자원봉사를 하는 것은 본 적이 없다며 "ICBC, Very good!" 이라고 말했다.

공상은행 환경 보호 자원봉사자 팀은 공원이든 해변이든 가는 곳마다 칭찬을 들었다. 이렇게 해서 얻은 것은 에너지 절약과 환경 보호에 대한 더 뚜렷한 인식이다. 오스트레일리아 언론은 "자원 부족과 환경오염은 이미 인류 사회의 발전을 제약하는 중요한 요소가 되었다. 하지만 다행히도 많은 기업들이 생태 보호의 긴박함을 인식하고 적극적으로 녹색공익에 대한 사회적 책임을 지고 있다. 중국공상은행 시드니 지점은 이방면에서 가장 모범적이다." 라고 보도했다. 또한 이번 활동의 전 과정에

참여한 '라디오 오스트레일리아'는 그들의 생각을 이렇게 표현했다.

"지금까지 오스트레일리아 환경 보호 공익 활동에서 중국계 기업의 활약은 적었다. 시드니 지점이 화교 사회를 위해서 현지 환경 보호 공익 사업의 첫 물꼬를 텄다. 앞으로 이와 같은 활동이 지속되길 바란다."

'녹색 은행'은 단순한 경영 이념을 넘어 자기 발전을 촉진하고, 주변 환경과 사이좋게 지내고, 다함께 조화를 이루고 사는 마음가짐과 행동이다. 상업 은행인 시드니 지점은 당장의 이익을 추구하는 것도 중요하지만 먼 미래를 보고 부를 창출해야 한다. 이 부분에서 시드니 지점은 오스트레일리아에서 더 모범을 보이고, 현지 사회에서 은행 업무와 함께 녹색 이념을 널리 알려 중국 상업 은행의 기개와 통찰력을 보여주어야 한다.

6장

오스트레일리아의 기업 공민이 되라
做澳大利亚的企亚公民

루소는 이렇게 말했다.

"공민公民은 분모에 의존하는 분수에 지나지 않다. 공민의 가치는 그 것의 총체, 즉 사회 관계에 있다."

오스트레일리아에 진출한 중국계 은행은 오스트레일리아 시장에서 발전 자원을 얻었고, 성장 과정에서 오스트레일리아 사회와 관계가 깊어졌다. 중국계 은행은 오직 수익만 추구하면 안 되고, 오스트레일리아 사회와 깊은 관계를 맺기 위해서 더욱 노력해야 한다. 현지 시장에 뿌리를 깊게 내리면 충분한 수분과 자양분을 공급받아 싹이 나고 자란다. 서비스형 경제체인 은행은 책임감 있는 기업 공민이 될 의무가 있고, 사회의 기본 가치와 일상적인 비즈니스 활동, 운영 과정과 전략을 결합해 생태 환경 속에 있는 모든 구성원을 존중해야 한다.

1. 운동을 못하면 친구가 없다

오스트레일리아 사람들은 운동을 매우 좋아한다. 현지에는 국가에서 운영하는 120개 이상의 체육 기관이 있고, 지방에는 수천 개의 체육 기관이 있다. 통계에 따르면 오스트레일리아 체육 기관에 등록된 사람은 650만 명이다. 오스트레일리아 전체 인구가 2천만 명인 점을 고려할 때, 오스트레일리아 국민 4명 중에 1명은 체육 기관에서 운동한다.

오스트레일리아 사람들은 여유 시간이 있으면 집에 있지 않고 해변에서 조깅을 하거나 비치발리볼, 서핑, 수영을 즐긴다. 또는 체육관에서 운동을 하거나 자전거 타기, 요가 등을 즐긴다. 설령 비바람이 불어도 서핑 애호가들은 파도타기의 즐거움을 포기하지 않는다. 오스트레일리아에는 "운동을 안 하면 친구가 없다."라는 명언이 있을 정도로 배구를 하는 사람은 배구팀 친구들이 있고, 골프를 치는 사람은 골프 클럽의 친구들이 있다. 주말이 되면 버스에서 운동 약속을 잡는 통화 내용이 자주 들린다. 운동은 오스트레일리아 사람들이 친구를 사귀는 중요한 방식이고, 스포츠 경기와 스포츠 스타는 오스트레일리아 사람들이 친구들과 있을 때 가장 큰 대화 소재다.

2011년과 2013년에 테니스 선수인 리나가 오스트레일리아 오픈 결승에 오른 것과 NBA에서 활약한 야오밍의 인상적인 플레이 장면은 스포츠를 사랑하는 오스트레일리아에 한동안 중국 열풍을 불러일으켰다. 또한 오스트레일리아 사람들은 서양인이 강세를 보이는 종목에서 중국인이 탁월한 경기를 펼친 것에 감탄했다. 오스트레일리아 테니스 오픈은 해마다 1월에 열린다. 이때 사무실은 점심 시간이 되면 경기 토론회로 변한다. 특히 최근 몇 년 동안은 오스트레일리아 현지 직원들도 리나의 승리에 함께 환호하고, 그녀의 패배를 안타까워하는 등 순식간에 스포츠 경기는 모두의 공통 화제가 되어 모든 직원들이 사무실에서 즐거움을 찾는 소재가 되었다.

2012년 8월 어느 날, 직원들이 모두 일할 때 이따금 밖에서 시끄러운 음악 소리와 사람들의 환호성이 들렸다. 모두가 궁금함을 참지 못하고 창밖을 내다보자 멀리 "운동선수들의 귀국을 축하합니다."라는 플래카드가 보였다. 뒤늦게 신문을 보고 그것이 런던 올림픽에 참가한 선수들의 귀국 환영 행사인 것을 알았다. 손에 풍선을 든 사람, 깃발을 든 사람, 가발을 쓴 사람들은 너나 할 것 없이 좋아하는 선수의 이름을 크게 불렀고, 운동선수들은 바쁘게 움직이며 단체 사진도 찍고, 팬들을 위한 사인회도 열고, 모두에게 메달을 보여주는 등 거리에 있는 모든 사람들에게 스포츠의 즐거움을 나누어 주었다. 이런 식의 환영 행사는 형식미는 덜했지만 친근감이 있어서 좋다.

사실 오스트레일리아 사람들에게 스포츠는 중국인이 차를 즐겨 마시는 것처럼 단순하고 순수하다. 오스트레일리아 사람들이 스포츠를 좋아하는 배경을 이해하면 많은 운동선수들이 전문 선수가 아니라 스포츠 애호가인 것을 알 수 있다. 이들의 원래 직업은 경찰, 소방관, 대학 교수 등이지만 스포츠가 주는 즐거움이 좋아서 흥미를 가지고 꾸준히 운동하다가 올림픽 국가대표 선수까지 되었다. 때문에 경기 결과가 안 좋아도 괴로워하지 않고, 성적이 좋아서 메달을 따고 꽃다발을 받아도 평상심을 유지한다. 이들에게 경기는 그 자체로 하나의 흥미였기 때문이다. 오스트레일리아에서는 거리에서 스타를 마주치는 경우가 많은데, 스포츠 스타, 영화 스타, 억만장자, 정부 고위 관리들은 자신을 그저 다른 영역을 선택해 남다른 성과를 얻은 평범한 사람이라고 생각한다. 어쩌면 이런 평상심이 있어서 스포츠도 국민들의 생활 속에 깊숙이 파고들고 전 국민의 사랑을 받게 되었는지 모른다.

2. 열정 가득한 바다 건너 달리기 대회

2011년 9월, 오스트레일리아 중국 총상회와공상은행 시드니 지점은 '제 2회 공상은행컵 바다 건너 달리기 대회'를 공동 개최해 순조롭게 막을 내렸다. 시드니 주재 중국 총영사관, 중국 CCTV 등을 포함한 21개 중국계 기업에서 일하는 94명의 직원들이 공상은행 로고가 새겨진 운동복을 입고 9킬로미터에 달하는 달리기 대회에 참가했다. 이 대회로 오스트레일리아 사람들은 중국계 기업도 그들처럼 운동을 좋아하는 것을 알았다.

'시드니 장거리 달리기 축제Sydney Running Festival'는 시드니는 물론 호주 전체의 중요한 체육 활동이다. 이 축제에는 자기 자신에게 도전하고, 시드니와 하나가 되고, 봄이 온 것을 축하하는 의미가 있다. '마라톤, 하프 마라톤, 바다 건너 달리기, 가족 참여 달리기, 휠체어 경기'로 나뉘어 진행되는 이 대회에는 해마다 수만 명의 사람들이 참가한다. 상회의 참가자들은 약 9킬로미터 거리의 바다 건너 달리기에 참여했다. 주목할 점은 경기의 흥미를 높이기 위해서 바다 건너 달리기 코스를 경치가 아름다운 밀슨스 포인트에서 출발해 유명한 시드니 하버 브리지를 건너 마지막에 오페라 하우스에 도착하도록 설계해 선수들이 스포츠의 즐거움을 느끼는 동시에 시드니의 특색 있는 경치도 구경할 수 있도록 배려했다.

축제는 일요일 아침에 시작되었다. 선수들은 오스트레일리아의 따뜻한 아침 햇살을 받으며 잔디밭에서 몸을 풀다가 시간이 되면 출발 지점에 모였다. 경기에는 젊은 사람들도 있고, 50~60대 중년도 있으며, 유모차를 밀고 온 아기 아빠, 아기를 안고 참가한 엄마도 있어 긴장감보다는 가족적인 분위기를 느낄 수 있다. 네 살짜리 꼬마가 공상은행 로고가 있는 운동복을 가리키면서 귀여운 목소리로 "아빠, ICBC는 방송국이에요?"라고 물어 (오스트레일리아 국영 방송국 이름이 'ABC'임.) 모두가 한바탕 웃음을 터뜨렸다.

이윽고 출발을 알리는 총소리가 울리고 장거리 팀이 9시 정각에 출발했다. 달리는 내내 거리에서 밴드가 음악을 연주했고, 곳곳에서 물을 보충하며 달리는 선수들의 얼굴에는 달리기를 즐기는 듯 저마다 환한 표정을 지어보였다. 경기가 끝난 후 시드니 지점 지점장은 중국계 기업들에게 현지 사회에 적극적으로 참여하고, 사회적 책임 의식을 가지고 중국계 기업의 사회적 이미지 향상을 위해서 노력해 줄 것을 호소했다. 경기에 참여한 기업들은 시드니 지점에 감사의 마음을 전하고, 앞으로도 시드니 지점의 업무를 돕겠다고 밝혔다. 이러한 활동은 중국계 기업 간의 단합과 우정을 증진시켰고, 중국계 기업이 현지 사회에 적극적으로 참여하는 모습을 보여줌으로써 공상은행의 기업 이미지와 영향력을 한 단계 더 높였다.

3. 열심히 노를 저으며

용선龍船 경기는 일찍이 주나라 때부터 유행했고, 이미 2000년의 역사를 가졌다. 시드니 최초의 용선 경기가 1976년에 열린 이후 지금까지 30여 년 동안 발전을 거듭해 지금은 중국인끼리 참여하는 신년 축하 활동이 아니라 모두가 즐기는 스포츠 행사가 되었다. 해마다 춘절이 되면 시드니의 달링 하버에서 열리는 용선 경기에는 오스트레일리아에 살고 있는 다양한 민족과 연령대의 사람들이 참가한다. 나이만 놓고 볼 때 최고령 참가 팀은 시드니 정부의 '골든 올디스'이고, 최연소 참가 팀은 열두 살의 어린 선수들로 구성되어 어른 아이 할 것 없이 다양하다. 해마다 10만여 명의 관중이 아름다운 달링 하버를 찾는데, 대부분은 용선 경기 동호회, 사회단체, 현지 4대 은행 등 경기에 참여하는 200여 개 팀을 응원하기 위해서 온 사람들이고, 각자 중국의 전통 풍속인 용선 경기 방식으로 새해에 대한 기대감을 표현한다.

용선 경기 운영 조직은 경기를 시작하기 전에 중국 전통 방식의 의식, 즉 물을 천지만물의 근본으로 여기는 도교 의식을 치르며 새해에 모든 사람들에게 행운이 깃들기를 기원한다. 이 의식에서 특이한 점은 용의 눈을 그리는 것으로, 내빈이 뱃머리에 있는 흰 용의 눈에 검은 점을 찍어 용을 잠에서 깨우고 용선 경기에 기운을 불어 넣으며 경기의 시작을 알린다.

용선의 길이는 12미터이고, 용머리부터 꼬리 장식까지 방향을 결정하는 조타수와 리듬을 파악하는 고수를 포함해 22명의 선수가 승선해서 힘을 하나로 합쳐 한 방향으로 배를 빠르게 움직인다. 2012년 춘절에 시드니 지점은 중국계 기업 자격으로 용선 경기에 처음 참가해 현지 대기업 팀과 트로피를 놓고 경쟁해 대회 운영진을 놀라게 했다.

2013년 2월 24일에 시드니 지점 용선 팀은 다시 한 번 경기에 참가했다. 2012년의 경험이 있어 이번에는 자신감이 넘쳤다. 경기에서 선수들은 하나의 구호를 외치며 동작을 일치시켰고, 관중석의 응원단은 큰 소리로 시드니 지점 용선 팀을 응원하며 공상은행의 단합된 모습을 보여주었다.

용선 경기를 통해서 시드니 지점 직원들은 신체를 단련하며 협동심과 팀워크를 키웠고, 외국 국적 직원들도 이 훈련에 적극적으로 참여했다. 직원들은 경기 중에는 상을 타기 위해서 한 마음으로 노를 저었고, 경기가 끝난 후에는 서로 수고한 것에 대해서 격려했다. '단합'은 직원들에게 경기 성적보다 더 중요한 용감한 도전이자 포기하지 않는 정신이었고, 열심히 노력해서 내년에 다시 참가할 것을 약속했다. 용선 경기의 폐막식에서 시드니 시장은 이렇게 말했다.

"시드니 시민들이 중국 전통 운동의 매력에 빠진 것에서 시드니의 다문화 특색을 찾아볼 수 있습니다."

확실히 유구한 역사를 가진 중국의 전통 경기가 천리 밖 바다에서 치러진 것은 중국과 오스트레일리아 국민들이 공통적으로 운동을 좋아하는 것과 무관하지 않지만, 중국인으로서 자랑스러움을 느낀다.

시드니 지점 용선 팀은 2012년에 조직된 이후 춘절의 용선 경기에 적극적으로 참여하는 것은 물론이고 뉴사우스웨일 주의 기업 스포츠 등 현지의 영향력 있는 체육 활동에도 적극적으로 참여했다. 2012년 3월에 지점의 용선팀은 오스트레일리아 뉴사우스웨일스 주에서 거행된 기업 운동회에도 참여했다. IBM, 웨스트팩은행, 맥쿼리은행, PWC(세계 4대 회계 사무소) 등의 기업에서 200여 개 팀이 참가한 이 대회에서 시드니 지점 용선 팀은 투지, 도전 정신, 스포츠 정신으로 공상은행의 정신적 면모를 보여주었고, 다시 한 번 현지 사회와 언론에 공상은행의 노력과 진취성을 증명했다.

4. 사랑의 손길

오스트레일리아에서 중국과 오스트레일리아 양국의 무역, 금융 거래를 돕는 것은 유익한 일이다. 크게는 오스트레일리아 사회에 중국을 더 종합적으로 이해시킬 수 있고, 작게는 중국계 기업으로서 해외에서 사명을 다할 수 있다. 2012년에 시드니 지점은 국무원 교민 업무 사무소가 주최한 새해 기념 '문화중국文化中國 사해동춘四海同春' 활동에 적극적으로 참여해 흥미로운 서커스 공연을 선보여 중국 예술이 낯선 오스트레일리아 사람들에게 큰 칭찬을 받았다. 모든 활동이 끝난 뒤에 주최 측은 특별히 편지를 보내 중국 문화의 국제화를 위해서 시드니 지점이 공헌한 것에 감사한다고 밝혔다. 이밖에 시드니 지점은 건국 기념일 90주년 행사, 중국 영화제, 공자 문화제 등의 여러 자선 공익 활동에도 수차례 참여해 오스트레일리아 사회 및 화교 사회에서 좋은 평판을 얻었다. 현지 언론은 시드니 지점의 사회적 책임 의식을 높게 평가했다.

사회에서 얻은 것을 사회에 환원하고 서비스하는 이념에 따라서 시드니 지점은 다양한 형식으로 사랑을 나누고 자선 사업을 지원했다. 그중에서 2011년에 오스트레일리아에서 큰 홍수가 났을 때 성금을 보낸 일을 여전히 많은 직원들이 기억하고 있다. 2010년 말에서 2011년 1월까지 홍수가 오스트레일리아 퀸즐랜드 주를 습격해 퀸즐랜드 주의 4분의 3 지역이 재난 지역으로 선포되고, 최소 70여 개 마을과 20만 명의 주민들이 수해 피해를 입었다. 홍수로 35명이 사망하고 9명이 실종됐으며, 오스트레일리아 GDP는 300억 호주 달러에 달하는 손실을 봤다. 국가적 재난 상태에 줄리아 길러드 오스트레일리아 전 총리는 검은 정장을 입고 나타나 재난 상태를 '끔찍한 사건'이라고 표현했다. 그녀는 이렇게 말했다.

"우리는 자동차가 물 위에 떠다니고, 사람들이 주택 지붕이나 자동차 지붕 위로 몸을 피하고, 어떤 사람들은 목숨을 구하기 위해서 나뭇가지와 도로 표지판에 매달려……."

특히 브리스번 강 제방이 터진 뒤에는 수천 명의 주민들이 쫓기듯이 오스트레일리아에서 세 번째로 큰 도시를 떠났다. 사방에 넘쳐흐르는 물은 하룻밤 사이에 브리스번에서 서쪽으로 125킬로미터 떨어진 터움바 시까지 밀고 들어와 문명의 발길이 한 번도 닿은 적이 없는 것 같은 유령 도시로 만들어버렸다.

재난은 사람의 마음을 움직였다. TV와 라디오가 재난 상태를 24시간 생중계하자 자선 단체는 재난 예방, 구호 활동, 도시 재건 등을 위해서 모금 활동을 벌이기 시작했다. '연방 홍수 재건 기금', '연방 홍수 지원 계획' 등의 정부 단체도 긴급 기동에 들어가 구호 활동을 위한 비용을 확보했다. 중국 격언에 '한 곳에 재난이 생기면 여덟 곳에서 도움의 손길이 미친다.'라는 말이 있다. 중국인들은 이 말의 이치를 잘 이해하는데, 이 말은 오스트레일리아에서도 통했다. 마침 이때는 춘절 즈음이었는데, 중국인의 풍속에 따르면 초롱을 달고 오색 띠로 집을 장식하고 온

가족이 모여 즐거운 시간을 보낼 때다.

시드니 지점은 재난 소식을 들은 뒤에 지점장 이하 전 직원이 인류애 정신을 발휘해 재난 지역에 성금을 보냄으로써 현지 직원들을 감동시켰고, 기타 지점의 직원들도 성금 모금에 동참할 것을 호소했다. 한 오스트레일리아 국적의 직원은 "중국계 은행이 자신의 조국처럼 오스트레일리아에 관심을 가질 줄은 몰랐다."라고 말하며 감동했다. 퀸즐랜드 주 수해 구호 활동 모금에 오스트레일리아 국적의 직원만 참여한 것이 아니라 많은 중국 국적 직원들도 참여했다. 거대한 대재난 앞에서 국적과 인종의 구별은 없었고, 모두의 마음이 사랑으로 통했다.

이밖에 시드니 지점은 장애인 예술단 공연에 적극적으로 참여했고, 중국 칭하이 지진과 저우취 현 산사태의 구호 활동을 돕는 자선 활동에도 적극적으로 참여했다. 지난 5년 동안 시드니 지점은 현지에 영향력 있는 외국계 은행으로 서서히 성장하며 진취적이고, 끊임없이 성장하고, 타인을 사랑하고, 이익을 함께 나누는 핵심 가치관을 성실히 실천했다. 또한 일상적인 운영과 관리를 더 세심하고 깊이 있게 함으로써 고객에게 더 좋은 서비스를 제공하는 동시에 사회적 책임을 다하고, 사회에 진심을 다하는 탁월한 가치를 창조했다.

시드니 지점의 진심은 사회의 인정을 받았다. 2012년에 시드니 지점은 현지 언론으로부터 '최고 사회 책임상'을 받았고, 존경 받는 기업으로서의 이미지가 현지 사회에 널리 퍼졌다. 금융의 고수들이 구름처럼 모여든 오스트레일리아 금융 시장에서 시드니 지점은 경영 이념에서부터 기업 이미지까지 본받을 것이 있으면 기꺼이 배웠다.

시드니 지점은 다문화 관리의 여정을 시작한지 얼마 되지 않았지만, 다행히도 관리 시스템이 효과를 나타내기 시작했다. 시드니 지점이

[그림 8-10] '최고 사회 책임상'을 수상한 시드니 지점

향후 발전을 위해서 노력해야 할 방향도 알고 있으며, 앞으로 나아가기 위한 기초도 튼튼하게 다졌다. 지속적인 성장을 위해서 자체적인 발전 전략을 기초로 삼고, 현지의 성공 경험을 참고하고, 시드니 지점과 공상은행의 장점을 결합하고, 끊임없는 노력으로 오스트레일리아에 깊게 뿌리를 내려 다양한 문화의 자양분을 흡수한다면, 시드니 지점은 사계절 내내 푸른 나무로, 그리고 하늘을 가릴 정도의 큰 나무로 자랄 것이다.

후기

마침내 『이기는 전략』이 출간되었다. 책이 되어 나오니 감개가 무량하다. 1992년에 공상은행에 입사한 뒤 지금까지 중국 최대 상업 은행에서 20년 넘게 근무했다. 그 사이에 본점 국제 업무부에서 공상은행의 제도 개편, 거래 은행 지점망 구축, 국제 결제 및 역외 업무 등을 수행했고, 2005년에 홍콩 공상은행 국제주주유한공사의 CEO로 파견되어 세계 금융의 중심인 홍콩은 어떻게 은행을 경영하는지 몸소 체험하는 귀한 기회도 얻었다. 운이 좋게도 2008년에 다시 시드니 지점 지점장으로 임명되어 본점이 추진하는 국제화 전략을 따라서 시드니 지점의 동료들과 함께 공상은행의 족적을 남반구의 금융 중심에 깊게 남겼다.

최근 몇 년 동안 여전히 금융 위기에 빠져 있는 유럽과 미국의 주요 경제 주체들에 비해 오스트레일리아의 경제와 금융은 상대적으로 안정적이고, 아시아 주요 국가들과의 협력도 계속해서 깊어지고 있다. '위기 속에 기회가 있다.'라는 쟝졔칭 이사장의 판단은 시드니 지점이 성장할 수 있는 밑거름이 되었다. 지난 5년 동안 공상은행이 오스트레일리아에 성실히 뿌리를 내리고, 꽃을 피우고, 열매를 맺는 현장을 직접 목격했다. 무거운 책임감을 지고 있는 것 외에 한 사람의 공상은행인으로서 공상은행이 국제무대의 중심으로 걸음을 옮기는 것을 지켜봤고, 공상은행이 전 세계 은행들의 인정을 받는 것에 자부심을 느꼈다.

또한 해외 지점의 지점장으로서 공상은행의 국제화 전략을 실행하고 성과를 얻은 것에 흥분했다. 2013년 6월까지 공상은행은 전 세계 지점망 확충을 기본적으로 끝마쳤고, 뒤이어 역외 지점망을 통해서 각종 업무를 현지에서 발전시켰다. 이처럼 특수한 시기에 시드니 지점의 현지화 경영을 뒤돌아보고 공상은행 국제화 전략의 계획과 실천 사례를 시스템적으로 정리해 보았다. 그와 동시에 오스트레일리아 금융 시장의 특징을 중심으로 역외 지점이 이곳에서 그룹의 전략을 효과적으로 실천하고, 공상은행 브랜드를 전면적으로 변신시키는 과정을 정리해야 하겠다는 생각이 들었다.

과거를 정리하는 것은 더 나은 미래를 맞이하기 위해서다. 지나온 발전 과정을 되돌아보고, 경험을 통해서 혁신하고, 끊임없이 종합 정리하고, 해외 시장을 깊게 비교 분석하고, 적을 알고 나를 알면 중국 상업은행의 국제화 전략 목표를 더 빨리 이룰 수 있다. 이 책은 그러한 사고의 맥락을 따라서 구상되고 완성되었다.

필자는 이 책을 집필하기 위해서 리스크 관리, 종합, 자금, 무역 금융, 정보 기술, 기업 업무 및 구조화 금융 등 주요 부서의 베테랑 직원들로 구성된 작은 팀을 만들었다. 이 책은 내가 집필 의도와 기본 구조를 정했지만 구체적인 집필 작업은 팀의 지도와 심사를 받았고, 마지막으로 내가 다시 전체적으로 편집하고 퇴고했다. 이 기회를 빌려 이 책의 원고 작업에 참여한 팀원들에게 감사의 말을 전하고 싶다. 추이후이가 1부를 썼고, 추이후이, 치엔치웨이, 꽝치란이 2부와 3부를 썼으며, 천위, 치엔치웨이, 웨이위에가 4부를 썼다. 왕메이룽이 5부를 썼고, 치우융찬이

6부를 썼으며, 추이후이, 리펑, 가오선이 7부를 썼고, 두청타이와 왕샨즈가 8부를 썼다. 이 책은 나와 함께 어깨를 맞대고 일하는 시드니 지점 직원들의 지혜를 모은 책이라고 할 수 있다.

여기서 특별히 설명하고 싶은 점은 이 책에 나오는 많은 전략적 관점은 직간접적으로 공상은행 국제화 전략의 조타수인 쟝졘칭 이사장의 생각에서 나왔다. 시드니 지점이 지난 5년 동안 이룬 성과는 중국의 '해외 진출' 전략과 공상은행의 '최고 글로벌 은행' 전략의 정확한 방향을 따른 결과다. 처음 시드니에 도착하고 아름다운 시드니 항만의 야경을 볼 수 있는 밀슨스 포인트에 서서 맞은편의 휘황찬란한 고층 빌딩에 쓰인 세계 각지에서 온 글로벌 은행과 현지 대형 금융 회사의 로고를 보며 언젠가 출항을 위해 닻을 올리는 형상으로 생긴 오페라 하우스 옆에 ICBC의 로고가 있어 그곳이 항만에서 가장 아름다운 풍경이 되기를 꿈꾼 적이 있다. 나는 이 꿈이 꼭 이루어질 것이라 믿는다.

마지막으로 중국 금융출판사 편집부에 감사드린다. 그들의 노력이 있었기에 이 책이 출간될 수 있었다. 또한 이 책이 출간될 수 있도록 협조해 준 공상은행 금융연구소의 모든 동료들에게도 다시 한 번 감사드린다.

2013년 6월

한루이샹

참고 문헌

1. 姜建清：《商业银行国际化：环境与体制》, 北京：中国金融出版社, 2009.

2. 韩瑞祥：《用品牌的力量提升海外市场竞争力》, 载《中国城市金融》2012 (9).

3. 陈波, 杨开泰：《巴塞尔协议III对全球流动性风险管理的革命性影响：变化与思路》, 裁《上海金融》, 2011 (10).

4. 朱小川：《在金融危机中立于不败之地 - 澳大利亚金融审慎监管的启示》, 2010.

5. 吕香茹：《商业银行全面风险管理》, 北京：中国金融出版社, 2009.

6. 《澳大利亚银行业报告》(Australia's Banking Industry Report)

7. 中国人民银行网站, www.pbc.gov.cn

8. 中国银行业监督管理委风会网站, www.cbrc.gov.cn

9. 国际清算银行网站, www.bis.org

10. 澳大利亚储备银行网站, www.rba.gov.au

11. 澳大利亚审慎监管局网站, www.apra.gov.com

12. 澳大利业出口金融保险公司网站, www.efic.gov.au

13. 国际商会官方网站, www.iccwbo.com

14. John C. Hull, Risk Management and Financial Institutions Second Edition, Pearson, Boston, 2010.

15. Basel Committee, Sound Practices for the Management and Supervision of Operational Risk, Bank for International Settlements, February, 2003.

전문 용어 영문 – 중문 대조표

1. 오스트레일리아 경쟁 소비자위원회(ACCC - Australia Competition &Consumer Commission, 澳大利亚竞争和消费者委员会)

2. 정식 예금 기관(ADI - Authorised Deposit - taking Institution, 授权存款机构)

3. 자산부채관리위원회(ALCO - Asset and Liability Management Committee, 资产负债管理委员局)

4. 오스트레일리아 건전성감독청(APRA - Australian Prudential Regulatory Authority, 澳大利亚审慎管理局)

5. 건전성 감독 조례(APS - ADI Prudential Standards, 审慎监管条例)

6. 오스트레일리아 증권투자위원회(ASIC - Australian Securities &Investments Commission, 澳大利亚证券和投资检察委员会)

7. 오스트레일리아 국세청(ATO - Australian Tax Office, 澳大利亚税务局)

8. 오스트레일리아 금융정보 분석센터(AUSTRAC - Australian Transaction Reports and Analysis Centre, 澳大利亚交易报告与分析中心)

9. 선적 서류 인수도(D/A - Documents against Acceptance, 承兑交单)

10. 선적 서류 지급도(D/P - Documents against Payment, 付款交单)

11. 감가상각비 차감 전 영업이익비율(DEBT to EBITDA Ratio, 付息债务/息税折旧后利润)

12. 부도시 익스포저(EAD - Exposure at Default, 违约风险暴露)

13. 유로 기업어음(ECD - Euro Certificate of Deposit, 欧洲存款证)

14. 기업어음(ECP - Euro Commercial Paper, 欧洲商业票据)

15. 예상 손실(EL - Expected Loss, 预期损失)

16. 기업 리스크 관리(ERM - Enterprise Risk Management, 全面风险管理)

17. 자금 원가(FTP - Fund Transfer Price, 内部转移定价)

18. 글로벌 신용 대출 관리 시스템(GCMS - Global Credit Management System, 全球信贷管理系统)

19. 일반 자산손실 준비(GRCL - General Reserve for Credit Loss, 一般资产损失准备)

20. 고유동성 자산 비율(HQLA - High Quality Liquidity Asset Ratio, 高流动性资产比率)

21. 내부 등급 평가법(IRB - Internal Ratings - Based Approach, 内部评级法)

22. 핵심 성과 지표(KPI - Key Performance Indicator, 关键执行指标)

23. 핵심 위험 지표(KRI - Key Risk Indicator, 关键分线指标)

24. 유동성 커버리지 비율 지표(LCR - Liquidity Coverage Ratio, 覆盖率)

25. 부도 시 손실률(LGD - Loss Given Default, 违约损失率)

26. 리스크 참여 협정(MRPA - Master Risk Participation Agreement, 风险参贷总协议)

27. 중기채(MTN - Medium Term Note, 中期票据)

28. 양도성예금증서(NCD - Negotiable Certificate of Deposit, 大额可转让定期存单)

29. 외환 계정(NRA - Nen -Resident Account, 离岸账户)

30. 순안정자금조달비율(NSFR - Net Stable Fund Ratio, 净稳定资金比率指标)

31. 청산 계정(O/A - Open Account, 赊销)

32. 오프쇼어 은행 지점(OBU - Offshore Banking Unit, 国际金融业务分行/离岸金融中心)

33. 가능성 및 영향 등급 평가 시스템(PAIRS - Probability and Impact Rating System, 概率及影响评级体系)

34. 부도율(PD - Probability of Default, 违约率)

35. 건전성 원칙(PPG - Prudential Practice Guides, 审慎原则)

36. 민관 합작 경영(PPP - Public and Private Partnership, 公私合营)

37. 위험조정자본수익률(RAROC - Risk - adjusted Return on Capital, 风险调整资本回报)

38. 오스트레일리아 준비은행(RBA - Reserve Bank of Australia, 澳大利亚储备银行)

39. 리스크 감독과 자체 평가표(RCSA - Risk Control and Self-Assessment, 风险控制自我评估)

40. 환매조건부매매(REPO - Repurchase Agreement, 回购协议)

41. 조치 시행 배경(RIS - Regulation Impact Statements, 出台背景)

42. 감독 관심 지수(SAI - Supervisory Attention Index, 监管关注指数)

43. 감독과 피드백 시스템(SOARS - Supervisory Oversight and Response System, 监督管理和反馈体系)

44. 오스트레일리아 담당 총책임자(SOOA - Senior Officer Outside Australia, 海外高官)

45. 특수 목적 회사(SPV - Special Purpose Vehicle, 特定目的公司)

46. 테프라(TEFRA - Tax Equity and Fiscal Responsibility Act, 稅收公平和財政责任法)

47. 국가 민관합작 경영 정책과 지침(The National Public Private Partnership Policy and Guidelines, 国家公私合营政策与指导)

48. 비예상 손실(UL - Unexpected Loss, 非预期损失)

이기는 전략

2015년 4월 25일 초판 1쇄 발행
지은이 | 한루이샹
옮긴이 | 김락준

펴낸이 | 김우연, 계명훈
마케팅 | 함송이
경영지원 | 이보혜
디자인 | 이혜경
인쇄 | 미래프린팅

펴낸곳 | for book
서울시 마포구 공덕동 105-219 정화빌딩 3층
02-752-2700(에디터)
출판 등록 | 2005년 8월 5일 제2-4209호

값 | 25,000원
ISBN : 979-11-86455-02-9 03320